臨床教育学三十年

その歩みといま

皇 紀夫［著］
Sumeragi Norio

ミネルヴァ書房

はじめに

臨床教育学が日本の教育界に登場して、二〇一八年で三十年になる。その間、教育現場における難解な「問題」事象をめぐる議論に対応して、さまざまなスタイルの教育言説が生み出され、それらの全貌を明らかにして類型化することは極めて難しい。その展開過程はむしろ、臨床教育学の取り組む「問題」が果たして解決・解消可能な出来事であるかどうかという問いかけを置き去りにしたまま、「臨床」が問題解決の万能薬であるかのように扱われ、教育にかかわる多くの領域で流行現象を惹き起こし、理論的にも実践的にもめまぐるしい拡大と分節を繰り返してきた三十年であったと言えるだろう。皮肉なことではあるが、教育「問題」の増加と多様化が急速に進行する状況のなかで、「臨床」を名乗る新興の諸研究の試みは独自のスタイルを造り上げる暇がなく、今日ではむしろその概念は消耗し活動は衰退を余儀なくされているように思う。こうした見方は、臨床教育学の活動を分析吟味することなしに衰退を口にするもので、一方的であり傲慢であるとの批判を免れるものではないが、臨床教育（学）を研究主題として三十年間取り組んできた者の反省として言えば、臨床教育（学）の現在は、その名称の斬新さ程には教育の意味発見に十分な役割を果たしておらず、今や〝もう／まだ〟の境目に近づいていると言えるのではないかと思う。（筆者は、一九八八年、我が国で初めて開設された臨床教育学講座＝京都大学大学院に着任し十五年間講座を担当した。）こうしたやや悲観的な見方に対しては批判があると思うが、臨床教育学の弁護弁解のためにではなく、それが問い続けてきた教育研究の在り方への批判的で生産的な論点をより明確に語ることが、つまり教育研究と教育現場とに対する緊張した批判的「臨床」関係を作り出す手掛かりを見つけることが必要と考えるからである。

本書は、タイトル通り誕生から三十年間にわたって、臨床教育学とは何かを問い続けてきた筆者の取り組みの過程と現状、つまり臨床教育学の未完の「物語」である。所収の前半部はすでに公表されたもので、あまり気の進まない論文も一部分あるが、三十年間の「あゆみ」の反省的な資料という思いも込めて、手直しなどをせずそのまま再録した。それらに関しては各々〈『臨床教育学三十年』からのコメント〉を付け、考察の狙いと現時点での感想を記すことにした。第九、第十章は、三十年目の臨床教育学の形であり、次の展開の序章でもある。

臨床教育学の構想から展開に及ぶ過程においてさまざまの方々から支援と教示をいただいた。次々と厄介な「問題」を突き付けてきた子どもたち、臨床教育学に期待して教育〈想〉談に参加してくれたたくさんの現場の先生方、（それは私にとって厳しい修練の場であった。）また、大学院でこの未知の領域に勇敢に挑戦された院生や第二種院生（現職教師）、研修員の皆さんには、新しい教育研究のスタイルの創造という課題を共有していただいた、これらの方々に深く感謝申し上げたい。

臨床教育学に挑戦する勇気と決断を与えて下さったのは、和田修二先生（京都大学名誉教授）である。先生は、すでに一人前の教授のつもりでいた私に、今までの研究業績をゼロにして、新しい教育学研究をゼロから始めるように、と強く言われた。その場面は今も脳裡を離れない。未知の領域に放りだされ、新しい教育研究のスタイルを自分で作り出さざるを得ない、文字通りの限界的な状況からの出発であった。臨床教育学を「接ぎ木」されたわけで、そのような稀有の経験を与えていただいた幸運に感謝している。

最後に、読書人口が激減するなかこの種の著書の出版を引き受けていただいたミネルヴァ書房に改めて敬意を表したい。また、出版に至るまでのさまざまの労を取られた同社の浅井久仁人さんにお礼申し上げたい。

二〇一八年三月

筆　者

目次

第2部 臨床教育学の展開

第1部　臨床教育学とは

第一章　臨床教育学の仮設と課題設定

〈『臨床教育学三十年』からのコメント〉

臨床教育学の研究態勢が立ち上げられた（一九八八年四月）四年後に、河合隼雄の監修で、当時の臨床心理学者が中心になって編集された実践的啓蒙書に掲載された小論である。そこでは草創期の臨床教育（学）の立場や考え方が明示的に語られていると思う。強調されている点は、臨床教育学は臨床心理学の応用学ではないこと、独自の立場を構想して教育現実にかかわろうとする決意を表明している点である。当時の臨床ブームに教育現場があおられている事態をかなり意識して、現場で流通している心理学的な「臨床」概念を差異化しようとする課題意識が濃厚で、そのために必要な概念装置を解釈学的教育学から導入して、臨床的文脈で再加工しようとする意図を読み取ることができる。しかし、臨床教育学の構想や方法に関しては、その意気込みほどには充実しておらず、助走の段階であったと思う。また、当時、大学院での臨床事例研究に非心理学の立場から参加できたことは貴重な経験であった。

第一節　臨床教育学という発想をめぐって

【初出　河合隼雄監修『臨床心理学５　文化・背景』創元社、一九九二年】

①臨床教育学の課題

不登校をはじめとして、いじめ、暴力、自殺、非行など、今日〈問題〉視されている子どもの行動は、学校や家庭における教育が危機的な状況に陥っていることを物語っていると言ってよいだろう。例えば、かつて学校恐怖症と呼ばれ、あるいは学校へ行きたがらない子と称されていた不登校状態にある子どもたちは、その傾向にある予備軍を含めると、その実態は公表された数値（小学校〇・〇六％、中学校〇・六一％、一九八八年、文部省）をはるかに上まわり、相当な高数値になることだろう。（ちなみに、大阪府の調査によれば、一九九〇年度の府下中学校における長期欠席――年間五〇日以上の欠席――生徒は、一〇〇〇人当たり一九・七人で、欠席理由の五〇・四％は「学校嫌い」であり、増加の傾向にあるという（朝日新聞、一九九一年八月二日朝刊））。しかも学校に行けない状態から行かない拒否状態に到るまでの不登校児の実情は、それぞれ独自の形をとっており、その原因を一律に特定することは困難であり危険でもある。ある事情で登校しなくなった子どもは、そのことが契機となって、親兄弟友人教師等との人間関係において第二次的〈問題〉群を惹き起こし、今度はそれらの〈問題〉群が相互に作用し合ってさらに新たな〈問題〉群をつくり出してくる。したがって〈問題〉自体が重層的多相的性格をもっており、治療や指導はおろか〈問題〉を外から特定することすら困難なのである。不登校状態にある子どもに登校を働きかけると、断固「拒否」する場合がある。この経験によって〈登校拒否〉という表現をとることで、我々はその子の状態にひとつの判断を下し、事態の展開と働きかけの方法とを見通すことになるが、しかし、こうしたある観点に立って現実を理解することによって〈問題〉が明確化されることとは逆に、そのために死角をつくることにもなって、〈問題〉がいよいよ不明確化し、子どもへの働きかけがいっそう事態を悪化させることになる場合もある。〈問題〉を安易な因果関係論で単純化して手っ取り早い対処法を求めることには慎重でなければならない。むしろそれとは逆に慎重かつ現実的な対応にこそエネルギーが使われるべきであろう。

〈問題〉は生活の表層において解読されるのではなく、あたかも考古学における発見のための発掘作業のように、もはや原形を留めず散逸している遺物において、それらの意味を発見するために解釈が試みられ、再現に向けての地層の切り拓きの作業が進められるように、〈問題〉のもつ意味の発見のためには、それを支えかつ分散させて抑圧している生の力動的構造に即した解釈が必要であると言えるだろう。それは、〈問題〉とともに教育が、改めて学校教育自体の存立の基底に立ち返ること、〈問題〉において教育の現実の真（深）相に改めて出遇うことであると言ってよい。学校教育は、こうした意味で、今日的な生活現実とかかわって生じた〈問題〉によって、その教育観、児童観の再検討を迫られているのであり、従前とは異質な教育的理解が求められているといってよいだろう。〈問題〉の子どもは教育観の「異化」を大人に迫っているのである。ちょうど、「不登校児」をかかえた教師や親がその子とのかかわりの中で共に苦悩しつつ成長していくように、学校教育（学）もまた、当面する〈問題〉の解決という近視的要請からではなく、学校教育の在り方への問いかけとして、新たな展開に向けての生産的な批判あるいは呼びかけとして一連の事象を理解しなければならないだろうし、そのためのエネルギーが求められている。

今日の教育の〈問題〉に対応するために、また新たな学的領域を開く試みとして〈臨床教育学〉の講座が開設（一九八八年四月、京都大学教育学部大学院）されたが、その構想から実現に到るまでの当事者の一人であった河合隼雄は、心理学における実験的方法と臨床的方法の相違について「臨床の場においては、心理学者が客観的対象としての人間を観察するのではなく、観察者と被観察者の主体的かかわりを重視し、両者の区別がほとんどなくなるほどの関係をもつことが必要である[1]」と述べ、さらに「負の行為を正の行為に変えるための臨床ではなく、そもそもその価値観そのものについても考え直し、それらの間のダイナミズムやパラドックスについても考え直してみる[2]」ことが教育学にも臨床心理学にも求められており、そのために、改めて子どもや教師の実際から再出発することが必要であると言っている。これは、生活世界におけるいわば「生きた人間」とのかかわりのなかで獲得されてきた「臨床の知」によって教育現実に新たな意味と構造を発現させせようとの提言である。〈問題〉解決のための処法を求める要請に対して、直接的解答を与えるという仕方によってではなく、むしろ、〈問題〉との出遇いにおいて、逆に教育的日常のうちに埋め込まれている教育的な配慮や期待、観念や行動、目標や課題を問い直し、教育を支えている情景を再発見しようとする仕方で応えようとするものである。〈問題〉のもつ意味を問うことによって、教育現実への新たな視座を開こうとする試みであると言えよう。

このことを、従来の臨床心理学と教育学との関係に即して言えば、一方で、臨床心理学は単なる応用心理学としてではなく、成長発達生成する独自な世界内存在として人間の子どもをとらえ、その子どもの在り方を大人との援助的応答的関係において理解しようとする、教育学的知見に通じた立場に自らを位置付けることが要請されていることを、他方、教育学においても、子どもの生活世界の重層的構造と非意図的働きのもつ教育的意味の発見に導かれて、従来医学や心理学の治療の対象とみなされてきた子どもたちの病理的例外的な〈問題〉事象を、かえって人間的生の独自の発現形態として、また教育に基本課題を提起する事象として、理論的にも実践的にも位置付けていくことを、それぞれに要請されていると言ってよいだろう。したがって、臨床教育学の課題は、教育の理論と実践とにおいて従来〈負〉の部分とみなされ、教育的世界において周縁化されてきた諸事象――例えば、勉強に対して遊び、健康に対して病気、勤勉に対して怠け、真面目に対していたずら、あるいは正解に対して誤答、発言に対して沈黙、等々――を二分法的に価値づけ排除するのではなく、それら〈負〉の相のもつ意味を改めて問うことである。あるいは〈負〉の相や事象が表現している世界を、教育の意味地平において再発見することである。それは、教育現実への理解の視点を再構成することである。この意味において、臨床教育学にとっては、〈問題〉事象のみならず、教育現実のあらゆる事象が臨床的「事例」として観察されるのであり、その意味連関の解釈が試みられ得るのである。いわば人間的生の「個別現象の人間学的解釈」と呼ばれる解釈学的作業が臨床教育の基本課題であると言ってよいだろう。教育学的あるいは心理学的には、未だに構造化されていない、部分的個別的な事象――そしてそれは差し当たっては〈問題〉として認識される――を観察・記述・分析・解釈し、人間形成論的な意味地平の新たな展開へともたらすことである。臨床教育学のこの役割は、教育学があるいは心理学がその概念を構成し意味を分節してきた、学的知見の生み出しの現場に立ち返り、新たな意味生成の可能性を探ることである。臨床的〈問題〉は、この意味発見の場を開いていると言える。それゆえ、この臨床的な知見の特性は、それがかかわっている問題の独自性に由《よ》るものではなく、問題を理解するそのあり方に、つまり問題の何ではなく、問題にいかにかかわるかに由るものである。その点では臨床の知見とは、人間に関する諸学の基底を共有し得るという意味で、臨生的であるといってよいだろう。

②　教育的現実の解釈

歴史的にみれば教育学において、自然科学的方法による教育現実の客観的な分析と並んで、これと対決する形で成立してきた精神科学的教育学の立場において、「全体的人間」から出立する教育理解の試みを認めることができる。この立場は、ディルタイ（W. Dilthey）哲学の基本概念であった生（Leben）と理解（Verstehen）を用いて、硬直化した概念的思考形式を批判し、教育現実をより包括な生の現実として位置付け、フッサール（E. Husserl）のいう生活世界への対応において「教育世界」とも称して、教育現象のもつ多様な意味連関を開示しようと試みたものであった。そこでは、それ自体教育的とは見なされないような事象もまた教育学的視点において有意味的に理解されている。彼ら（例えばH. Nohl/ E. Spranger）は教育現実における実践の尊厳、理論に対する優位性をシュライアーマッハー（F. E. D. Schleiermacher）に依拠して主張することにおいて、自然科学にみられるような、理論的研究成果の応用としての技術を教育現実に導入することをはっきり拒否した。つまり教育において理論の要請は、実践において困難が生じたときはじめて生じてくる。教育の理論は「すでに前もって存在していながら、まだなお説明されていないような合意を、自覚にもたらすという性格」をもつもので、本来的に教育現実の意味連関を明らかにするという役割をもつものとされてきた。(3) それは一般的に解釈学の概念として特徴付けられているものである。その意味で、精神科学的教育学の理論もまた「教育現実の解釈学」（O. F. Bollnow）として了解することができるのである。

この観点は、我々が臨床心理学と教育学の関係を教育現実において考察する場合の基本的な視座を示していると思う。つまり、先に河合が述べたように、臨床教育学もまた、臨床心理学の知見と技法を教育に〝応用〟して教育の問題解決を目指すということ、応用によって〈負を正にかえる〉こと自体を目指すものではなく、教育現実の〈問題〉において、また〈解決〉状況において働いているダイナミックスの意味連関を明らかにすることであり、さらに言えば、「教育的日常」の事象において人間形（生）成の地平と情景が新たに開け出ることを期待することであると言える。

独自の〈援助的〉人間関係を通して獲得されてきた臨床の知見は、例えば「言語と行動が病理的に変形される個所」(J. Habermas)(4) へのかかわりにおいて、人間的生における意味の生成と分節に出会うなかで拓かれてきたもので、その知見が教育的現実を支えている人間形成的意味構造を問い直すことによって双方に新たな局面の展開が期待できるのである。双方といっても特に二つの異なった世界がある訳ではなく、意味地平の共有の可能性が示されているに他ならない。しかし、この意味地平の共有の実現がいかに困難な課題であるかについては、ボルノウの次の言葉がよく証言しており、臨床教育学の展開の必要性とともにその試みが容易でないことを教えていると言える。「私は、なぜ精神療法医達（Psychotherapeuten）が教育学の概念に対してあのように抵抗するのかよく理解できません。彼らの行なっていることは、いうまでもなくそれによって以前の状態が回復させられるといった単純な治療ではなくて、むしろ危機の克服において一つの新しい成熟段階に到達するための、患者に対する援助（Hilfe）なのである。そして、これはまさしく真の教育なのです(5)」。臨床教育学の出発点をどこに求めるかを確定することは容易ではないが、しかし、教育的現実にすでに存在している人間理解を展開し、明確な意識化を促すという試みは、――それは教育学的には「哲学的―解釈学的―実際的（pragmatisch）」と呼ばれている――歴史的に証しされた有効性をもっていると思われるのである。

人間の生活世界の実際が学問的理論に先行するもので、それらは現実的な問題、困難とともに後から生み出されてくるものであるとすれば、臨床教育学には、教育現実における〈問題〉事象の発見とその事象との主体的なかかわりにおける、あるいは〈問題〉を分かち合う経験において、その経験の解釈を可能にする思考が求められている。

その思考法は、教育学の前提をなしている人間理解それ自体をも問い直すという革新的性格をもっている。

人間的生の現実への自覚的な立ちもどりという人間学的課題に対して、すでに繰り返し独自の試みを展開してきたのが解釈学（Hermeneutik）であると言ってよい。もとよりここで解釈学について考察をすることはできないが、すでに精神科学的教育学の企てが物語っているように、解釈学的立場は臨床教育学の試みに対して多くの示唆を与えていると考えられる。

「現存在の現象学は、言葉の根源的な意味における解釈学《ヘルメノイティーク》であって、これによって解釈の仕事が示されています[6]」と言われるように、「解釈学は、意識されていない根源を露呈させるという意味での考察方法である[7]」と位置付けることができるのである。解釈学の意味開明的立場は、臨床の〈問題〉をより臨生的に理解していくために有効な手がかりを与えていると言ってよいだろう。

臨床教育の課題とかかわって解釈学的な発想を積極的に位置付けていく際に、我々は臨床的知見の解釈学的展開の可能性を開く思想家として注目をあびている、P・リクール（P. Ricœur）の解釈学の可能性についての次の指摘に注目しておくことが必要だろう[8]。

リクールによれば解釈学には二つの可能性があるという。ひとつは、「メッセージ、宣明、あるいはときとして言われるように、ケリュグマ（kérygma）という仕方でわれわれに語りかけられる意味を告示すること、あるいは、復興すること」の意味においての解釈学であり、今ひとつは「非神秘化として、つまり、もろもろの幻想の撤去として」捉えられる解釈学である[9]。前者は「意味の想起としての解釈」（リクール、エリアーデ、等）であり、後者は「懐疑の遂行としての解釈」（マルクス、ニーチェ、フロイト）である。そして「われわれは、最初から、解釈学の二つの可能性を見据えることが必要である。この緊張、この極端な両極性はわれわれの〝現代性〟の最も真実な表現である。今日、言語の置かれている状況は、二つの可能性、二つの示唆、二つの促しを学んでいる[9]」。リクールによれば、この批判的な「仮面剝脱の解釈学」と了解的な「意味を理解する解釈学」との二つは、双方が相手を支えとして、人間理解の真（深）相に到ろうとしており、いわゆる「解釈学的な循環」関係に置かれているものである。意味の復興には、懐疑と偶像の死滅と非神秘化が不可欠であり、この緊張の中で彼（リクール）は「象徴」によって開示される「意味の出生地」を求めようとするのである。特にリクールにおいて、意味の復興にとってフロイト（Freud. S.）との対決は不可避的であり、精神分析は解釈学の可能性の一方の極に位置付けられている。

教育現実の解釈を目指すとき、リクールが言語の置かれている現代の状況として示した解釈学的な緊張とも呼べる磁場に我々も立つ訳で、この対決的な媒介を通してはじめて意味の復興や受け取り直しが可能となる。我々が〈問題〉と出会い、〈解決〉の意味を正当と確証できるために、教育的意味の新たな分開が認められるために、素通りできない課題が、解釈学の現代性において示されていると言ってよいだろう。

③　臨床（生）的な知見

生活世界における具体的行為、それはカオスではなくすでに前反省的に意味付けられている共同の世界に属するものであって、教育もまた「教育的日常」（pädagogischer Alltag）として、この世界においてそしてこの世界と共にある。教育学的に有意味な事象として対象的に取り出されてくる一切はこの前理解的前学問的な日常に起源するものである。哲学的人間学の表現を借りるならば、所与の、それ自体が形成的働きをもつところの「人間的な環境世界」（E. Rohtacker）において、この世界と応答しながら自己理解と世界理解という、二重の意味で「意味地平」を開いていく過程が人間になることである。この「意味地平」が開かれていく意味現行の臨界において教育が「分開」し分節してくると言ってよいだろう。

哲学的な人間学はこの世界を構成しているものとして言葉に注目し、この世界を支えている意味連関を言葉において解明しようとした。周知のようにフロイトにおいても、言葉の問題は、概念構成上の用法の問題を含めて、精神分析的な事象認識と分析技法の構築にとって本質的な意味をもっていた。『日常世界の精神病理学』は、「日常における不全感〔欲求満足の断念〕」という否定的な相において日常生活を「観察的かつ解釈的な心理学的研究の対象」[10]とした最初の試みであり、そしてこの日常性の主題化において言葉が重要な手がかりを与えていたのである。彼のアプローチする場所とは「分裂した象徴と禁圧された動機との因果性によって、言語と行動が病理的に変形される個所」[11]である。そこは公共的言語から隔離され、私物化された「しかも同時に言語の内に自己を漏らしているような層」（象徴層と呼ばれる）[9]であった。こうした意味で、言葉は人間的環境世界の内にあって、外的環境と内的心境とを結び付け全体を意味的に構造化する働きをもつものとして、人間理解の中心的事象として扱われてきた訳である。

ところで、すでにフロイトの夢解釈において明確に示されているように、臨床的な手法による人間理解は、言葉へともたらされたものと語りえなかったものとの緊張関係に着目し、例えば夢を「願望の言語」として位置付け、無意識的世界の読図・解読を可能にする象徴表現と考える訳である。意識化された世界あるいは意識化可能世界に対して無意識の存在の主張である。言語的な意識の世界は、かくして無意識との関係において相対化され、言葉もまた無意識との関係において多層的意味が発見され、言語における多義性の回復が、現実理解と自己理解の地平を拡大深化させることになった。先の表現をとれば「仮面剝奪の解釈学」によって、人間的世界の自明性が破られ、日常性の深層への目が開かれ、意味生成の現場への新たな視点が提示された訳である。無意識の働きの分析は非言語的なシンボルやイメージの機能を明らかにするとともに、さまざまの領域にメタ理論を登場させ、人間的世界の新たな解釈の可能性を開いてきたのである。

もとより教育現実の理解においてもこうした視点の多様化と拡大が求められている。教育学において自明とされてきた諸概念、例えば教授、伝達、訓練、学習、知識、技能、遊び、作業、経験等は勿論のこと、読み書きから学校制度に到るまで、それらの意味が授業風景の観察と分析と解釈とにおいて実践的理論的に吟味・再生されなければならない。教育学は言うまでもなくこうした過程を経て体系化されてきた学であるが、その過程を解釈する中心的視座は近代諸学の合理主義的知性と共通のものであり、加えて功利主義的価値観によってその秩序化が正当化されてきたのである。臨床教育学は、こうした近代教育学の教育現実理解の合理主義的な知的解釈とともに、その中心化された教育理解が必然的に周縁化しおおい隠し排除してきた、いわば教育において負とみなされてきた諸事象、〈問題〉において、教育理解の在り方を全体的に問い直し、より新しい教育的人間形成的意味状況と意味連関を発見しようとする試みであり、臨床的状況にかかわる諸学とともに、人間的生の地平における意味生成の新たな可能性を探究しようとするものと言える。そしてこの試みは、教育学の体系に新しい意味連関をもたらすものと言えるだろう。

　臨床の立場とは、文字通りに解するならば病人のそばに行き、診察、治療をすることである。それは〈人に臨むの道〉と称されてきた、独自のコミュニケーションの仕方である。その方法的特徴が、人間的生の事象の一回的「固有性」を極める（正木正[12]）ところにあると考えるならば、その知見は先に述べたように、人間の在り方を何として対象化し問うことによってもたらされる客観的法則的な説明的性格のものであるよりも、むしろ人間の在り方のいかにかかわり、生きた人格の現実に出遇っているという、主体的な「気遣い」を――そして、この「気遣いにおいてあらわれてくる人間のあり方」に出遇う――根本にもった実存的な性格のものといってよいだろう。この性格が、対象認識の方法と援助的方法・態度とを不可分に結び付けているのである。臨床的知見は、〈問題〉事象の認識と援助的な働きかけとを、〈問題〉を生きている人との具体的な応答の場において、相互に循環させることによって、独自に開かれてきた知の局面である。臨床の知見は、相手の自己理解と自立とを援助するという課題に結び付いているために、その「有効性」はつねに相手的関係において第一義的に証しされるのであって、それを、個々の関係状況の「固有性」を捨象して「客観的」に明示することは困難である。むしろ、この困難に自覚的に踏み止まっていると言ってもよい。教育学を含めて、広く人と人との関係を通して「自助への援助」という援助的関係状況にかかわる諸学の知見は、その実存的な性格のゆえに、自然科学において要請される客観性を一貫して維持することはできない。むしろ逆に臨床的なアプローチは、客観的な認識を可能にしているところの主観的な条件をこそ問うている訳で、客観的認識を求め、これを成立させている人間学的基礎を、特定の前提からではなく、現実への参加と応答に関する人間のひとつの在り方、能力として理解しようとしていると言ってよいだろう。

臨床教育学においては、教育的日常において現れる〈問題〉の理解の仕方が重要である。その〈問題〉を既成の概念化された知的体系としての文法によって解読するのではないということである。手もちの文法では読み取れない、不明の事象、新しい事象として〈問題〉に出遇うのが臨床の基本であり、したがってその知見には〝新しさ〟へのセンスが、新しい意味地平への独自の開けが備わっていなければならない。別の表現をすれば、〈問題〉事象において、我々の既知の文法――その体系としての教育学や心理学――の形式が問い直されているといってもよいだろう。事象を臨床的に理解するということは、意味連関の新たな展開と新しい意味地平の開示の要請に応答するということである。この意味で、臨床的な知見は〈コミュニケイティブな経験〉において形成されてくるもので、対話的応答的であり、相互的にして主体的である、という、言うなれば開かれた構造をもっているのである。

臨床的知見の開けという点に関して言えば、その知見は、一方で感覚的体験的な、主観と客観とが分開していく以前的状況に参加し、その状況を自他において、「分かち合う」という経験に導かれているのであり、他方では人間的生の現実に主体的自覚的にかかわっているという意味において、その知見は人間の真実性を問うという、いわば形而上学的経験の次元にも通じていると言えるのである。臨床的知見は、それが客観的な科学的思考や哲学的内省と対立してあるのではなく、それらの思考展開を可能にし、それらへと媒介される未分の境位において、出来事・事象を「分かち合う」経験に依っていると言えよう。それゆえ、その知見は現象的には臨床的でありながら本来的には臨生的であり臨場的であると考えられる。臨床が臨生一般へと還元されえない固有の事象であることは言うまでもないが、しかしその臨床の固有性は、臨生という人間理解の地平においてはじめて有意味的である訳で、臨生への開けに欠ける臨床はその固有性への閉じこもりのゆえに孤立化し頽落する。

このように、臨床的知見が、こうした経験の自己理解に基づいていると考えるならば、この〈自己〉理解のあり方の如何によって、この知見のもつ革新的生産性と独善的危険性という二重の表情が現れてくる。臨床的知見にかかわる人間諸学は、この二重の表情の緊張を免れることはできないのではないか。むしろこの緊張の自覚的な持続が解釈学的な意味発見の可能性を開くと言ってよいだろう。臨床的な知見を、やや一般化して表現すれば次のように言えるのではないか。

「體驗は知解を含みうるが、知解は體驗を含み得ない。知解は観念のもつ客觀性の平面だけに動き、萬人に共通でありうるものであるが、體驗はそれを體驗した個人の主觀性の内面においてのみ眞實であり、魚が水のなかでのみ生きうるやうに、内の世界でのみ生けるものでありうる」(13)。臨床的な知見には、こうした意味での「體驗」が含まれているといってよいのであり、この「體驗」と知解の正に境界面に、その場を得ようとするものと言えるだろう。

臨床の知見は、その在り方において、人間理解における還元主義的な単純化、〝要するに〟的思考法とは正反対の極に位置するもので、特定の閉じた人間像と閉鎖的な「高貴な通俗性」に対して、あるいは技術の応用としての機械的適用主義に対してきびしい自己批判が求められるのである。この意味で臨床の知見は、リクールの指摘する「解釈学的な循環」に自らを投じなければならない。

確定的な結論に安心しないという態度こそが新しさを発見し、意味に出遇うための条件である。臨床の知見は、古典的な表現をとるならば、方法あるいはやり方としての〈説明〉形式においてではなく、ひとつの状態としての〈理解〉の形式を基本としているといってよいだろうし、教育現実の理解にはこうした知見が基本的に要請されているると言えるのである。

④　教育的日常からの試み

以下においては、教育学における精神科学的潮流の台頭のなかで試みられている研究の傾向を二、三紹介することで、臨床教育学の展開が（いわゆる〈問題〉事象においてのみならず教育的日常への立ち返りによって）さまざまの領域で可能であることを示しておきたい。

教育学において、経験科学的研究方法による教育研究への批判とともに、現象学の立場に立つ教育研究が再び台頭してきており[14]、日常的前学問的な生活世界での経験において、教育的に有意味と解されてきた所与のもの、例えば遊び、学習、認識、良心等々を改めて捉え直し、それらによって構成されている意味連関を新たに理解し直す試みがある。子どもの遊びの世界をプレールームでの遊びとしてワンサイドミラー越しに治療的に観察するのではなく、子どもと一緒に遊び、子どもが「自分自身である状況」としての遊びを、子どもと共に「分かち合う」こと、この「分かち合う」経験の記述において、子どもとその世界の理解を進めようとする努力がなされている。そこでは、子どもの遊びに関する理論的な整合よりも具体的実際に迫る態度方法に強い関心が向けられている。

教育学の領域においても、子どもの「生きられた時空間」が問題となっている。特に物理学や幾何学の授業において、その前提となっている抽象的等質的な「理念としての時空間」概念は、子どもの生活経験としての「生きられた時空間」とは異質のものであり、教授学において、この二つの時空間概念の関係づけが、知識伝達の技法の問題としてではなく、子どもの世界経験をどう理解するかという課題として問われているのである。

あるいはまた、困難な課題に直面している子どもに対して教師は勇気を出すように励ますが、このごく日常的な「励まし」（Ermutigung）の行為が一体どのような人間理解において遂行されているのか。この援助的関係を成立させている人間学的心理学的な前提は何であり、いかなるコンテキストにおいて〝困難〟が認識されており、またその〝克服〟がイメージされているのか、こうした教育において自明とされている行動様式の意味と構造を改めて問い直すことにおいて、教育的意味の新しい生成の可能性が追求されているのである[15]。

このように、教育世界において現生する諸事象に形成的意味を再発見し、その位置を新たな意味連関において解釈しようとする試みは教育学におけるひとつの潮流となりつつある。そして、この試みは、先述の仮面剝奪と意味復興という、解釈学的循環の中で、新たな意味生成の実をもたらしていると言ってよい。

こうした教育の実際に即した主題についての研究とともに、臨床教育学の視点は、教育の思想研究の領域においても独自の役割を果たすことが可能であると思われる。例えば、今日の臨床的な知見が治療的教育的意味を確かめている〈遊び〉について言えば、この事象は教育学のみならず、人間性の形成と表出を可能にする独自の行為であり状況であるとして、人間に関する諸学が早くから注目してきた。教育学におけるその代表的な理論はフレーベル（F. W. A. Fröbel）のものであろう。彼は、例えば、遊びにおいて少年たちは「よろこびへと、よろこびに充ちることへと」導かれ、「よろこび（Freude）はこの時期におけるすべての少年のたましい（Seele）である[16]」と表現している。この一文のみで彼の教育論を論述することは勿論できない。むしろ逆に、我々は子どもの〈遊び〉の観察あるいは〈分かち合う〉経験において、子どものたましいとされる「よろこび」をどのように共有し意味付けているかを問われていると言えるだろう。フレーベルが『人間教育』において論じる遊びは、指導論や形態論ではなく、それがもたらす「よろこび」においてたましいが「温められる」次元を含むものであり、〈よろこび〉の人間学とでも称することのできるテーマが設定されていると言ってもよい。またこの遊び論は、彼独特の表現、予感、象徴、自由等々との連関において子どもの生活世界が語られており、そこで展開される遊びの意味論は、単に文献研究の領域にとどまらず、遊びに関する今日の臨床的知見と関係づけられることによって、実際的かつ解釈学的な意味をもたらすと思われるのである[17]。

天才的とも言われるすぐれた教育実践者における「心情と直観力の優越」（ディルタイ）に導かれて、我々は人間理解の地平を開く具体的試みとこうした形において出遇うこともできるのである。

臨床教育学は、以上の試みにおいて示唆されているように、教育現実の〈問題〉事象において経験され直観された新しい現実に、人間形成論的な解釈の可能性を問い意味連関を言語化するために、独自の〈文法〉をつくり出す課題を負っているといってよいだろう。

注

(1) 安香宏・小川捷之・河合隼雄編『教育と心理臨床』臨床心理学大系14、金子書房、一九九〇年。
(2) 同前書、七頁。
(3) Bollnow, O.F. (1989) Die Geisteswissenschaftliche Pädagogik. *Richtungsstreit in der Erziehungswissenschaft und Pädagogische Verstandigung.* S.57.
(4) J・ハーバーマス（高山淳司訳）「解釈学と精神分析」O・ペゲラー編（瀬島豊他訳）『解釈学の根本問題』晃洋書房、一九七七年、三五八頁。
(5) Göbbeler, H.P. und Lessing, H.U. (1983) *O.F. Bollnow im Gespräch.* München, S.79.
(6) M・ハイデッガー（桑木務訳）『存在と時間上』岩波文庫、一九六〇年、七八頁。
(7) O・F・ボルノウ「解釈学的論理学の概念について」O・ペゲラー編、前掲書、一五五頁。
(8) P・リクール「諸解釈間の葛藤」O・ペゲラー編、前掲書、三六三頁以下。
(9) P・リクール、同前書、三七二頁。
(10) H・クンツ（小西祐一訳）「フロイトの精神分析学における人間像の拡大」ガーダマ／フォーグラー編、前田嘉明他監修『講座　現代の人間学3』白水社、一九七九年、二二四頁。
(11) J・ハーバーマス、前掲書、三四四頁。
(12) 正木正『教育的叡知』金子書房、一九六七年、一四二頁以下。
なお正木はこの著書において「教育臨床」という用語が意味するところを五点にわたって特徴付けている。また教育臨床家に求められる知見についても「身をもって反省した」諸点として具体的に記述しており、興味深い。

(13) 西谷啓治「宗教と人生」『西谷啓治著作集20』創文社、一九九〇年、一二頁。

(14) Plöger, W. (1986) *Phänomenologie und ihre Bedeutung für die Pädagogik.* München, S. 9 以下。

(15) Lippitz, W. und Meyer-Drawe, K. (Hrsg, 1987) *Kind und Welt.* Frankfurt. の中の Jon Beekman, *Hand in Hand mit Sasha.* 及び Danner, H. *Ermutigung-Ein Prinzip pädagogischen Handelns.* などを参照。

(16) Fröbel, F. W. A. (1973) *Die Menschenerziehung.* (hrsg. von Holstein, H.) Bochum, S. 279.

(17) 例えば、尾形良助『予感する理性』(以文社、一九八九年)においては、フレーベルの「予感」は「子供のような、若々しい、生まれたばかりの理性」「予感する理性」「子どもの理性」と呼ばれ、大人の「説得する理性」と区別して、その前提をなすところのいわば感覚の性格をもつ理性の働きとして位置付けられ、西欧の理性解釈の中で独自の意味をもつ考え方と評価されている。

〈『臨床教育学三十年』からのコメント〉

付論　⑤は、臨床教育学が教育学会や学校現場、教師養成の場で漸く関心を惹くようになり、研究会も開催され、研究スタイルの多様化が進んできた時期に、それぞれが目指す研究課題や方法に関して俯瞰図を作る目的で編集された。したがって、「京都大学の構想」をより鮮明に印象付けようとする意図が強く出ており、従来の教育研究とは別タイプの教育研究を構築しようとする論調が目立っている。前掲での立場に比べると時間が経っており、私が目指した臨床教育学の構想の輪郭と概念装置がここでほぼ出そろっていると思う。なお、本書でそれぞれの研究課題を提起された方の多くは、その後、日本臨床教育学会の設立に参加されるが、私は参加しなかった。その理由は、ここで構想しているような臨床教育学の未完態性をビビッドに持続することができる組織のように思えなかったからである。臨床教育学がいろいろの意味で注目されることは歓迎すべきであるが、だからといって口当たりの良い教育言説を「臨床」と称して流行させてよいわけではないと思ったからである。

付論　⑤　教育「問題の所在」を求めて――京都大学の構想

【初出　小林剛・皇紀夫・田中孝彦編『臨床教育学序説』柏書房、二〇〇二年】

［1］教育〈大変〉から臨床〈大変〉の中で

臨床教育学が大学の研究分野を指す名称として登場するのは一九八八年であり、関係学会で研究主題として正面から取り上げられるのは一九九六年開催の日本教育学会でのシンポジウム〈臨床教育学に何を期待するか〉においてである。当時、この名称を名乗る研究組織をもっていたのは京都大学と武庫川女子大学であったが、シンポへの参加状況からみて、この分野への関心は相当に高いという印象であった。シンポの提案者のひとりであった新堀通也は、教育が、思想から活動と組織に及ぶ全般において〈大変な時代〉に突入しており、この〈大変〉に備える方策のひとつとして臨床教育学が注目されていると分析して、臨床教育学登場の背景を教育〈大変〉言説によって説明してみせた。確かに、同席した報告者たちも一様に、深刻化する教育病理や学校問題に言及して教育と教育学が危機的な事態に当面しているという認識を共有していたが、しかし、これらの頻発する問題群をどのように理解していかなる対応策を提言するかという、いわば〈期待〉に応える点に関しては慎重であったというより、むしろ警戒的であったように思う。

一種の流行現象にまでなったカウンセリングマインド万能論、ともすると独善的でいかがわしい印象を与える体験談的な対症療法、すべての問題を心理的な共感論で語る還元主義など、臨床ブームが惹き起こした「癒し」言説待望の渦に巻き込まれることへの警戒が必要であること、危機を回避ないし解消したいという教育現場の期待に応えるその応え方――例えば、不登校ゼロの学校づくり、危機管理の発想を基軸にした予防的な学級・生徒指導など――次第では、教育活動に新しい病理を誘発する可能性があることなど、「臨床」を巡る状況への批判的な所見が率直に表明された(1)。

学会での報告や議論の大勢としては、教育界の〈大変〉状況からして臨床教育学への期待は一応当然としながらも、その期待される方向や内容に従って領域を拡大し方法を実用的性格のものに磨きあげることに対しては、つまり問題解決に役に立つ有効な処方を工夫して教育現場に提供するという筋書きに関しては批判的でありむしろ対抗的な見方も出され、いわゆる実践や役に立つという文脈に直結した形で「臨床」教育学を語る姿勢への用心深さが目立っていたと思う。この姿勢は少しうがった見方をすれば、臨床ブームの先導役を務める臨床心理学の後追いはしたくない、しかしだからといってそれに代わる独自の代替理論や技法を開発している訳ではないという、後発グループ臨床教育学の苦しい立場の反映であったとも言えるだろう。

なかでも特に、臨床心理学が学校をはじめとして幅広く教育の領域に展開する勢いを見せていた京都大学においては、臨床教育学を立ち上げる時点において、一方で臨床教育学を臨床心理学の言説を応用して教育を語るいわば第二の、応用心理学の立場に止まることに満足するのではなく、他方で、教育現場では無用にして無力な存在としてとっくに見放されている「教育学」の立場を何とか擁護する役割を演じることなく、それらのいずれでもない独自の仕方で臨床と教育を結ぶ仕組みを造り出す立場を選択しようとしていた。このように、臨床教育学は、臨床家や教育（研究）者から期待を寄せられて登場したものの、現実にはその期待の筋書き通りには進まずあえて別の方向を求めて、一人歩きを始めようとする構えを誕生の時点ですでに見せていた。こうした用心深い態度は、臨床教育学を自らの研究分野の拡大に利用しようとした関連研究領域には思惑外れであっただろうし、即効性と機動性に富む処方を期待した教育現場には失望感を与えたに違いない。

京都大学での臨床教育学の展開過程の底流にはつねに、教育研究の「新しい」試みとして臨床教育学を名乗るのであれば、それが占める研究上の位置や役割、方法論などをどのように語ればよいのかという問題が鋭く意識され、この自覚が既成の教育諸学の応用学ではない側面を強調させ、その距離感が「新しい」スタイルとして立ち上げる貴重なエネルギー源にもなってきたと思う。つまり、臨床教育学は、臨床心理学をはじめとする先行臨床研究分野と、既存の長大な歴史と領分を占有している（と思っている、だけなのかもしれない）教育学と、それらに加えて、教育「実践」や「現場」を支配している（かに見える）教師たちとが、一見したところ、相互に不一致であるにもかかわらず微妙な境界線を守りあっている（かのように見えるが、恐らくこの境界線の上か下かには巨大な意味空白の世界が潜んでいるのだろうが）この三者の勢力圏の、まさにその境界領域をめがけて着地しようとしているのである。

したがって、臨床教育学が「新しさ」を主張すればするほど当然これら三者からの厳しい批判にさらされる、と同時に、少しでも独自の研究スタイルと領域が確保できたとすれば、これら既存の研究勢力に取り込まれる危険にもさらされるのである。臨床教育学が、もし何か「新しい」研究スタイルを工夫発明したとすれば、それは差し当たっては、既存の三者に向けて差異化を仕掛けた成果にほかならず、当然批判され排除される可能性がある。しかし、少しキザな言い方をすれば、それは「新しさ」の担保なのである。したがってまた、臨床教育学の流行やその効能の宣伝は（まだ「新しさ」を獲得しているかどうか疑わしい段階であるように思えて仕方がない。しかし、「新しさ」が作り出される可能性はあると考えている。）その「新しさ」を消費することにほかならず、そうした流行現象は、先に述べたように、臨床教育学自体の存在理由にかかわる逆説的な事態でもあって、臨床教育学〈大変〉としてその空洞化を進行させる結果になるわけである。

後述するように、京都大学の構想とその後の臨床教育学の展開を鳥瞰すると、その試みの評価は別として、そこでの理論的・実際的な活動の特徴は、教育学にあえて「臨床」を接頭する意味を（場合によると、必要以上に）強調することによって、接続された側の教育学の補強を図るのではなく、逆に教育についての意味領域に争奪を仕掛け、教育学と学校現場が自明的に流通させている教育言説にトラブルを発生させてその意味回路に差異や変換を惹き起こすことに狙いを定めている点にあると言える。「臨床」を、教育（学）研究を変換させるための道具として活用するという戦略が、ある意味で、京都大学の立ち上げた臨床教育学の特徴である。そうした戦略を選択した背景には、京都大学の教育学部が臨床と教育の両分野においてすでに優れた研究活動を展開しており、それらの単純な「応用」学としては存在が危ういし、いずれはいずれかに吸収されるという危機感が強かったことは否めない。その危機感が逆に、未成熟でありながらもその立場の独自性（必要以上の差異性）の強調となって現れたとも言えるだろう。

ところで、このような立場からすると、最近の臨床教育学への期待の高まりは、同時に、それが困惑と懐疑を呼び起こすというアンビヴァレンスを伴っているものの、教育情勢の新しい局面において次第に変質してきているように思われる。つまり、臨床教育学というよりも、臨床という名称を意味付ける文脈の変化である。あの、教育〈大変〉の波濤は教育養成〈大変〉として教員養成系大学にも現れ、リストラ絡みの再編成の嵐が吹き荒れている。この事態を生き延びる方策のひとつとして臨床系の教育研究分野が急増する傾向にある。(2) 個々の大学での構想や研究実績が必ずしも明らかでないためこの傾向が我が国の臨床教育学の展開にとってどのような生産性をもたらすか今のところ論議することはできないが、予断を交えて言えば、教育の前か後に臨床を付けるだけで教育学の生き残りを図ろうとする魂胆であるなら、臨床のインフレ化ないし空洞化はさらに加速して、今度は臨床〈大変〉が出現することになるだろう。教育学の研究において臨床の意味と役割についての十分な論議と概念化の作業が進展していない段階で、臨床教育学は急速な消費の渦に巻き込まれてその未だに定かでない意味までも失おうとしている、との危惧を感じている。

しかし、この臨床濫費の事態は別の意味では期待も内包している。つまり医学や心理学の文脈で使われてきた従来の臨床概念をその伝統から解放して流動化するために一役買うことが出来るのである。事実、臨床哲学や臨床社会学、臨床人間学や臨床福祉学など既成の諸学が臨床を纏う新しい装いで登場する光景は、教育学が、それら人間諸学（human sciences）再構築の臨床前線に共同参加する機会に遭遇していること、そして、教育の場面や関係を意味付ける新しい概念装置を発見するチャンスを目の当たりにしているともいえる訳で、この限りにおいて、臨床教育学が臨床を名乗ることは、既存の教育（学）言説を差異化して教育の意味を再生する工夫を進めながら、他方でその臨床自体を教育活動の内と外から差異化する試みにも携わるという、この二重の課題を担うことになる。

臨床も教育も、そのいずれもが安定した意味秩序のもとで一義的な関係を維持しているのではなく、置かれる文脈次第によって相互にその意味を変容させ合う力動関係にあるのだ。臨床氾濫状況とも呼べる今日、臨床と教育を結ぶ意味生成のネットワークを構想することは相当困難な作業であるが、そのなかであえて臨床教育学への期待を語ろうとするのであれば、この二重の課題に連なる研究主題に取り組むことが不可避であると思う。

［2］京都大学の臨床教育学のスタイル

京都大学の臨床教育研究が何を目指してきたか、またその立場を選択した背景について概括して述べてみたが、そうした主張や立場を裏付ける研究や教育活動については言及しなかった。言うまでもなく、それらは、たとえ極めて不十分かつ不満足な形であったとしても、「実践」と理論的な活動によって探索され工夫を重ねて作り出された研究スタイルであって、単なる構想のための構想ではない。これらの立場にかかわって、そこでの研究活動の内容や方法論に触れなければならない。

京都大学の大学院に独立専攻として臨床教育学講座が開設された当時の事情、その構想と講座構成、研究課題と展望などについては、開設時の学部長であり計画遂行の責任者であった和田修二が詳細な記録を残しており（一九九六年）、またその構想に協力した臨床心理学者河合隼雄が試みた臨床教育論も出版されており（一九九五年）、それらによって開設当初に考えられていた臨床教育学の輪郭や研究の方向を推測することができる。(3)

和田は本専攻の基幹講座である臨床教育学講座について次のように述べている。「私は、この講座に、教育学と臨床心理学の双方に必要でありながら実際には十分に自覚され実現されていなかったこと、すなわち困難のある子どもの相談と指導を病理と治療という観点からではなく、クライエント自身の危機的な経験を契機とする人格的な成長、『新生』の援助という観点から統合することと、困難のある子どもとの臨床経験を媒介として大人自身の既成の教育観や人間観を問い直すという二つの課題の集中的な遂行を期待した」。その期待をさらに言い換えて、「個々の子どもの実際的な相談の経験に基づいて、絶えず既成の教育と教育概念の批判的な再構築を指向する『具体的個別的で実践的な教育学』となるべきである」と述べている。(4) 和田のこの言述には、彼に強い影響をあたえたオランダの教育学者M・ランゲフェルト（M. J. Langeveld. 1905-1989）が提唱した「規範的実践的な子どもの人間学としての教育学」を我が国で展開することへの熱い期待を読み取ることができるだろう。

京都大学の臨床教育学講座はその開設の趣旨の核心において、ランゲフェルトに起源して和田が概念的に定位した新しい実践的な教育学の構想を包含しており、実践における基本的な課題を教育（学）の批判的な再構築として定位していたのである。この開設の趣旨はしかしながら、ニュアンスの違いはあるにせよこれまでにも多くの教育学者によって指摘されてきた教育改革論に類似した内容であると言える。規範・実践・個別性・再構築などは教育学言説の常套句であってもはや教育観の変革を惹き起こす力はそれらにはない。「子どもの人間学」すらすでに陳腐化している。

したがって、このような教育学用語を個別にどれほど連ねたとしても、そしてそれらがいかに過激なものであったとしても、恐らく教育観の変革に到達する言説を作りだすことはできまい。実は、教育の概念や言説あるいは思考様式や認識の枠組み自体がすでに深い機能不全に陥っている可能性があるのだ。教育言説の枠組みや語りの筋自体が陳腐化しているのであれば、その語線上にどれほど目新しい新語や綺語あるいは気の利いた臨床用語を並べて見せても、それらによって教育に新しい意味をもたらすことはできない。

教育観を問い直すという過程には、この教育言説を構成する語りの筋を発見して、その意味を造りだす場所にむけて差異を仕掛ける語りの工夫がどうしても必要なのである。このことはとりたてて強調するまでもなく教育研究の当然の課題であると言えるが、しかし、その課題を研究のどの局面でいかなる方法を使って遂行するのか、つまり課題を展開する文脈と場面を発見することはそれほど簡単ではない。従来の教育学は、課題をかなり的確に提起してきたと思うが、それらを具体的に遂行するための場面を発見する技法の開発を疎かにしてきた、というよりも、「実践」という常套句でその課題を逆に隠蔽してきた、と言えば、言い過ぎになるだろうか。（少し余談になるが、筆者の立場からすると、この魅力的な教育用語である「実践」こそは、臨床教育学が最も注意深く接近しなければならない意味発現の場所を指し示す貴重な語である、と同時に教育言説を陳腐化させる元凶として、最も厳しく対決してその意味を差異化しなければならない対象でもあるのだ。臨床と実践とは一見すると隣接した概念に見えるが、教育世界に流通する中心的意味を担ってきたために、「実践」の意味はすでに陳腐化して死語と見立てられ、もはや意味を発現する力をもっていないと思う。したがってまた、教育言説の肝心な場面で「実践」を乱発する教育論〔実は筆者もこの「実践」頼みの教育論者であって、本論でもこれを愛用しているのであるが！〕は、賞味期限が近づいているように思う。）

ところで、もう一度、和田の臨床教育学構想に話をもどそう。彼が「臨床経験を媒介として大人自身の既成の教育観や人間観を問い直す」という課題をあえて臨床教育学に提起した意図をどのように解釈するか、そこで言われる「問い直し」がどのレベルを指しているのかは明確でないが、しかし、臨床教育学のその後の展開を、つまり教師再教育のカリキュラム開発への取り組みを予測したものとして、興味ある指摘だと思う。筆者が臨床教育学講座に着任する際、和田が要請した唯一のそして以来片時も忘れられない条件は、今まで身に付けた教育研究のスタイルを捨て去ってゼロから臨床教育学に取り掛かること、であった。これは個人的なレベルの話ではあるが、しかし、和田にとっては、臨床教育学の立ち上げが従前の教育学にはっきりとした折り目をつけてそれの転換を目指す企てであったことを物語るエピソードであると思う。

こうした背景も働いて、京都大学の臨床教育学講座はまぎれもなくこの「教育観を問い直す」という課題を研究主題のひとつにすえてきた。この課題を教育相談と結び付けて、教育相談の役割を、子どもや教師が直面している〈問題〉を直接解決（消）するための支援活動としてではなく（そうした支援活動はある状況では極めて重要であると思う）、むしろ〈問題〉を見立てるその見立て方、語りの筋立て方を教師と共同して探り出し、その筋に差異を仕掛ける場面として相談を位置付けようと試みてきた。この手法を、カウンセリングと区別して教育相談（コンサルテーション）と呼んできた。教育相談は、先の「語りの筋を発見する」場面であると同時に来談する教師の再教育の機会としても位置付けたのである。相談は〈問題〉の解決を動機に始まるが、その場面と話題の中身を意味付ける文脈（関心）は、解決指向とはずらされていて、語りの筋と語法（語線を造る言葉のやりとりの形態やリズムなど）に強く傾斜している。

［3］言語活動としての教育相談

教育〈問題〉や教師〈問題〉を臨床教育学の「テキスト」として見立てる着想と語りの筋への着目が重要である

こと、そしてそのためにはある種の技法が必要であることに気付かせてくれた契機は二つあった。ひとつは教育相談に来談した教師たちである。今ひとつは言語哲学の巨大な転回の波紋である。この二つの要因が、〈問題〉が語られる場面での言葉のやり取りにおけるその言語の機能と形態こそが、実は〈問題〉の意味を造形する働きであると見立てる視界を開いてくれた。

第一の要因に関して言えば、相談を言語の独特な活動形態として解釈することである。「言語の方法」を強調する立場からすると、教育相談は、子どもの姿や学校の役割などが多様に変化して新しい意味を発現させるために施設された特殊な語りの場面であり、教育の意味を変形させたり新しい文脈を発見したりする「テキスト」に見立てることが出来るのである。相談は、相談者と来談者（教師）が共同して語りの技法を工夫し、〈問題〉の所在を探索する機会である。また〈問題〉の意味を繰り返し語り直して、そのつど変換することができる、意味変換の可能性に開かれている胎動態であり、さらには、そのやり取りのなかで言葉が演技して意味を造形する舞台でもあるのだ。その演題は、意味不明の未決の〈問題〉であると言ってよい。

相談において焦点化されるのは、〈問題〉に関する情報の内容の「何」よりも、〈問題〉が語られる際、つまり言語として意味表出される際のその語りの機能と形態（例えば譬喩的機能や物語的機能や詩的機能など）であって、〈問題〉を語っている当事者の心理や生活状態などでもない。こうした「言語主義」的とも呼べる立場から相談活動を解釈する試みは、第二の要因である言語論的転回に影響されたものであるが、しかしこの方法論的立場はやはり教育現場で〈問題〉を語り合う「実験」のなかでより確かなものにされてきたと思う。

この「実験」を通して、教育的な文脈において教育相談を位置付ける立場を確保しようと試みたわけで、京都大学の臨床教育学はこれによってひとつの研究スタイルを作り出したと言える。では、こうした立場において教育相談の内容はどのように理解されるのか。〈問題〉言説から、説明的で対象指示的な「何」的側面を捨象して〈問題〉の実体的な認識様式を崩す作業はどうなるのか。この過程は、相談における「気付き」とか「発見的な認識」とか呼ばれる局面と一体化していると言えるだろうが、基本的には、〈問題〉を語る語り方、あるいはトポスの問題として焦点化出来るだろう。〈問題〉はたえず語り直され、語り直しの中でその意味を変化転換させ、多義的な性格を帯びていく。相談活動の特質は、〈問題〉言説が別の筋を分節させて〈問題〉を意味付ける文脈に差異が現れる局面を、相手と語ることによって、自己ならざる他者との「相手関係」において出現させることが出来る点にある。その関係は来談者との心理的なあるいは情緒的な共感関係の演出とは異なった、言語的な問係を基軸にした文字通りの相談関係の成立を目指すものである。だから、〈問題〉が実体として存在するのではなく、相談という言語活動が作り出す場所において、ある出来事が〈問題〉として語りだされて意味付けられるのであって、語り手を離れた（つまり聞き手を離れた）どこかに「客観的」に問題が存在しているわけではない。したがって当然のことであるが、学校や家庭で起きた問題と相談に登場してくる〈問題〉とは、似て非なるもので、両者は異質の次元に属するものであって、一方の問題を他方の〈問題〉に還元出来る訳ではないのである。この違いに気付くことは、語りの意味産出力に気づくためにも大切である。

では、教師はどこから〈問題〉言説を作り出すのか。教師は、学校で教師が共有しているいわば制度化された教育言説の枠組みから逸脱したやっかいで、時には理解困難な差異的事象を〈問題〉として話題にする。したがって、〈問題〉言説は教師の主観的な思い込みではなくて、彼（彼女）が所属する共同体（学校世界）を秩序づけ、そこで流通している通念的言説、教育を語る筋立てに拘束されている。教師はある出来事や事象を〈問題〉に見立て、そして〈問題〉を語ることによって実は制度化された教育言説の筋の所在を陰画状に浮き出している。だから、〈問題〉を解決したいという欲望もまたこの言説の文脈にそった達成欲なのである。子どもたちもまたこの枠組みと文脈において子ども「らしく」振る舞っているのだろう。

別の見方をすれば、教育相談に登場する〈問題〉とは、こうした通念的な教育観が頓挫して、自明化していた教育言説の鉱脈が露呈する場を見せていると言えるだろう。教育相談の場面は、先に述べたように、こうした通念化した教育観を語る筋立てが露呈する局面と、その筋立てが不全に陥って意味分節を迫られている変換の局面とが混在する、いわば意味争奪の場面であると言える。つまり、〈問題〉言説の筋が複合的に推移して、それまでの成り行きとは反対の方向に「どんでん返し」する事態、「逆転変や発見的認知」をともなって変化する、いわゆる「転」の筋立てを創作することである。

〈問題〉言説によって映し出される教育観は、個別的具体的な〈問題〉の相談場面においての言葉のやり取りを契機に現れ出る場所的な性格のもので、すでに相互的で行為的な性格を帯びているから、それが変換することは相談関係それ自体に変化をもたらし、したがって〈問題〉もまた《問題》に転開する可能性に出会うことになる。相談の過程にはどこかでこうした筋立ての「逆転変」が生起することが期待されていると言える。教育を語る語りの筋立てを陳腐化と差異化の両極に引き裂いて教育言説を構成する語りの筋を際立たせて見せること、そのために、教育のそして〈問題〉の意味を多義化する仕掛けを発明すること、これを臨床教育学の課題と考え、教育相談をその実験の場面に見立てる戦略を開発すること――これらが京都大学の臨床教育学が取り組んできた仕事であった。

この「実験」は、教師再教育の主題がどこにあるかをかなりはっきりと明示するとともに、その内容や方法に関しても多くの示唆を与えており、最近は、この再教育分野のカリキュラム開発にその成果をつなぐ試みを進めている。この試みは、臨床教育学の当初の構想を教育相談に組み込んで、〈問題〉解決型の教育相談の役割を変容させ、相談活動を教師再教育の文脈へとはっきり構成し直し、〈問題〉をこの再教育のための格好のテキストとして活用するものである。

このような臨床教育学の発想とその展開のための第二の要因は、先に触れたように言語論であって、言語哲学が開示した言葉に関する新しい知見を教育研究に導入することである。かつてヤーコブソン（R. Jakobson, 1896–1982）が強調したように、人間諸科学と言語学との関係は必要不可欠であって、言語学の知見抜きにして科学を語ることはできない。二十世紀後半の思想状況を大きく「転回」させた言語論的転回の波及効果を教育学がどのように受け止め、言語を方法として、教育学研究「転回」の可能性を探索することが教育学の今日の課題ではないか。この言語論的転回は、教育研究にさまざまの手掛かりを与えている。

例えば臨床教育学に身近なところでは、物語論、テキスト論、譬喩論、語法論、レトリック論、詩論、スタイル論などを挙げることができるが、これらの言語論系の惑星群は確かに教育（学）にとって一見未知の存在にみえるが、しかし、教育（学）はすでにこれらの言語宇宙圏において活動に意味を与えられているのであって、惑星群に支えられそれらの働きを活用しているのである。教育学の外に言語論が存在するのではなくて、言語の仕組みや仕掛けの微妙なアヤによって教育は意味付けられている。この文脈をさらに誇張した言い方ですれば、教育は言語宇宙に浮かぶ「虚構」である、「と言う見立て」の装置を提供することができるのである。

筆者は、特にP・リクール（P. Ricœur, 1913–2015）のメタファー論と物語論を使って〈問題〉言説が教育にもたらす意味論的な特性について考察してきたが、この言語論的な、あるいは最近のニューレトリック論の手法を用いた教育言説の再解釈は、臨床教育学の手法が、単に相談場面での〈問題〉言説だけでなくテキスト解釈の方法論に興味深い論点を呈示できるのではないかと期待している。(5) 現在進行している、教師再教育のためのカリキュラム開発のなかでは、こうした言語哲学が提起した「言語を方法」とした人間学研究の手法の一部を、教育研究に新しい「実践的」（また使ってしまった）局面を開転させるために、つまり教育の意味を発見するための有力な仕掛けとしてその役割を期待している。

注

（1）　日本教育学会第五五回大会でのシンポジウム「臨床教育学に何を期待するか」の報告の詳細は『教育学研究』第六四巻第一号（日本教育学会、一九九七年）参照。また、本学会における臨床教育学関係の報告としては、『教育という「物語」』（同前、第六六巻第一号、一九九九年）、日本教育学会課題研究「『臨床教育学』の動向と課題」資料集『『臨床教育学」の試みⅠ』（一九九九年）、『同Ⅱ』二〇〇〇年）などがある。

（2）新堀通也「臨床教育学の概念——わが国における展開と系譜」『武庫川女子大学教育研究所研究レポート』第二五号、二〇〇一年。

（3）和田修二・皇紀夫『臨床教育学』アカデミア出版会、一九九六年。河合隼雄『臨床教育学入門』岩波書店、一九九五年。

（4）和田修二・皇紀夫、同前書、二一頁。

（5）この立場によるレトリック論的な研究としては次のものがある。皇紀夫「教育基本法のレトリック」京都大学大学院教育学研究科臨床教育学講座『臨床教育人間学』第二号、二〇〇〇年。同誌第三号、二〇〇一年。皇紀夫「小原國芳全人教育論のレトリック」同誌第四号（二〇〇二年）。皇紀夫「下程勇吉の二宮尊徳研究」下程勇吉・教育人間学研究会『教育人間学の根本問題』（燈影舎、二〇〇〇年）。皇紀夫「教育学における臨床知の所在と役割」教育思想史学会『近代教育フォーラム』第一〇号（二〇〇〇年）。〈注〉これらの論考は、いずれも本書に収録されている。

〈『臨床教育学三十年』からのコメント〉

臨床教育学の学理的な考察を試みた最初の論考である。教育世界とそこに発現する問題事象を理解するための認識論的な基礎付けを、事例解釈の方法論の構築に重ねて展開したものである。当時ユトレヒト大学留学を終えて、臨床教育学発祥の地においてもその学的な可能性を問う研究が次第に後退している有様を実見して、改めて臨床教育学の存在理由とその方法論の展開とが切実な課題であると感じていたことが思い返される。その立場は、臨床心理学とそれの応用論とは別種の方法を探りあて、なおかつ実践的な教育学の技術主義や操作主義に陥らない臨床の独自性が発見できるかどうかであった。ここでは、私がそれまで親しんできた解釈学的教育学の方法論を手掛かりに、その理論が展開する解釈学的な方法を参照して、臨床教育学の方法論を構想しようとしている。したがって、考察の前半は、哲学的教育人間学の提唱者であるボルノウと、その後継者キュンメルらドイツの解釈学の系譜に属する哲学的な認識論や方法論を取り上げている。この作業は、不十分ではあるが、私が臨床教育学の方法論を新しいスタイルのものとして立ち上げるためには、どうしても通過しなければならない、しかも教育の「問題」解釈に向かってそれを批判的に差異化しなければならない、脱構築化の過程であった。とはいえ、それから影響された発想は少なくなく、例えば「何か異なっている」原理や「先取り的前理解（前理解の解釈学）」の概念などは、後の「差異化」や「教育的なもの」を構想するヒントになっている。

後半は、教育「問題」研究に関する実際的な課題である事例言説の在り方について、「言述の意味論」や「テキスト世界」論を取り込みながら、出来事から意味論への転移（位）を臨床教育学の方法原理として構想したもので、リクールの解釈学に導かれている。オランダやアメリカで、リクール思想が人文諸学に相当な影響を与えていることを知り、その衝撃が反映していると思う。学校での教育相談に取り組みながら、文字通り実践と理論の両面から挟み撃ち状態の中での作業であり、その意味では、リクールの哲学はもはや単純な応用理論ではなく、学校現場で教師との相（想）談で語り合った、問題言説という出来事に照合して理解されていたと思う。

第二節　臨床教育学の方法論的課題

【初出『京都大学教育学部紀要　第40号』京都大学教育学部、一九九四年】

①　臨床教育学の立場

〔1〕臨床教育学の双面的問い

教育学の理論が教育現実の理解と実践的な展開とに直接に役立つ必要はないにしても、しかし理論体系とそれを組み立てている教育学の諸概念は、それが実際的・臨床的であるというにはあまりにも抽象的であり「学問的」或いは歴史的である。この反面、教育学の理論は、例えば自然科学の学理論からすれば、それを「学問的」と呼ぶにはあまりにも実際的・前体系的であるとの批判を免れ得ないのである。歴史的に見ても明らかなように、教育学はこうした教育現場からと実証科学からとの批判にたえずさらされてきたのであるが、その教育学は今日、一方で教育諸（科）学へと解散分化する方向と、他方でそれら諸（科）学の実践的実利的応用を目指すモザイク的な綜合学を目指す方向との、両面において脱教育学化をはかろうとしているように見える。教育にかかわる諸（科）学の綜合化の原理と方法とを自ら未だに明確化しえないままに、教育学と諸（科）学との流出・流入の双方向的動きが続き、教育学の拡散的肥大化と脱中心的空洞化現象とが進行している、と言えるのではないか。そして、この状態は学校を中核とした教育現場の状況に対応したものでもある。学校教育の実践や家庭での子育て、成人・老人教育などの教育現場では、教育実践に関する部分的な専門主義化の進行と同時に、教育的地平が加速度的に拡大するなかで、教育の営みを意味付ける全体的な見通しが困難になり、教育現実が、際限ない細分化と拡大のなかで、部分と全体との有意味な関連を失いつつあるのである。

こうした教育（学）の脱教育（学）化とも呼べる動向のなかで、臨床教育学が誕生した。つまり、臨床教育学は、教育における学問的な専門主義化と実践的な細分化とによって教育の意味が分断され個別化されていくという、いわば教育をめぐる意味の転換状況――教育を支えてきた意味連関の危機と再生の状況と呼んでよい――のなかで、教育現実を理解する新たな視点を開くという課題を担っている訳である。したがって、臨床教育学の立場は、教育を教育諸（科）学へと分解して、部分化された教育現実を実証科学的手法によって分析しようとするものではない。また、その逆方向として、それら諸学の知見と技法を「応用」して教育現実に発生する諸問題を「解決」することを意図するものでもない。少なくとも、臨床教育学はその最も近接する臨床分野にある臨床心理学の「応用」学としてではなく、教育上の「問題」において、それを通して、教育的な意味連関を（再）発見すること、いわば教育現実の「解釈」を第一の課題とするものである。「問題」は「解決」の対象と見なされるのではなく、人間世界において意味を発現している或る出来事として「解釈」されることがまず必要なのである。更に言うならば、臨床教育学は問題がないとみなされている教育的日常においてむしろ「問題」を発見し、その「問題」状況を手掛かりにして、改めて、教育の意味理解を可能にする新しいコンテキストを掘り起こそうと試みることこそを課題としていると言ってもよいだろう。

臨床教育学は、しかし、「問題」を特定の教育観や人間像から解釈しようとするものではないし、またその試みを可能にする普遍的教育観の構築を意図する学でもない。科学的な思考方法と対立する訳ではないが、しかしそれとははっきり区別される教育理解の観点と方法を探求するところに臨床教育学の「臨床」たるの所以があるとするなら、その目的は、教育の学的体系化や教育的人間像の創出、或いは教育の現場で効力を発揮する技法や知見の開発を直接の課題とするところにあるのではない。そうした教育現場との実体的もしくは実利的な関係とは異なった関係においてまさに「実践的」であろうとするのである。その主題は、後述するような教育理解の方法原理に従って、教育的世界と「問題」あるいは教育的日常と非日常との緊張状況が開示している「意味」を解釈することにある。

臨床教育学の問いかけは、「問題」とそれを「問題」視している教育観との両方に向けられていることが特徴的で、つねに双面的な性格をもっていなければならない。つまり、臨床教育学の問いは、「問題」を対象的に認識・分析してその原因の所在の解明を目指す科学的分析的な思考様式とは異なって、そのような問題の「解決」を意図して、その方法を求めるその教育観自体にも向けられている。

臨床教育学にとって、問題の最終的「解決」なるものは存在し得ないし、それゆえにまた「問題」のない教育的日常なるものもあり得ないということである。つまり、臨床教育学は特定の人間像や教育観を前提として、あるいはその前提条件の限りにおいて問題解決に有効と思われる技法から出発して教育の現実を見るのではなく――それは「臨床」ではなく単なる〈応用〉である――教育の状況にいかにして出会うか、そこで「問題」とみなされている事象が発現している意味をいかに発見するかという、教育における「新たな気づき」つまり「驚きながら発見することとしての見ること」(Betrachten als staunendes Entdecken)[1]という、教育現実認識の問題に深くかかわった課題を追求するものである。もし臨床教育学がこの教育理解の認識論的基礎付けという課題を回避するならば、臨床教育学の営為は臨床諸学の技術的知見の応用学に限定され、教育現実に対して派生的外的関係をもつ後進的な一分野を占めるに留まりさしたる生産的寄与もできず、その存在理由は極めて薄弱なものとなるだろう。

臨床教育学は教育現実の「問題」にかかわるが、その課題とするところは、「問題」の直接的な解消(決)ではなく、むしろ教育現実の真相(新相にして深相)に至るための迂回路を開き、「問題」を通して、そして「問題」において発現している未確定的な新しい教育意味をそこにおいて発見・解釈することにある。したがって、臨床教育学は教育学の理論体系の内に位置しているというよりも、教育の理論と実践とが交流しあい再び分節していく境界領域に、あるいはすべての教育観が新しい出来事において破綻する前線に位置していると言えるだろう。特定の先行する教育観に従って「問題」を理論的に分析し説明することではなく、それとは逆に、そのような前理解としての教育観自体を「問題」とのかかわりにおいて明け渡してしまい、「問題」との出会いが逆作用的に、事柄を問題視している当の教育観を変化させるという、こうした教育観や教育意識の自己変革の可能性を追求することこそが主題なのである。

臨床教育学は、「問題」にうながされた「新たな気づき」（ein neues Angemutetwerden）の遂行という意味で「実践的」であると言える。もし、臨床教育学がこのような認識論的次元での「問題」の見方に関する課題意識を欠くならば、操作的な技術主義的教育観やその反動としての独善的教条的還元主義に転落することになるだろう。

教育的世界の所与性を一般論的にではなく具体的な「問題」において問い、自明のものとして実体的に固定された教育の意味を多義性と多元性へと解（開）放すること、教育の諸概念を前学問的な教育的世界の地平から再展開する試みが臨床教育学のテーマであるとすれば、この立場は精神科学的教育学の今日的展開と称されている「解釈学的教育学」（hermeneutishe Pädagogik）[2]と課題を共有していると言ってよいだろう。

すでに明らかなように、臨床教育学は、授業技術や生活指導上の方法技術の開発や子ども理解のための心理学的知見の伝達と応用を目標とするのではない。むしろ、それらの技法や知見が有意味的に機能するための前提をなしている教育観や子ども観といった、教育の現況をそれとして意味付けている全体的意味連関に焦点を置いて居り、したがってその実践的な課題とは、「問題」を通して、それを「問題」として位置付けている教育的世界に関する理解の仕方自体を変革すること、その課題の具体化として、この教育的世界に関する記述と対話の態度能力を向上させることである。教育者（ここでは以下教師と呼ぶことにする）は、すでに教育の知見と技法を身につけて教育的世界の構成と展開に参加しており、教育諸学を応用し、それらに導かれて実践にとりくんでいる。臨床教育学は、このすでに特定の教育観に従って展開され秩序付けられている教育的日常から出発する。臨床的であるとは、実験室で条件設定された仮説的な前提から出発することではないし、概念構成による抽象的な教育体制一般から出発するのでもない。しかしまた、教育の現実は混沌とした矛盾した不安定な現実でもない。教育の現実はそれ自体として自律的に存在しているのではなく、人間的世界の中に「組み込まれている」現実なのである。モレンハウアー（K. Mollenhauer）が指摘したように、今日の教育をめぐる論議の問題点は、この「組み込まれている」事実を軽視し、社会機能の肥大化と細分化のなかでこの事実が見極め難くなっていることにあると言えるだろう。

教育の現実は無意味で混乱した世界――それは極めて抽象的な世界観である――なのではなく、つねにすでに秩序付けられ意味付与されている。その世界は曖昧で、偏りをもち、その境界は常に縁暈におおわれているが、しかし一定の秩序をもった中間的な「常宇宙」（medio kosmos）（A. Portmann）的性格をもった独自の世界なのである。臨床教育学は教育的始源としての零地点を想定せず、すでに存在する、特定の教育観によって限定され意味付けられている教育的世界とその具体としての教育的日常から出発する。したがって別の見方をすれば、臨床教育学は所与の教育現実に対して根源的に批判的である――特定の教育観の正当性を拒否するという意味で――が、しかし想定された抽象的零地点から出発するユートピア論的思考法に支配されぬという意味で、変革志向的とは言えず、むしろ具体的「問題」において意味を発見するという点で漸新的探索的であると言ってよいだろう。臨床教育学は「常宇宙」としての教育的日常とそこでの「問題」事象とに双面的にかかわることによって、教育的日常を問い直し、「教育」の意味を多義性へと解（開）放し、教育の新しい意味地平を展開しようとするもので、教育現実の解釈の遂行を主題とするという意味で、臨床教育（学）は臨床的・「実践的」であると言えるだろう。

［2］臨床教育学の認識論的特性としての「臨床」

教育的日常を支える教育観は、それが意識的なものであれ無意識的なものであれ、教育的現実に対して距離を設定し、現実を形式的に固定することによって一面化する働きをもつことは、哲学的人間学（A. Gehlen）の「負担軽減（Entlastung）の原則」に関する知見がおしえるところであり、その観点に従うならば、教師の教職の経験は必然的に教育的な偏見・憶見の形成を免れ得ないことになる。教育世界において「問題」が多発し、体験的な教育理解が通用しなくなればなるほど、教師は「問題」に対応する心身の負担を免れるために、また「問題」の解決により有効に対処するために、より確定的なつまりより公式的な教育観と技法とを求める。「問題」状況が緊迫すればするほど教育観は形式的固定的なものになり、それら相互の対立は決定的なものとならざるをえず、はげしい主導権争いの事態を惹起することとすらある。教育的日常における「問題」の多発は、所与の教育観を問い直すという自己批判の方向と、その反対に既成の教育観に執着し、自閉的自己防衛的になることで危機を克服しようとする守旧的方向とに分裂させられ、問題状況の切迫は、往々にして、後者が前者の展開を抑圧するという形で「解決」されていく。

問題は、どの教育観が正しいかということではなくて、問題状況の切迫において教師の教育観の限界が明らかとなるなかで、「問題」との主体的な応答という実存的な「負担」に耐えて、既成の教育観の限界を突破する教育観の転成が惹き起こされない限り、その教育観は自己防衛の機能を強め、自己中心的に自閉化してしまうという、この教育的世界の構造特性である。教育的憶見は自閉的排他的であることによって安定・硬直化し、教職経験の積み重ねによって正当化され、ついには経験的な偏見（イデオロギー）として支配的権力を獲得して自足する。教育観の獲得は、教育的知見の効果的活用と問題処理の的確さのために生産的であると同時に、それは現実を形式的に図式化する効率的な対応の代償として、意味発現の可能性を孕んでいる教育の場面を偏見によって一面的に支配する可能性に対してもひらかれたままなのである。

教育的日常を構成する教育観を教師が身につけることは必然的であり必要でもあるが、その教育観がもたらす作用効果は常に多義的である。この多義性に教師は内省によって気付くことはできない。「問題」との出遇いだけがそれを可能にするのである。この意味で臨床教育学の知見と技法とは教師教育の中核を担うものであると言えるのではなかろうか。臨床教育学は、教育的日常における「問題」を、個人においても集団においても自明化されている教育の見方に抵（対）抗する事象としてとらえ、「問題」とのかかわりを通してその教育観の輪郭と構造を際立たせようとする。この立場は、「問題」こそが教師（大人）に対して彼（女）らの教育観更新のために新たな知見の獲得を可能にする最も確かな状況であり、教師は「問題」との対応において通常の実践とは異質なエネルギーを出さざるを得ないと解釈し、したがって、その実践は教育的日常に新しいコンテキストを教師が発見することを、そしてその促しのための援助を課題としているのである。

教育における「問題」は、自明化された「教育的日常」が特定の限られた生活世界における領域であることを、それは非日常的で異質な事象を絶えず排除し、周縁化することによって成り立つ中心化された世界であることを明示する。したがって「問題」は、その事象を「問題」とみなすその教育観に抵抗し、その自明的確定性をゆるがし、その偏よりを暴露するとともに、「問題」において開示されている「異なる現実」・非日常との対決によって、所与の教育観の脱‐中心化をせまる。

臨床教育学の基本的立場は、一般的理論の説明的形式において事象を認識し、それを体系的に意味付けるといった、そのような単純化された「ほかならない原理」（das Prinzip des Nichts-anderes-als）に基づいた考察ではなく、それとは正反対に、「立ち現れている現実を、差し当たってまず不信の念をもたずにその全体的な豊かさにおいて把握する」こと、つまり「何か異なっている原理」（das Prinzip des Etwas-anderes-als）と名付られているところの、受容的発見的な対象把握に立つものと言える。(3) 繰り返しになるが、臨床教育学は教育の隣接諸学の応用によって教育上の「問題」を分析・説明して解決（消）をはかろうとするのではなく、そうではなくて、こうした一元的な還元主義的「ほかならない原理」によってすでに呪縛されている教育理解の仕方に抵抗し、教育の現実に改めて新たに出遇うための教育理解の仕方なのである。ここでは差し当たって、「臨床」とは教育現実へのこうした特別に注意深い見方を指していると考えておきたい。そして、それは教育を理解するにふさわしい態度能力を獲得するという実践的な要請に応えることであると思われる。こうした見方は、ボルノウ（O.F. Bollnow）によって「ひとつの認識の確実性のあらゆる形式は……抵抗の経験の一形式として基礎付けられる」[4]と公式化されたものであり、「差異を見ること」（die Differenzen zu sehen）として現象学において強調された見方に通じるものである。それゆえに、方法論的には、この「差異」として出会われる「問題」をいかに観察・記述していくかが臨床教育学の課題となるだろう。

方法論的には、差し当たって二つの課題に取り組まねばならない。第一は、すでに述べたように、ある事象や状況を「問題」と見なす教育観に対して問いかけるその仕方の探求であり、第二は「問題」とその教育観の関係を意味論的テーマとして記述するための技法の探求である。

第一の課題については先に触れたように、我々のもつ教育観は学問的自覚的な教育理解に先立って、曖昧で不定形なものとして、すでに共通の教育観として存在している。しかし、その教育観は「問題」とのかかわりにおいてしか自覚へともたらされず、その理解の地平は「問題」によって初めて姿を現すものであって、我々はそこから自覚的に出発することができないそのような「前提」なのである。「問題」への問いかけの深まりとともに我々は自らの教育観に立ち返っていくのであって、その逆はないのである。

教育的世界を構成する教育観をこのような「前理解」的性格のものと考えるのがここでの立場である。周知の通り、この「前理解」（Vorverständnis）の概念はハイデガー（M. Heidegger）に由来するもので、これを継承したガダマー（H. G. Gadamer）によって「すべての理解の予断的属性（Vorurteilshaftigkeit）」と称され、「歴史の作用にさらされた意識」（wirkungsgeschichtliches Bewußtsein）として世界理解の基礎概念に据えられ、今日の解釈学上の論争のひとつの焦点となっている。論争の根本は、リクール（P. Ricœur）の指摘する次の点にあると思われるし、そこで提起されている問題は教育学の解釈学的展開の課題に通底するものであると思われる。ここでは教育学の解釈学的展開における課題の所在を確かめるためにこの問題について若干の検討をしておきたい。

「解釈学の内において、（イデオロギー）批判的主張の承認はつねに繰り返されたあいまいな要請であり、しかも常に実現されなかった、という事実に注目したい。ハイデガー以降、解釈学は全体的に基礎的なものに立ち返ることに関心を向けてきた。つまり、それは精神科学の可能性の諸条件に関する認識論的問題から理解の存在論的構造に転じる動きなのである。しかし、問題は、存在論から認識論への復路は可能かどうかということである」(5)。

この問題は、解釈学をめぐるハーバーマス（J. Habermas）とガダマーそしてリクールの論争の中で焦点化されてきているテーマである。ハーバーマスがガダマーの解釈学を批判するポイントは、彼が前理解を「我々に先行する一致（Consensus）」として、あたかも存在における所与であるかのようにみなし、「解釈学を存在論化（ontologize）」しようとしていると批判する点にある。ガダマーに代表される伝統的な解釈学が理解の根源（origin）と見なすものが、イデオロギー批判の立場にとっては、それは我々の前方における「規制的理念」の措定に他ならず、したがって正にそれゆえに、そこに認識を導く第三の「利害」（Interest）、つまり「解放の利害」（the interest in emancipation）が作動する必然性があると考えられているのである。批判的社会科学にとって、自己―反省（self-reflection）とはこうした先行的同意（aprior consensus）の上に展開されるものではなく、それは「解放の利害」との相関において理解されねばならぬ概念なのである。そしてリクールによれば、こうしたイデオロギー批判は、「非限定的で非拘束的なコミュニケーション」という極限化された「規制的理念」の下で、人間のコミュニケーションの歪曲を徹底的に暴露し批判する「非暴力の終末論」（eschatology of nonviolence）――それはブロッホ（E. Bloch）の終末論に近い――に通じる思考方法なのである(6)。

そこでリクールは双方に対して相手の主張を根拠付ける可能性を問う。つまり、イデオロギー批判は果たしていかなる前提において遂行可能であるのか、イデオロギー批判は「要するに解釈学的前提から離れて可能か」否かを問う。この問いは反転して、「解釈学的哲学は、いかなる条件の下で、イデオロギー批判の要求を説明し得るか？もしそれができるなら、どのような代償を払ってのことなのか(7)」という、解釈学への問いでもある。特に後者の問いにたいして、リクールは、解釈学はその歴史において、この批判原理を展開させる可能性を内在させていたと主張する。そして、この可能性とその挫折とはハイデガーの『存在と時間』に読み取ることができるという。

ハイデガーがすべての解釈は「予め（vor）＝構造」のなかで働いていることを述べ、了解の働きの循環が現存在そのものの「予め＝構造」の表現であるとし、この「循環のうちに、最根源的な認識の働きという、積極的な可能性が隠れていて、これは次のようなばあい、つまり解釈が（その最初の、不変の、そして最後の課題は、つねに予持、予視、予握を、気まぐれや通俗概念によって予め与えさせるのではなくて、それらの仕上げを事象そのものから図ることにおいて、学問的な主題を確保することにあるのだ）、ということを了解したときだけ、真正なやり方で摑みとられるのです[8]」。ハイデガーはここでは、「予め＝構造」における認識を論じる際、「気まぐれや通俗的概念」と事象そのものから仕上げられる「予握」とを区別しているのであるが、しかしこの区別が提示している認識論的批判の問題は彼の関心とはならず、彼の批判は急進的に西洋の形而上学的伝統との対決に向けられ、人間に関する個別諸科学の方法論的認識論的前提との対決にまで十分に「回帰」し得なかったのである。ハーバーマスからみたガダマーの解釈学の欠陥もまた彼が「解釈学を存在論化」した点にあった。リクールもガダマーの解釈学が個別科学の認識論的前提への「回帰」の道を阻まれていることをみとめる[9]。

ハイデガーからガダマーに継承された一般解釈学（general hermeneutics）が文献学や深層心理学などの領域解釈学（regional hermeneutics）への回帰のルートを十分に開き得ていないとの批判に対して、しかしリクールは、ガダマーが「対話、それはわれわれわれである」という場合、彼は「言語性（Sprachlichkeit）を存在論的に構成されたものとして、我々がその中で動いている環境（milieu）として考えているのではないか」、したがって、ガダマーの解釈学は、ハーバーマスが批判する「存在論化」ではなくて「有限性の存在論」（ontology of finitude）の内に所を得ようとする、いわば「有限性の解釈学」なのではないかと考え、ガダマーの「言語性」更には「書記性」（Schriftlichkeit）に関する論述の精細な分析を試み、リクール自身の立場との距離を見極めようとするのである[10]。

「前理解の解釈学」をめぐる論争にこれ以上立ち入ることはできないが、確認しなければならない点は、教育的日常とそこにおける「問題」に対する臨床教育学の認識論の基礎に、「前理解としての教育観」を主題とする領域解釈学が存在し得ることであろう。この課題の存在を受け入れることは、教育現実の理解とは「問題」とのかかわりにおいて初めて仕上げられていくものであるという、教育理解の循環的構造を臨床教育学の展開において基礎付けていくということである。

以下の考察とかかわって、この問題に関する興味深い人間学的な視点を提示しているのは、キュンメル（F. Kümmel）の前理解をめぐる解釈である。彼は、ガダマーは「前理解」（Vorverständnis）を「予断（先入観）」（Vorurteil）という術語に置き換え、前理解の偏見的側面、つまり「持参された前理解」（das mitgebrachte Vorverständnis）を強調することによって、前理解がそれと合わせもっていた生産的側面、つまり「先取り的前理解」（das antizipierende Vorverständnis）を見失わさせ、前理解のもつ生産的開放的性格を正当に位置付けていない、と批判する。[11]これは先のハイデガーの引用文においても認められる前理解がもつ二つの顔である。キュンメルは、ハイデガーの『存在と時間』以後における世界概念や脱‐存（Ek-sistenz）概念の展開にみられる理解概念を支持しながら、解釈学の出発点を歴史や現実や人間的本質のいずれかに選択的に基礎付けることを否定し（認識における「アルキメデスの点の否定」）（ボルノウ）、現実の理解とは「現実そのものからも、理解する主観の側からも直接出発することはできない。両者は、理解において初めて遭遇する[12]」という立場に立って、前理解から理解に至る認識の過程を解釈学的に解明しようと試みている。彼によれば、現実を理解するとは、特定の観点から現実を対象化することではなく、「対象自身が我々自身のうちにそのための感受性を目覚めさせ、対象を理解するための器官（オルガン）を我々の内に形成する[13]」ことなのである。主体と客体の双方が相互に相手に依存し自らを「開き逢っている」、この事態においてのみ理解が可能であるとされる。

理解は具体的には言語や歴史的状況の共有において成立すると考えられるが、しかし、それらの構造へとあらかじめ一元的に規定されているのではない。そうではなく、逆に、人間がそれらとかかわることによって初めて理解の可能性が獲得されるのである。人間は「その現実の中において自ら成長しつつ、その現実を理解することを学ばなければならない」[14]。このような、現実と人間との生成的相互関係をキュンメルは「開かれた歴史的循環」（offene geschichtliche Zirkel）[15]と呼び、前理解の「前」が二つの意味をもつこと、つまり「既に＝前もって＝知っている」（das Schon＝vorher＝Wissen）という意味と「先取り的に＝含蓄的に＝捉える」（Vorweg＝implizit＝Ergreifen）という意味とをもっており[16]、前者が過去の地平として我々を支えつつその視界を制約するという限定的側面をもつのに対して、前理解には後者の側面が、つまりシュライアーマッハーによって「全体の予覚的把握」（divinatorisches Erfassen）として取りだされた働きが内包されており、課題的状況としての現在において「未来の先取り」（Vor-greifen in die Zukunft）を可能にする直感的働きとしての「前」が注目されているのである[17]。前者は具体的な対象認識に先行して、すでに一定の仕方で解釈された理解の意味地平を指し、後者は具体的な事柄とのかかわりにおいて「先取り的に」その後の認識を導く全体的直覚的な働きである。「前理解は」この二つの対立しあう双面的にして両義的な働きを――閉鎖と解放、自明と変革、保存と突破等――それ自体に内蔵することによって、すぐれて生産的であると言えるのである。さらに言えば、前理解のこの両義的構造に力動性を与え、そこから多様な意味を発現させるところに解釈学独自の課題があると言えるだろう。

臨床教育学の実践的主題である「問題」にうながされた「新たな気づき」とは、こうした前理解の解釈学が明らかにした教育学における認識論的特性であると考えてよいだろう。この特性をより精確に理解するために、次のキュンメルの指摘は有益であると思う。

「その前理解は、先取り的に（つまり、捉えつつ、同時に捉えられて）先ず事柄のもとにあり、その後初めて理解する者自身の努力において獲得されうる意識的、表明的理解（ausdrückliche Verständnis）によってやっとそれ自身へと戻されねばならないのである。これまでの理解の地平は、これによって逆作用的に変化させられ、理解する者自身も新たなる者へと変貌する」[18]。事柄との出会いにおいて、前理解のもつ開示的機能の働きが「新たなるもの」を発現させるが、その発現は連続的な循環や形式的弁証法によるものではなく、非連続的な「突破」（Durchbruch）の契機をもった創造的働きを意味している。

「前理解の解釈学」が追求しているのは、伝統的な認識論が主題とした「認識におけるアルキメデスの点」の解明と認識の確実性の確保ではない。そのような、最終的には認識の確実性に関する技術学に至る認識論ではなくて、問われるべき認識論的主題とは、「認識の本質と機能を人間的生の全体連関において把握するという課題、それゆえに、生起しつつある認識を導くことではなく、形成された認識の事実から人間そのものをより深く理解するという課題をもっているのである」[19]。この認識論における「転回」は、「すべての人間的認識は、その本質において、解釈学的である」[20]ことを指示するものであり、その意味で、人間に関する諸学は、たえず改めて人間的生への連関においてその諸概念を問い直すという課題を負っていると言えるだろう。

教育学もまた、正しい授業法と指導技術の探求という直接的な関心と目的から一旦解放されて、解釈学の課題提起に応答して、「教育の全体的な現象領域の探求」[21]を課題としなければならない。臨床教育学にはこのような教育学の課題に呼応した展開が期待されていると言える。臨床教育学は教育の諸概念を基礎付けているとみなされてきた教育的現実の諸現象を、人間的生の全体的連関において改めて解釈する試みであると言えるし、「臨床」とは、この意味で「解釈学的」であると言ってよいだろう。

臨床教育学がこうした認識論の人間学的な転回に深くかかわっていることは、それが現実の「問題」との直接的な関係につねに立っており、「問題」理解の仕方が方法論的にも意味論的にもその研究領域が成立するための根本要因をなしているからである。臨床教育学は、教育現実の「問題」を人間諸科学の成果と方法の単なる応用によって解決すると考える教育理解の仕方とは異質の次元に依っているという主張は、その依拠する認識論において常に確かめられねばならないだろう。

〔3〕臨床教育学の実践的課題

臨床教育学の実践的課題は、先に述べたように、教育的世界に関する記述と対話の態度能力の向上という点にあり、「新たな気づき」を書きとどめる表現形式の探求と修練であると言える。

一般的に問題事象の観察という場合、その観察とはすべての事象に対する等しい関心を意味するのではなく、既知の、前もって意味付けられ、すでに問題意識化されている事象の追跡と再発見であって、恣意的・無原則的な行為ではない。あらかじめの仮説と枠組設定の下での観察のみが有意味な観察であって、正確・精密なデータの収集はその条件下でのみ可能であり、その方法は新しい未知の事象に原理的に開かれたものではない。物理学に代表される科学的な観察は客観化可能な限りでの数量的データを得る目的で記録はするが、それは事象を記述する訳ではない。なぜなら、事象を記述することとは数量化することではなく、前学問的で多義的な日常の生活言語による記述であって、先述の解釈学が人間諸学の共通課題として提起したように、人間の実存において意味が発現する現場を言語によって言いとどめる作業であり、事象に意味をもたらすコンテキストを作り出す仕事なのである。その記述の方法は専門化することが極めて困難な「術」（Kunst）に類するものであるが、しかしまた、その作業こそがあらゆる学問的な理論構築に共通する基本なのである。もし教育学が教育的日常における問題事象の記述を軽視し、「問題」の形式的類型化と数量的説明で満足するならば、その傾向は教育研究を空洞化させるものと言わざるをえない。

かつて、フーコー（M. Foucault）は臨床医学の誕生を論じるなかで「臨床医学的まなざし」のもつ逆説的な性格にふれて、「ある光景を知覚する瞬間に、ある言語を聞く。つまり臨床医学において現れ来るものは根源的に語るものなのである」[22]と述べたが、臨床教育学の課題は教育的日常の出来事である「問題」を記述することであるが、この記述という作業は先に述べた前理解における認識論的条件のもとでの言語化であり、したがってその記述は超主観的な「純粋」記述とみなされる類いのものではない。記述に疑似的な客観性を主張してはならないと同時に記述がもたらす意味を、つまり「書きとどめる」ことが開示する「テキスト世界」独自の生産的機能を忘れてはならないのである。

この点を解釈学的に明確にしたのはリクールである。伝統的な解釈学は周知の通りテキストの意味をテキストの背後に求め、その著者の意図やその時代の特質においてテキストの意味を理解しようとしてきた。しかし、リクールはこうした背後に遡及する所謂心理主義的なテキスト理解の仕方をはっきりと否定する。彼は話すことと書くこととは全く異なった働きであって、語られたことを書きとどめるという書記行為は出来事と意味とを分離させ、語ることにおいて未発であった意味が、そこでは発現してくるという。語ることは一回的な出来事として消滅するが、書きとどめるということは「出来事を意味へと止場（Aufhebung）」する働きをもつという。

リクールの言う「出来事と意味の弁証法」は、ソシュール以来のラングとパロールとを区別する言語観を基礎にして、それにフランスの言語学者E・バンヴェニスト（E. Benveniste）が提起する言述とラングとを異なった「単位」（units）のうえに構成された言語活動――ラングの基礎的単位が（音韻的に、また語彙的に）〝記号〟sign であるとすれば、言述のそれは〝文〟sentence である――と解釈する立場に拠って構想された「言述の言語学」（linguistics of discourse）に支えられている[23]。リクールによれば、「出来事と意味とが分節されるのはまさにこの言述の言語学においてである。この分節が全ての解釈学的問題の核心なのである」。つまり、「ラングが言述において現実化されることによって、システムとしてそれ自身を越え出て、出来事として自らを顕現する様に、言述もまた、理解の過程に入ることによって、出来事を越え出て意味となる。出来事の意味へのこの超出は言述それ自身の特徴なのである[24]」。彼は別のところでこうも述べている。「すべて言述は出来事として生み出されるが……それは現れそして消失する。……しかし同時に、そしてここに逆説が存在するのであるが、それは同一なものとして同定され（identify）、そして反復して同定されうるのである。この〝同一のもの〟と言われているものは、広い意味で、それの意味（meaning）なのである」。かくして、「すべての言述は、いうならば、出来事として現れ、そして、意味として理解されるのである」[25]。

リクールは「言述の言語学」を基礎にして、それに口頭言語としての言述から文字言語への移行に独自の「距離の弁証法」（dialectic of distanciation）を介在させることによって、「テキスト」を人間的世界におけるコミュニケーションの典型として位置付けようとするのである[26]。つまり「テキスト世界（the world of the text）」とは、具体的な状況から切り離され、状況から「距離」をたもって存在している独自の世界として、意味論的次元において位置付けられ、そのテキスト自体は何物（者）にも還元されることのない固有の「世界」として解釈されるのである。読み手は、テキスト世界の解釈によってそこから出来事を生み出すのである。

「テキストの非公然的な指示（non-ostensive references）によって、テキスト自身の前方にテキストが開いている世界」に理解がむけられ、読み手は著者ではなく、「テキスト自身から新しい存在の様態（mode of being）を受け取ることによって、自らの自己―投企の可能性が広げられる」。リクールにとって解釈とは、「新しい存在の様態の開けが主体に自己理解のための新しい可能性を与える過程[27]」なのである。つまり、現実世界とは「距離」をもったテキスト世界という「フィクション」が、日常世界に新しい可能性をひらくのである。

リクールによれば、テキスト理解とは「距離を置いての、距離をとおしての理解」であって、それは主観的情緒的な他者理解とは全く異質な理解の次元を開示している。したがって、「究極的に私が専有するものは提示された世界（proposed world）[28]」なのである。テキスト世界における理解とは、テキストの背後にさかのぼることではなく、逆にテキストが露わにし、発見し、啓示している、テキストの「前方世界」なのである。このテキストによって前（方）に開かれている世界に応答する実存こそ「自己」に外ならない。それゆえ、この自己は、主観‐客観関係の一方の極としての自己ではなく、「テキストの〝事柄〟（the “matter” of the text）によって構成される自己[29]」なのである。テキストの読み手としての自己の主観性は中断、非現実化され、読むことは「自我（ego）の創造的な変形」を私にもたらし、「私は私自身を失うことによってのみ、私自身を発見する」（29）という逆説的な自己転成が起こるのである。

リクールに従えば、テキスト世界を構成する「距離」概念は、同時に読み手の自己自身への関係においても作動し、これによって理解とは、テキストの著者とではなくテキストにおける意味との応答となる。この言葉との応答において、それを通して自己は所与の自己から解き放たれて新しい自己を「受け取り直す」ことが可能となる。

リクールのこの「テキスト世界」論は、伝統的な解釈学における説明と了解の認識論的二分法の克服を意図し、新しい理解の地平を切り開こうとする野心的な構想で、その最も重要な概念がここでいう「距離化」である。この概念を中核とした言述の弁証法の中で強調されたのが「書くことの復権」であり、さらには、テキストが開いた意味世界との応答による自己―投企としての理解である。

このリクールの解釈学は、臨床教育学の展開においてさまざまの問題を提起していると思われる。教育的日常における出来事としての「問題」の理解にとって、一連の解釈学が提示した、言述を起点とした「出来事から意味へ」の弁証法的な展開は、理解の新しい次元を開示したという意味にとどまらず、テキスト世界固有の意味を「距離」概念において鮮明なものにすることで、逆に書く・読むという行為に、語る・聞くとは異なった解釈学的意味が存在することを明確にした。これらのことは、臨床の場の理解がとかく直接的な臨場体験に還元され、物理的情緒的な〝近さ〟が他者理解の最高の条件と見なされ、密室的出来事へと秘儀化されやすい傾向にあることに対して、リクールの立場はこれとは正反対に、言葉の意味開示作用から導き出された「距離」概念において出来事の一回性を止場し、テキスト世界との応答による理解の可能性を指示したのである。こうした直接的ではなくテキスト世界の創出という回り道を通って、出来事との出会いの新しい次元（テキストの専有ではなく、テキストによる自己の開放という意味）を提示したことは、臨床諸学の発展にとって重要な意味をもっていると言えるだろう。

例えば、臨床の事例研究における言語化の作業は、《出来事の意味への止場》という解釈学の提示する人間理解の起点、つまり心理的意味作用とは異なった言語的意味作用に転じる仕事を意味しており、「新しい状況のもとで

〝再コンテキスト化〟（recontextualise）することができるように、それ自身を〝脱コンテキスト化〟（decontextualise）[30]しなければならないのである。「問題」が個の世界を放たれて文字通り我々に出会うのはこうした条件においてである。そこで初めて出来事は閉じた世界内の事柄ではなく、共同の批判的吟味と解釈へと開かれ得る。リクールの解釈学はこの可能性を原理的に示していると言えるだろう。

リクールの観点に従えば、教育的日常における「問題」に関する記述は、ちょうど彼が聖書解釈学で展開してみせたように、教育的世界に関する記述の諸形式とそれらの構造的連関の解明が必要である。臨床教育学は今日この課題に直面していると言ってよい。それは「個別的全体」としての教育的日常を記述する文脈（context）を構成する作業であり、リクールによれば、意味は出来事としての「問題」それ自体においてではなく文脈においてのみ発現する。その意味からすれば、この形式化の作業において初めて「問題」は意味を発現してくると言えるのである。臨床教育学にとって「テキスト世界」を構築することは、教育的日常に新しい意味を発現させること、つまり「問題」を教育学的文脈（コンテキスト）における「隠喩」として位置付けることによって意味を発現させるという作業である。その試みは、ちょうど演劇が虚構の世界でありながら、しかも日常そのままの世界として構築されているように、「テキスト世界」に日常の凝縮された虚構の世界を出現させるものと言える。この世界は「日常の世界から意識的に切断され意識的に構想された世界の構築作業による、現実の創造的再現あるいは現出ということ[31]」と言い換えてよいだろう。テキストとは、この意味で状況を「模倣」（minesis）しながら、しかし、「距離」をとることによって独立している、文字通り「ひとつの世界（Welt）」なのである。リクールはアリストテレスの隠喩論を引き合いにだして、「模倣（minesis）は複写（copy）ではない。模倣は詩作（poiesis）である。つまり、構成であり、創造（creation）である」。そしてこの《minesis》こそ「世界開示のためのギリシャ語である[32]」といい、テキストとは、環境（Unwelt）でも状況でもなくて、自立した「世界」であることが、それゆえ、テキスト世界はその意味を背後に隠しているのではなく常にその「前方」に開示していることが強調されるのである。テキストを理解するとはこの開示されている世界に出会うことにほかならない。それは、あたかも「音符で書かれている音楽作品を演奏」することに似ており、まさしく詩の世界こそはその典型であると言える。

テキストにおいて記述された言葉は日常語であるが、しかしそれらの語はもはや日常世界のコンテキストにおいて意味を発現するのではなく、テキスト世界の文体と構図のコンテキストにおいて意味を発現するのである。書き言葉としてテキストに書きとどめられたものが、再び「読み開かれる」ことによって、日常世界に新しい異なる世界が開かれることになる。この意味において書くことに要締とは「一語を書き閉ざし、一語を読み開く」（内田）術を心得ることであると言ってよいだろう（リクール的に言えば、それは「語」ではなくて「文」である）。

この、書きとどめ読み開くという、凝縮と開放の働きによる「現実の創造的再現」を、テキスト世界は可能にする。とすれば、教育的日常の「問題」を記述することは、実は教育的世界への出入りを自在にする回路を開くことを意味しているのである。言葉による現実との距離設定という迂回路を通ることは、「問題」にたいする直接的な「近さ」がそれとは異なったコンテキストに移行することであり、「問題」が所与の連関から離れてまさに「臨床的」な新しいコンテキストへと再コンテキスト化（recontextualise）され、そこにおいて意味を新たに発現することが可能となる。

「問題」を記述することは文字通り「言語との辛抱づよい格闘」であり、この過程においてはじめて「人が以前は見ていなかった、あるいはそのようには見えていなかった何事かが取り出され、とらえ得るものとなる」(33)。「問題」を記述する作業は、見えている事象を外から描写することでもそれを記録にとどめることでもない。そうではなく「現実を見えるものへともたらし、そして現実を殖やす真に創造的な営み」(34)なのである。そのための記述の術（Kunst）は、ボルノウが繰り返し指摘したように、不断の練習（Übung）を重ねて習熟することによってのみ体得されるもので、それはあたかもあのヘリゲル（E. Herrigel）が伝えた日本の伝統的な弓道の習練にも通じる精神的集中を必要とする技法であると言えるだろう。

臨床諸学の基本課題としての記述の術の習熟は、気の利いた言い回しや洒落た表現法を身につけることではない。「問題」との応答において、そのつど主体的に獲得されねばならぬ文脈を研ぎ出す技法である。しかも、事象を記述することは、すでにあきらかな通り、学問的展開の単なる前段階なのではなく、「記述のなかにこそ学問的な仕事の全ての真剣さ（Ernst）が存しているのである。記述は差界を見極め、発見する高度の学校[35]」であると言われるように、これは学的営為の根本課題なのである。

記述の技法に習熟するという点で、臨床の場面は言葉を吟味し精製する「言葉を陶冶する[36]」場でもあると言えよう。臨床の場で刻々に変化する出来「事」をいかして「言」の理においてうけとめ、言が事に随順して、事において言葉がその始源へと解き放たれ、自在の働きを回復し得るか、この言葉の意味の新たな分節が、教育を記述する文体形式との緊張衝突の中で吟味される。この作業は新しい言葉を生み出すことではない。むしろ、言葉の限定された意味への執われからの解放であり、自明化された文脈としての教育観の中へ「問題」を通して新しい言葉と文脈を投企する試み、つまり隠喩発現の仕掛けの工夫である。

言葉と格闘し、言葉を陶冶することとは、文字通り我を忘れて事へ随順し、事との出会いを工夫することに他ならない。臨床教育学の課題が教育的日常における「問題」に意味を発現させることであるとするならば、その実践的課題を、リクールの解釈学に即して言えば、言語によるテキスト世界の産出にあると言えるだろう。

②　臨床教育学の方法

【1】臨床教育学と人間学の方法

臨床教育学が教育的日常における「問題」にかかわる際に出す問いの出し方は、「問題」とそれを問題視している教育観への、教育的世界への双面的な問いである事について述べ、それ故に臨床の学にはその課題に適した認識論的基礎付けが必要であることを示した。臨床教育学の問いが教育的日常のあらゆる事象――「問題」のみならず、「問題」が発生しないというその現実もまた問われ得るという意味を含めて――に開かれているためには、その観察は独自の方法原理に従うものでなければならない。でなければ、臨床教育学は話題性に富んだ刺激的な問題事例の羅列の域を出ないものとなるだろう。教育の事象を教育学の諸概念から理解するのではなくて、逆に事象の出来事性において理解するためには、先に述べたように解釈学的立場からのアプローチが望まれる。そしてこのような観点からの方法論の探求を我々は教育人間学の展開において認めることが出来るのである。

かつて、ボルノウは「教育学全体を（哲学的に理解された）人間学的な視点から新たに照らし出す」立場を「教育学における人間学的考察の仕方」（die anthropologische Betrachtungsweise in der Pädagogik）或いは「人間学的教育学（anthropologische Pädagogik）」と名付け、その立場を、概念構成によって教育の理論的体系化を目指す教育学と区別して、経験的生命的事象として教育をとらえる立場とした。この、教育を哲学的・人間学的に理解する試みは、周知のように、ランゲフェルト（M. J. Langeveld）の「子どもの人間学」立場でもある。それは「子供の存在に目を向けて、全体の人間の生命の連関のなかで子供の存在の『場所』を問題にすること」を課題としており、その際心理学の知見が使われるが、しかしそれらは「人間学的な問題の中で新たに解釈され、いまや人間の本質に関係づけられる」のである。(1)

その思想的源流をランゲフェルトに求めることができる臨床教育学にとって、このような教育の人間学的考察の方法は注目されてよいだろう。

よく知られているように、ボルノウは哲学的人間学者H・プレスナー（H. Plessner）によって提起され緒についた哲学的人間学独自の方法原理を三つ（四つ）の方法原理として公式化した。第一の原理は、既存の文化領域をその産出の母体である人間において把握する「人間学的還元」（die anthropologische Reduktion）である。第二は、第一の原理と相補的関係にある方法で、ディルタイが試みたように、人間をかれら自身が作り出した文化的形象から理解すること、つまり文化を人間理解のオルガノン（道具）として利用する方法で、「オルガノン原理」（das Organon＝Prinzip）と称されている。これら二つの原理は相互に依存補完し合う循環関係において人間学の方法として発展してきた。このような人間学的方法に基づいて、プレスナーはもとより、ゲーレン（A. Gehlen）、ラントマン（E. Landmann）、ロータッカー（E. Rothacker）等によってユニークな文化人間学（Kulturanthropologie）が構築され、教育の人間学的考察に有意味な視界を開いてきた。

これら二つの方法に加えて、ボルノウは第三の原理として、キェルケゴール（S. Kierkegaard）の不安の実存論的解釈をひとつのモデルとし、そしてプレスナーのいうオルガノン原理の一分節化の試みとして、「個別現象の人間学的解釈」（die anthropologische Interpretation der Einzelphänomene）と名付けられた解釈の原理を提示する。これは個と全体の関係を解釈学的にとらえた注目すべき方法である。「生の事実において与えられた、この特殊な現象が、そこにおいて有意味にして必然的な項（Glied）としてとらえられるためには、人間の本質は全体においていかなるものでなければならないか？[2]」

この第三原理は、人間学研究が特定の人間像から出発して個々現象の意味を説明したり、或いは特定の人間像にそれらを収斂させることを意図するものではなくて、逆に、個別の現象においてその都度人間全体の在り方を問うもので、臨床的研究の方法として最も有意味なものであると考えられる。そして、この原理と表裏の関係にあるのが、人間学研究においてM・シェーラー（M. Scheler）以来強調されてきた「開かれた問い」の原理（das Prinzip der offenen Frage）で、ボルノウはこれを人間理解における還元主義的単純化を阻止するための規範的原理として第四番に挙げている。この原理は、人間的生の根源を底知れない「測り難さ」（Unergründlichkeit des Menschen）としておさえるディルタイやプレスナーの立場を方法論的に確保し、人間的生の非確定性とそれへの問いかけの際限の無さ、未決性を人間学的問いの特質として確認したものと言えよう。

これら三つ（四）の方法原理は、ディルタイやプレスナーによって人間学的思考形式の特性として未分化的に提起されていたものをボルノウが公式化したもので、このなかで特に哲学的人間学における「特徴的な転回」と呼ばれ、その方法論的特質を際立たせているのが第三の原理である。そこでは、人間とは何かを知らず、「不確定な意識のままに発展する」という人間理解における最も困難な課題が方法論的に受け止められているのである[3]。

すでに明らかなように、この原理は特定の個別事象の意味を探求することを主題にしたもので、それら諸事象を統合する全体的人間像の完成を目指すものではない、――「拘束力のある人間像を問うことは、通例は実りなき反動的な動向の表現にほかならない[4]」――という独特な課題意識に支えられており、それがもつ積極的意味は、「現象の多様に対するこの開放性、新しく迫ってくるひとつひとつの相貌にこのように無条件に献身することこそ体系的な力の欠如ではなくて、許されざる単純化を深い責任感から断念すること[5]」として了解されるものである。

つまり、この方法の展開の独自性は次の点にあると言えるだろう。「人間の生のおのおのの容貌（喜び、不安、歓喜、労働、畏敬、羞恥、共同体にたいする多様な関係、さまざまの形式を通しての認識等）を、他の、既に知られたものからとらえられ得るものとしては考えず、そうではなくて、それを新しいなにものか、一回的なもの、しかも異なった仕方によって人間的生を越え出て獲得されるようなものとし推測されることとなしに、考える[6]」。そして、ボルノウによれば、「個々の項が生の全体との直接的関係に置かれるという、この独自の処置によって、哲学的人間学の思考は全く確定的な、方法的に厳格である意味を得るのである[7]」。言うまでもないが、ここで言う「全体」とは人間の本質規定としての何事かを指すのではない。そうではなくて、それは「ただ、試みに配置された解釈の導きの糸[7]」なのである。つまり、個別現象の研究の進展に対応して、この「全体的人間についての理解」も変化するのである。

プレスナーによれば、「測り難いものにたいする責任ある原理とは、歴史的それ故に政治的存在としての人間にたいする理論的にして実践的な措辞」なのであり[8]、学問的には、人間への問いかけが「予知されない新しい答えにたいして開かれている」ことの証しであり、「問うことの激しさ」（ボルノウ）であると言えるだろう。

第三の原理を教育現象理解の方法原理として定式化したのはロッホ（W. Loch）である。「この教育の事象がそこにおいて有意味にして必然的な項としてとらえられるためには、人間の本質は全体においていかにあらねばならないか？」(9)。彼は、この問題設定によって教育は人間学的な問いの下に置かれ、教育的事象の人間学的意味の理解が可能になると述べ、それを人間学的教育学（Anthropologische Pädagogik）と呼び、教育学の新たな研究領域として位置付けている。

ここでは、教育的人間学と人間学的教育学をめぐる論議に立ち入る必要はないだろう。臨床教育学の方法論的検討にかかわって確認されなければならないことは、前述の、特に第三の方法原理において「哲学的人間学は全体として直接的に教育学に有意味となる」ことが、さらに言えば、その有意味性とは、人間学研究の何らかの「収穫」を教育学にもたらすという意味においてではなく、「その問題提起とその考察の仕方（Betrachtungsweise）とが教育学にとって実り豊かである」(10)という意味において、生産的であるという点である。つまり、「この問題提起は、教育者に受け入れられるならば、直接的に教育学的原理になる」(11)ということである。

教育的日常における個別的な「問題」事象にまともに「開き値《あ》い」、それが発現する意味を理解することに臨床教育学の課題を見いだすとすれば、ここで取り上げた方法論は教育の所与性から出発する人間学的思慮（Besinnung）（ボルノウ）を可能にするものであり、したがって、臨床教育学の方法論的展開を基礎付ける論点として位置付けることができるだろう。

［2］「出来事」から「意味」へ

人間学的な考察の方法は第三原理においてその特徴を際立たせていると言えるが、それは他の方法原理との相互連関において展開されてはじめて有効なものとなる。言われる所の「生の事実」や「個別的事象」や「全体」等は、プレスナーが身体の考察において示したように、つねに人間的世界の日常の事柄であり、それ故、人間が作り出した形象としての文化から理解することが、あのオルガノン原理に基づく解釈の展開が必要なのである。しかし、人間が作り出した文化から人間を理解することとは、芸術作品を通して人間の本質理解に至ろうとしたあのディルタイの試みに回帰することではない。さきの、前＝理解論への言及で明らかなように、われわれはすでに前もって日常の所与の内にいるのであって、そこから離れた「生の事実」が存在している訳ではない。

人間は、人間的「環境世界」（ロータッカー）といういわば迂回路を通ることによってはじめて内面的世界の産出が可能になることを今日の人間学は教えている。プレスナー的に言えば、生命体は「縁を安定させる」（Stabilisierung der Umrandung）ことによってはじめて、内的と外的の世界が成立し、二つの世界の関係が可能になる、つまり「距離をおいた接触」（distanzierte Kontakt）が成立することになる。[12] かれの表現を借りるならば、人間的世界における表象の全ては、人間的自然なるもの直接的表現ではなく、その全ては人間の「媒介された直接性」（vermittelten Unmittelbarkeit）[13] と呼ばれる、いわば「第二の自然」の営みなのであってそれらを通して人間的生の根源そのものにいたることはできない。そのようなものは到達可能な対象としてはそもそも存在し得ないのである。

このような意味で、人間は常にすでに（文化的に）関係付けられた、或いは「媒介された」存在であると言えるだろう。人間的生の多様性の根拠は、人間学的に言えば、文化に規定されていることのうちにこそある。つまりこの規定とは人間の可能性を制限するという意味ではなくて、逆に「そのことによって人間固有の可能性が初めて手渡されるのである」[14]。したがって、教育とは、子どもの可能性を引き出し、育てることではなくて、子どもに可能性を開くこと、つまり教育の営みは有機体論的な成長観に基づいた援助活動ではなくて、「自然に条件付けられた非‐自然」（naturbedingte Un-Natur）（プレスナー）という逆説的な被媒介の条件のもとでの「可能性」にかかわっているのである。それゆえ、教育は制約と開放という対立する課題に同時同等的に取り組むことによって初めて子どもに可能性をもたらすと言えるだろう。この「可能性」は所与のものではない。「人間的な環境世界」において獲得されていかねばならない課題としての可能性なのである。

教育の場には必然的に二重の意味が発現しており、この二重性こそは教育の存在論的特性であると言える。教育的日常における「問題」とは、教育がこの二重の意味を発現できず、一面的意味を強要され、抑圧・疎外されている状態に他ならない。臨床教育の課題は、教育の営みにこうした両義的意味を回復させ、教育の場を、子どもが意味を発見する場としてとらえることである。この課題の達成のためには、先述の第三原理が「オルガノン原理」に媒介される形で展開されることが必要であると言える。人間学の方法が教育的日常の「問題」の意味発見の方法として有益であるためには、個を全体的な場において理解するという原理の特性に即して、現実の個別的事柄や出来事と応答することが必要である。では、具体的事柄や出来事の意味を人間学的方法において探求することはいかにして可能なのか。リクールの解釈学は、この課題に相応しい展開をしているように私には思える。つまり、生の哲学の伝統と対決しながら、独自な「認識の哲学」の可能性を追求したボルノウやロッホ、キュンメルらの「解釈学的教育学」は、リクールの言語哲学やテキスト理論を踏まえた解釈学と応答することによって、新しい展開が可能になるのではないかと思われるのである。

リクールは、「言述」に関して、出来事と意味との関係の他に、四つの特性（個の同定と一般的叙述、命題的行為と発言内行為（illocutionary act）、意味と指示（reference）、現実指示と対話者指示）を取り出し、それら相互の同異と連関を明らかにしているが[15]、最も注目される点は、彼がそれを、一回的な出来事であると同時に意味として同定（identify）できるものとしてとらえている点である。教育的日常における「問題」を、ひとつの「言述」の出来事として考えるならば、――つまり「問題」それ自身において或いはまたそれに関して語られるという意味において常に「言述」の事象であると言える――この「言述」の在り方こそ「問題」の出来事と意味とを同時に表現するものと言えるのである。そして、リクールが言うように、「言述」の基本単位は語であるというよりもむしろ文（sentence）であり、語は文の文脈（context）において、文字通りの編み合わせのなかで意味を発現しているのである。言い換えれば、潜在的に多義的であり得る語は、「えり分ける（sifting）というコンテキストのもつ特殊な働き」[16]によってはじめて特定の意味を発現することが可能になる訳である。たしかに、「文字通りの意味」を担っているのは個々の語であるが、しかし語が意味を発現するのはどこまでもコンテキストにおいてである。リクールによれば、この文と語のコンテキスト関係として意味発現の現場を典型的に示しているのが隠喩（metaphor）である。「隠喩的陳述において（我々は隠喩をもはや語としてではなくて文として語っているのであるが）、文脈的な働きが、ひとつの出来事である所の新しい意味を創出しているのである。なぜなら、新しい意味はただこの特殊な文脈においてのみ存在するからである。しかし同時に、この意味は同一のものとして繰り返し同定され得るのである」。それゆえ、まさしく「本物の生きた隠喩のみが同時に〝出来事〟にして〝意味〟なのである」[17]。逆に、システム化され辞書に登録された隠喩なるものは既に死んでおり日常用語の中で陳腐化していくのである。

彼は、隠喩を語ではなくより全体的な文のユニークな働きの「つかの間の結果」として発現するものとし、それは「現実について新しい何事かを語り」、「新しい情報」をもたらしていると考えている。

所与の教育観によって意味付けられた「個別的全体」（singular totality）としての教育的日常とそこでの出来事としての「問題」との関係は、リクールの言う「言述」において意味として同定されることによって、「言述」のコンテキストにおける、そして文の連続としてのテキストにおける、隠喩としての位置を得て、教育について「新しい何事か」を語る「異語」（unusual words）となりうる。「問題」に関する言述は、日常化し一義的に陳腐化した教育観に緊張を惹き起こし、隠喩としての「問題」の理解を求める。つまり「問題」を隠喩と解釈することは、教育的日常を意味付けていた既成の教育的文脈の異化を試みることであり、「問題」に意味を発現させるための新しい文脈を作り出す企てであると言える。

このような意味において、臨床教育学の双面的問いは、人間学の第三方法原理に仲介されて、言葉の出来事の意味論的解釈が指示する「言述」においてひとつの形を得たことになる。この観点からすれば、臨床の現場とは、出来事と意味とが同時に発生している「生きた隠喩」状況と言えるだろうし、「見たところの不整合な多様性から最良の全体的明白さ」[18]を生み出す生産的場であると言えるのである。「問題」に関する言述は、教育理解の文脈に隠喩効果をもたらし、――そのような効果をもたらさない「問題」とは死せる隠喩としてすでに日常化しており意味発現の力を失っている。つまり「陳腐化した問題」という二重の意味での〈問題〉として改めて問われなければならない――体系化された教育の辞書的意味を新たに分節させる働きをする。それは教育理解の文脈に新しい「筋」をつけることである。

臨床教育学が「問題」に関する「言述」として書きとめたテキストの世界は、「問題」に「模倣」（minesis）し、事に随って書きとめられたもので、リクールによれば、「テキストは可能的な世界（worlds）について語り、そしてそれらの世界において自らを方向付ける可能的な方法について語る」[19]ものであるとされる。とすれば、テキストにおいて「差し出された世界」は意味において自律した「ひとつの世界（Welt）」であり、したがって、この世界を理解するとは、主体の信念や偏見をテキストに投映してそれを専有することではなく、それとは正反対に、「自分自身に対する理解の地平を作品とその世界とが拡大させる」[20]ことなのである。かくして、ここで検討してきた臨床教育学における「問題」の解釈は、主観主義的循環を離れて、「存在の様態」（mode of being）のレベルにおける新しい世界の開けという、言うなれば人間形成論の地平での意味発見の営みとして位置付けられるだろう。

終わりに、臨床教育学の実際的展開について若干触れておきたい。今日、教育的日常の「問題」として最も関心をよんでいるのはいわゆる不登校だろう。先の論に従えば、学校を中心とした教育の在り方への隠喩的事象のひとつと言えるだろうし、実際、我々は不登校の「問題」やその「解決（消）」の方策を語ることを通して、今日の教育を意味付けているコンテキストを明示的なものにすると同時に、その限界に立たされる訳でもある。それゆえ、「問題」にかかわるということは、教師の教育観が問い直されることにほかならず、教師にとって一つの決断であり賭けである。実際、誰でもが「問題」と向き合っている訳ではない、多くの教師にとって「問題」は彼（女）に外から降りてかかってきた災難であって、かかわりの態度は受動的である。「問題」が彼（女）の教育観を問うことを回避しようとする傾向が強いといってよいだろう。私の教育相談の経験からいうと、[21] 教育相談が要請される場面とは概ねこうした事態であり、「問題」が解消すると教師は元の教育観にかえっていく。つまり彼（女）は「問題」にかかわっていなかったのである。或いは、「問題」でないものを「問題」呼ばわりし、その背後にある教育理解の地平の暗闇を覆い隠す自己防衛を演出していたに過ぎないのである。

教育相談の課題を何処におくかは、理論的にも実際的にも多様な論議が有り得るが、前述の解釈学の立場からすれば、教師は経験とともに無造作に教師となるのではなく、「問題」とのかかわりにおいて教育の意味を自ら発見するという主体的実践的な関与の過程において自己生成するものであると言えるだろうし、この過程を共有する形での相談活動が臨床教育学に要請されていると思う。「問題」との主体的なかかわりにおいてはじめて、教師や親は子どもが自分たちが思い通りに支配することができない「独り」の存在であることに気付かされるのである。「問題」こそが教師を覚醒させる力をもっているのであり、教育の意味を分節させるエネルギーを蓄えているといってよいだろう。したがって、教育相談の課題となるのは「問題」に意味を発現させることができるコンテキストを来談者と共働して作り出すことだろう。

①　注

（1）F. Kümmel: *Verständnis und Vorverständnis.* Essen, 1965, S. 42.（松田高志訳『現代解釈学入門』玉川大学出版部、一九八五年、七九頁、以下邦訳参照。）

（2）O. F. Bollnow: Die geisteswissenschaftliche Pädagogik（in *Richtungsstreit in der Erziehungswissenschaft und Verständigung,* H. Röhrs. H. Scheuerl（Hrsg）, 1989, S. 68）.

（3）O. F. Bollnow: *Das Doppelgesicht der Wahrheit,* Stuttgart, 1975, S. 122.

（４）O.F. Bollnow: *Studien zur Hermeneutik, Bd. 1. Freiburg,* 1982.（西村皓・森田孝監訳『解釈学研究』玉川大学出版部、一九九一年、二七頁。）
（５）P. Ricœur: Hermeneutics and the critique of ideology（in *Hermeneutics and the human sciences,* edited, translated and introduced by J. B. Thompson, Cambridge, 1981, p. 88）（リクールの英訳論文集以下 HHS. と略記する。）
（６）ibid., p. 87.
（７）ibid., p. 88.
（８）M. Heidegger: *Sein und Zeit,* 1927.（桑木務訳『存在と時間』岩波書店、一九六一年、五八頁。）
（９）P. Ricœur: ibid., p. 90.
（10）ibid., p. 86.
（11）F. Kümmel: a. O., S. 36.
（12）a. a. O., S. 21.
（13）a. a. O., S. 21.
（14）a. a. O., S. 29.
（15）a. a. O., S. 30.
（16）a. a. O., S. 38.
（17）a. a. O., S. 39.
（18）a. a. 0., S. 47.
（19）O. F. Bollnow: *Philosophie der Erkenntnis 2.* Aufl. Stuttgart, 1981, S. 28.
（20）a. a. 0., S. 25.
（21）a. a. 0., S. 29.
（22）M. Foucault: *Naissance de la clinique.* P. U. F., 1963.（神谷美恵子訳『臨床医学の誕生』みすず書房、一九六九年、一五三頁。）
（23）P. Ricœur: The hermeneutical function of distanciation（HHS., p. 133).

(24) ibid., p. 134.
(25) P. Ricœur: Metaphor and the central problem of hermeneutics (HHS., p. 167).
(26) P. Ricœur: The hermeneutical function of distanciation (HHS., p. 132).
(27) P. Ricœur: Interpretation Theory: Discourse and the Surplus of Meaning. Texas Christian Uni., 1976, p. 94
(28) P. Ricœur: The hermeneutical function of distanciation (HHS., p. 143).
(29) ibid., p. 144.
(30) ibid., p. 139.
(31) 内田義彦『形の発見』藤原書店、一九九二年、二八五頁。
(32) P. Ricoeur: Metaphor and the central problem of hermeneutics (HHS., p. 180).
(33) O. F. Bollnow: *Das Doppelgesicht der Wahrheit.* Stuttgart, 1975, S. 136.
(34) a. a. O, S. 137.
(35) a. a. O., S. 138.
(36) 西谷啓治『西谷啓治著作集　第二十巻』創文社、一三〇頁。

②

(1) O. F. Bollnow: *Anthropologische Pädagogik.*（浜田正秀訳『人間学的に見た教育学　第二版』玉川大学出版部、一九八〇年、四八頁。）
(2) O. F. Bollnow: Die anthropologische Betrachtungsweise in *der Pädagogik.* Essen, 1965, SS. 30-39.
(3) O・F・ボルノウ『哲学的人間学とその方法的諸原理』（ボルノウ／プレスナー、藤田健治他訳『現代の哲学的人間学』白水社、一九七六年、三四頁。）
(4) 同前書、三五頁。
(5) 同前書、三七頁。
(6) O. F. Bollnow: Das Wesen der Stimmungen 7. Aufl. Frankfurt, 1988, ss. 15-16

（7）a. a. 0., S. 16.
（8）H. Pleßner: Macht und menschliche Natur（in Gesmmelte Schriften V. Frankfurt, 1981, S. 184）.
（9）W. Loch: *Die anthropologische Dimension der Pädagogik.* Essen, 1963, S. 83.
（10）O. F. Bollnow: Die anthropologische Betrachtungsweise in *der Pädagogik.* S. 44.
（11）a. a. O., S. 48.
（12）H. Pleßner: Ein Newton des Grashalms？（G. S. VIII, S. 258）.
（13）H. Pleßner: Die Stufen des Organischen und der Mensch（G. S. IV, SS. 396-419）.
（14）F. Kümmel: Kulturanthropologie（in Weg zur pädagogischen Anthropologie 2, Aufl. 1967, Heidelberg, S. 171）.
（15）P. Ricoeur: Metaphor and the central problem of hermeneutics（HHS., p. 168）.
（16）ibid., p. 169.
（17）ibid., p. 170.
（18）ibid., p. 175.
（19）ibid., p. 177.
（20）ibid., p. 178.
（21）筆者が関係している教育相談の概要を紹介しておきたい。一九九〇年四月、滋賀県栗東町教育委員会が「心の相談室」を開設した。相談室と呼ばれているが、実際は町教委の委嘱を受けた講師（開設時二名、一九九三年一月より三名）が定期的に担当校を巡回訪問（三中学八小学校）して教師と面談する。児童生徒及び父母との面談は原則として行わない。中学校は月二回、小学校は月一回の訪問を原則とし、一回の訪問で二～三ケースの相談を行う。筆者は開設以来一九九三年九月までの間（途中九ヶ月中断）九六名の教師と面談し、相談に名前の挙がった児童生徒の数は一〇二名であった。相談は一回で終了するものから三年に及ぶものまで多様で、相談内容も不登校（傾向）を中心に、いじめ、暴力、不適応等多種であるが、いずれも教師が主観的に「問題」と感じる事例が対象になっている。相談はカウンセリングの形式をとるが、活動としてはコンサルティングの側面、つまり問題解決の援助と教育的助言と情報提供等の機能が重視されている。
（追記：本相談は本稿執筆後も数年間続き、相談件数は四〇〇件余を数える。）

第二章　臨床教育学

〈『臨床教育学三十年』からのコメント〉

臨床教育学の研究スタイルと課題がこの時点（一九九六）でほぼすべて提起されていると言える。その研究スタイルは、直線的な展開過程ではなく特定の主題を多角的に語り継ぎ直す、円環的な過程をたどる作業であった、と三十年後に実感する。教育意味を語り直すことで意味を再発見する、そのための方法原理を問うことが主題であった。リクール解釈学の隠喩論に触発され、レトリック論や物語論に接近して教育の「問題」言説を構想する手法に手ごたえを感じている様子がうかがえる。臨床教育学の研究様態を、当時の教育学や教育現場さらには臨床心理学の言説に対抗して脱化する仕掛けを工夫している様子が窺え、未完ではあるが、教育「問題」の意味論的な解釈への方向付が定まった印象である。本書は、「はしがき」にあるように、我が国では臨床教育（学）を名乗る二番目の本で、我が国で臨床教育学の研究が始まった経緯について和田修二が詳細な報告をしており、資料的価値も高いと思う。他にも、我が国の研究者以外に、ランゲフェルトの子どもの人間学の系譜をひくオランダのルッベルス及びカナダのM・v・マーネンの論文、当時我が国ではほとんど知られていなかった中国北京市での電話相談の実態の分析（王建学）などが掲載されており、教育研究の国際的交流を意識した編集がされている。また、本書は、日本教育学会第五十五回大会のシンポ〈臨床教育学に何を期待するか〉（一九九六年八月）の当日に刊行され、学会関係者に臨床教育学の現状を理解していただくことに役立ったと思う。

第一節　「臨床教育学」の立場

【初出　和田修二・皇紀夫編著『臨床教育学』アカデミア出版会、一九九六年】

①「臨床教育学」の課題

〔1〕教育の脱教育化

教育研究の現状を省みると、教育学の理論が教育の現実理解と実践的な展開とに直接に役立つ必要はないとしても、しかし、教育学の理論体系とそれを組み立てている諸概念が実際的でもなく、臨床的でもなくて、あまりにも抽象的であり、「学問的」である。その反面、教育の理論は、例えば、自然科学の理論に比較すると、「学問的」と呼ぶにはあまりにも実際的であるが、体系が確立していないという批判を免れない。

歴史的に見ても明らかなように、教育学は、こうした教育現場からと実証科学からと両方の批判に絶えずさらされてきたが、その教育学は、今日、一方で、教育諸（科）学へと解散分化する方向と、他方で、それら諸（科）学の実践的で、実利的な応用を目指すモザイク的綜合学を目指す方向との、両面において、「脱教育学化」を図ろうとしているように見える。教育にかかわる諸（科）学を綜合化していくための原理と方法とを未だ明確にできないままに、教育学と諸（科）学との流出や流入の双方向への分散が加速しており、教育学が拡散的に肥大化していく傾向、あるいは中心を喪失した空洞化が進行している、と言えるのではないだろうか。

そして、この状態は、学校を中心にした現代の教育現場の状況に対応したものでもあると言ってよいだろう。学校での教育や家庭での子育て、成人や老人の教育などの教育現場では、教育の実践に関する部分的な局地専門主義が進行すると同時に、教育を意味付ける地平が急速に拡大していくなかで、教育の営みを全体として見通すことが困難になり、教育の現実が、際限ない細分化と拡大の渦のなかで、次第に部分と全体との関連を失いつつある。

教育（学）は、子どもの人間形成と未来社会の創造に寄与する人間的で生産的な営みである、という「古き良き教育（学）」の教育理解の枠組みは急速に解体し始め、教育現実を意味付ける全体的なコンテキスト（意味を発現する文脈）は弛緩して、弾力性と統一性を失い、個々の教育的活動を意味付ける絆は疲労してきている。別の言い方をすれば、今日の教育現場のさまざまの問題事象は、もはや個々の教師の熱意や資質、さらには教育制度や教育政策の在り方の次元での対応をはるかに超えた、後現代を生きる人間が直面していると言われる「意味の危機」（Sinnkrise）に根差していると思われる。教育が、このような「意味の危機」に遭遇しているとするならば、教育学は、依って立ってきたその学問的あるいは実際的な意味産出の機構それ自体を問い直すという、自己解体の課題を抱えたことになる。今日の教育はこの課題から逃れることはできないだろうし、われわれは教育解体への危機の意識なくして教育について語ることはできない、と言っても過言ではないだろう。もとより、この課題への取り組みは多様であってよいし、危機の解釈も多義的であってよいだろう。

こうした教育（学）の脱教育化と教育における「意味の危機」と言える動向のなかで「臨床教育学」が誕生した。つまり、「臨床教育学」は、教育の意味が統一的な連関を弱め、教育の現実が個別的な部分へと分断され孤立するという、いわば教育をめぐる意味が激しく転換する状況――教育の世界を意味付けてきた「物語」が、新しい筋立てで語り出されようとしている――のなかで、教育の「意味」を改めて発見して、教育を理解する新しい視点を獲得するという願いを担っているのである。

〔2〕「問題」との出会い方としての「臨床」

「臨床教育学」の立場は、教育を教育諸（科）学によって分解し、そのようにして部分化された教育の現実を実証科学的な手法によって分析しようとするものではない。したがってまた、その逆の方向として、それら諸学の知見と技法を「応用」して、教育の現実に発生する諸問題を「解決」することを目指すものでもない。誤解を避けるためにあえて言うならば、「臨床教育学」は、その最も隣接する臨床の分野である臨床心理学の「応用」学ではない。「臨床教育学」は、病理事象の「治療」や「解決」あるいは「予防」を第一の課題とするものではない。そうした臨床の立場は、基本的には医学をモデルにしたもので、対象は病める人であり、そこでの関係は「治療」というきわめて特殊な人間関係である。そしてまた、「治療」という関係が作り出す人間の現実において臨床医学が成立しているわけである。「治療」は教育的な意味をもつ場合もあるが、しかし、「治療」が教育を目的にしているわけではなく、教育の立場から解釈されたとき、そのような意味が与えられる。この反面、教育は治療を目的としているわけではないし、教育に「治療」的意味が与えられる場合があるとしても、それは多くなく、その意味合いも弱いと言える。医師と教師とでは相手へのかかわりの仕方が違うし、人間関係が成立する動機や場面が相当異なっている。医師や心理療法家に比べて教師ははるかに複雑で、限定するのが困難な、より多義的で日常的な条件の下で、多様な場面において子どもの成長を助けるという仕事をしており、その仕事の所産や評価もまた、「治療」の評価に比べて多義的であり主観的でもある。そして、教師にとって、援助を必要としている人間、小さく弱い幼い人間、自然や人間世界や自分のことがよく理解できない者など、不完全で、未成熟で、しばしば誤りや失敗や逸脱を繰り返す人間、これらの人間は「病める人」ではないのである。教師は、被教育者を治療の対象者としてではなく、成長の可能性がある者と見立てる。

教師と医師とでは、人間と人間が発現する「問題」とについての「見立て」の違いがある。教師は、成長の援助の場面において必ず現れてくる理解困難な「問題」事象を、教育という意味地平において位置付けて、それを教育の課題として解釈する。この言い方は同語反復のように聞こえるかもしれないが、しかし、例えば、教育の必要性が先験的に論証されたり、あるいは、比較動物学によって教育の外側から実証的に基礎付けられたりするものではなく、教育という営みにおいて絶えず発見され続けてきたものであるように、教育の意味は、教育という「見立て」において造り出されてくると言えるのである。したがって、ある事象にかかわる「かかわり方」「見立て方」によって、それは多様な意味を造り出す。「臨床」とは、「問題」とのかかわりの仕方であり、たんに病理現象の近くに居るということではない。この意味において、教師が教育において「問題」に出会う、その出会い方や、そのことの意味を解明（開明）することが「臨床教育学」の課題であると言ってよい。その場合、「臨床」とは、確かに医療や心理の実践領域で使用されてきた用語であり、それぞれに独自の意味が与えられてきている。これを教育に転用することは、単純な移動や応用ではなく、教育と「臨床」とが関係付けられることにおいて、双方が新しい意味を造り出すものでなければならない。あえて言うならば、「臨床教育学」は、教育に対してとともに、「臨床」に対しても、新しい意味を付与するものでなければならないのである。

［3］臨床教育学の課題

では、臨床教育学の課題や役割とはどのように考えられるだろうか。私は、臨床教育学の最も重要な課題とは、教育上の「問題」において、それを通して、教育の意味の連関を（再）発見すること、いわば教育現実を「解釈」すること、その手法を発明し工夫すること、であると考えている。

教育における「問題」とは、解釈学の伝統に従って言うと、理解の自明性が失われ不明な箇所が発生したこと、あるいは理解を挫折させるような「疎遠（fremde）のもの」が現れたことである。解釈の作業は、この「不明な」（dunkel）箇所にかかわることである。歴史的にみれば、その「不明な」箇所の所在が文字記号の世界から人間世界における他者へと転移してきたと言える。(1)

教育における「問題」を、このように、理解を挫折させる「不明な」もの、所与の教育観にとって疎遠で「異なるもの」の発現、として捉えることが臨床教育学の展開の起点になる。つまり、「問題」は、「解決」の対象と見なされるのではなく、人間世界において意味を発現している或る出来事として見立てられることが、まず必要である。「問題」を理解するとは、それの所在に気付くことであって、それを処理して消滅させることではない。更に言えば、臨床教育学は、「問題」がないと見なされている教育の日常において、「問題」を発見し、その「問題」状況を手掛かりにして、改めて、教育の意味を解明（開明）する新しいコンテキスト（意味を発現させる文脈）を掘り起こすことを課題としている、と言ってよいだろう。

「問題」という、教育の日常における差異あるいは「範疇違反」（category mistake）の緊張において、教育的日常を支えている教育に関する通常の「物語」を異化し、それに新しい「筋立て」を造り出すのである。教育的日常の危機、つまり、「問題」の出現は、見方を換えれば、教育の意味を再発見する好機であり、陳腐化した退屈な教育の「物語」に新しい局面を開く好機なのである。したがって、「問題」の所在に気付いて、その意味を問うことができるためには、教育において、見立ての仕方を変化させる仕掛けが、「問題」が意味を発現するような仕組みが、工夫され導入されなければならない。

ここでは、この課題への取り組みの試みとして、言語の仕組みを考え、特に「隠喩」の働きに注目してみる。「隠喩」を含む広く「譬喩」に関する研究こそは、絶え間なく変化する人間世界の事象を、限りある言葉によって表現しようとした人間の企てとその仕組みを解明しようとするものであり、最近の言語研究の表現を借りると、「レトリック」とは、「新しい創造的認識のメカニズムの探求」(2)を主題にした理論的で技術的な体系にほかならず、「隠喩」研究が新しい意味を造り出す働きの解明に通じていることを教えている。

すでに明らかなように、臨床教育学は、「問題」を特定の教育観や人間像から解釈しようとするものではないし、またその試みを可能にする普遍的な教育観を構築するための学問でもない。科学的な思考の方法と対立するわけではないが、それとははっきり区別される教育理解の観点と方法を探求するところに臨床教育学の「臨床」の意味がある。とすれば、その目的は、教育の学問としての体系化や教育的人間像の創出、あるいは教育の現場で効力を発揮する技法や知見の開発を直接の課題とする点にあるのではない。そうした教育の現場との実体的で功利的な関係とは異なった関係において、つまり、教育の意味理解を革新する新しい「筋立て」を、「問題」において出現させようと試みること、この点において、臨床教育学は「実践的」であろうとするのである。その主題は、後述するような解釈の方法原理に従って、教育世界における「問題」に所在している「意味」を、あるいは教育的日常と非日常とが緊張する状況において開示される「意味」を、解釈することであると言ってよいだろう。

② 教育における「問題」の解釈

[1] 臨床教育学の問い

臨床教育学の問い掛けは、「問題」とそれを「問題」として見立てている教育観との両方に向けられていることが特徴的であり、その問いは常に双面的な性格をもっていなければならない。臨床教育学の問いは、「問題」を対象化して認識し分析して、その原因の所在を客観的明示的に取り出すことを目指す、科学的で分析的な思考様式とは異なり、そのような、問題を「解決」しようとする意図を前提して、そのための方法を求めるという、その教育観自体にも向けられている。

臨床教育学にとって、「問題」の最終的な「解決」は存在し得ない。それゆえにまた、「問題」のない教育的日常というものもあり得ない。臨床教育学は、特定の人間像や教育観あるいは「問題」を解決するのに有効と考えられる技法から出発して、教育の現実を見る――それは、「臨床」ではなく単なる〈応用〉である――のではなく、教育の現実にどのようにして出会うか、そこで「問題」と見なされている事実の意味をどのように発見するかという、教育における「新たな気づき」、つまり「驚きながら発見することとしての見ること」（Betrachten als staunendes Entdecken）[3]という、教育の意味発見に深くかかわった認識論的な課題を追求するものである。

臨床教育学が、もし、こうした教育理解の認識論的な基礎付けと、さらには、「発見的認識の造形」[4]という課題を回避するのであれば、その役割は、臨床諸学の技術的な知見の応用に限定され、教育の現実に対して、派生的で外的な立場を守る後進的な一分野にとどまり、それほどの生産的な寄与をもたらすことはないだろう。こうした意味からすると、臨床教育学は、教育哲学や教育人間学において探求されてきた、教育の意味理解の仕組みの解明という課題意識に通底していると考えられ、臨床教育学はこの課題に、「臨床」という仕掛けによって、「問題」に意味を発現させることとして取り組んでいく。

臨床教育学は、教育の現実の「問題」にかかわるが、その課題は、「問題」を直接的に解消（解決）することにあるのではなく、むしろ、教育の現実の真相（新にして深）に改めて至るための回路を開くこと、つまり、「問題」を通して、そして、「問題」において発現している未確定な新しい教育の意味を、そこにおいて発見することにある。この意味で、臨床教育学は、教育学の理論体系の内側に位置しているというよりも、教育の理論と実践とが交流し合い、再び分流し分節していく境界領域に、あるいは、すべての教育観が新しい未知の出来事において、つまり、「問題」において、破綻する前線に、位置していると言ってよいだろう。特定の先行する教育観に従って「問題」を理論的に分析し説明することではなく、それとは逆に、臨床教育学のねらいは、そのような「前理解」としての教育観自体を「問題」とのかかわりにおいて明け渡してしまい、「問題」との出会いが、逆作用として、事柄を「問題」と見立てている当の教育観に変化を迫るという、こうした自己変革の可能性を、「視線の変容」の仕組みを、探求することにある。

［２］臨床の知見

教育世界を一般論としてではなく、具体的な「問題」において問い、自明のものとして実体的に固定された教育の意味を、多義性と多元性へと解（開）放すること、教育の諸概念を前理論的な地点に押し戻して、そこからもう一度展開してみようとする試みを、臨床教育学の主題と考えてみると、この立場は、「精神科学的教育学」の今日的な展開と称されている「解釈学的教育学」（Hermeneutische Pädagogik）(5)と課題を共有していることに気が付く。「問題」に促された「新たな気づき」（ein neues Angemutetwerden）が教育の意味発見であり、その点に、臨床教育学の「実践的」な性格がある。繰り返し強調することになるが、もし、臨床教育学がこのような認識論的な次元での課題意識を欠くならば、その立場は、操作的で技術主義的な教育観や、その反動としての独善的で教条的な還元主義に転落することになるだろう。「臨床」にかかわる諸学においては、行為関係に基づいた体験的な「実践的感覚」がしばしば強調されるが、しかしここで言われる実践的な知とは、教育や治療の現場の経験量に比例して形成されてくるいわゆる経験則的な体験の知とは区別されるものである。

精神病理学者の木村敏は、こころの病的現象にかかわる治療の現場という特殊な条件、つまり、非公開で密室的な制約から逃れることができない「精神病理学」にとって、そうした制約の下で得られた知見が哲学と交流することが不可避であり不可欠であると主張して、「精神病理学は『臨床哲学』であるという側面なしには成立しえない」ことを強調する。主観‐客観という対象化された関係とは異なった、主体的で行為的な関係において獲得される、いわばコミュニケイティブな知は、「臨床哲学的な思索」を必要としているというわけである。(6)知の在り方を、直接的な体験の私秘性として隠匿することは知の病理的退行である。臨床の知見は、個別「問題」にかかわり、その「問題」の意味の異性を問うものであるが、その問い掛けの仕方は、抽象的な一般論を排除することの反動として、情緒主義や主観主義的な性質のものであってはならない。この意味で、木村の指摘は重要である。

臨床教育学は、授業の技術や生活指導上の方法や技能の開発、さらには、子どもを理解するための心理学的な知見の伝達や応用を目標とするのではなく、むしろ、それらの技法や知見が有効に機能するための前提である教育観や子ども観、つまり、教育の現況を〝それ〟として意味付けている全体的で共示的な意味の連関（「教育の意味地平」と呼んでよいだろう）に焦点を置いている。そのための実践的な展開として、「問題」の意味発現の様式を言語の仕組みとして取り出すために、教育世界の「テキスト化」という作業が必要なのである。ここで「テキスト化」というのは、「問題」状況の精細な記述や子どもの言動の収集などによって、教育世界を積分的に「全部」として構築することではない。「テキスト化」のねらいは、「問題」が意味を発現するための言述の仕組み、「コンテキスト」を発明（発見）することである。

〔3〕教育の日常からの出発

教師は、すでに教育の知見と技法を身につけて教育世界の構成と展開に参加しており、教育諸学の知見を使って実践に取り組んでいる。臨床教育学は、このすでに特定の教育観に従って展開されている教育の日常から出発する。「臨床」的であるとは、実験室で、条件が設定された仮説的な前提から出発することではない。また、概念の構成によって抽象的に仕組まれた「教育現実一般」から出発するわけでもない。しかしまた、教育の現実とは、矛盾に満ちた、混沌で不安定な現実でもない。教育の現実は、無意味な混乱の世界——それは虚構の世界である——ではなく、つねにすでに秩序付けられ、意味付与された現実であり、曖昧で偏りをもちながら、一定の秩序をもった、中間的な「常宇宙」（Medio Kosmos）的な性格をもつ独自の「世界」なのである。

臨床教育学は、教育の始源として零地点を想定せず、すでに存在する、特定の教育観によって限定され意味付けられている「教育世界」と、それの個別的で具体的な事象である「教育的日常」から出発する。臨床教育学は、所与の教育現実に対して根源的に批判的である——特定の教育観の究極的な正当性を拒否するという意味で——が、想定された仮想的な零地点から出発するユートピア的な思考法に支配されないという意味では、急進的とか変革的であるとは言えない。むしろ、具体的な「問題」において教育の意味を発見するという点で、探索的であり発見的であると言えよう。

臨床教育学は、「常宇宙」としての教育的日常と、そこでの「問題」事象とに双面的にかかわることによって、「問題」を巡る迂回路を通って教育の日常を問い直し、日常化した「教育」の意味を異化させ、それを多様性へと解体し、教育の新しい意味地平を開き出そうとするもので、どこまでも教育の現実の「解釈」を主題とするという意味で、臨床教育学は、実践的であり、意味探索的であり、また非完結的で開放的な性格をもっていると言える。

第二節　臨床教育学の「臨床」の意味

①　教育の日常と「差異」

〔1〕　教育経験の双面性

教育的日常を支える教育観は、意識的なものであっても、無意識的なものであっても、教育の現実に対して「距離」を設定して、現実を形式的に固定して、多様で多義的である現実を教育的世界「として」「概観」することができる働きをもっている。これは、「哲学的人間学」（ゲーレン〔A. Gehlen〕）の「負担軽減（Entlastung）の原則」に関する知見がよく示すところであり、それに従って言うと、教職の経験は必然的に教育に関する偏見や臆見を身につけることによって「確かな」教育観を育てていることになる。

教育的世界において、「問題」が多発し、手持ちの教育観では教育がうまく理解できなくなればなるほど、教師は、その心理的な負担を免れるために、また、「問題」の解決により有効に対処するために、一層安定した教育観を求める。「問題」を巡って状況が緊迫すればするほど、教育観は明確で頑なな姿をとるようになり、教育観相互の対立は決定的なものとなり、激しい主導権争いが展開される。教育的世界における「問題」の多発は、所与の教育観を問い直すという変革の方向と、その反対に、既成の教育観に執着し、自閉して自己防衛的になることで危機を克服しようとする、守旧の方向とに分裂させる。そして、「問題」状況が切迫してくると、往々にして、後者が前者の展開を抑圧するという形で「解決」されていく。

問題は、どの教育観が正しいかにあるのではなく、「問題」の状況が切迫した時に、教師の教育観の限界がはっきりと見えてくるなかで、「問題」と主体的に応答するという、実存的な「負担」に耐えられるかどうかである。こうした事態において、既成の手持ちの教育観の限界を突破する、教育観の解体と転成が惹き起こされない限り、その教育観はさらに自己防衛の態勢を強化し、自己中心的に自閉化してしまう。それゆえ、問題意識の焦点は、この教育的世界を造り出す行動の様式に、更に言うと、教育的世界とそこでの「問題」を理解するその仕方、特に、臨床教育学にとっては「問題」を語るその語りの様式に、向けられる必要があるだろう。例えば、われわれは〝登校拒否（不登校）〟の「問題」をどのように語っているだろうか、「問題」の意味を理解する「語りの仕掛け」をどのように工夫しているだろうか。〝登校拒否（不登校）〟の「問題」において、われわれが教育を語るその語り方は変化しているのかどうか。

教育に関する見立ては、自閉的で排他的になることによって安定し、教職経験の積み重ねによって正当化され、ついには経験的な偏見（イデオロギー）として支配的な権力を獲得する。確かに、教育観の獲得は、一面において、教育的な知見の効果的な活用と問題の処理に習熟するために、生産的である、と同時に、そのことは、現実を形式的に図式化する効率的な対応の代償として、意味発現の可能性を孕んでいる教育の場面を偏見によって一面的に支配する可能性に対しても開かれたままなのである。そこでは、「問題」は、〈通常〉という「教育神話」のもとで、例外的な挿入として抑圧されて、教育的世界から排除される。

〔2〕差異の発見

教育の日常を意味的に構成する教育観を教師や親が身につけることは必然であり必要でもあるが、しかし、その教育観がもたらす作用効果はいつも多義的である。この多義性に教師は内省によって気付くことはできない。「問題」との出会いだけがそれを可能にする。この意味で、臨床教育学の知見は、教師が、あるいはもっと広く教育者としての大人が、教育者として自己を発見することを促す実践的な効能をもっていると言えるだろう。教育の日常における「問題」とは、自明化されている教育観の輪郭と構造を際立たせるものであるという点で、「問題」は革新的である。「問題」との出会いは、教師に対して教育観の更新のための新しい知見の獲得と、日常の教育活動とは異質なエネルギーとを求めている。この点で、「問題」は生産的である。

教育における「問題」は、自明化された「教育的世界」が、特定の限られた生活世界における領域であることを、それは非日常的で差異的な事象を絶えず抑圧し排除して、それらを周縁化することによって成り立つ、いわば作為的に「中心化された世界」であることを逆照して明示する働きをする。したがって、「問題」は、その事象を「問題」とみなすその教育観に抵抗し、その確定性を揺るがせ、その偏りを暴露するとともに、「問題」において開示された、もうひとつ別の、異なる現実、「非」日常を日常に対峙させることによって、所与の教育観の「脱‐中心化」を迫る役割をもっている。「問題」に対して、このような抵抗と意味の開示の働きを作動させる仕掛けを探索するのが解釈学の仕事と考えられるのであり、ここでは、このような意味の開示や発見の仕組みを、「レトリック」における「隠喩」の働きとして考察していきたい。

臨床教育学の基本的な立場は、一般的な理論の説明的形式にみられるように、事象を対象化して認識し、それを体系的に意味付けるという、単純化された「ほかならない原理」（das Prinzip des Nichts-anderes-als）に基づいた考察の方法によるのではなく、それとは正反対に、「立ち現われている現実を、差し当たってまず不信の念をもたずにその全体的な豊かさにおいて把握する」こと、つまり「何か異なっている原理」（das Prinzip des Etwas-anderes-als）と名付けられている、受容的で発見的な事象の把握の立場に立つものと言える。(7) 繰り返しになるが、臨床教育学は、教育の隣接諸学の応用によって教育上の「問題」を分析し説明して「解決（解消）」を図ろうとするものではない。そうではなくて、このような一元的で還元主義的な「ほかならない原理」にすでに呪縛されている教育理解の仕方に抵抗し、教育の現実に、改めて、もう一度新しく出会うために、それとは異なった教育理解の仕組みを構想する試みであり、ここで言う「臨床」とは、教育の現実への特別に注意深い見方を指しているのである。

この構想は、教育の意味を理解するに相応しい態度能力を獲得するという実践的な要請に応えることでもある。こうした見方は、ボルノウ（O. F. Bollnow）が「ひとつの認識の確実性のあらゆる形式は……抵抗の経験の一形式として基礎付けられる」(8) と公式化したものであり、「差異を見ること」（die Differenzen zu sehen）として、「現象学」において強調された態度に通じる立場である。

方法論的には、この「差異」として出会われる「問題」にどのようにして意味を発現させ、「差異」を「差異」として見ることができる仕組みをどのように発明工夫していくかが主題であり、このことをここでは教育を語ることばの仕組みの問題として考えていきたい。

②「前理解」を巡って

〔1〕教育観と解釈学

方法論的には、差し当たって二つの課題に取り組まなければならない。第一は、すでに述べたように、ある事象や状況を「問題」と見立てるその教育観に対する問い掛けの仕方であり、第二は、「問題」とその教育観の関係を意味論的な主題として記述するための技法の探求である。

第一の課題については、先に触れたように、われわれの手持ちの教育観は、学問的で自覚的な教育理解に先立って、曖昧で不定形なものとして、すでに共通の教育観として存在している。しかし、この教育観は、「問題」とのかかわりにおいてしか自覚されず、その教育理解の仕組みあるいは「理解の地平」は「問題」によって初めて姿を現すものであって、われわれは自覚的にこの教育観から出発することができない、そのような「前提」なのである。「問題」への問い掛けの深まりとともに、われわれは、自分自身の教育観に立ち返っていくのであり、その逆ではないのである。

教育的世界を秩序付けている教育観を、このような「前理解」的な性格のものと考えるのが私の立場である。よく知られているように、この「前理解」(Vorverständnis) の概念は、ハイデガー (M. Heidegger) に由来するものであり、これを継承したガダマー (H. G. Gadamer) によって、「すべての理解の予断的属性」(Vorurteilshaftigkeit) と称され、「歴史の作用にさらされた意識」(Wirkungsgeschichtliches Bewußtsein) として、世界理解の基礎概念に据えられ、今日の解釈学上の論争のひとつの焦点になっている。

この論争の根本は、リクール (P. Ricœur) が指摘する次の点にあると考えられるが、そこで提起されている哲学上の問題は、教育学の解釈学的な展開に際しての、基本的な課題でもあると思われる。「解釈学の内において、(イデオロギー) 批判的主張の承認はつねに繰り返されたあいまいな要請であり、しかも常に実現されなかった、という事実に注目したい。ハイデガー以降、解釈学は全体的に基礎的なものに立ち返ることに関心を向けてきた。つまり、それは精神科学の可能性の諸条件に関する認識論的問題から理解の存在論的構造に転じる動きなのである。しかし、問題は、存在論から認識論への復路は可能かどうかということである」(9)。この「前理解の解釈学」を巡る論争に立ち入ることはできないが、われわれが確認しておかなければならない点は、教育的世界とそこにおける「問題」にかかわる臨床教育学の認識論の基礎に、「前理解としての教育観」を主題とする「領域解釈学」が存在し得るということである。そして、この課題の存在を受け入れることは、教育の現実を理解するという作業の過程は、「問題」とのかかわりにおいて初めて仕上げられていくものであるという見方を認めることであり、このことは、教育の意味が発現する発見的な認知のコンテキストに、「問題」が決定的に生産的役割を果たしていることを認めることである。

以下の考察と関連して、この問題に関する興味深い人間学的な視点を提示しているのは、キュンメル（F. Kümmel）の「前理解」についての解釈である。キュンメルによれば、ガダマーは「前理解」（Vorverständnis）を「予断（先入観）」（Vorurteil）という術語に置き換え、前理解の偏見的側面——つまり「持参された前理解」（das mitgebrachte Vorverständnis）——を強調することによって「前理解」がそれと合わせもっていた生産的側面——「先取り的前理解」（das antizipierende Vorverständnis）——を見失わさせ、「前理解」のもつ生産的で開放的な性格を正当に位置付けていない、と批判する。[10] キュンメルは、『存在と時間』以後におけるハイデガーの「世界」概念や「脱—存」（Ek-sistenz）概念の展開に現れる「理解」概念を支持しながら、解釈学の出発点を、歴史や現実や人間的本質のどれかに選択的に基礎付けることを否定し（認識における「アルキメデスの点の否定」）、現実の理解とは、「現実そのものからも、理解する主観の側からも直接出発することはできない。両者は、理解において初めて遭遇する」[11]という立場に立ち、「前理解」から「理解」に至る認識の過程を解釈学的に解明しようと試みている。

キュンメルによれば、現実を理解するとは、特定の観点から現実を対象化することではなく、「対象自身が我々自身のうちにそのための感受性を目覚めさせ、対象を理解するための器官（オルガン）を我々の内に形成する」[12]ことなのである。主体と客体の双方が相互に相手に依存し、相手に自らを「開き逢っている」、この事態においてはじめて「理解」が成立すると考えられている。

〔2〕「前理解」と「理解」

理解は、具体的には、言語や歴史的な状況を共有することにおいて成立すると考えられるが、それらの構造にあらかじめ一元的に規定されているわけではない。そうではなく、逆に、人間がそれらとかかわることによって初めて、理解の可能性が与えられるのである。人間は、「その現実の中において自ら成長しつつ、その現実を理解することを学ばなければならない」。[13] このような、現実と人間との生成的な相互関係をキュンメルは、「開かれた歴史的循環」（offene geschichtliche Zirkel）と名付け、[14]「前理解」の「前」が二つの意味をもつこと、つまり、ひとつは「既に＝前もって＝知っている」（das Schon = vorher = Wissen）という意味と、もうひとつは、「先取り的に＝含蓄的に＝捉える」（Vorweg = implizit = Ergreifen）という意味とをもっており、[15] 前者が、過去の地平としてわれわれを支えつつその視界を制約するという、限定的な側面をもつのに対して、「前理解」には後者の側面が、つまり、シュライアーマッハー（F. E. D. Schleiermacher）によって「全体の予覚的把握」（divinatorisches Erfassen）として取り出された働きが認められ、課題的な状況としての「現在」において、「未来の先取り」（Vogreife in die Zukunft）を可能にする直観的な働きとしての「前」が注目されているのである。[16] 前者は、具体的な対象認識に先行して、すでに一定の仕方で解釈された「理解の意味地平」を指し、後者は、具体的な事柄とのかかわりにおいて、「先取り的に＝含蓄的に」その後の認識を導く、予覚的で「含蓄的」な直覚の働きである。

「前理解」は、これら二つの対立し合う双面的で両義的な働きを――閉鎖と解放、自明と変革、保存と突破など――それ自体に内蔵しており、この両義的な性格のために、「前理解」は反って生産的でと言えるのである。更に言えば、「前理解」のこの両義的な構造に力動性を与え、現実に新しい意味を発見するところに、解釈学の課題があると言えるだろう。

臨床教育学の実践的な主題である、「問題」に促された「新たな気づき」とは、こうした、「前理解の解釈学」が明らかにした認識論的な特性に結び付いていると考えられる。この特性をより精確に理解するために、次のキュンメルの指摘は有益だろう。

「その前理解は、先取り的に（つまり、捉えつつ、同時に捉えられて）先ず事柄のもとにあり、その後初めて理解する者自身の努力において獲得されうる意識的、表明的理解（ausdrückliche Verständnis）によってやっとそれ自身へと戻されねばならないのである。これまでの理解の地平は、これによって逆作用的に変化させられ、理解する者自身も新たなる者へと変貌する」[17]。事柄との出遇いにおいて、「前理解」のもつ開示的な機能が「新たなるもの」を発現させるが、その発現は、連続的な循環や形式的な弁証法に従うものではなく、非連続的な「突破」（Durch-bruch）の契機を伴った、創造的で革新的な出来事を意味している。

「前理解の解釈学」が主題としているのは、伝統的な認識論が追求した、あの認識における「アルキメデスの点」の確保ではない。そのような、最終的には認識の確実性に関する技術学に至る認識論が主題なのではなく、ここで、臨床教育学の構想との関係において問われなければならない認識論的な主題とは、「認識の本質と機能を人間的生の全体連関において把握するという課題、それゆえに、生起しつつある認識を導くことではなく、形成された認識の事実から人間そのものをより深く理解するという課題[18]」であろう。この認識論における「転回」は、「すべての人間的認識は、その本質において、解釈学的である[19]」とする立場を示すものであり、この見方に立って言うと、人間に関する諸学は、人間的な生との連関において、その諸概念を常に新しく問い直すという、解釈学的な課題を負っていることになろう。

教育学もまた、正しい授業法と指導技術の探究という直接的な関心と目的からいったん解放されて、解釈学の課題提起に応え、「教育の全体的な現象領域の探求[20]」を課題にしなければならないだろう。教育（学）の革新と再生とは、この課題と取り組むことにほかならず、臨床教育学には、このような教育学の課題に呼応した展開が期待されているのである。

臨床教育学は、その諸概念を基礎付けていると見なされてきた、教育の現実の諸現象を、人間的な生の全体的な連関において、改めて解釈し、意味を発見する試みであると考えてよく、その意味からすると、「臨床」とは、「解釈学」の仕掛けのひとつと見立てることができるだろう。

臨床教育学が、こうした認識論の人間学的な「転回」に深くかかわらなければならない理由は、臨床教育学が「問題」との直接的な関係に常に立とうとするからである。その場合、「問題」とかかわるそのかかわりの仕方こそが、その研究領域が成立するための根本条件なのである。臨床教育学の立場は、教育の「問題」を、人間諸科学の成果と方法の「応用」によって「解決」すると考える教育理解の仕方とは異質の次元に立ち、また、「問題」に対応する実際体験の積み重ねのなかに「臨床」があるとも考えないのである。

第三節　臨床教育学の実践課題

①　課題の所在

[1]「意味」を発見する作業

臨床教育学の第二の課題、つまり、教育観と「問題」との関係を意味論的に探索することは、第一の認識論の課題と連動する、より実践的で方法論的な主題である。臨床教育学が自らの課題を認識論の領域に限定するのであれば、臨床教育学は従来の「精神科学的教育学」の哲学的な思索の圏内に留まることになり、「臨床」は、単なる修飾にすぎず、その学問的な特性は見失われてしまう。これとは逆に、「解釈学」に基礎付けられた意味理解への方向を欠いた臨床教育学は、「問題」の解決（解消）と治療を目指す実用的な応用技術の学になり、この場合も、あえて「臨床」であることを強調する必然性はなくなる。

これまでの論述で明らかなように、臨床教育学は、教育の日常における「問題」事象の「意味」理解を目指している。そのために、臨床教育学においては、「問題」を教育の日常における「偏差」として位置付け、この「偏差」が発現する「意味」を発見し解釈すること、あるいは「意味」が発現するための条件を発明工夫することを目指さなければならない。先に述べた「新たな気づき」が、単なる態度や在り方といった主体的な自覚の次元においてではなく、そうした在り方を可能にする条件を採り出す作業が要請されている。そして、この意味の発見を可能にする条件を探求する仕事は、教育の日常を支えている教育観の仕組みを再発見する作業であり、陳腐化している教育の意味を革新することである。臨床教育学を、「解釈学的教育学」の新しい展開として位置付けることができるとすれば、このような、「意味」を発見する解釈学的な作業は、教育研究のフロンティアとでも呼ぶことができる興味ある地平を開くように思われる。

ここでは、先に少し述べたように、この課題に取り組むために、フランスの哲学者ポール・リクールの解釈学、特にその「隠喩論」を手掛かりにして考察を進めたい。断わるまでもないが、ここで、リクールの膨大な哲学的な論述を紹介しようとするものではない。先に取り上げたように、教育的世界において「問題」が発現している「意味」を解釈する手法を探究するために、リクールの解釈学を特徴付けている「隠喩」論や「物語」論が、思考の有効な道具を提供していると考えるからである。

以下の考察では、古来、レトリック（修辞学）における「譬喩」あるいは「転義」の言語形式のひとつとして注目されてきた「隠喩」を中心にした展開になるが、リクールの「隠喩」論に入る前に、すこし予備的な検討をしておきたい。というのも、教育研究において、以下のような手法によって、「隠喩」を「意味」発見の言語的な仕掛けとして評価した試みがないからである。

［2］「新しいこと」の理解と隠喩

隠喩が臨床の「問題」理解において、なぜ注目されるのか。その起点は、アリストテレス（Aristotelēs）の『弁論術』のなかの隠喩論に求めることができる。そこにはさりげなく、「日常語は、われわれに既に知っていることを伝えてくれるだけである。われわれが新しいことをもっとよく把握できるのは隠喩からである」（1410b）と述べられている。アリストテレスは、「新しいこと」の理解を「隠喩」ということばの仕掛けと結び付けている。つまり、「隠喩」とは、言語の「類似性」を使って、通常とは異なった仕方で、新しいことを理解できるようにする言述の仕掛けというわけである。「隠喩」は、ニスベット（R. A. Nisbet）が単純化して定義したように、「既知のものから未知のものへと向かう方法」であり、それはひとつの「知の方法」である。つまり、「隠喩の知とは、経験や観察の結果を吟味し、ある命題からの演繹ないし帰納、ようするに知識の分析や総合ではない種類の知」なのである[21]。

隠喩論に従うと、隠喩は、ここで取り上げてきた、あの「問題」を新しい未知のものとして把握することを可能にすることばの仕掛けなのである。隠喩的な言述が造り出す「世界」は、現実ではなく、現実を模倣して、ことばにおいて再現した「世界」、それは「見る」とは異質な、「…と見る」世界、それ「として」見立てられた世界である。類似性において成立している「…と見る」この世界は、イメージと意味とが言語において交錯することによって生み出された、非実体的な可能的世界であり、通常とは異なった特殊な「属性賦与」が語に施されている。つまり、リクールが強調するように、隠喩とは、類似性に基づいた単なる語の置き換えの技法——隠喩は、今日までそのようなことばの技法であると考えられてきた——ではなく、語を意味付けている文脈にかかわる言語現象であり、したがって、隠喩は、言述の意味論に属しているのである。そして、言述において語に与えられる特殊の属性とは、「範疇違反」を犯すことによって、矛盾し対立する意味を同時に表す働きなのである[22]。

この「…と見る」にかかわって、日本語で日常に使う「見立て」という用語法は、隠喩のもつ独特な認識の仕方を的確に言い表していると、日本美学の研究者である尼ヶ崎彬が指摘している。尼ヶ崎によれば、日本の言語文化において「見立て」は、きわめて意味深い働きを演じており、その作用は、「転義」という記号論による定義から隠喩を解放して、より広い領域において、つまり、対象を扱う「主体の態度変更というからくり」として作動しているという。ここから、隠喩の働きとは、本来、より広い「視線の変容」という「人間の認識の作法一般」に通じる認識機能にほかならないことが指摘される。尼ヶ崎は、「見立て」について、次のように述べている。

「こうして『見立て』とは、常識的な文法や連想関係からは結びつかぬものを、類似の発見によって（ないしは類似の設定によって）結びつけ、それによって主題となっているものに新たな《物の見方》を適用し、新しい意味を（または忘れられていた意味を）読者に認識させるものである[23]」。

隠喩は、文法上の約束や語彙的な制約などを乗り越えて、「類似」によって新しい意味を発現させる仕掛けである。その場合、隠喩は「直喩」や「換喩」と異なって、「類似性」が発見的な認識を導く、いわば「斬新さ」のバネの働きをする。したがってまた、皮肉なことに、この「類似性」のゆえに、隠喩は必然的に陳腐化し、「死せる隠喩」（リクール）になる。

隠喩は、譬喩や転義（trope）のひとつであって、日常の言語生活では、他のレトリカルな機能と混合して用いられている。これら譬喩や転義にかかわる言語活動の型の分類を目指した古典的なレトリックの研究（修辞学）は、「結果的には、当の研究者たちの意図しなかったような、新しい認識を産出し造形する型の探求にもなっていた[24]」わけである。この新しいものの見方は、概念の意識的な操作によって論理的に生み出されるだけでなく、無意識に、意図することなしに、構想力によって造り出されてくるものでもある。例えば、佐藤信夫は、「古典レトリックはみずから意図せずに、人間の無意識の、イメージの論理の型を研究していたのだ」と考え、フロイト（S. Freud）による夢の意味作用の分類が「古典レトリックの比喩＝転義の型の分類ときわめて近い」ことを指摘していた研究者に注目している[25]。

今日、隠喩論は、文学や哲学はもとより、宗教学や社会学、さらには、ヤーコブソン（R. Jakobson）の失語症の研究などに見られるように、人間とそれが造り出す世界とに関する諸学を横断する共通の関心事として急浮上してきている。隠喩論に対する私の関心は、これら今日の学理論からというよりも、むしろ、教育相談の実際からきている。つまり、教育相談で、教師や子どもが語る「問題」の意味が容易に理解できないために陥る苛立ちや、「問題」を語る教師が、子どもを「見立てる」時に使う教育用語の固さへの驚きなどといった、教育を語る「語りの様式」の体験に基づいている。

②「意味」の所在

［1］テキストの世界と「意味」

リクールは、よく知られているように、「言語（ラング）」の言語学ではなく、「言述の言語学」によって独自の「テキスト理論」を展開し、先に見たような解釈学的な認識論の論争を新しい局面へと導いた哲学者の一人である。リクールは、意味論から解釈学への橋渡しをテキスト概念によって試み、さらに、テキストと行為との間にアナロジーを発見することによって、解釈学と社会科学との古くからの対立関係、すなわち、「理解」と「説明」との深い亀裂に架橋する手掛かりを見つけたのである。

リクールの「テキスト理論」の特徴は、テキストの意味をテキストの背後に、つまり、テキスト作成者の心理や社会的、文化的な状況に求めることを明確に否定する点にある。テキストの意味解釈に際して、テキストの背後に遡及してその意味を作者の生活と心理から解釈しようとする心理学的な還元主義を否定する。テキストと作者との実体的な関係を廃棄するのである。

リクールによれば、テキストとは還元不可能な、ひとつの固有な意味世界――「テキスト世界」――であって、この「テキスト世界」とは、言語が創造した意味の世界であり、現実を「模倣」しているものの、しかし、どこまでも現実とは異質な、「新しい存在様態」を、自らの「前方」に開示しているのである。テキストは「フィクション」であり、それは、「ひとつの世界」として『ある』、現実の世界に挿入された「可能的世界」なのだ。

その世界は、言述の様式を媒介にして「再現」され、「創造」された世界である。したがって、テキストが指示している状況とは、その状況が消滅してしまっても、いつまでも残る非状況的な状況であると言える。そのような状況として、状況は『ある』。この『ある』は、実体的意味での「ある」ではないが、しかし「ない」でもない。いわば「ある」と「ない」との間に挿入された、「フィクション」の『ある』なので〈ある〉。

テキストを読むとは、テキストの作者に「同化」（Aneignung）することではない。言語によって模倣され、再現され、創造された、「テキスト世界」における「意味」を理解することである。「テキスト世界」には、「超出来事的な意味」が指示する地平が『ある』。この「テキスト世界」との「同化」とは、「テキストの前において、自己自身を理解すること」であるが、そのことは、「自己自身と自己の信念と自己の偏見とを投影（projection）することとは正反対のこと」、つまり「作品とその世界によって、私が自分自身についてもっている了解の地平を拡大させること」なのである。[26] あるいは、「われわれは文化の作品の中に登録されている人間の記号、という大いなる迂路を通ってしか、自己了解できない[27]」という意味において、「自己はテキストの《事がら》によって構成される」と言ってもよいだろう。

リクールの「テキスト理論」は、言語ではなく言述の言語学を基礎にして、「出来事から意味への止揚」の弁証法、として構想されたもので、言述が造り出す「コンテキスト」こそが「意味」を発現すると考え、意味を発生論的事象と見なし、意味とそれを造り出す仕組みとを解釈学的に解明しようとする。

リクールの隠喩論は、そのテキスト論から窺えるように、記号論の立場からではなく、言語的な想像力の働きとして隠喩を捉え、この隠喩において新しい意味が明るみに出ると考えられている。

[2] 出来事から意味へ

ところで、リクールの解釈学が、臨床教育学の「理論」の構築と関連して注目される理由は、そのテキスト論の中核をなしているとも言える隠喩論のゆえにである。臨床教育学は、教育の日常において「範疇違反」と見なされている「問題」とかかわり、それの意味を発見しようとする。そのために、「問題」が意味を発現（発言）する「コンテキスト」を造り出すことが必要なのである。

リクールの立場から見れば、教育に関する言説は常に、教育世界における「問題」に関する言述であり、「問題」を発見し、その意味が語り出されたとき、初めて教育の意味地平が開け、教育の構想や技法が芽生えてくる。教育に関する理論は、「問題」を語ることによって構築されるが、「問題」を語ることはその理論が挫折することでもある。「問題」において、自らが挫傷することによってしか、理論は新しい言説を生成することができないのである。この「新しい」言説の造り出しを巡って生じる、挫傷と生成の逆説は、教育における理論の役割が無効であることを意味するものではなく、逆に、教育の言説の独自性、つまり「臨床」の言説であることを際立たせるもの、と言えるだろう。

では、「問題」を語るとは、どのようなことなのだろうか。ここで言われている「問題」を語ることとは、教育活動で常用されている手持ちの用語と語りの様式とで語ることではない。もし、そうであるとすれば、「問題」は教育の「範疇違反」として語られているのではなく、物理的もしくは心理的な「出来事」を記号において指示しているだけであって、そのような、いわば「説明」的な語り方からでは「問題」の意味を発現させることはむずかしい。

教育に関して、専門化された概念と、その意味が一義的に規定されている用語とを使って「問題」の意味を発現させるのではなく、その関係を逆転させ、「問題」こそが、そして、それだけが教育に関する言説の体系を変容させ、その概念を新しく分節させることができる、と臨床教育学は主張するのである。

「問題」に意味を発現させるとは、教育に関する言説に「意味論的衝撃」をもたらすことである。リクールの解釈学の言い方を借りると、それは教育に関する言説の仮面を剝ぐこと、「仮面剝奪の解釈学」の展開にほかならない。「意味発現」の、あるいは「意味復興」の「解釈学」は、「仮面剝奪」という、批判と懐疑と概念破壊のなかでしか生息することができないのである。

「問題」を語ることは、教育の言説に混乱をもたらす。しかし、忘れてならないのは、この混乱させられ、仮面剝奪の対象にされている、既成の教育の言説とは、実は、かつて「問題」が語られるなかで、剝奪と破壊の闘いにおいて獲得されてきた言説なのであり、言説の形成過程それ自体の内にすでに、先述の、対立し合う「双面の解釈学」が作動していたのである。そうであるから、「問題」を語ることがもたらす混乱とは、教育の言説を造り出す解釈学的な意味発現の装置を、言説の内部で再び作動させることである、と言ってもよいだろう。

このような意味からすると、「問題」のすべてが教育の言説を混乱させ、その装置を作動させることができるのではない。「問題」とは、事態の深刻さや社会的な衝撃の大きさという「出来事」の衝撃の次元に本来は属していない。そうではなくて、「問題」は意味の次元に属しており、そして、この「意味」は、「問題」の語られ方なのである。「問題」を語る「レトリック」が、既成の教育に関する言説を破壊し、「意味」を露呈させる。そうであるから、「問題」は、教育の日常のあらゆるところに『ある』と言える。と同時に、どれほど「問題」が深刻に語られようとも、そして、それの解決のためにどれほどの精力が注がれようとも、「問題」は存在していない、とも言えるのである。

[3] 語る仕組みと「現場」

例えば、われわれは、登校拒否（不登校）を「問題」として語っているかどうか。登校拒否（不登校）が「問題」として意味を発現するために語りの仕掛けがどのように工夫され、われわれの手持ちの教育の言説に、「意味論的衝撃」が，どの程度走っているだろうか。この問いは，しかし，「問題」の出来事性をあげつらい，現代の教育学の貧困と家庭や教育現場の無力を批判し，教育の空洞化を嘆く深刻ぶった似非評論家的な立場からのものではない。教育の日常を支えているのは，教育の制度や教授法や教師の情熱などではなく，そうではなくて，それらの事象を「教育」として組み込み，意味付けている「仕組み」を，つまり，教育に関する言説と言述の仕組みが支えているのであって，操作可能な物理的あるいは制度的な事柄や情緒的な心性の事柄などではない。もし，「問題」が，物理的あるいは心情的な次元の事柄であれば，教育における「問題」の多くは解決することが可能である。そして，このような「問題」解決の仕方，このような教育の語りの仕組みこそが，逆に「問題」の「意味」を隠蔽し，『「問題」のない教育』を，まるで理想の教育であるかのように演出して見せるのである。このような，「問題」解決を求めるユートピア的な教育論議は，「問題」の意味を一面的に解釈することで，理論的にも実践的にも，それは確かに「負担軽減」にはなるが，しかし，教育世界の意味を多義的に分節するという，いわゆる「教育の意味地平の開け」に寄与できるとは言えない。

「問題」こそが，そして「問題」の意味を発見することこそが，教育を支えている仕組みを革新する。その意味からすると，今日の教育学の課題は，「問題」解決の処方箋を示すことではなく，「問題」の意味と出会うために，どのような言述の仕組みや仕掛けが可能であるのかを探索することだろう。そのような言述の仕組みは，実験室やあるいは教育の理論のなかで造り出されるものではなくて，まさに，教育の「現場」において，子どもや大人が「問題」において，「問題」を語るその語り方のうちに，それとは知れず，垣間見せる，仕組みであるといってよいだろう。その時，「現場」は「テキスト」になる。

教育の「現場」を「テキスト」に見立てることに成功すると，教育の言説においても，新しい意味を発見する場が開けてくる。つまり，ある教育の言説において「問題」がどのように語られているか，あるいはその言説がどのように挫折しているかを発見することである。「問題」をうまく説明する部分ではなく，その言説がうまく作動しなくなったところを切り口として、その言説の仕組みを探るのである。教育学の古典は、それに対する時間的と実用的との距離ゆえの無力と、その言説の現実での挫折という無効とのゆえに、教育に関する言説の仕組みを開示するという「生産性」をもっているのである。

もとより、臨床教育学がこのような領域にまで広がることを目指しているわけではないが、ここで確かめようとしたのは、教育に関する言説や言述が、教育の意味を発見するために、また、意味の発現の仕組みや仕掛けに気付くために、決定的な役割を果たしているということである。特に、教育の「現場」とは、一般にいわれる、実体的で対象化された現実ではなく、そうではなくて、教育の「問題」が語られているところ、「問題」の「出来事」が言述において意味へと「止揚」（リクール）されるところであり、その言述において、ことばの意味の剝奪と再生が出来《しゅったい》しているところ、という「見立て」方が強調されなければならない。臨床教育学は、教育の「現場」をこのように、解釈学がいう「意味論的衝撃」が惹き起こされる場、として捉えようとする。

ところで、このような臨床教育学の立場にとって、リクールの隠喩論が寄与するのは、第一に、「問題」を記述することは、彼の解釈学からすると、現実を「再記述」することである。「言」が「事」に随順してそれを「再現」するとは、「事」を忠実に複写（コピー）することではなく、「事」を「模倣」として再現することなのである。この「模倣的再現」（mimesis）が開く「ひとつの世界」の創作に、隠喩が決定的な役割を果たしているからである。この意味において、臨床教育学の仕事は、教育の日常に「差異」や「偏差」をもたらしている「問題」を語り、それを記述することにおいて、教育の言説に「範疇違反」を発生させ、その言説を異化させること、つまり、隠喩的な指示機能を内蔵した「筋」を教育の語りのなかに織り込み、その言説に「意味論的衝撃」を与え、その「筋」から新しいコンテキストを分節させることである、と言える。

そして、もう一つは、リクールの隠喩論を含む解釈学的な思考の様式自体が、教育の意味を革新するための、いわば教育学的な思考を、脱構築ではなく再構築するための手掛かりを与えている点である。教育の新しい「意味」

は、教育の日常において、特に「問題」との出会いと意味の発見作業のなかで発現が可能であり、教育「現場」を造り出すために、言述の仕組みを工夫発明することが実践の課題であることを教えている。

リクールの解釈学は、教育に関する直接の言説としてではなく、特に、その隠喩論において、臨床教育学の課題を雄弁に語っていると思われ、読み手であるわれわれに、教育理解の仕組みの所在を示すとともに、それが絶えず解体と再生の運命にさらされていることを示したのである。

第四節　隠喩と「問題」の意味理解

①　リクールの「隠喩論」

[1]　隠喩の働き

ここで、リクールの隠喩論を取り上げるのは、それを言語学や意味論の立場から検討するためではない。私には、そのような能力もまた関心もない。すでに述べてきたように、臨床教育学が教育における「問題」に、どのようにして出会うか、が関心事であり、この課題を展開するために効果的であると考えられる限りにおいて、隠喩論を取り上げ、それを臨床教育学の文脈において読み換えていこうとするのである。

隠喩に注目するのは、教育に関する言説の構成の仕方や、それの文法構造の分析や検討に関心があるからではなく、教育の「問題」を語る「レトリック」に注目するからである。臨床教育学の「問題」理解の仕組みをより透明なものにするため、隠喩的な言表がもっていると言われる、意味発現的な仕組みを探索することが主題である。レトリック論の一般的な分類に従えば、「問題」が発現する意味を捉えるためには、現実世界との「隣接性」に基づいた譬喩（つまり「換喩」）ではなく、むしろ、「語句の意味的な類似性にもとづく譬喩」である「提喩」と「隠喩」の働きに注目することが必要であると言われている。[28] この現実との「隣接性」に基づく譬喩と語句の「意味的類似性」による譬喩との区別は、「問題」の意味が意味的な連関において発現するかどうかのひとつの分かれ道である。隠喩は、実は、この現実と意味との両方にかかわる「複合的転義現象」（瀬戸賢一）と考えられ[29]、したがって、隠喩は、「換喩」と「提喩」の両方に対して相互に影響し合い、「新しい」にかかわる発見的な認識の仕組みを造るものと考えられている。

では、このような、日常の言述に潜んでいながら、われわれの意識的な言語活動においては、一部の芸術家や作家を除くと、その意味や作用がほとんど自覚されていない、そうした隠喩とは、どのような仕掛けをもった言語活動なのだろうか。

リクールは、隠喩を、慣用的な語法からの偏差、と定義している。そして、隠喩とは、次のような条件を備えた言語の特性であるとされる。

(1) 隠喩は借用であること。
(2) 借用した意味は本来の意味に、換言すれば、もともとその語に属している意味に対立すること。
(3) 意味論的空虚を満たすために、隠喩という手段に訴えること。
(4) 借用した語は、本来の語というものが存在するならば、不在のその語の代りをすること。[30]
隠喩を規定しているこれらの特性について、リクールは、アリストテレスの『弁論術』を手掛かりにして考察を進める。

右の規定で明らかなように、隠喩（以下では、このような規定によって隠喩を考える）とは、既成の語を借用し、その語でもって不在の語を代置する、いわば、言葉の転用であり移動である。したがって、隠喩は、造語や新語や外来語によって不在を満たすことではない。このことは、隠喩の造り出しとそれが陳腐化する過程を理解するうえで重要な規定である。借用された語は、その語「本来の意味」――そのような「本来の意味」なるものは語には存在しないのであるが――とは対立する仕方で不在の語を代理して、「意味論的空虚」を満たす。隠喩が目指す語の意味的な類似に基づいた借用の原理は、単純な比較的あるいは比例的な表現法とか、イコン（聖像画）的な同種性などとは異なっており、相当複雑である。

隠喩の言表は、差異があるにもかかわらず発見される〈類似性〉とか、隔たりにおいて成立する〈近さ〉などと言えるような、「よじれ」（twist）現象を発現する。この「隠喩的よじれ」（metaphorical twist）（ビアズリー〔M. Beardsley〕）は、対象指示的な「第一次的意味作用」のレベルでの、語の直接的な逸脱や転用がもたらす対立や矛盾を指すものではなく、共示的な「第二次的意味作用」のレベル、つまり「テキスト世界」において、「現れ出る意味作用」における「指示」を意味している。そして、後に見るように、この点にリクールの隠喩論の核心がある。

〔2〕隠喩と意味の造り出し

隠喩を借用として捉えることとは、隠喩が単なる語の意味論的衝撃とか謎めいた意味不明の言説などではなく、隠喩は、不在の語を主題化するために、類似に基づいて借用されたもので、この類似の契機を隠喩がもつことよって、隠喩は認識における新しい気づきや発見を促す仕掛けとして機能することができるのである。古くから、隠喩とは、「巧みに類似を見つけ出すこと」と言われてきたが、「隠喩的言表においては、差異があるにもかかわらず、矛盾があるにもかかわらず、〈類似〉が認知される」(31)のである。類似は、文法的な制約や語彙的な制約にもかかわらず、それらの制約と約束を乗り越えて取り出されたり造り出されたりする。したがって、隠喩的な言表には、類似が仕組んだ「よじれ」によって、言語のみならず、感覚や意味あるいはイメージやイコンに、新しい組み合わせを造り出すことができるのである。

隠喩における借用や転義が生じるのは、リクールによれば、個々の語のレベルでの現象ではなく、日常の慣用的な言述の場における、文脈的な出来事としてである。語の借用によって「範疇違反」が惹き起こされ、語の意味の対立によって、慣用的な指示機能が中断され廃棄されて、指示の二分化、あるいは「字義通りの意味の自己解体」が発生する。この意味で、隠喩とは、語に新しい別の指示作用を作動させる言述の働きであると言える。隠喩によって、すでにある理論的な秩序や意味論的なコンテキストに偏差や混乱が発生する。つまり、この「違反」が意味を産出するのである。「隠喩がある秩序をこわすのは、別の秩序を創りだすためであり、範疇誤りとは単に、発見の論理の裏返しにすぎない(32)」。

隠喩は、「範疇違反」を犯すことによって新しい情報をもたらす。隠喩による再記述が、自明化された秩序と自動化された認識や判断を〈中断〉させ、発見の条件を用意するのである。つまり、日常的な指示の「判断中断（エポヘー）」が、第二の指示が作動するための条件であり、この第二の指示の展開は、「科学のモデルと同じ仕方で、発見を促すある種のフィクションに属する再記述の力によって規制されているのである(33)」。

ところで、日常の言述において「違反」として出現した隠喩は、それが巧みな隠喩であればあるほど、共有され日常化され陳腐化するという必然の過程をたどる。新しい意味を発現させる優れた隠喩は、辞書的な語法に違反するが、それが優れた隠喩であるなら、辞書に登録され慣用の語句になる。こうして、優れた隠喩が、辞書の内容を豊かにしていく。

この隠喩の逆説的な機能は、先に見た、隠喩が類似に基づく転義であることに起因する。このコード化され、陳腐化された隠喩は、「死せる隠喩」「摩滅した隠喩」として記号化されたり、あるいは形而上学的な概念の内部に隠される。

教育に関する日常の言説とは、意味発見を繰り返してきた隠喩が、ついに、慣用的な文脈に登録されて陳腐化した、そのような「死せる隠喩」の堆積物である、と言える。これら、教育に関する「記述されたモデル」は、含蓄に富んだ多義的な語や語句の所産であって、それ自体がすでに、隠喩がもつ独自の指示機能を内蔵しているのである。その内蔵されている転義の作用は、教育の言説が「問題」に出会った折りに動き出す。

教育の言説に「範疇違反」が発生し、教育の意味秩序の解体が始まることと、「問題」が意味を発現することとは同一の過程の両面であり、そして、この過程はまた、教育に関する言説が内蔵する隠喩的な構造――リクールの表現を借りると、経験や事象の〈圏域（エリア）〉をカバーしている「隠喩の網目」(34)――が現れる機会でもある。「問題」を「問題」として言述において「再現」することは、教育の言説に混乱をもたらし、解体を促す。しかし、丁度、隠喩の働きがそうであったように、教育においては、「問題」に意味の発現を仕掛ける工夫だけが、教育の現実を、単なる出来事の羅列や陳腐化した教育の言説の支配から救出し、新しい意味を指示する「テキスト世界」を開示する。巧みな隠喩は、この世界を「垣間」見せる能力をもっている。

② 臨床教育学という「仕掛け」

［1］意味争奪の仕掛け

隠喩的な言述とは、現前している出来事を意味に変換する過程に仕組まれる「複合的転義現象」であると言える。この隠喩の働きを取り出して、教育における出来事を「問題」として発見する過程を造り出そうと考える場合、リクールの次の指摘は大切である。

「しかしながら、事物や対象のまだ意味をもたされていない属性を語ることは、現われ出てくる新しい意味作用が、少なくとも言語内では、どこからも引きだされない、と認めることである（特性とは、事物の範疇に属するもので、語に属するものではない）。斬新な隠喩はどこからも引きだされない、と言いきることは、隠喩をあるがままで認めること、つまり言語の瞬間的な創造として認めることである。それは外示としてでも、共示としてでもない、要するに既定のものとして言語の中に位置をもたない、意味論的革新である」[35]。

ここからも明らかなように、リクールの隠喩論は、言述における「類似の発見」という、「言述の現前化行為」が造り出す「新しい意味作用」であって、その作用は、言語の非創造性に結び付いている。つまり、リクールにとって隠喩とは、言語の非創造的で日常的な過程のうちに出現する創造的な作用を意味している。この隠喩の解釈は、隠喩を「直喩」に還元する直解主義（リテラリスト）的な理論に対抗して構想されたものであり、隠喩を、ある種の「属性賦与」として捉える立場である。この場合、隠喩における「属性賦与」とは、両立不可能である自己矛盾的な属性、自己崩壊するような「論理的に空虚な属性賦与」であり、この自己矛盾的な属性の賦与によって、言葉の意味作用に葛藤が惹き起こされるのである[36]。

隠喩は、こうした自己矛盾的な属性を語にもたらすことによって、発明的で創造的な働きを造り出す。語に隠喩的な属性が賦与されることによって、語は、それがもっていた登録済みの辞書的な意味作用（その語のコード化された明示的な意味作用）を、共示的な意味作用に転移させ、先に見た、「意味論的衝撃」を演出するのである。この属性賦与は、語りの「文脈」の今・ここにおいてのみ現前する（言述の現前化行為）もので、その作用が、明示的で外示的な〈特性〉に対して、未だ言語的な意味を獲得していなかった〈特性〉を現前化させるという、言述上の出来事を可能にする。

リクールは、ビアズリーの「意味作用論」に従って、意味作用を第一次的意味作用と第二次的意味作用とに分け、前者は、文が「はっきり述べる」（state）もので、明示的なレベルでの意味作用であり、後者は、文が「暗示する」（suggest）もので、暗示的なレベルでの意味作用であり、それは間接的な「共示的作用」（connotation）である。ある種の（科学的な「説明」の）文脈においては、この第二次的意味作用が意図的に排除されるが、日常の言述においては、この二つの意味作用が含まれており、ひとつの言述が「多数の意味」をもっているのである。例えば、日常の言述に織り込まれている、洒落、ほのめかし、アイロニー（皮肉）、それに隠喩などは、この多義性の具体例であり、それらは、「両義性《アンビギュイテ》というよりも、多数の意味である」[37]と言えよう。

日常の言語活動においては、一見〈無意味〉と思われる属性賦与が思いがけない意味を発現することがあるが、この意味は、相手（読み手）に対して意味論的な出来事を惹き起こす。「生きた隠喩」（リクール）とは、言語活動において、明示的で対象指示的な作用を中断させ、この「指示作用の中断という条件」の下で、この〈中断〉と〈第二次の意味作用〉、つまり、暗示的で共示的な指示作用との「間」にあって、その「間」の関係を表現する働きなのである。

「隠喩的言表は、その隠喩としての意味を、字義通りの意味の廃墟から獲得する言表であるように、隠喩的言表はまた、それと対称的に、字義通りの指示作用とでも呼ぶことのできるものの廃墟から、その指示作用を獲得する言表である。字義通りの意味と隠喩的意味とが区別されたり、連接されたりするのは解釈においてである」とするならば、この「第二段の外示が解放されるのも、やはり解釈においてである」[38]。

先に見たように、隠喩はどこまでも類似に基づいた転義であり借用である。ここに生じる「よじれ」が、字義通りの意味と指示の作用とを中断させ、第二段の作用を作動させる。隠喩は、意味と指示作用の「革新」を可能にする言語の装置であると言ってよいだろう。

リクールの隠喩論にこれ以上立ち入ることは止めにしよう。少なくとも、教育におけるある出来事を「問題」として発見し、その意味について語ろうとする場合、その言述には隠喩が織り込まれており、そして、その隠喩の働きによって、われわれは、「問題」の意味を「現前化」させているのである。そして、更に言うと、このように、言述において演じる隠喩の「革新」の働きは、実は、ここで言ってきた「問題」が、教育理解にもたらす「革新」の働きと「類似」するものである、と言いたいのである。リクールの隠喩論は、このような「問題」理解の仕方を可能にするものであろう。

もし、このような仕方で、「問題」の意味の理解の仕組みが考えられるのであれば、教育において占める「問題」の役割は飛躍的に高まる。臨床教育学の課題としては、例えば、「問題」を発見し、それを記述する仕組みを発明工夫する作業とか、あるいは、教育の日常において自明化されている教育に関する言説に、「意味論的衝撃」を仕掛ける手掛かりを探り出す仕事や、「隠喩」を操り「隠喩」を造り出す名人としての「子ども」理解の検討など、文字通り実際的な研究領域が開かれてくる。

教育や治療の場において、しばしば強調されるのは、「問題」の個性的で一回的な出来事的な性質であり、その直接的な臨場性である。そして、この特質が、教育や治療にかかわる臨床的な言説を、体験的で主観的な文脈に傾斜させ、「問題」を隠匿し、その所在を不明なものにしてきた。リクールの隠喩論に従えば、このような個別的で体験的な言述が、「問題」の第一次的な指示作用のレベルで理解されている限り、「問題」がどれほど詳細に、科学的な用語で「説明」的に語られたとしても、「問題」としての意味が発現しているかどうか疑問で、むしろ、「疑似科学」に止まる（この「疑似科学」の言表が「詩」的な言表であるというのであれば、話は別であるが）。

「問題」に関する言述が、「問題」を「問題」として、つまり、日常における「偏差」として語ろうとすれば、それは隠喩的な性格の言表にならざるをえない。とは言うものの、われわれは、「問題」に関する言述を、いきなり隠喩でもって始めるわけではない。「問題」はまず、対象指示的で、明示的な第一次的な意味作用において語られる。この、字義通りの意味作用と指示作用から始めることは決して無意味ではない。なぜなら、その言述は、「廃墟」を造り出すという生産的な活動であるからだ。隠喩が作動するのは、この明示的な意味作用の「中断」あるいは廃棄においてである。「廃墟」は決して虚無ではない。隠喩の意味作用は、第一次的な意味作用の「廃墟」においてしか発現しないのであり、それと無関係に第二段の指示作用が作動するのではない。しかし、両方の作用の関係は、どこまでも非連続的である。この意味において、隠喩とは、言語事象が意味と指示の作用の多数性をもっていること、〈非一非異〉の構造をもった開放的な「生きた系」であることを示す切り口であると言ってよいだろう。

〔2〕「臨床」と「隠喩」

「問題」を考えるとき、「問題」の〈背後〉にそれの真の姿や本質などを求めるという幻想が打ち破られ、「問題」との身体的、心理的な〈近さ〉を強調する体験主義が、「問題」の意味を理解する優位の立場を失ってしまった現在、取り組む必要がある課題とは、「問題」の事例的な特性を精細に記述することではなく、限りなく変化し多様化する理解困難な「問題」を、限りある語とコンテキストとにおいて「再現」し、どのようにして言述において意味を発現させていくか、ということである。「臨床」の特質とは、「問題」の対象明示的な言述のレベルにおいてではなく、そうした言説の指示する意味の「廃墟」において、初めて獲得される、新しい意味に出会うことであり、「臨床」の知見とはそのための仕掛けである、と言えるのではないだろうか。「臨床」とは、態度論や状況論ではなく、モデル論においてマックス・ブラック（M. Black）が指摘したように、言語上の約束事のひとつであり、「ある仕方で語る」ことであると言えるのではないか(39)。

リクールの言う「言述の現前化行為」とは、言葉の指示作用における第二次の指示作用の作動を指摘するもので、隠喩は、この、まだ開示されていない意味を「前現」させる働きであり、〈要請〉でもある。したがって、隠喩は、出来事の意味化を促すことであると言えるとしても、概念を構成するに到るものではない。なぜなら、概念化の作用は、隠喩のように類似に基づく語と意味との借用ではなく、逆に、類似を同一性へともたらす作用であるからだ。この違いは、「問題」の意味を、隠喩のもつ第二次の指示作用において発見しようとする場合、隠喩の役割とその限界（この違いは、教育概念の体系化を目指す「教育学」と「臨床教育学」との違いに「類似」すると考えられる）を理解するうえで注目しておかなければならない点である。

教育における「問題」を「臨床」的に語ることは、「問題」の意味を発見することであり、それは隠喩の指示を「解釈」することである。隠喩は言述のひとつであるが、「問題」の意味を発現させる独特な言述の仕掛けであり、これを、教育の日常を語る言述に持ち込むと、この仕掛けは、単に教育の日常を支配している言説のみならず、教育の学的構造を支えている「隠喩の網目」をも蘇らせ、その言説の明示的な意味理解を〈中断〉させ、廃棄させ、教育世界を異化し、革新する。

しかし、この反面、教育の言説の隠喩性をことさらに強調すると、隠喩そのものが終には実態化され、隠喩が生産的であるための条件であった、虚構的で中間的な意味論的な特質が見失われ、隠喩が、まるで独自の存在論をもつかのような錯覚に陥り、「認識論的な濫用」の果てに、隠喩は「廃墟」の上に果てしない幻想を描きあげ、「借用」としての緊張を失って、教育の言説の周りを漂うことになる。

注

本章のうち、第一節および第二節の部分は、皇紀夫「臨床教育学の展開——臨床教育学の方法論的課題」（『京都大学教育学部紀要』第四〇号、一九九四年）の一部をもとに、加筆したもので、この領域に関しては、拙論を参照していただきたい。（注：本書の第一章、第二節に収録されている。）

（1）麻生建『解釈学』世界書院、一九八五年、八〇頁以下を参照。

（2）佐藤信夫『レトリック感覚』講談社学術文庫、一九九二年、三二四頁。

（3）Kümmel, F., *Verständnis und Vorverständnis*, Essen: Neue Deutsche Shule V. G. 1965, S. 42.（松田高志訳『現代解釈学入門』玉川大学出版部、一九八五年、七九頁。）

（4）佐藤信夫、前掲書、二一頁。

（5）Bollnow, O. F., "die geisteswissenschaftliche Pädagogik" in *Richtungsstreit in der Erziehungswissenschaft und Verständigung* (hrsg. von H. Röhrs und H. Scheuerl), 1989, S. 68.

（6）木村敏『偶然性の精神病理』岩波書店、一九九四年、九五頁。

（7）Bollnow, O. F., *Das Doppelgesicht der Wahrheit*. Stuttgart, 1975, S. 122.

（8）Bollnow, O.F., *Studien zur Hermeneutik, Bd. I.* Freiburg, 1982.（西村皓・森田孝監訳『解釈学研究』玉川大学出版部、一九九一年、二七頁。）
（9）Ricoeur, P., "Hermeneutics and the critique of ideology" in *Hermeneutics and human sciences,*（edited, translated and introduced by J.B. Thompson）Cambridge: Cambridge University Press, 1981, p. 88.
（10）Kümmel, F., a.a.O., S. 36.
（11）Kümmel, F., a.a.O., S. 21.
（12）Kümmel, F., a.a.O., S. 21.
（13）Kümmel, F., a.a.O., S. 29.
（14）Kümmel, F., a.a.O., S. 30.
（15）Kümmel, F., a.a.O., S. 38.
（16）Kümmel, F., a.a.O., S. 39.
（17）Kümmel, F., a.a.O., S. 47.
（18）Bollnow, O.F., *Philosophie der Erkenntnis,* 2 Aufl. Stuttgart: Kohlhammrer, 1981, S. 28.
（19）Bollnow, O.F., a.a.O., S. 25.
（20）Bollnow, O.F., a.a.O., S. 29.
（21）久米博『隠喩論——思索と詩作のあいだ』思潮社、一九九二年、一一七頁。
（22）久米博、同前書、一二〇頁。
（23）尼ケ崎彬『日本のレトリック』筑摩書房、一九九四年、三六頁。
（24）佐藤信夫、前掲書、二一五頁。
（25）佐藤信夫、前掲書、二一六頁。
（26）Ricoeur, P., "Metaphor and the central problem of hermeneutics"" in *Hermeneutics and the human sciences.* p. 178.
（27）Ricoeur, P., "Hermeneutical function of distanciation" in *Hermeneutics and the human sciences.* p. 143.
（28）佐藤信夫、前掲書、二〇一頁。

(29) 久米博、前掲書、一三七―一三八頁を参照。
(30) Ricœur, P., *La métaphore vive.* Paris: Seuil, 1975 (abridged ed.)（久米博訳『生きた隠喩』岩波書店、一九八四年、一三頁。）以下は、邦訳から引用。
(31) リクール、同前書、二四六頁。
(32) リクール、同前書、二一一頁。
(33) リクール、同前書、三九八頁。
(34) リクール、同前書、三一九頁。
(35) リクール、同前書、二一二頁。
(36) リクール、同前書、二〇六頁。
(37) リクール、同前書、一九八頁。
(38) リクール、同前書、二九四―二九五頁。
(39) リクール、同前書、三一四頁を参照。（Black, M., *Models and Metaphors.* Cornell University Press, 1962.）

第三章　なぜ〈臨床〉教育学なのか——「問題」の所在と理解

〈『臨床教育学三十年』からのコメント〉

臨床教育学の、その後の基本的な研究スタイルと主要な用語とがほぼ語り尽くされており、やや専門的な性格の論考であるが三十年の歩みの中で重要な役割を果たしている。その中核を形成しているのは、リクールの物語的理解の概念であり、なかでもアリストテレスのミメーシス論解釈を臨床教育学の臨床言説の創作と解釈とに導入する意図が明白で、そのための苦心のほどが窺われる。その後の展開で活用される、「問題」・「所在」・「臨床」などのカッコ付の標記法、場違い、異質なものの総合、筋立て、仕掛け、模倣的再現、テキスト化など、ややキザぽい語法もあるが、教育学に見慣れぬ風景をあえて演出しようと工夫している。基本的には教育世界を「未全」的な可能態に見立てることであるが、この立場は後により細分化される。今回気付いたことだが、ここで言及されているミメーシスⅠ（前物語的構造）の概念はその後「教育的なもの」を発想する手がかりであったということである。リクール研究の専門家からすれば理解不足や誤解であると批判を受けるかもしれないが、彼の思考スタイルは教育学や心理学、社会学に比べて、臨床教育学の構築に親和的「臨床」的であったと思う。フロイトを哲学的に解釈せんとしたリクールの立場からすれば、当然のことかもしれない。

【初出　和田修二編『教育的日常の再構築』玉川大学出版部、一九九六年】

第一節　臨床教育学の「臨床」

①　臨床の「問題」の所在を問う

教育研究が最も確かな仕方で現実と交叉しているのは、社会通念的な教育理解からみて「問題」とみなされる出来事や事態が発生している場面においてであり、これらの「問題」とどのように出会うかという、出会いの仕方がそれぞれの教育研究のスタイルや関心を表現しているといってよいだろう。臨床教育学の課題のひとつは、「問題」と出会う可能性、あるいは「問題」のあり処・所在を探索し「問題」が意味を発現する仕掛けを解明することにあるといってよい。したがって、臨床教育学の実践性とは、「問題」の所在の解明と連動したもので、「問題」の意味発現にかかわる仕掛けの発明工夫とより全体的な仕組みを解明する作業にあると言える。「問題」の現場に位置するという点で、臨床教育学は体系化された教育理論や制度化された教育理念あるいは日常化された教育通念など、所与の教育観に対して批判的・課題提起的である。とはいえ、その懐疑的批判的な立場は、「問題」事例を並べ挙げてそれらを類型分類してモデル化する通俗社会学的方法や、子どもとの直接的体験を手がかりとして内面性の神秘への冒険を物語風に語る気楽な教育談義と同一視されてはならない。臨床教育学にとって最も重要と思われる課題は、「問題」を対象化して認識し、それを客観的に分析・説明することにあるのではなく、ある事象が「問題」として発見され、語られているその「所在」を明らかにすること、つまり臨床教育学が自らに接頭している「臨床」の意味を問うことである。

　教育研究における理論と実践の乖離現象を指摘し、そのすき間を埋め立て不整合を調停するために臨床教育学が登場したのであるならば、あるいは、その埋め立てと調停の仕事のために臨床心理学の手法を導入することであるのならば、臨床教育学の「臨床」はさしたる生産的意味をもたず、教育研究の実践的性格の貧弱さを指摘する、言い古されてきた、そして容易に対応することができない、陳腐化した批判の延長に位置するだけである。確かに、教育研究の内部告発とあがきという文脈を抜きにして臨床教育学の成立を語ることはできない、としても、この批判と告発の文脈から、教育研究が何を新たに読み解いていくかは全く別の事柄であって、むしろ「臨床」のイメージと意味を教育研究がいかにして修正・変革し、その実践的意味を転位させ、教育における意味発現の切り口として新たに作動させることができるか、ということであろう。この課題の展開は、教育という営為を解釈する読み手の力量つまり構想力にかかっていると言い換えてよいだろう。本論の基調にはこうした課題意識が伏流している。「問題」があるとされる場所や次元を探りながら、意味発現のひとつの仕掛けとして設定された「臨床」の所在をあわせて問いたい。精神病理学者・木村敏は「臨床哲学」の必要性を説いたが、教育研究の文脈に「臨床」のテーマを導入することは、そのことが教育の理論と実践の双方に新しい衝撃をもたらさなければならない訳で、教育理解のコンテキストを変革・転位させる仕掛けを構想することは、教育哲学の仕事であるとも言えるだろうし、その作業の遂行には「問題」をめぐる理論的対決と「問題」の「意味の再生」とが不可避である。

「問題」の役割を強調し、具体的実際的な事例場面に基づく言述を研究の起点とする臨床教育学にとって、「問題」とは単に認識対象としての出来事を意味しない。「問題」の原因の分析と「解決」の処法を因果的法則や経験則に則って提案することではもはやない。「問題」の所在の解明は、「問題」の法則的科学的説明に優先する課題であって、「問題」の所在のいかんによって「解決」の意味は異なる。「問題」とその解決とは、全く異なったコンテキストにおいて語られる二つの行動を、〈解決〉という実際的要請に促されて一方的に結び付けて見せているだけであるからだ。リクール（P. Ricœur）が指摘するように、科学的な「説明」には、先行的予備的な世界理解を支えている詩的あるいは物語的な「言語的実践に習熟する」ことが必要なのである[1]。合理的な学問の自律性はこうした言語的習熟との関係において機能するものと考えられるのである。

しかしこの反面、「問題」を、それが出現する教育のコンテキストにおいて理解するといっても、「問題」が空想や観念の産物であったり、あるいは心理的な投影の所産であるという主観的な還元主義の立場に与するものではない。現実の事象を抜きにして「問題」を語ることはできない。が同時に、ある事象が「問題」とみなされる場合、それが「解決」を目的とする思考方法の文脈で登場する限りにおいて「問題」を見る、という功利的で不健康な循環論に陥らないことが必要である。解決されることができない「問題」や解決されるべきでない「問題」と我々が出会っている可能性を排除してはならない、というよりも、「臨床」的思考はこの種の可能性に現実の「問題」を連動させて解釈しようとする試みである、という方が適切かもしれない。「問題」のあり処を、実体的物理的な時空間的意味での場所とせず、あえて、意味論的解釈がすでに施された有り様、間接的間色的な意味で「所在」と呼び、「問題」を意味の仲たがいをおこしている発展的な間構《かんこう》状況を開示する装置に見立てようとするのである。「問題」のない教育世界を目標として想定するのではなく、逆に「問題」においてこそ教育の新しい意味が出現し得るという、不安定であるが、しかしそのゆえに生産的であるような位置と役割を設定するところに、臨床教育学の教育理解の真実性と独自性を見出そうとするのである。

教育現場で続発する深刻な「問題」に対して、実際的な解決の方策が臨床諸学に要請されていることは指摘するまでもないが、しかし、この要請が求めている解決の形態や事後の展望を吟味することなしに、また解決につきまとう技術主義的イデオロギー性を批判することなしに、「問題」の決着を先行させてはならない。教育の「問題」の所在を問うことは、教育の現場の所在を問うことでもある。〈現場〉と言えば誰でも学校での教室の風景を思い起こすが、しかし、その共通認識として実体化されている〈現場〉とは、一体何のことなのだろうか。すでに哲学的な教育人間学が明らかにしているように、我々が共有している教育の現場なるものは、つねにすでに構成され意味付けが施されている現実なのであって、意味不在の時空間を指すものではない。教育の現場は特定の仕方で筋立てられた語り方によって造り出されている「再現された現実」（リクール）なのである。この「再現された現実」という仕組まれた制約条件の下ではじめて、我々は教育現場とそこでの「問題」とに出会っていると言ってよい。教育現場は「理解可能な現実」として解毒され脚色されている、そして、その働きによって教育は断片的部分に解体されることを免れ「教育現場」として存在しているのである。したがって、教育現場はもはや直接的な体験的出来事ではない。逆に、そのような現場観こそ幻想であると言わねばならない。現場はすでに「再現された現実」であり、それとして見立てられ加工された第二義的な場所なのである。

臨床教育学が「問題」の所在にこだわる訳は、教育「問題」の理解の仕方を、従来の発想であった主客分離的な認識の方法やあるいは理論と実践という二分法的枠組から解放するためであり、二分法の解体を目指すからである。確かに、差し当たって、「問題」との出会いは、教育に関する実際的通念的な理解に導かれたものであって、真空状態で「問題」が発見される訳ではない。そもそも「問題」なるものは存在論的にはどこにもあるとは言えない。「問題」は教育理解のコンテキストにおいて造り出され発見されるものであって、そこでは教育理解を可能にする仕組みが作動している。「問題」は自明化された二分法的思考図式に従って登場してくると言ってよい。しかし、「問題」がこうした先行理解において理解できない意味不明な謎として現れるという意味において、「問題」はすでに二分法的思考を破綻させる切り口をそれ自体において示していると言える。

臨床教育学は、「問題」において、先行理解の秩序に破綻を惹き起こし既成の教育世界に差異を提起する喚起の作用を認め、この差異としての「問題」を形象化していくこと、つまり「問題」を語り出す言語的な仕掛けによって、教育理解に新しい筋立を造り出そうとするのである。それゆえ、臨床教育学は、既成の教育学（観）のイデオロギー性を告発し、それの解体を目指す反教育学の立場に与するものではない。逆に、「問題」の所在の探索に意義を見出そうとする点で、それは「再現された」教育現場を支える仕組みや意味発現の仕掛けの構造の解明（体）と新しい仕組みの発明工夫を目指すもので、教育の意味発見に貢献しようとするものと言える。

「問題」とは、既成の教育観つまり、理論と実践という二分法的な思考の仕組みが作動しなくなった事態であり、自己解体の危機に他ならない。「問題」に対して、それが発見（現）されることによって、発見した側の仕組みが解体の危機に陥るという、そのような特殊な働きを与えるのが「臨床」の思考様式であると言えるのではないか。言い換えると、「問題」は、教育観の解体と再生との交錯する、多様な意味が差異性のままで出現してくる、半透明にうっすらと修飾されているが、しかもどこまでも「場違い」である、そのような場面を造り出している、と言ってよいだろう。「問題」とは、通常ではない「場違い」という場面を造り出し、このところから教育の現場に異議申し立てを発している、と見立てることができるのではないか。

このような「場違い」のところに「問題」があると考えると、そのようにして在る場所とは、実体的ではないが、しかし空想的でもない、半ば思考的半ば経験的な特殊な世界を開示している。「問題」の所在を「場違い」とすることによって、「問題」は、問題解決という技術主義による一義的な見方から解放され、逆に解決志向の文脈に支配された「臨床」のイデオロギー性を暴露することができるのである。「問題」の出現から解決に到る過程に、「問題」を発見させた前提それ自体を変換させ、教育理解のコンテキストの異化を促す「場違い」を介在させる仕組みを造り出すことが臨床教育学の主題である、といってよいだろう。「場違い」という場は、もとより、現実態として存在しているのではなく、場所やあるに関しての隠喩表現として言述の中に存在する、いわばテキスト化された世界内における場であり、それは所在——丁度、単に見ではなく所見といわれるように——として記述的隠喩的に再現されたある・有《あ》り様《さま》を指し示している。この意味で、「問題」は理論にも実践にも属していないが、しかしこのいずれにも属している。「問題」を、二分法的思考から救出し、「問題」に破壊的・産出的な力を作動させることができる所在を造り出す仕掛けのひとつが「臨床」に他ならない。したがって、「臨床」は「問題」が単にある場所ではない。「問題」に意味を発現させる所在を造り出す仕掛けのひとつであると考えることができるのではないか。

②「臨床」とミメーシス論

「問題」が意味を発現する所在を仕掛け出すことが臨床教育学の課題であるという仮説は、教育活動における「問題」のもつ場違い性を発見する言述の仕組みへと我々を導いていく。私は先に、臨床教育学の方法論に関して、言述の哲学のひとつの方向である「テキスト世界」論を手掛かりに、教育「問題」への解釈学的アプローチとして、リクールの隠喩論の手法について試論した[2]。本論では、①での課題提起を受けて、教育「問題」理解の可能性を、リクールが隠喩論と対関係に置いた〈物語的理解〉(compréhension narrative)の概念に則して考察していきたい。この試みは、日常実践的な教育理解とテキスト化された教育「問題」理解の関係構造を解明するモデルの探索であるが、ねらいは教育とその「問題」の所在を「筋立て」(muthos)として特定することにある

アリストテレスの『詩学』にあるミュトス論を基礎にして、リクールは〈物語的理解〉を構想する。それは、〈言語《ロゴス》〉の力と〈時間《クロノス》〉の関係を、言語が屈服する限界にまで追い求め、その結果取り出されてきたテーゼ「物語の言述と時間の経験の相互性」、つまり物語的言述が時間の諸相の構造論的特質を分節提示するものであることを明らかにする試みである。重要なことは、この〈物語的理解〉の構築が「物語作りは、世界をその時間的次元において再び意味付けることである」[3]とされている点にあること、しかもこの「再び意味付け」られる世界とは、実は物語に先行する実際的な「ミメーシスI」と呼ばれる世界に他ならない、という世界理解の二重構造(厳密には三重構造のミメーシス(threefold mimesis)の仕組みとして解明される点である。リクールの表現を使えば、人生が「物語を呼び求めている」[4]ことを解き明かすことである。〈物語的理解〉は、「人生は物語られる必要があり、それに値するからである」[4]ことを発見し、人生における「救い」が、語ることに深くかかわるものであることを証言するもので、例えば、リクールによれば、フロイトのメタ心理学とは「人生物語を語り直し(retelling)、それを症例史のランクにまで高めるための規則の体系」とみなすことができる、とされている[5]。

リクールの〈物語的理解〉論は、言述の哲学を基盤とした複雑長大な内容のもので、随処に魅力的な課題提起が試みられている野心作であり、ここで簡単に要約できるものではない。臨床教育学の論考にとって有効な論点はいくつも仕掛けられていると考えられるが、ここではそのひとつである〈ミメーシス〉論に依って考察を進めていきたい。

ミメーシス論と言えば、プラトン以来教育論考の一領域を形成してきたテーマであるが、リクールのミメーシス論はプラトンではなくアリストテレスの『詩学』のミュトス論を根拠にし、ミュトスの所在と働きとを、ミメーシ

スのそれとの類似的関係として措定し、両者を準同一視することによって、独特なミメーシス論を展開する。一体、ミメーシス論はそれ自体が教育論と類似した理論構造を備えていると見なすことが可能であって、それは教育世界の意味構造を解明するために有効と思われるモデルを提供していると考えることが可能である。この事情をまず論述した後、臨床教育学における「問題」の所在に関する考察を試みたい。

教育研究の特徴のひとつは、人間が造り出した産物としての教育事象を対象としている点にあり、教育活動の所与性もまたひとつの作品であって、人間の営為の所産として多様なコンテキストにおいてその意味を読み取ることが可能である。教育の現場はもとより理念や制度、内容と方法等に関する諸概念もまた、教育的日常を意味付けている装置であると言ってよい。したがって、教育の現実とみなされているのは、筋立てによって組み立てられ準テクストと呼び得る性格をもっており、現実は一面的、固定的ではなく、意味付けの仕掛けを操作することによって広がったり狭くなったり、浮かび上がったり深まったり、隠れたり発見されたり、多義的多元的に変容する柔軟な「可能的現実」とみなすことができるのである。「臨床」は、思考方法や感覚や行動等のこうした変化を、「問題」との関係において促進する仕掛けのひとつであり、ここでは、この主題を「問題」を語ることばの働きとして取り出そうと試みるのである。

「問題」〈Pro-blem〉はギリシア語の「前に＝投げられたもの」の意味であると言われるが、この「前に」は単に時空間的に透明に開けた「前に」ではなく、疑わしさや困難を伴った未解決の事態に引き込まれている困惑を含意した、意味付けられた「前に」であって、先述の偏差としての「場違い」という場所感を伴っていると言えよう。リクールは、アリストテレスの隠喩法を引用して、隠喩の働きとは、「縁遠い」ものが突如として「近似した」ものにみえるような「類似を創始すること」にあり、「論理的空間における距離の変化こそ、生産的構想力の産物である」(6)と述べ、差異における類似の発見、物語論的にいえば筋立てによる「差異の統合的形象化」、に構想力が能動的に作動することを強調する。(7)この「類似の創始」あるいは筋立てによる統合的形象化とは、リクールに言わせると「新しい論理的な種《しゅ》を産み出す能力」[6]なのである。とすると、「問題」と出会うということは、〈Pro-blem〉という周縁、差異、不透明な距離感を伴う「縁遠い」もの、認知論的にいえば「場違い」なもの、に構想力が誘い出されて、認知のパターンを変革すること、新しい種の論理――それを「のようなもの」を構想する論理と呼んでいいか――に気付くことであると言えるだろう。

後述するミメーシス論の立場から言えば、「問題」の差異性や偶然性は合法的に制御されるべきではなく、新しい思考や行動を惹き起こす働きとして許容されなければならず、この、偶然を受けいれその結末をたどるという知性が物語的理解の中心にあると言えるのである。

「問題」は、「問題」を構成している既成の教育観の支配原理がそれまで誤解や思い違いや偏見として抑圧してきた情報と論理と経験とを解放し、それらが共存できる可能的状態を開いてみせる。正確に言えば、可能的世界を開くという仕方で、現実を改めて再現し直すことを、教育を語る筋立ての改作を、強要してくる。「問題」とは、「再現された現実」のその「再現」の仕組みに対する「場違い」の側からの挑戦であり異議申し立てであるからだ。「問題」は、教育においてまだ語られていない「潜在的な語」があること、異なった筋がひそんでいることに気付かせようとする。「問題」の喚起性は「問題」の物理的あるいは心理的な衝撃の強さに比例するのではないし、また「問題」に関する主観的な想像力の豊かさに基づいている訳でもない。それは、「問題」が語られる筋立てにおいて発生する意味の「断層」に起因するものであって、その故にこそ、テキストは読み手に対しても態度の変容を迫ることができるのである。「問題」についての言述の仕組み、第二次的な模倣・再現されたテキスト世界だけが、喚起力を持続できるのである。

「問題」に、このような意味論的変革の役割を演じさせる仕組みを造り出すのが「臨床」の仕事であると考えるなら、その活動を、「出来事の継起を有意味な全体に変える」「統合形象化する配置」(configurational arrangement)[8]作業に、つまり言語によるテキスト世界創出の作業に類似した働きであると想定することによって、「臨床」に対して、意味発現のための操作的媒介的性格を与える理論的な手掛かりを得ることが可能になる。これは、リクールが形象化過程の考察において用いた〈ミメーシスⅡ〉の領域・活動概念にほぼ妥当するもので、この類似性において、我々は〈ミメーシスⅡ〉という装置によって「臨床」の所在と働きを発見することもできる訳である。リクールは、全体の統合は「出来事を集める行為の相関物[8]」であるがゆえに、「筋立て」という行為の用語は、出来事を語に変えるという物語の連辞的次元へと移行される、として、行為の時間的統合形象化をテキスト世界の創出・開示・読解の三つの過程としてとり出そうとする。「時間は物語の様式で分節（articulate）されるのに応じて人間的時間になる[9]」。これはリクールの根本テーゼであって、テキスト世界が空想の産物ではなくどこまでも現実を模倣的に再現した世界でありながら、しかもその世界は時間の経過とともに消滅することなく、語り継がれ解釈され、新しい仕掛けとともに新たに再発見される意味発現可能態としてありつづけるのである。

③〈物語的理解〉と教育世界

「人間の時間経験は物語言述のおかげで言語のレベルで分節されてはじめて意味をもつ[10]」こと、この言語レベルの分節を「物語における時間の統合形象化[11]」としておさえ、なぜ、物語構成が出来事の単なる模写ではなく、〈ミメーシス〉する〈再構成〉であり得るのか？　これを問うことがリクールの物語理論の基調である。そして、この論考の到達点は「物語的自己同一性《アイデンティティ》——われわれ自身、といった個人の同一性であれ、われわれが生まれながらに、もしくは選択して帰属している歴史的共同体のそれであれ——の構成において、現実と非現実がいかにまじり合っているかに気づく[12]」ことであった。彼の物語理論の中核概念はアリストテレスのミュトス論に由来する「筋」であり、したがって物語における意味論的革新（semantic innovation）の機能は「筋（plot）の案出」、つまり筋を統合形象化と同一視し、筋を媒介として「異質なものの綜合」（synthesis of the heterogeneous）を達成することである。

他方、この統合形象化の行為は、カント的な超越論的能力たる判断力と生産的構想力の働きと類似させて語られることによって、物語に〈図式作用〉（schematism）をもたらし、さまざまのレベルでの構成物つまりパラダイムを産み出す。そして、リクールによれば、この「筋立てを図式化するパラダイムの革新と沈殿の働き」に関与しているのが読む行為であって、読み手はテキストを読むことによって、「再形象化」（refiguration）という行為の変容に、つまり新たな時間的次元における世界の再発見に挑戦しているのである。[13]

リクールの物語論の大きな特徴は、ミメーシスをテキスト創出から更にテキスト‐読み手関係にまで地平を拡大し、「再形象化される時（物語られる時間）」によって人間的世界の〈物語的理解〉という理解の様態を呈示しようとすることにある。アリストテレスが述べている、「模倣して再現した成果をすべての人が喜ぶということ」「ものを学ぶこと」の「楽しみ」[14]にまで、「再認のよろこび」（リクール）にまで、ミメーシスの意味生成の働きを見極めようとする点にある。読み手に行為の変容や発見的認知を仕掛ける作業行程を、言述レベルでの筋立ての構成とし、それをミメーシス論において分析するリクールの解釈学的手法は、我々が、教育的世界の成立と作用を構造的に理解するための思考モデルと手続きとにひとつのモデルを呈示していると考えてよいだろう。もとより、リクールに独自な教育論がある訳ではないが、しかしそのことが彼の解釈学の教育理解に関する無力を意味することにはならない。むしろ、解釈学的な手法の導入は、経験的現実としての教育をいかにしてテキスト世界において再現させるか、そしてこの再現こそが教育の意味発見の手堅い過程に他ならないことを教えているのである。更にこのことは、教育に関する言述の様式とそれがもたらす理解の様態・次元に関する研究や行為と認識との領域における相互性の研究の必要性を提起するものであって、それらの研究は恐らく、従来の教育学の自明化された研究パターンの解体を促すことになるだろう。

この意味で、解釈学的な〈物語的理解〉に臨床教育学の教育理解の様態を類似させる試みは、経験的な教育理解をテキスト化の作業において異次元化させることであると言えるが、しかし、この作業は、現実からテキストへの言語による「模倣的再現」として一義的に平面的過程として達成される仕事ではない。このことはすでに指摘されてきた通りで、ミメーシスには時間をも変容させる仕掛けが組み込まれており、人間の在り方を、人生と行為とを再現する「技芸」が備わっている。リクールのミメーシス論において興味あるのは、彼がミメーシスを三つの過程として構造化してその三過程領域での機能を特徴的に取り出してきている部分であり、この論点は臨床教育学の課題をさぐり出すうえで重要な示唆を与えていると思われる。

リクールは、アリストテレスの『詩学』を手掛かりにして、そこでは必ずしも十分に相互の関係が検討されているとは言えない、筋立て（組み立て）（muthos）と模倣的活動（mimēsis）という二つの概念を取り出し、その脱コンテキスト化をはかって操作的モデルとして再構成する。彼は「行動の模倣 imitation または再現 representation と、出来事の組み立てという二つの表現の準同一性」[15]を根拠として、模倣が、「どのように」（様式）や「何によって」（手段）よりも、「何を」（対象）を優先すること、更に、「何を」においては行動が最上位に置かれるという階位構造をもつことに注目し、アリストテレスにあっては、行動の模倣あるいは再現が主題であったことを明らかにする。そして、アリストテレスの言う「行為の再現とは一つの筋《ミュトス》にほかならない」[16]を、自らのミメーシス論展開の軸とするのである。

つまり、行動（為）の模倣または再現と出来事の組み立てとを等価的に扱うという、彼独特の類似性に基づく構造発見の戦略によって、アリストテレスのミメーシス論は単なる複写論やプラトン的なイデアの模倣を主題にするミメーシス論などから一挙に引き離されて、「模倣ないし再現とは、何かを産み出すもの」であり、それは「筋立てることによって出来事を組み立てる」[17]活動を指すこととなる。リクールは、ミメーシスに広く「構成の技術」活動という性格を与え、言葉によって物を変換し、「ものに準じたもの」〈……のようなもの〉を造り出す、「創造的模倣」（creative imitation）の行為という意味を賦与する。ミメーシスとは、現実の模倣的再現であると言えるが、その再現とは、現実の忠実なコピーではなく、変換的再現、〈のようなもの（the as-if）〉として再現されるフィクションとしての世界の構築なのである。リクールは、再現としてのミメーシスは「フィクションの空間をきり開く切れ目（break）を意味するべきである」[18]と述べ、再現の過程には異次元が介在し、非連続化する〈変換〉（transformation）の働きが仕組まれていることを強調する。それだけではなく、リクールによるとこの「切れ目」は、単純な断続を指すのではなく、フィクションと行動、物語的世界と現実との独特な連結と融合の役割という、もう一つの働きも演じているのである。

リクールは「物語的理解」の形態とそれが成立する過程を構造化するために、そしてまた、行動の模倣または再現が成立する人間学的な条件を明らかにするために、先にふれたようにミメーシスを三重の相互に作用し合う循環的構造として取り出してくる。フィクション化に到る前過程を「ミメーシスⅠ」、模倣的再現の活動つまりテキスト世界の創出としての「ミメーシスⅡ」、更に注目すべきことに、テキストと読み手との間で成立する「地平の融合」を「ミメーシスⅢ」として位置付け、ミメーシス概念を三重奏に設定することによって、ミメーシスの機能を読解しようと試みるのである。

これら三つのミメーシスについての検討は次項にまわすとして、ここでの問いは、先に述べた臨床教育学の研究課題つまり「臨床」の所在の解明とかかわって、リクールのこのミメーシス論がどのような意味をもつかということである。この検討課題として二つの可能性を指摘しておきたい。

第一の基本的な課題は、この三重に構造化して提示されたミメーシス論は教育の理論と実際の関係を構造化して理解するひとつのモデルを提起しているという点である。しかしこの提起の仕方は単純ではない。このモデルは、教育という行動それ自体が実践している前物語的なミメーシス的構造、つまり教え‐学ぶという関係化された行動の様式を可能にしているミメーシス活動〔リクールによって、ミメーシスⅠと呼ばれている〕と、この働きを前提として、かつこの先行的な実践的行動をテクストへと変換する再構成の作業〔ミメーシスⅡ――そしてこのミメーシスⅡは、すでに現実の教育において先取り的に模倣されているのであるが〕の過程を明るみに出す。リクール的なミメーシス論に依れば、教育が成立する前提それ自体がすでにミメーシス的構造——リクールの表現を使えば「実践的経験がみずからに作品と著者と読者とを与えるための一連の操作というアーチ全体」[19]——を先取り的に作動させていると言えるのである。したがってまた、実践的出来事としての教育を形象化あるいはテキスト化する作業が、ミメーシス的性格をもち得るためには、所与の教育活動の前提を変換・再現することができる、つまり教育の創造的再現という仕掛けをその言述のうちに仕組んでいなければならないことになる。出来事の組み立て（筋）をミメーシスの〈対象〉として構成する、とすれば、「行為とはミメーシス活動がおこなわれる構成活動の〈構成物〉である」[20]からだ。そして、教育はその活動の前提としてこの条件を可能的に備えていると言える。つまり、行動における模倣において自ら変容する、模倣において「何かを生み出す」行為創造の造り手、に「準じたもの」として子どもを見立てることによって教育の成立を基礎付けている限りにおいて。

　実体としての子どもの在り方や外在的な社会的要請が教育を意味付けているのではなく、そうではなく、子どもを教育可能・必要な存在と見立て、そのように所在するものとみなしているその物語の筋立てが、教育をつくり出している。物語では人物ではなく筋が先行するのである。しかし、その見立てを可能にしているのは、経験的世界の出来事の筋立てによる〈再現〉に他ならない。教育の始源、成立の根拠を対象として問うことは無意味であり、あえて試みるとしても不健康な循環論に陥るか、ルソー的な虚構を前提としなければならないだろう。経験的出来事の断片が「教育」になる訳ではないが、しかし、逆に教育が空想の産物であるとも言えない。教育は、〈物語的理解〉論に依って言えば、ある現実の出来事が筋立てによってつながりの行為として模倣的に再現された、その筋立てのうちに仕組まれていると言ってよい。アリストテレスに倣って、「出来事の組み合わせ」を「筋」と呼ぶならば、教育は筋立ての仕掛けであり、もう少し言えば、子どもに関する経験や出来事の組み合わせにおいて「発見的再認」（アリストテレス）されたひとつの「世界」であると言ってよい。したがって、教育は直接的な経験が先行する事柄ではない。むしろ、そう見える教育の現実はすでに「再現された現実」なのである。

出来事の筋立てというミメーシスの作業過程を経てはじめて、正に「発見的に」「再認」された「世界」であると言ってよいだろう。子どもは、この筋立てに登場してくる役柄であって、役柄が筋を造っている訳ではない。しかし同時に、この筋立ては、子どもとの経験を模倣して再現されるものである以上、どこまでも子どもを模倣している。こうして、教育はひとつの「仕組まれた装置」、つまり経験とその創造的再現としてのテキストとが相互に共働作用するところに開かれている半経験半思考の「世界」――使いたくない表現であるが――であるといってよいだろう。教育をこのように「出来事の組み立て」として〈物語的〉に理解することによって、我々は実体的な教育理解の思考方法に対して距離を保つことが可能となり、教育の意味論的革新の手掛かりを得ることができるようになると言えるだろう。

観点を少し移動させて考えると、〈物語的理解〉は、人間の時間経験を形象化・フィクション化すること、つまり、非限定的全体である時間を限定的全体として「統合形象化」することであり、この種の〈物語的理解〉を措定することは、「沈黙している我々の時間経験を、我々が再＝形象化するための特権的手段[21]」を手にしたことなのである。リクールに従えば、この形象化の作業を稼働させる力動構造は「調和の探求と不調和の認識との間の弁証法[22]」であり、物語とは〈異質なものの綜合〉において、まだ表現されていない新しいものを言語のなかに生じさせようとする、「見かけの筋」を創出すること、メタ言語レベルでの「図式化作用に根ざした理解をよそおうこと[23]」である。

我々が教育現象と呼んでいる事象の全体もまた、こうした時間経験の物語的理解の「見かけの筋」において図式化された、創造的な再現的作品であると言えるだろう。子ども、おとな、青年、老人等は、この時間経験の図式化作用の産物であり、〈物語的理解〉が求める調和を構成する三条件「完結性、全体性、適度の大きさ」を備えた出来事の組み立てであると言える。それゆえ、子どもの時代と呼ばれる「時代」とは、物理的生物的な年齢期ではなく――それは事後的な「説明」の時間である――成りゆきの変転を語るにふさわしい「適度の大きさ」、作品の内の時間である。そして、それゆえに、子ども時代に関する作品の言説はすべての読み手にとって理解可能となる。

④「問題」のテキスト化

第二に、臨床教育学の前述の課題に直接対応させてリクールのミメーシス論の論点を検討してみたい。

すでに明らかなように、教育の「問題」を理解することは「問題」についての精細で客観的な説明的記述によってではなく、その説明の「母胎」となる〈物語的理解〉のレベルにおいてである。そのために、「問題」の意味が発現できる言述の仕掛けが工夫されなければならない。先の論に即して言えば、「問題」の模倣的再現（創造）であり、「問題」を筋立ての時間構造に移行させることである。この「筋の案出」こそが物語における「意味論的革新」（semantic innovation）の主題である。筋において〈異質なものの綜合〉が達成され、「言語のなかでの新しいもの――まだ言われていないもの、表現されていないもの――が生じるのである（springs up in language）」[23]。リクールは、先に見たように、筋（muthos）をアリストテレスに倣って「行為のミメーシス」（mimèsis praxeôs）と解釈することによって、物語におけるミメーシス機能が「行動とその時間的価値の領域」で作動するものであることを論証しようとした。

物語と時間に関するリクールの基本仮説は「物語を語る活動と人間経験の時間的性格との間には相関関係が存在し、しかもその相関関係は単に偶然的ではなく、諸文化を超えた必然性という形を呈している」[24]とするもので、彼に従えば「時間は物語の様式で分節されるのに応じて人間的時間になる」[24]のである。そして、このような物語による時間の分節と媒介の過程、つまり筋立てを造り出す作業過程を解明する手立てとしてミメーシスにおける「三つの契機の連接」モデルが提示される。この構想は、テキスト理解に際して、それが置かれてあるコンテキストを無視して、作品の内的法則性にのみ関心を向けるテキスト記号論への反論をねらいとした提案であって、したがって

「筋立てをつくる統合形象化の操作」が可能になるためには、それを成立させる前過程と成立後のコミュニケーションと指示作用（reference）が主題として登場してくる後過程とに対する関心、つまり筋立てによるテキスト化の前後の連鎖に対して課題意識を拡大することが必要で、形象化の力とはこの前後の中間にあって、前過程を後過程に変容させる媒介的性格の働きであることが主張されるのである。

筋立てによる「統合形象化（configuration）」というテキスト創作は（それはミメーシスⅡと呼ばれている。以下m・Ⅱと略記）、それに先行する実践的な先行理解の「先形象化（préfiguration）」（ミメーシスⅠ、以下m・Ⅰ）と、作品内容による「再形象化（réfiguration）」（ミメーシスⅢ、以下m・Ⅲ）とに三区分され、m・Ⅱの仕事はm・Ⅰとm・Ⅲとを媒介し変換させる働きであることを操作的に抽出し、そのことで「筋立てることの力動性」を浮き彫りにしようとするものである。リクールによれば、解釈学の仕事とは「実践的経験（practical experience）がみずからに作品と著者と読者とを与えるための一連の操作というアーチ全体をなんとか再構成しようと努める」ことであり、「生き、行動し、苦悩するという不透明な背景から、作品がくっきり浮き出るようにする一連の操作を再構成する」[25]ことなのである。それゆえ、作品《テキスト》の理解とは、作者の内面性や動機あるいは社会文化的背景といった生活史全体の分析において達成されるものではない。そうした心理的社会的還元主義でもなければ作品の記号論的分析によるのでもなく、物語における筋立ての媒介的で創造的な作用、つまりミメーシスに生産的役割を発見しようとするのである。リクールはこの筋立ての時間相がm・Ⅰとm・Ⅲを媒介して人間的時間を造り出し、理解可能な世界を構成していると考える訳である。

ここではミメーシス論自体にこれ以上立ち入ることはできない。問題は、「問題」を語ること、テキスト化する作業のもつ意味を解明することにある。つまり、m・Ⅱとm・Ⅰにおいて筋立てと呼ばれている（媒介的）変換の力動性を理解することである。

リクールは、すでに述べたように、m・Ⅱが行う筋の制作は「行動の世界の先行＝理解の中に根づいている」[26]と考える。筋立てと行動の模倣とを準同一化する彼のミメーシス論において、この論点は筋立てによる〈物語的理解〉の人間学的基礎付けとして重要な意味をもつ。彼はこの先行理解（preunderstanding）に内蔵されている〈物語的理解〉の所在と形態と特質とを、行動の意味論、文化人類学、ハイデッガーの解釈学的現象学などの知見を導入して論証しようとしている。そしてリクールは、m・Ⅰにおける先行理解の特徴とは「象徴的媒介および人間行動の前物語的潜在的能力に習熟していること」[27]（つまり「物語によって再び意味付けられるものは（resignified）、人間の行動のレベルですでに前もって意味付けられたもの（presignified）である」[27]）と結論付け、例えば、我々が身の上話を語るその語り方にすでに「経験の前物語的構造」[28]が認められる、のみならず更に、行動の象徴的媒介において「物語の誘導要素（inductors）」を発見することが可能であるとされる。

　m・Ⅰにおける物語的構造の存在は臨床の諸学が指摘してきたところであるが、リクールはこの特徴をミメーシス論のコンテキストに置き、m・Ⅱの創作の先行的要因として位置付け、「問題」が直接体験の世界の実体の事柄としてではなく、すでに前物語的な操作において場所を移されていること、その所在は未だテキスト化の操作は受けていないが、しかしすでに半経験半思考という準テキスト的・フィクション的性格をほどこされたところに所在していることを明らかにする。「行動の理解は行動の中に、物語行為を呼び求める時間的構造を認める」[29]ことが〈物語的理解〉の特質であるとすれば、m・Ⅱの作業とは、m・Ⅰのこうした前物語的構造に、筋立てによる形象化という操作を加えて、時間構造を「接木（graft）」することであると言えよう。あるいはまた、m・Ⅱは、m・Ⅰに物語的な時間構造を発現させる仕掛けを言述のレベルにおいて工夫することによって、m・Ⅰがm・Ⅲへと読み替えられる〈発見的認知〉のための媒介的・意味〈指示〉的作用を仕組んでいるとも言えるだろう。こうしたm・Ⅱの作業は、行動の理解において、行動を要素や動機に分解して理解する科学的分析的な立場や行動を社会文化的背景から一般論的演繹的に論述する法則定立的な行動理解の手法とも異質であり、解釈学的な理解の様式をよく特徴付けるものと言ってよいだろう。

教育「問題」理解もまた、この種の〈物語的理解〉の文脈に位置するものと考えると、臨床教育学の仕事とは、「問題」の物語的構造を言述の筋立てにおいて発見・再構成するというm・Ⅱに類似した作業課題を引き受けることであると言える。

m・Ⅱとともに「まるで……であるかのような王国が開かれる」[30]。筋立てによる出来事の組み立て或いは「統合形象化の操作」は「フィクションの王国」を造り出す。この王国は第一義的意味での指示作用や真実性の要請からは解放されており、専らm・Ⅰを再現し媒介する役割が与えられている。m・Ⅱは、m・Ⅰとm・Ⅲとの間に「フィクションの空間をきり開く切れ目」を挿入し、m・Ⅰとm・Ⅲとの間に「のようなもの」を創り出して、m・Ⅰの「変換」（transformation）をはかる。[31] リクールによれば、このm・Ⅱこそミメーシス活動の中軸機能に当たるもので、この機能は「形象化の力」でテキストを造り出すが、その場合、筋は、(1)単なる継起から統合形象化をひき出す操作として、(2)異質な要因の全体的な組み立てとして、(3)二つの時間的次元——年代順的と非年代順的——を媒介する「物語の時」として、出来事を話へと変換する仕事をする。[32] 出来事から準出来事的な〈のようなもの〉への変換をはかるm・Ⅱにおいて中心の働きをなすのは筋であり、この筋による形象化を可能にしているのは「物語の時」である。つまり「問題」の物語的な語りは、「行動の意味論によって確立された範例的な表の中に現われることのできるあらゆる構成要素を、連辞的な次元で出現させる」[33] ことを可能にする言述の仕組みを造り出すことなのである。m・Ⅰからm・Ⅱへの移行とは、統合形象化によって遂行される「範例から連辞（syntagmatic）への移行」であると表現してよい。

「問題」は、こうした〈のようなもの〉と呼ばれる模倣的に再現されたテキスト世界において、〈物語的理解〉の様態において所在を得ると考えられるのである。

注

Paul Ricœur, *Temps Et Récit*, Tome I (1983). Tome II (1984). Tome III (1985)
各巻の邦訳：久米博訳『時間と物語Ⅰ』（新曜社、一九八七年）、同訳『時間と物語Ⅱ』（新曜社、一九八八年）、同訳『時間と物語Ⅲ』（新曜社、一九九〇年）
各巻の英訳：K. McLaughlin and D. Pellauer, *Time and Narrative*, volume 1 (Chicago Press. 1984), volume 2 (1985), volume 3 (1988). (Trans. K. Blamey and D. Pellauer)
引用は邦訳・英訳を用いた。邦訳（Ⅰ—□頁）英訳（Ⅰ-p.□）と略記する。

（1）Ⅰ—Ⅸ頁。

（2）皇紀夫「臨床教育学の展開」『京都大学教育学部紀要』第四〇号、一九九四年、及び和田修二・皇紀夫編著『臨床教育学』アカデミア出版、一九九六年。（注：本書第一章第二節、第二章に収録。）

（3）Ⅰ—一四三頁（Ⅰ-p.81）

（4）Ⅰ—一三四頁（Ⅰ-p.75）

（5）Ⅰ—一三三頁（Ⅰ-p.74）

（6）Ⅰ—ⅷ頁。

（7）「形象化」とは、リクールが物語的理解に関して「物語学派」のひとりであるミンク（Louis O. Mink）から導入した、広義の理解（comprehension）の三様態（mode）——統合形象的様態（configurational mode）、理論的様態（theoretical mode）、カテゴリー的様態（cotegoreal mode）——のひとつで、「統合形象化的様態の特質は、諸要素を、関係の唯一で具体的な複合体の中に位置付けることである。それは物語的操作を特徴付ける理解の型である」と定義されている（Ⅰ—二六八頁、Ⅰ-p.159）。リクールはこれをアリストテレス的ミュトスという広義の筋立を構成する（Ⅰ—三一二頁、Ⅰ-p.180）行為として再定式化し、物に準じた〈のようなもの〉を造り出す「変換」の表徴として取り出すのである。

（8）Ⅰ—一二二頁（Ⅰ-p 67.）

（9）Ⅰ—九九頁（Ⅰ-p.52）

（10）Ⅰ—ⅰ頁

(11) I―v頁
(12) I―vi頁
(13) I―一三六頁（I-p. 77）
(14) 『アリストテレス全集17』岩波書店、一九七二年、『詩学』二四頁、1448b4-b10.
(15) I―六一頁（I-p. 34）
(16) 『アリストテレス全集17』三〇頁。
(17) I―六二頁（I-p. 34）
(18) I―七九頁（I-p. 45）
(19) I―一〇一―頁（I-p. 53）
(20) I―六三頁（I-p. 35）
(21) I―x頁
(22) I―iv頁
(23) I―viii（I-p. ix）
(24) I―九九頁（I-p. 52）
(25) I―一〇一頁（I-p. 53）
(26) I―一〇二頁（I-p. 54）
(27) I―一四三頁（I-p. 81）
(28) I―一一一頁（I-p. 60 prenarrative structure of experience）
(29) I―一一〇頁（I-p. 59）
(30) I―一一七頁（I-p. 64 the kingdom of the as if）
(31) I―七九頁（I-p. 45）
(32) I―一一八―一一九頁（I―pp. 65~66）
(33) I―一二〇頁（I-p. 66）

〈『臨床教育学三十年』からのコメント〉

第一節の論文と並行して書かれたもので、臨床教育学の思考法や言説のスタイルが色濃く現れているが、新しい主題への挑戦である。人間形成論はともすると前学問的な曖昧さを伴った日常生活レベルでの常識的な教育論として扱われやすいが、ここでの考察は、それを、広義の陳腐化・形骸化した教育論と、それの曖昧さを逆に教育の多義的な開放性を物語る教育論との二面性において理解し、その開放的で柔軟な機能を顕在化させるために、臨床教育学の問題言説を活用する戦略である。人間形成論が母胎としている体験的イメージ的で半言語的な教育的世界を、多義的な真実性を出現させる脱コンテキスト化の文脈に置いて再生させる試みである。現象学的・人間学的な地平概念をつかって人間形成論を解釈しようとしている。特に媒介的直接性や隠喩的意味での「ある」、地平を「開いて限る」「限って開く」などの撞着語法は、臨床言説特有のレトリックとして以後活用されることになる。

第二節　臨床教育学と人間形成論

【初出　岡田渥美編『人間形成論　教育学の再構築のために』玉川大学出版部、一九九六年】

①　人間形成論と教育的日常

教育において発現する「問題」事象を教育的日常というコンテキストにおいて理解しようとする臨床教育学の立場は、人間の生活世界が教育という営みをもっていることの意味を、教育の可能性や必要性を特定化してその根拠を子どもや社会に求めるという実体論的な対象認識の見方に立つのではなく、教育とは生活世界におけるある出来事にたいする意味付けである、として意味論的解釈学的に理解する立場である、と差し当たって考えておきたい。教育は、この意味において、人間世界の全体を意味付けている意味連関の分節の系として理解されなければならないだろう。教育的日常をそれとして意味付けているものは、個々の教育活動ではなくて、それら個々の活動や出来事を結び付け、理解可能な形式として筋立てる仕掛けが造り出した意味作用によるもので、それらに意味を発現させているのは全体的なコンテキストなのである。

ここでは、この全体的なコンテキストを人間形成論と考えて見ることにしたい。人間形成論なるものは、実体としての人間の在り方を論じたものではなく、その形成論の内容は現実をある観点から模倣した「模造」であり、ことばによって構成された象徴指標なのである。つまり、人間の形成を定義する際、人間の諸属性の等価的な集合体として定義している訳ではなく、人間に関するカテゴリーをさまざまな仕方で定義し、それらをかなり自由に、拡大、縮小、区別、連結、分離、比較、統合させ、自由に操作して人間の形成や過程、方法と手段を論議しているのである。G・レイコフらが「相互作用的属性」（interactional properties）として指摘したように、我々は、例えば、「とりわけ」「厳密に言うと」「おおざっぱに言うと」「たてまえとしては」「技術的には」、あるいは「本来的に」「現実には」「…の限りにおいて」等などの限定語句（modifiers）によって、人間形成に関する経験や出来事を、目的に応じて組み合わせて筋立て、多様な見方を造り出している[1]。

そしてさらに、隠喩（Metaphor）による定義付けによって、異なったカテゴリーに属する経験を自由に組み合わせることができるのである。したがって、人間形成を語るカテゴリーに芸術や農業や工芸・工学さらには生物生命の領域のものが導入されても不自然ではない。むしろ教育の歴史をみれば、宗教的カテゴリーから社会政治的カテゴリーへ、哲学や文学から生物科学、社会科学的カテゴリーへと、人間形成に関するカテゴリーが、異なったカテゴリーの組み合わせで再編成されることによって、教育の事象に新しい意味が発見され、豊かなコンテキストを造り上げてきたのである。

隠喩や限定語句はこうした概念の再定義、つまりものの見方、捉え方を変える働きをもっている、とすれば、人間形成に関する言説は、それを構成する個々の語においてその意味が表現されているのではなく、語に意味を与えているのは全体的な文（sentence）であり、さらに注目すべきは、隠喩のように文において意味の転移を仕掛ける文彩（figure）の働きなのである。

このように考えると、人間形成論とはさまざまのメタファーからなる人間の形成に関する言説であり、人間的世界の経験と出来事を教育という目的に従って筋だてたひとつの物語であるといってよいだろう。そこで使われている概念は「本来」多義的で、特定のコンテキストにおいて暫時一義化されているものの、可変的相対的である。であるとすると、人間形成論とはひとつの理想的な、完結した人間像を提示したり、その反対に、「現実」世界の人間を忠実に複写したものでもなく、むしろ、読み手の解釈に委ねられた部分を相当に包摂した、人間の在り方に関して意味発見の可能性を指し示す、多義的で開示的性格をもった言説であり、まさにこの種の特性をもつ限りにおいて人間形成論であると言ってよいだろう。

人間形成論が、このような、可能的開示性をその言説の特性とするならば、人間形成論が人間の「形成」の言説であるためには、人間を理解可能なひとつの形ある姿において描き出すことができる、つまり形を造り出す構想力（imagination）の働きを促す仕掛けを備えた言説であることが必要である。知識における形の「最も根本的な形は範疇とよばれる」（三木清）とすれば、先の、カテゴリー間での多様な組み合わせによる意味転移の仕掛けもまた、構想力の働きにかかわっている訳である。人間形成論は、人間の形を構想し、その過程を筋だてる構想力に基づいていると言ってよいだろう。この意味において、人間形成論は人間の在り方についての多様なイメージと意味を喚起する形式の言説でなければならず、その言説は、R・ヤーコブソンが指摘したように、隠喩の働きを手掛かりとして、幾つかのジャンルに類別することができるだろう。

教育的日常が成立しているのは、そこにある個々の事象自体ではなくて、それらに位置を与え、相互に関係を結ばせている、いわば人間形成論の意味地平である。つまり、アリストテレス的に言えば「出来事を統一的に構成する」筋立てに従った物語として「教育的日常」が現れているのである。

例えば、学校制度や教師、あるいは親子関係を教育的に解釈する立場、更には子どもらしさという子ども理解の仕方、遊びの意味付けなど、一般に「教育的」と見なされている事象やそれらを理解するその仕方——教育を語る文彩が編み出すコンテキスト、教育観と呼んでいいだろう——は、人間形成論の地平における意味生成と意味分節の所産であり、教育のコンテキストを創作構成する過程において工夫発明された道具であり観念であると言ってよい。これらの道具は、それが意のままに操作されることで教育の意味が共有され、さらに新しい意味を掘り起こす仕事をすることができる訳であるが、その反面、これらの道具や仕掛けが活用される度合いに比例して、これらの言説は、教育の意味を一義的に固定し、教育活動の可能性を限定する、陳腐化常套化した隠喩となる。しかし皮肉なことに、隠喩は、陳腐化することによってはじめてコード化され登録済みの用語として認知されるのである。この意味からすると、コード化されている教育用語や概念そしてそれらに導かれた行動の様式などは「死せる隠喩」(リクール)であると言えるだろう。しかし、この「死せる隠喩」は、まさにそれが隠喩であるがゆえに、コンテキストの変容とともに復活する可能性をもっている。この脈絡で言えば、人間形成論の役割とは、教育的日常に依存しながらしかも絶えずその日常を意味付けているコンテキストの変容を促すために、教育的日常を語る言説の仕組みの改変を工作する言語作業に取り組むことに他ならず、意味発現が可能となる仕掛けを発明工夫する点に人間形成論の実践性があると言えるのである。

教育的日常とは、まさにこの「死せる隠喩」が造り出す陳腐化した日常であると言える。教育的日常は、生活世界におけるおとな‐子ども関係を模倣して造り出された、ひとつの世界であり、ひとつの選択された投企である。しかし、人間形成論の性格づけから明らかなように、教育的日常という客観的現実があるのではない。教育的日常とは、どこまでも経験された世界を模倣したものであって、空想の世界ではない。しかしまた、教育的日常は、経験世界の複写でもないし、複写の不完全さゆえに生じる不完全な日常でもない。そうではなくて、「教育的日常」は文字通り模倣された「模造」の世界であり、経験世界とは似て非なる二次的性質の世界、準経験の世界であると言うべきだろう。つまり、R・ヤーコブソン的に表現すると、相似性（similarity）に基づいた言葉操作によって、隠喩的に語り出された模倣的世界であり、(2) それはまた、テキスト化された世界と呼んでもよいだろう。

模造世界は「本当の」世界に還元することができない模倣性を原理として成立する独自の世界である。われわれは、このような、似て非なる「教育的日常」において教育の定義を得て、その意味を問い、改革を論じている訳である。この意味で、教育は、おとな‐子ども関係を対象主題として、子どもの成長や発達あるいは社会化・文化化・人格化を内容に組み立てられたひとつの物語であると言えるが、注意を払うべきは、この物語は、実の、「本当の」教育とは似て非なる所に位置しているということである。問題は、対象主題が何であるか、教育の方法や内容がどのようであるか、といった対象化した現実分析ではなく（それらは第二次的な操作である）、語り出された教育的日常を、さまざまの言語の仕掛けが造り出したひとつの独特な世界・テキスト世界として受け取り、その世界が差し出す意味を解釈することである。したがって、人間形成論の課題とは、自己言及的にこのような語りの仕組みを問い、そして新しい語りの仕組みを編み出すことにある、と言えるだろう。

人間形成論的に「教育的日常」を理解することは、教育の現実と意味の両界への新しい視点を開く。つまり、感覚的肉体的に感知されている現実とはもはや単純な客観的実体としての現実ではなく、すでに意味付けられ秩序づけられている世界なのであって、経験する実感はすでに個人のものではなく、共有されコード化された共通感覚なのである。そして、これとは逆に、教育的日常として語られた模造の世界こそ、かえって多様な解釈と意味分節を促し、新しい世界理解と自己理解を可能にする、可能的形成的「現実」の役割を果たすことができるのである。教育的日常を語るその文脈に、新しい意味を発現させる言語装置が仕掛けられるならば、われわれはその文脈において、その文脈を通して意味ある現実と出会うことができる。

②「教育的世界」

教育の現実を、主観と客観という対象認識図式に基づいた思考法とは異なって、それを意味作用の相互性の表現、コンテキストによってもたらされた「現実」として理解しようとするのであれば、われわれは当然のことながら、こうした連関において独自の「教育的真実」に関して語らなければならない。

われわれもまた生活世界の成員として、個別と全体の意味連関のうちにおいて生活しており、新しい意味を分節し世界を再解釈する当事者の一人なのである。この意味で、外生活的に超然として世界を一望することができる「アルキメデスの点」に立つことはできない。教育を純粋客観的に観察・分析することはできないし、これとは逆に教育の意味を主観的に規定することもできない。そこで取り上げられている教育とは、実体化された「単なる事実」や体験の断片としての教育であって、教育の意味が発現している教育的世界ではない。つまり、それは丁度、辞書に載せられている言葉の意味を精密に知っていても、文法やレトリックを理解していなければ、その言葉を実際に使いこなすことも意味を理解することもできないだけでなく、実際には、言語の発話状況やコンテキストを抜きにして、その言葉の意味を正確に理解することはできない。これと同じように、ある出来事を教育的に意味付けているのは、そこでの個々の行為や教育者の意図や子どもの要求等ではない。そうしたものをいかに精細に分析してみても、人間形成論的な教育理解の観点を欠いていれば、教育の意味は発見できないだろう。そうではなく、これらの事象に意味のひかりをあてている意味の連関に――教育の文法やレトリックやコンテキスト――目を向けることにおいてはじめて、個別事象の分析研究が意味をもってくるのである。

このように考えると、先の「教育的真実」なるものが、いわゆる客観的な公理規準に則った真実なのではなく、部分と全体、主観と客観との相互的な意味作用において発現するところの、そして、それを問う者の関与の仕方に対応して、読み手に気づかれ発見される「多義的真実」であることが明らかになってくる。だから、この種の真実は絶対と相対という二分法的な思考様式に依ってではなく、相互作用性というコンテキスト性の――脱コンテキスト化（decontextualize）と再コンテキスト化（recontextualize）という、text をめぐる de と re の――ダイナミズムにおいて開示されてくる、行為的あるいは臨床的性格の真実であると言えるのではないだろうか。

教育的日常をひとつのテキスト「として見る」ことは、教育を脱コンテキスト化させイメージ化することである。「見る」と「として見る」とは、ウィトゲンシュタイン（L. J. J. Wittgenstein）が明らかにしたように、区別される。「として見る」ことは、教育がイメージ性を獲得し、すべての事象がひとしく存在を認められ、多義的な厚みをおびた存在と「して見られる」のである。リクールは、「半分思考で半分経験である『と見る』は、意味とイメージを一体化する直観的関係」であり、なによりも、この「と見る」は、選択的な行為であり、その経験が「隠喩的意味作用に含意されているイメージ性を確実にする」という(3)。

科学的客観的な真理や心理的あるいは実存的真実などと呼ばれる真理（実）は、それ自体が実体としてあるのではなく、意味付けの仕方によって再コンテキスト化された、隠喩を使ったカテゴリーの組み替えにおいて提示された、「模造の真実」であると言える。ここでいう「模造」とはニセモノという意味ではなく、模倣によって創作され意味付与された、還元不能な人間世界における真実であり、したがって、それは究極的な何事かではないし、特定の真理認識の様式によってのみ開示される、隠されている性質のものでもない。

意味付けの多様性は、生活世界の多層性の単純な反映と考えられるべきではなく、むしろ生活世界に多様な意味を発現させているのは意味理解の仕方の多様性であり、特に言語の仕組みの工夫に依存していると考えられる。教育の意味を、このような相互作用性ないしコンテキストにおいて問うことがここでの主題であり、これは臨床教育学の思考のひとつの特性であると言ってよいだろう。

教育を生活世界の意味ある出来事としてとらえることは、言うまでもなく教育を現象学的に理解しようとすることであるが、以上の論点から明らかであるように、もはや、教育を特定の社会的構造から説明するという還元主義的な立場や、これとは逆に、教育を体験や知覚の出来事として理解する素朴な経験主義の立場に拠ることはできない。個々の経験の集合体としての全部と、意味を造り出す全体とは明確に区別されなければならない。全体とは構想力がもたらしたひとつの形でありまとまりであり、意味的連関において成立する構成的行為的な単位であって、対象的な実体ではない。

教育的日常をひとつのまとまりをもった世界「として見る」ことは、教育の意味を理解するうえでの立場の選択を意味することは既に明らかである。以下の論述において、人間形成論の課題の探索にかかわって、教育的日常を「教育的世界」と呼ぶことにも、当然ながら、教育の意味発現を促すような仕掛けが内蔵されていなければならない。

われわれの生活世界は歴史的現在の全体的な意味地平として限定されている。しかし、この地平による限定は、生活世界がまとまりをもったひとつの秩序ある世界を構成するために、「常宇宙」が成立するために必要である、というだけではなく、この生活世界が、限定されているという仕方においてまさしく「限りない」意味宇宙に境界を接していることを理解するためにも、「地平」概念は必要なのである。

地平による限定という仕方で生活世界を表現することには、限定されるという境界面において実は限りない開放系にそれが接触しているという特性を表明しているのである。例えば、H・プレスナー（H. Plessner）は、人間的環境世界における地平の開放性（Offenheit）と限定性（Begrenztheit）とが、生活世界における自明性や自然性とよばれる第二次的（sekundärer Art）性質の形成を可能にすることを『感覚の人間学』において論及している。[4]

周知の通り、この「地平（Horizont）」は、フッサールの世界概念の形成とともに顕在化し、ガダマーによって、解釈学的に意味付けられ、この地平という隠喩が世界理解における主観との相関関係を表す用語として一般化された。この「地平」を、さらに、経験的な「地平の此方」とこの此方世界を包みつつそれを限定している「地平の彼方」との重なり（二重地平と呼ばれている）として取り出そうとする試みが、上田閑照によってなされている。そこでは、先に述べてきた、生活世界は地平内世界（もちろん視点との相関においての意味においてであるが）における「意味連関の網目としての世界」であると言えるが、この世界は同時に、まさにその地平において、世界を境界付け縁取りしている知られざる「彼方」に接している。上田によれば、地平の根本性格は「開いて限る／限って開く」という二重性にあり、したがって、地平内世界の意味は、単に内的意味連関の多様性に留まらず、その世界をとりまく「余白（余白としては無限の余白）」との「ある種の交響」において「……として」の意味を発現しているのである。そのとき「意味」は、「世界内での限定に尽きない或る深みを湛えるであろう」[5]。

教育事象の意味発現を可能にする隠喩たる「地平」は、教育を地平におけるひとつの世界、教育的世界「として見る」ことを可能とし、この地平がもつ限定と開放という両義的性格の出現によって、教育的世界を支えるコンテキストにもまた、あの de と re の力動性が賦与され、いかなる教育事象も、「無限の余白」というコンテキストにおいて、常に意味発現の中心で「ある」ことに気付かせたのである。この「ある」は隠喩の意味での「ある」な訳で、教育的世界の意味は、限定的な〝ある〟が隠喩としての「ある」に転意させられることによって、たえず新たに発現することが可能になるだろう。

地平という隠喩を使って開かれた生活世界への視点は、教育的日常の意味が共通妥当的相対性にあることを明らかにするとともに、教育の具体的営みの全体が、それが言語において語られ意味付けられているか否かを問わず、われわれの視線を越えた「地平の彼方」における、限りない「余白」における出来事であることを、さらに、それが説明解釈され尽くすことがない意味生成の出来事「として」見られることが必要であることを教えている。

人間形成論の役割は、この意味で、教育的世界をそれ「として」意味付け、ひとつの世界としてまとまりを与え、境界づけている「地平」のもつ構造特性を、個別の事象に即して明らかにすることであり、この、教育的世界の地平を「限って開く／開いて限る」という人間形成論の作業こそが、教育の意味を多様にそして深く発現させる、と言ってよいだろう。

③ 物語としての教育的世界

教育的世界を意味付けている言語作用を、教育に関する記憶と体験と期待によって造り出された、作者不明の共同制作の物語「として」考えることができないだろうか。もちろん、この物語は空想やウソやデタラメの世界ではない。それは、教育の日常に即して筋立てられた半ば経験的な、しかし決して経験的現実と同じではない、模倣的制作の作品、テキスト世界なのである。このテキストを、読み手によってかなり自由に解釈することができ、多様な意味賦与と書き加えや書き直しができる、多義的で分節的な、許容度の高い言説として、つまり「開かれた作品」(open work) として言説の構造において保持して行くのが人間形成論の仕事であると考えることが出来るだろう。

物語が教育的な行為の様式とそれの意味を教えてくれる。そこでなされる個々の行為は、同時に生活世界のさまざまな物語に属する行為であるが、いずれも個々の行為がそれ自体として単独で提示されるものではなく、常に物語というコンテキストにおいてである。教育という物語に登場する行為の様式は当然のことながら、他の物語においても登場してくるわけで、したがって、同一の行為であっても物語の筋立てによって異なった意味を担っている。個々の行為や事象が多様な意味を発現できるのは、それを意味付けている物語の多様さのゆえであると言える。個別的なものはそれを意味付けるより上位の、より全体的なコンテキストにおいて明らかになる。そしてこの個別的なものは生活世界を構成している他の異なった物語において、また、言述における文彩によって、同時に改めて新しい意味を担うという、正に隠喩の役割を果たすのである。教育的世界を理解する優れた技術としてレトリックをイメージすることができるだろうし、それはまた広く、自己表現と世界解釈のための技法でもあると言えるだろう。
教育的世界とは物語とともに開けてくる。物語は教育の「現実」の単なる複写（コピー）ではない。物語と「現実」とは相即不離の関係にあり、いずれか一方が先行して単独で成立しているわけではない。教育の実践とは、この物語を共同で読み取り、共演し、物語造りに参加することにほかならない。

教育の現実とは、「現実」の模倣としての創作であり、物語というフィクションの行為化であり事実化である。教育可能性という神話に導かれた創作ドラマの舞台であると言ってもよいだろう。しかし、この物語は特定の人物による創作によるものではない。いな、より精確に言うならば、アリストテレスが mimēsis 論において明らかにしたように、すべての創作はじつに現実の模倣的再現であるということである。模倣的再現（再記述）と複製あるいは模写とは同じではない。

アリストテレスによれば、mimēsis（imitation）の特性は、さまざまな出来事を組み立て、配列し秩序づける筋立て（muthos）にあり、この muthos の働きとは、「自分が模倣するそのものを、自分で構成し、制作する」ことにある。つまり、muthos とは、P・リクール（P. Ricœur）の解釈に従うならば、個人の恣意的創作ではなく、どこまでも現実に帰属し現実を描くものである、と同時に、生活には欠けている筋立てによる再記述つまり物語の創造なのである。muthos はわれわれにわれわれの生活世界を「見せて」くれるのである。それゆえ、物語としての教育とは、教育の「現実」を模倣したものである、と同時に、言葉によって再記述された、構造的に筋立て再現されたひとつの制作された世界なのである。[6] 教育の現実を記述することは、その世界を第三者的に記述することではなく、その世界において、自己を表現すること、身体的行為的関係を言語化（ロゴス化）すること、である。

物語としての教育は、「現実」を模倣的に再現することにおいて、「現実」を意味的に構成し「現実」をそのような「……として見せ」てくれる。しかし、この「そのよう」は、模倣的に再現された、制作された「ひとつの世界」、つまり物語なのであって、「現実」そのものではない。解釈学的に言えば、模倣的再現の世界の背後に遡及して、そこに「真の」現実を求めるという立場には立たない。とすれば、ここで模倣的な再現といわれているその模倣や再現の対象とは一体何なのかという問いが出てくる。そしてこの問いは、人間を生活「世界」おいて理解すること、その世界を「地平」において限定されたものと考える存在論に向けられた問いでもある。これらの哲学上の論議に立ち入ることはできないが、ここでの考察の立場を明らかにするために、次の点だけは述べておきたい。

　われわれは、既に特定の意味付けをされた世界にすでに前もって組み込まれている。ハイデガーの言うように、この世界内における予め-構造から自由であることはできず、人間理解の可能的な唯一の立場とはこのような制約を前提としたものでしかない。したがって、対象認識において、いわゆる主観-客観関係は価値中立的関係ではなく、つねに間主観的相互規定の関係において成立している。それゆえ、「現実」とはつねに、すでに認識する者が関与して、解釈が施されている現実である。現実「として見える」ものは、この関与関係の成立とともにあらわになった現実であり、それ以外の「客観的」現実については語ることはできない。イメージの世界や深層心理の世界もこの相互関係性の制約を免れるものではない。

　この世界は、一般的に言えば、「媒介された直接性」（プレスナー）と呼ばれるような構造をもっており、直接性そのものとは仮説された思考の道具であって、虚構であると言えるだろう。その意味からすると、模倣的再現の背後に「真の」現実を求める発想は、むしろ空想的であり、人間理解の立場としては非「現実」的なものである。

　では、物語としての教育的世界は、「現実」に存在するのか、といえば、その答えは、「ある」とも言えるし「ない」とも言える。それは、あたかもそしてまさしく隠喩的「ある」である。物語としての教育的世界とは、教育が実体として「ある」と考える思考方法からわれわれを解放する。その意味で、教育的世界なるものは現実には「ない」と言ってよい。と同時に、教育的世界は意味的世界として、物語世界として「ある」のである。教育的世界を出現させ、子ども-おとな関係を教育的意味において支えているのは単なる出来事――そのようなものが果たして「ある」だろうか――の断片ではなくて、意味の連関である。だからこそ個々の行為や事象において教育の意味を探究することが可能なのである。しかし、それを意味付けている全体的なコンテキストを排除して、個々の行為の集積によって教育の意味を明らかにしようとする試みは本末を転倒し、全体を個別の集合としての全部と同一視する誤りをおかすことになるのである。

教育に関する物語を、このように「現実」との隠喩関係において理解することによって、教育的日常を実体的な「ある」として対象関係的に認識する制約から解放されるが、しかし、だからといって「現実」が溶解流出してしまうのではない。そうではなくて、その物語世界を構成している筋立ては単なる創作ではなく、どこまでも「現実」の再現・再記述として、先のリクールの言葉にあるように、ひとつの模倣された世界として、現実との関係を結び続けているのである。しかしこの関係は、ちょうど「現実」と言葉との関係のように、非一非異の関係、非二元論的な関係とでも呼ぶべきもので、われわれは言語が開いてくる世界の背後に何かリアルなもうひとつの「現実」を想定することはできないのである。しかも、言語は常にある事柄について語っているのであるが。

④ 人間形成論と臨床教育学

教育的世界において意味を発現しているのは確かに個々の行為であり事象である。しかし、それらに意味を与えているのはコンテキストである。このコンテキストは生活世界として共有され自明化されている。したがって生活世界とは、さまざまのコンテキストにおいて解釈されるところのテキストであり且つそうした解釈の所産でもある、と言ってよいだろう。「私にとり、世界とは、私が読み、解釈し、愛したあらゆる種類の記述的、詩的テクストによって開かれた指示作用の全体なのである。それらのテキストを理解することは、われわれの状況の述部の中に、単なる環境（Umwelt）を世界（Welt）とするようなあらゆる意味を内挿することである」(7)。

そして、この教育の物語の所産である制度的・行為的な実体的「現実」は、解釈の図式が動けばそれに対応して異なった意味を発現してくる。これとは逆に、教育解釈の図式に当てはまらない、いわば登録されていない意味不明の事象に出遇う時、この図式においてはそれは「問題」として、判断が保留されることになる。「問題」はさまざまなレベルで、つまり意味発現の形態と次元とに対応して、現れてくる。教育上の「問題」とは、教育の物語の展開が筋書き通りにいかなくなった事態で、読解不能な不明の箇所に読み手が出会う事態である。教育的世界の半経験的制作的な性格からして、「問題」との出会いは必然であり、この「問題」こそが教育の物語の筋立ての変容を迫るのである。「問題」を、物語の展開上のひとつの挿入あるいはエピソードとして対応するか、それとも、物語の新たな筋立てをうながす出来事として意味付けるか、「問題」に対する意味解釈の選択の仕方とともに、コンテキストの分節が始まる。

「問題」は教育の物語を誤解することから始まることもある。誤解もまた意味分節のひとつである。また、コンテキスト間での意味の齟齬が教育世界に意味の変更や破壊をもたらすこともある。あるいは、教育の物語の筋立て自体の混乱や矛盾によって「問題」が生み出されることもある。さらにそして最も顕著な形とし、教育の物語にそぐわない意味不明の「現実」が出現することである。では、教育的世界を意味付けている物語に中断をせまる「現実」の問題とは一体何処に所在するものなのだろうか。

「問題」はその表現形態のいかんにかかわらず、「喚起」の働きをもっている。つまり「問題」とは、自明化された日常を異化する働きであり、日常への関心を喚起させる。教育的日常を支えていた物語に転換がおこる節目であり、新しいテーマの出現である。風景論的に言うならば、親しめない点景がひとつ現れることで、風景全体が一変することである。新しさがよそよそしい差異として経験される過程は、極めがたい事態でありながら、このような意味転換の予兆を無視することはできない。

「問題」は、教育的世界の地平に現れる意味不明の差異であるが、しかし、それが「問題」「として見られる」のは、教育を意味付けている特定の連関においてであり、したがって、「問題」はそれ自体としてではなく、常に双関的応答的関係において現前する。それゆえに、「問題」を記述することはつねに主観内省的であり、意味探索的な物語造りであり、そして、その展開の挫折なのである。

「問題」は、物語の展開にたいする異議申し立てにほかならず、認識やアイデンティティといった個人的レベルの危機というよりも、より全体的集合的な教育観の、教育理解のコンテキストにおける構造的な危機であると言える。さらに言うなら、教育的世界を語る文脈が、その言辞、用語法、文脈、表現技法において制約されていることが、言語表現の被限定と危機が暴露されることである。

「問題」を理解するためには、その出来事を意味へともたらす工夫が必要である。つまり、教育を語る筋立てに新しい仕掛けを発明工夫することが必要なのである。「問題」について語るだけではなく、発見的な言述の技法を開発することは、教育の営みが、その場その場の恣意的で無自覚な断片的行為へと解体霧散することを防ぎ、教育の意味を発見し革新するための基本的条件である。「臨床的」と呼ばれる在り方は、「問題」にたいする対応のひとつの様式であり、それは「問題」において意味を発見するための言述の様式特性なのであって、「共感的」「受容的」な態度あるいは人格などとして実体化される人間特性などではない。

「問題」を語る言述を工夫すること、あるいはより精確には、「問題」が発言するその言述の様式の特性を発見／理解することは、――ここでは主としてそれを隠喩が備える類似に基づく発見的な認識の技法として考えてきたのであるが――「問題」を意味分節の仕掛けを備えた文脈に組み込むことであり、教育的世界に隠喩としての差異を持ち込むことによって、教育理解のコンテキストの分節を促すことである。「問題」事象を新語造語で表現するのではなく、隠喩が開くいくつかの「意味論的場の交叉点」において生起する「隠喩的なよじれ」（metaphorical twist）（ビアズリー〔M. M. Beardsley〕）が、「出来事にして意味作用」つまり「言語によって創造される、現れでる意味作用」の仕掛けとして作動し[8]、この意味作用によって、教育的世界を支える意味連関の脱＝再コンテキスト化がはかられる。教育的世界を限定する意味地平が、開放性と生産性を回復するのは、このように、教育的日常における「問題」を言語化する工夫を通してであると言えるだろう。

リクールは、「異質なものの総合」が物語を隠喩に近づけると見立て、隠喩にあっては、字義通りの理解の頓挫こそが新しい類似の構想を呼び起こすのであり、物語の筋立てにあっては、多様でばらばらの出来事を「統握」して、ひとつのまとまった物語として意味を図式化するはたらきがあり、いずれの場合にも、生産的構想力によって「意味論的革新」が実現される、と述べ、さらに、隠喩と物語の言述の様式を包括するより大きな言語世界として「詩的領域」が存在する、と指摘する。(9) ここから彼は、アリストテレスの『詩学』をテキストに、筋立て（muthos）と模倣活動（mimésis）を手掛かりに、言葉の詩的機能の特性――リクールの表現を借りれば、「直接的記述によっては到達できない現実を再記述するこの能力を言い表すのに、隠喩的意味というだけでなく、あえて隠喩的指示作用という」――を解明しようとする。

リクールの意図はともかく、彼が、隠喩と物語を、「異質なものの総合」を通して意味論的革新をもたらす言葉の仕掛けとして取り出したことは、われわれが臨床教育学において「問題」と出会い、その出来事の意味を発見する際の、文字通り相似的類似的関係を示していると考えられるのである。このように見ると、人間形成論と臨床教育学とは、「問題」の意味解釈を試みるという共同の課題にたいして、前者は、教育的世界を筋だてる全体的な物語造りにおいて、後者は、個別の「問題」において隠喩による新しい類似の発見、「新しい論理的な種《しゅ》」の産出にかかわっている、と言えるのではないだろうか。

教育的世界における「問題」の出現あるいは発見は、教育の意味探索の開始であるが、その際最も重要な役割を果たすのは、「問題」を記述する「能力（構想力）」であると言える。「問題」を単なる出来事に止めず、意味連関へともたらす働きは言葉の詩的機能である、と考えるならば、人間形成論に物語構造を発見したり、あるいはそうした仕掛けを仕組むことは、人間形成論の役割特性を明確にすることになるだろう。

このことに関連して、臨床教育学は、教育に関する言述に「隠喩的指示作用」を仕掛けることで、「問題」に意味を発現させ、また「問題」を意味論的に掘り起こす仕事をすることが出来るだろうし、うまくいけば、教育学に「新しい論理的な種」をもたらすことが出来るかもしれない。

人間形成論に関して言えば、従来、教育の現実を科学的に説明する言説が教育学の大勢を占めるなかで、人間形成論の意味付けは曖昧であったように思われ、教育哲学のどこかに漠然と位置付けられてきたと言ってよいだろう。隠喩や物語といった言葉の詩的機能を積極的に作動せることによって意味地平の革新が可能である、とする解釈学の知見に拠るならば、教育的世界に関する言説に内蔵されている、さまざまに工夫されている言語の仕掛けや装置に関心を向けることが必要である。人間形成論が、それが人間の「形成」という全体的な過程と像とにかかわる言表である限り、それの展開にとって物語的あるいは隠喩的な言語実践に習熟することが必然的な条件であり、そして、この種の言説こそが教育的世界を意味付けていると考えると、その言説の特徴を論及することによって、教育研究における人間形成論の役割を明らかにすることが出来るだろう。

注

（1）G. Lakoff and M. Johnson, *Metaphors We Live By*, 1980.（渡部昇一ほか訳『レトリックと人生』大修館書店、一九八六年、一八二頁以下参照。）
（2）R. Jakobson, *Essais de Linguistique Générale*, 1973.（川本茂雄監修『一般言語学』みすず書房、一九七三年、二八頁。）
（3）P. Ricœur, *La Métaphore Vive*, 1975.（久米博訳『生きた隠喩』岩波書店、一九八四年、二七二―二七三頁。）
（4）H. Plessner, GS. III 1980, S. 377.
（5）上田閑照『場所』弘文堂、一九九二年、一〇一頁。
（6）P. Ricœur, *Temps et Récit, Tome I* 1983.（久米博訳『時間と物語1』新曜社、一九八七年、五七頁以下。）
（7）P. Ricœur 同前書、一四二頁。
（8）P. Ricœur『生きた隠喩』二一三頁。
（9）P. Ricœur『時間と物語1』viii―ix頁。

第四章　臨床知のはたらき

〈『臨床教育学三十年』からのコメント〉

教育思想史学会での報告をもとに加筆補完した小論で、臨床教育学への理解を広めるためにコンパクトな内容になっている。レトリック論への傾斜と教育相（想）談の事例を紹介しながらの展開という点で、従来の臨床教育論とはやや趣を異にしているが、特に強調されているのは、二十世紀末に現れている「レトリカル・ターン」現象に臨床の知が影響されながら単純な技法論ではなく、反本質主義的な探求モデルを教育学に導入することである。つまり臨床の知を手持ちの現代風教育論に回収して在庫品を増やすだけで自足すること、前近代へのリターン運動に連動することへの警戒感である。臨床教育学が主張する、教育理解の枠組みの取り壊しと変換によって「傷ついた教育（学）」を演出することがレトリックに期待されているというわけである。この論点は、後に臨床教育学を教育学の「副次的理論《パラセオリー》」（本書第十章）として位置付ける立場を示唆するものとして興味深い。［5］では、教育相談の想談場面を引き合いに出し、学校教育で行き交う常套句をマンホールのフタという譬喩で表現して、その譬喩を使って常套句の双面性の解釈を試みている。これもその後さらに展開される譬喩事例である。また、当時のレトリック関係の文献の一部が紹介されており、今から見ると興味深い資料である。

第一節　臨床の知の所在と役割

【初出　教育思想史学会『近代教育フォーラム10』二〇〇一年】

① 教育学における臨床知の所在と役割

［1］はじめに

この小論は二部構成になっている。前半（［2］［3］［4］）は、昨年度の本学会シンポジウム「教育学における臨床知の歴史」で報告した内容を基にして、当日の質疑などを参考に加筆したもので、私が考えてきた臨床知の性格や役割について述べたものである。シンポのテーマと報告の表題とがズレているのは、私が教育の歴史研究者でなく歴史研究の方法に通じていないことと、以下で考察するように、臨床知の意味付けに関して通念的理解との差異を強調する意図によるものである。後半（［5］［6］）は、前半で論じた臨床知の意味付け方や教育（学）におけるそれの実際面での役割に関して、二つの立場から状況説明を試みた。後半部の主旨を予め紹介すると以下のようである。

そのひとつは、前半で論じた臨床知をめぐる解釈の仕方や言説の仕組みなどは、長年の教育相談（コンサルテーション）の相談場面において、文字通り一つずつが違う手細工品を造る場合のように「臨床的」工夫を重ねて、構想と実験を繰り返して編み出されてきた手法であって必ずしも理論として一般化できる性質のものではないが、しかし、臨床知なるものに教育（学）が生産的に出会うためには避けて通れない課題の所在は明らかになっていると思う。その課題とは「問題」事例を語る語り方、「問題」言説の仕組みを解明することにある。確かに、教育上の問題を「解決」したり「解消」するために相談活動が設けられているのであるが、この来談者の動機を受け入れて、かつその動機や目的を変換する作業が相談の過程であって、この「問題」言説の仕組みの解明と変換の仕掛けにこそ臨床知の役割があると考えるのである。教育上のやっかいな「問題」に対応する処方箋を提供するという差し当たっての要請に直接応えるのではなく、そうではなくて、語られている所の「問題」の所在や意味を問い直す場面の共有こそをむしろ相談の目的と考え、相談の進行を「問題」に新しい姿や意味を発見する共働の過程と見なすのである。

教育研究のひとつの領域として臨床教育学を名乗る以上は「問題」事例を話題にしなければならない。しかも「うまく」解決した成功事例を劇的に語ることで教育現場の参考になるように。通念的な臨床にはこの種の期待が常にかけられているし、その期待に答える責任が「臨床」教育にはあると思わず考えてしまうが、しかし、こうした処方の願望と指示によって結ばれた解決志向型の相談関係こそが「問題」の意味を逆に隠蔽し、来談する教師を支配して結局は依存性の再生産に加担するという危険に与することになるのである。とは言え、教育相談がかつての非指示的なカウンセリング論に逆戻りするべきであるというのではない。そうではなく、「問題」に関する相談を、言葉が演出した意味探索の場面であると見立て、「問題」こそさまざまの新しい「教育」意味が分節できる可能空間であると解釈することによって、教育相談に新しい役割を、つまり解決ではなく意味産出の「テキスト造り」の役割を与えようとするのである。「問題」言説の分析と産出とにかかわって、臨床の知見は必然的に言語論や意味論と交差する地点に引き出されることになり、この前線との接点を探ったのがこの小論の後半の第二の部分である。この立場は、教育相談の実際場面での「問題」言説の仕組みを査定する必要から展開したもので、いわばここで取り上げる臨床知解釈の立場を現代の人間諸学との関連において吟味してこの立場を意味付ける、ある種の逆アリバイの作業である。その論点は、伝統的な解釈学が、言語哲学を中心にした人間諸学（Human Sciences）の目覚ましい「回転（Turns）」現象に刺激されて、言語的に隣接しておりながら長いあいだ不仲であったレトリック論へとシフトする動向をキャッチすることであるが、しかし、この作業は当初の逆アリバイ造りという目論みを遥かにこえて、「rhetorical turn」現象が知的探求の前線で急速に拡大しておりその影響は解釈学はもとより認識論から存在論に及ぶという巨大な哲学思想の渦であることが明らかになるにつれて、レトリックの問題は単に「問題」言説のアセスメントという臨床知の周縁に位置する言語「技法」のレベルで扱われるテーマではなく、むしろ逆に臨床知を生み出しそれを作動させる、非本質主義的で反‐基礎付け主義的な探求モデルを孕んでいる可能性が見えてきた、この展開の局面に遭遇している様子を論じたもので、不十分なかたちではあるが、臨床知を「レトリックの知」という文脈において解釈する課題を提示したものである。

小論の後半は、前半の論述の背景説明のために後に書き加えたものであって、前半部と順序を入れ替えてもよかったが、しかし背景を先に説明するよりも（実は既に説明しているのであるが）、いきなり直接、臨床知の解釈の仕組みを提起して見せるほうがわかり難いという差異効果があると考え、あえて順序を変えなかった。

〔2〕臨床知の役割

臨床教育学の立場から臨床知（の歴史）について語ろうとする時、差し当たって、二つの方向で問題を議論することができると思う。第一は、教育の研究と実際とにおいて、ある出来事や事象などを教育として意味付ける広い意味での「見立て」の仕組みや解釈の技法など教育理解の枠組みの内部において臨床知を語る立場である。この立場は、教育学者が教育（学）の固有性を論証する際に、教育活動の言語化困難な行為的特性として多くの場合譬喩的に語るもので、それらは体験的主観主義の教育論から規範的な理念論に到る極めて幅広い教育言説に組み込まれており、その立場の特徴は、いわば手持ちの教育観に照らして教育言説の検査や在庫品調べによって臨床知を再発見しようとするもので、教育研究がその研究手法に言及することで明らかにする所の、広い意味で解釈学の立場と呼べるものである。

教育における臨床知は、こうした解釈学的研究の文脈において注目され、それの所在と形態と働きをめぐってさまざまのレベルと領域で論議されてきたと思う。例えば、教育愛、教育的配慮、教育者的気付き、教育的関係性、教育的雰囲気、或いはあのヘルバルトの「タクト」（その源泉であるフロネーシス）、さらには教育行為に関する実践論の周辺で発見された臨床知に類似した言説の一群などは、臨床知への関心の広がりという今日の教育論議の文脈において、教育行為が内蔵する固有の知見として脚光を浴びてきていると言えるだろう。教育研究の近代化の文脈で見ると、臨床知への教育学の関心は、教育の科学主義化（教育事象の客観化と対象化という実体論的功利主義的な教育理解と呼んでよいだろう）の極限化した状況のなかで、教育思想の自己批判と変換の要請によって惹き起こされてきた「回転」現象の一種であると一般的に言えるだろう。しかしまた、この「回転（Turn）」は常に「回帰（Return）」という帰属をもとめる自己保全への遡及願望に接続可能な運動でもあって、変換と守旧が錯綜する状況である。したがって、近代教育の言説を批判的に吟味する方法論上の工夫を――例えばテキスト論――抜きにして教育学が特に思想史研究が臨床知に接近することは、教育学の延命工作との謗りを免れないだろう。

こうした論議は、臨床知は教育行為に内蔵されているものとして、教育活動にアイデンティティを与える最後の隠れ蓑の役割をそれに演じさせ、さらに、それに教育学の自己保存を図るという思惑を結び付け、手持ちの教育言説によって臨床知を回収するという自己欺瞞と結び付き易い。この立場からすれば、教育学において臨床知とはすでに教育学が認知している教育固有の行為知であって、臨床知とはそうした知見の言い換えにすぎないわけで、教育学における思考様式の「回転（Turn）」を仕掛ける臨床知の役割は縮小されそのエネルギーは去勢される。

もし、臨床知という名乗りに生産性が認められるのであれば、その臨床知には、既成の通念的教育理解に意味差異をもたらす変換の仕掛けが、誤解を恐れずに言えば変換の技法（art）が、伴っていなければならない。教育の歴史はこのような種類の意味変換にかかわる知を蓄積してきたと思うが、しかしその変換の所在を発見してその仕組みを語る方法の開発と技法の熟達という点で十分であったとは言えないと思う。手持ちの教育理解の枠の内部において差異を発見して在庫品を増やすだけではなく、むしろ教育研究が臨床知に最大の関心を払うのは、手持ちの理解の枠自体を発見してその語りの仕組みに型崩しを仕掛けること、臨床知を、教育的理解の地平を揺るがせ教育的な風景を変化させるための差異演出の仕掛けに見立てること、あるいは教育を語る仕組みつまり新しい言語ゲームを工夫する行為知として利用し、教育を意味付ける語りの仕組みを工夫して、新しいジャンルを提示するという課題に結び付くからであると思う。教育学における臨床知の役割には、単に思考様式の開放性や柔軟性を強調する点にあるのではなく、通念としての教育理解の枠を「批判的に取り壊す」(critical dismantling)という崩しの契機が含まれる点が重要である。したがって、教育が臨床知という概念を導入しようとすれば、そこでの中心課題は、通念性と自明性において語られる教育（学）のある断面が、ちょうど断層によって地層が露呈されるように、意味の地層として鋭く提示されることである。以下において考察するのは、教育の意味を変換させる仕掛けの役割りを演じる行為知として見立てられた第二の臨床知に関してである。

この臨床知の第二の性格については、すでに教育において陳腐化している臨床言説を改めて採用してその役割の生産性を語ろうとする際に、たとえそれに対する批判的な立場からであったとしても、方法論において自覚的でなければならない。危機的な閉塞状況にあると言われる教育（学）に、いま流行語の「臨床」を接着して教育の自己保存を図ろうする企みは、教育の危機を誇張の言説によって解体まで導こうとするいわば「教育を辱める」企て同様、いずれも臨床知を問う教育研究の生産的な課題ではないと思う。

第二の、そしてここで提案したい臨床知とは、第一の教育の意味解釈の作業に一見すると類似しているが、しかし狙い所は反対で、教育（学）と臨床知との地と模様の関係を逆転させて、教育言説の筋や枠の変換を図ろうとするのである。つまり解釈の仕組みや意味付けの文脈を改変する働きを臨床知に与えることによって、教育言説の変換を企て「物語」に見立てられた教育において多様な語りの筋立てを見つけ、教育の通念的理解を多義性と可能性に開放することを目指す試みである。

臨床知の役割は、差し当たっては、日常の教育に現れる理解困難な差異的事象に――ここでは「問題」事象とよびたい――新しい意味を発見することであり、そうした意味不明で不安定な境界場面に臨機に働く機動の知見であると考えたい。「問題」にかかわる臨床知を教育（学）が語ることで、教育の思想から実際にいたる教育的な世界の何処かで、意味の亀裂と断層が走ることを期待するのである。しかし、この亀裂は教育の解体に通じるものではなく、教育の通念的な自明性に崩しを仕掛け、《傷ついた教育（学）》を演出することによって、教育がそれとして意味付けられている仕組みと状況を明るみに出して、変換の必然を迫る働きを臨床知に演じさせたいのである。したがって、私の提案は臨床知の性格や作用形態についての「何」の部分ではなくて、臨床知が演じる場面とその場面を語る「語り」の技法に関する考察である。その場面とは、限定された部分的「問題」であって、この部分的な個別事象に依って、その出来事において、通念化されている教育世界の姿をその言説の生態として明るみに出し、それに崩しを仕掛けようとするもので、その試みを展開させるものが、「物語」というよりもより衝撃的な意味変換の技法――例えば隠喩やそれの連合形としての諷喩や詩的言説など――ではないかと考えている。

［3］臨床知の所在

第二の意味で臨床知、つまり対抗的で意味転換的な性格をもった知である点を強調することは、臨床という仕掛けが教育の理論と実践に既に内蔵されている知見であり技法であるという「知っているつもりの自己欺瞞」に陥らないための歯止めでもある、がしかし、その転換は、教育賛歌を自虐的懐疑主義に転じるものではなく、《傷ついた教育（学）》の痩せ尾根から転落しないように、その危うい稜線で言葉を支えにして踏みとどまることが肝心である。

教育にとって臨床知とは、辞書的に言えば、それとして見立てられている教育世界に、出来事として出現する

「問題」において、教育の意味を新たにそして改めて発見する場所的で発見的な性格をもった知見であると考えたい。その知は、出来事「問題」を意味付ける語りの技法や見立ての仕組みに深くかかわる、技法をともなった機巧的な知見であると言えるのではないか。

臨床知を教育言説の語りの仕組みと結び付けるここでの立場は、後述するように、教育現場での教育相談の体験と解釈学との接点を探り当てるための仮説として選択したもので、そのねらいは次のようである。教育現場にやっかいな不和を惹き起こす「問題」事象を実体として取り扱って、それを診断治療の対象と見なすのではなく、相談の場面の出来事を言語化してそれを意味世界に移行させる共同の作業過程と見立て、相談の基調は、「問題」解消の方向においてではなく教育に新しい意味をもたらす意味探索にあり、「問題」を学校現場の一義的文脈から解放して多義的性格を帯びた事象として受け取り直す試みである。つまり、相談場面とは「問題」において語りの新しい筋立てを工夫する言語化のための機序の場面であり、後に述べる「レトリック状況」を演出するテキスト化の過程なのである(1)。

相談場面での「問題」を語る技法や見立ての仕組みそれ自体は、一方で、批判と崩しの相手である、通念として陳腐化した教育観と共通の言語レベルに属するものであって、陳腐と発見が確実に交差して相互に衝撃を与え合っている場所こそが相談でなければならない。しばしば臨床知において強調される「問題」への主体的関与とは、「問題」場面を物理的あるいは心理的な近さにおいて体験することを指すものでは決してなく、「問題」言説が作り上げる意味世界——象徴的リアリズム（Richard H. Brown）と呼べるかもしれない——に参入できることこそが臨床知が息づく第一の要件なのである。陳腐化した教育言説のなかで、「病める教育言説」が演出する意味空間においてはじめて臨床知が出現するのであって、この一点を曖昧にすると、臨床知は崇高な教育賛歌に閉じ込められるか、それとも自虐的嘲笑の対象にされるか、いずれかに転落することになる。この文脈を譬喩的に拡大すれば、臨床知が作動するのは教育現場の「問題」と対応する場面に限られるわけでは決してなく、むしろ「問題」が無いと見なされる教育の日常においても、さらには教育思想のテキストに登場する陳腐な教育言説という「問題」場面においても、活躍の好機に遭遇しているわけであり、教育の歴史は臨床知が増殖して新しい種類の知を造り上げる栄養豊かな母体であると言える。と同時に、歴史こそは臨床知の新しさと対抗性を陳腐化させる場所でもあるのだ。解釈学的な立場からすれば、対話的な相談場面での話し言葉の交換よりも、語り手からはっきり距離を置いた無防備なテキスト世界において陳腐化に侵された教育言説から臨床知を発掘することの方が、より複雑な言語上の工夫と方法論上の熟練が必要で、それだけ知的なスリルがあると言えるだろう。

問題を問題「として」見立てる仕組みや仕掛けを変換して、教育言説に新しい筋立てを工夫するのが臨床の知（見）であるとモデル化してみると、それが実際に働く差し当たっての場面は、通念的な教育理解の枠組みを逸脱した事例の語りにおいてである。ここでは見立て（診断ではなく）という認識と行為の仕組みの変換が、つまり教育を意味付ける文脈をめぐる境界線（筋立て）争いが問題になる。この意味争奪の過程は、伝統的な現象学的表現である「個別現象の人間学的解釈」の作業課題に類似しているが、しかし個別と全体の関係を解釈学的循環という文脈において暫定的な調和性を語る人間学の手法とは異なって、臨床の語りでは、全体性にたいして個別性の優位が、必然性にたいして偶然性の意味が浮き彫りにされ、調和的均衡や同一性に対して差異性やズレ、変形や転換の文脈が強調される。この過程は、相談の場面でしばしば体験することであるが、認識の自己同一性が差異性に触発されて（affected）変容させられる、語り手自身の「見立て」が形崩れする過程であり、意識と行為にかかわる情意の変化を促すものである。

臨床知は、こうした認識の枠組みの変容という認識レベルの検問を通過しなければならないが、しかし、この過程をもって臨床の知を特徴付けるだけでは不十分であると思う。

教育相談の場面においては、語る主体としての我は「問題」の差異性において、他者をふくめた「他なるもの」との出会いを経験しているわけで、この経験は自己同一性を、物語を共働作業化する相互性の浸透に応じて、触発された受動的あるいは受苦的性格へと変容させる強制力をもっている。臨床の知はその構造的な特性として、その擬態も含めて、「他なるもの」の他者性（差異性）に規定された受苦性をともなっていると思う。そして、この受苦な知であることによってはじめて、臨床知は認識論のレベルを出て行為的かつ実存的であるような新種の知でありうるのだろう。この意味で、臨床知は、無傷の自己同一性を前提にした主体的自足的なあたたかい思いやりや共感といった支配的関係とは区別される必要がある。さらに言えば、ここには、臨床知の持ち主とは一体誰か、という問いが開かれている。これは臨床知を論議するひとつの側面であって、臨床知を「問題」解決のための相談という、当面の実際の目的言説の文脈から逸れた意味再生の領域へと移行させることに成功すると必然的に直面するメタ世界との境界である。しかし、この領域に進出することは、教育学にとっては甘美な神秘的香りが漂うアイデンティティと引き換えに自己解体の誘いが聞こえる危険を冒すことであって、この局面においては《傷ついた教育（学）》の苦悩のうちに踏みとどまる賢明さが必要であると私には思える。したがってここでは、臨床知を象ると思われるこの斜面には接近しないで、むしろ逆の斜面である語りの技法に目を向け、両者の統合を阻害する方向をあえて選びたい。

［4］臨床知のはたらき

したがって、以下では論点を少し戻して、先に触れた見立て変容の問題を語りの技法に移行させて同じ主題を角度を変えて検討したい。

解釈学とレトリックの関係が学問的な関心として浮上してきたのはここ二十年余りの間のことで、以来、解釈学的な思想のレトリックへの関心は拡大していると言ってよい。「言語論的回転」に模して「修辞学的回転（Rhetorical Turn）」が話題となり、レトリックは単に説得的な語りの技法から語りに関するいわば相談の知見（しかもそれが意味論や認識論と結び付いた知見）として、また解釈学の中心的概念であった「理解」を読み手と聞き手の文脈に位置付け、「理解」概念の変換を企てる論点を生み出してきた(2)。

その動向を概観することはここではできないが、前述の臨床知への関心からすれば、両者が交差すると言われる領域の一つである「トポスと隠喩と物語の相互的関係」に注目したい。この交差点はまた、熟慮された判断のタイムリーな発現を意味する実践的な知恵・フロネーシスやタクトが話題になる場所であり、レトリック論の文脈において、聞き手としての「他者」性が顔をのぞかせる場所でもある。つまり、解釈学のルートメタファーは循環（円形）であるのに対して、後述するレトリックは、トポスと語り手と聞き手（聴衆）の三者による相互に対抗する三角形を作って、レトリック状況にあっては解釈学では際立たない「他者（性）」が重要な役割を演じる。解釈学が一致志向で対話的であるのに対してレトリックは対立と差異を強調する論争的性格を備え、相手とトポスの両方において「他者性」が侵入することを容易にする地形を備えている。

レトリックは、プラトンの指摘を待つまでもなく説得の術から欺きの術に移って容易に既成の秩序維持のイデオロギーの装置つまり意味をコントロールする仕掛けであって、イデオロギーはレトリックの形態の一つであるとも言える訳である。教育言説もまたこの制約を免れている訳ではない。しかし他方で、レトリックは差異の意味を分節させて論証する戦略を豊富に蓄積している、というよりも日常の生活言語を作動させている驚くべき「レトリック状況」を明るみに出すことで、たえず新しい仕組みの発見を続けていると言える。レトリックへの関心は教育言説の展開を可能にしてその目的と内容を説得力あるものにしあげている論議の仕組み、つまりそのレトリック状況を明るみに出して、その場所において言葉によって差異（場所の差異化）を仕掛ける力を備えている。つまり教育の「レトリック状況」の発見は、教育言説が語りの境界線を争う場面を明るみに出して、教育言説が身につけているスタイルや彩や見立ての仕組に接近することを可能にするのである。

したがって、教育言説の変換を仕掛けるために、戦略的にもっとも魅力ある場所は、「教育的」と称される典型的場面を語る「定形的なきまり文句」が行き交う場所（トポス）である。トポスは丁度ヤヌスの顔のように、文化的社会的なネゴシエーションが成立する地点であるとともに分節化の可能性を潜ませている場所でもある。この場所を発見してそこへ効果的に差異を仕掛けることができるのはレトリックである。レトリックは、教育における「問題」の位置をずらせて、その意味を変換させる意味争奪の条件を整えることができる。例えば、不登校はすでに実体論的な意味で十分に問題であるが、その問題を意味論的な差異として改めて「問題」として仕掛け直し、解釈学的な円環運動を、レトリック状況の演出によってその循環機能を変形していびつな教育、《傷ついた教育（学）》を登場させるのである。レトリックはそのことを可能にする技法であると言える。例えば、「すべての概念は無意識になってしまった忘れられた隠喩を含んでいる」(3)は、レトリック状況を開く中心的仕掛けであると思うが、それが十分に作動するためには熟達と技と場所とが必要である。教育的日常をレトリック状況に見立てることができる限り、言語から非言語的振る舞いさらには制度や建物に至るまで、至るところで「問題」は発見できる。特定の対象や状況が「問題」なのでは決してなく、またそこでの「問題」の発見は主観的あるいは恣意的な出来事でもない。「問題」はつねに主観的／客観的であって、いずれか一方の「問題」として所在している訳ではない。

新しい意味を発見して、教育の物語に新しい筋立てを可能にするためには陳腐化した教育言説が不可欠であって、ここで同時に重なって演じられるもうひとつの場面の出現によってはじめて、教育現実を可能性に開放することができる。新修辞派の代表とも言えるK・バーク（Kenneth Burke）の表現を借りるなら「不調和による展望」（perspectives by incongruity）あるいは「地口の方法」と呼ばれるもので、いずれも陳腐化した日常言説によってカテゴライズされた概念を異なる範疇や文脈に移項して新しい展望を開く「理知的計画」を指している。古い思考と言葉が新しい思考と意味とを分節させる場面、少しおおげさな譬喩であるが、上の砂がカラになった砂時計を上下ひっくりかえして古い砂で新しい時を刻ませる、あの「分水嶺的瞬間」に譬えられる場面であると言えるだろう。

語りの技法であるレトリックを手掛かりに、見立ての仕掛けを工夫発明してその技法に熟達することで、教育の世界において教育に新しい意味をもたらすことができると思う。教育において臨床知が生産的な役割を果たすためには、どこまでも通念としての教育世界にあってそれを構成している文脈を離れて教育相談は成立するのではない。それの賛歌を歌わずそれの解体を叫ばず、それにより多くの意味を発現させるための言語的な仕掛け（技法）を工夫する作業が相談でなければならないと言えるのではないか。

［5］教育相談（コンサルテーション）の場面から

教育相談に来談する教師の最大の関心は言うまでもなく自分が直面しているやっかいな問題をどのように解決するか、そのための手立てを得たい、という対応策に向けられており、一般的な教育論に関心がある訳ではない。この具体的な問題への対応を話題にしなければ相談は成立しない。しかも問題とはその教師にとって問題なのであって、それが果たして「客観的」に問題であるか否かを問う必要はない。問題が「正しく」認識されているかどうかを差し当たって話題にすることもない。教師が語る問題言説を先ず聞くことから相談は始まり、教師が作る筋立てによって「問題」が意味付けられ、相談の過程で「問題」は絶えず変化して成長し新しく発見され直されていく。つまり、教育相談は、教師と相談者との相互的応答の過程において「問題」を意味付ける文脈が分節をはじめ、少なくとも単純な二分法的な理解法とはズレた見方が可能になる地点を目指しているのである。

教師の問題言説は教師個人の教育観というよりも、今日の学校教育の通念いわば制度化した閉じたシステムの中で通用する語彙と筋立てを使用するエージェントのそれであって、教師個人が問題を語っているとは考えられない。したがって問題解決の方向や手立てもまたこうした制度化した、その限りにおいて「正常言説」による「正常化」を目指すもの（つまり正常性を合理化して「問題」を隠蔽ないし排除する）である。集団の行為と思考を意味付けそれに安定を与える信念の体系をイデオロギーとよぶとすれば、教師の定式化された「問題」言説は、学校教育のイデオロギーの形組がその非寛容性において顕在化する典型であると言える。この正常言説に現れるイデオロギーは、しかし学校教育を解読するコードとして、その存立の根拠が問われる危機的な場面を糧として拡大成長してきたもので、それ自体を主題として鮮明に取り出すことはできない未知の制約である。しかしそれこそは、「問題」を相談する過程で部分的に先鋭化されオルタナティヴへの気付きの機会、つまり「問題」によって意味争奪の場面(contestatory site)を演出させる生産的な前提なのである。

こうした場面は不登校についての相談で典型的に現れてくる。学校に「いけない」とか学校を「やすむ」とかの語でつくられる不登校言説は、これらの語自体にすでに不登校「問題」を多義的な文脈へと分節する手掛かりが織り込まれていると考えられる。これは登校拒否や学校嫌いを不登校に言い換えるという抽象的な概念レベルでの作業とは違って「問題」事象において語られている具体的な発話のレトリックの分析と意味変換のレベルでのテーマなのである。この種の場面は注意深く観察すれば不登校だけではなく教育相談のさまざまの主題において存在している。例えば、新任の英語教師が授業妨害に悩まされ何度か来談した折りに、こんな話をした。授業を始めようとしたら、いつも騒いで妨害する生徒のひとりが〝先生、わしら英語きらいや、何でこんなきらいな英語の勉強せんといかんのや、なんでや〟と言い立てて授業を始めることができなかった。で、教師はどう答えたのかと聞くと、〝きみたちは今義務教育を受けているのやから、英語の勉強はきみらの義務や〟と言ったという。この、会話として果たして成立しているかどうか不明な、とりあえずの説得の場面を「正常」と「差異」の意味争奪の事例に見立て、生徒と教師の関係に新しい局面をひらく好機と位置付けて、教育相談を進めるのである。あるいは、不登校傾向の女子中学生を担任する教師の相談の折りに出された記録を見ての話である。この記録は教師も生徒もスポーツ好きであるためか身体に関する言葉が目立っていたが、不登校状態にある生徒と電話で辛うじて交わされた会話の記録や数行の手紙、時折登校する生徒の学校での言動の様子などがかなり詳しく書かれていた。この事例記録によって相談を進めながら次第に明らかになったことは、生徒と教師とが「元気」(例えば〝何とか元気か?〟。〝はい、元気、大丈夫〟など)という決まり文句を共有しているという点である。この「元気」言説が、生徒と教師の関係を安定させるとともに抑圧と隠蔽の働きを果たしているのではないか、「元気」を、正常への偽り関係を強要する

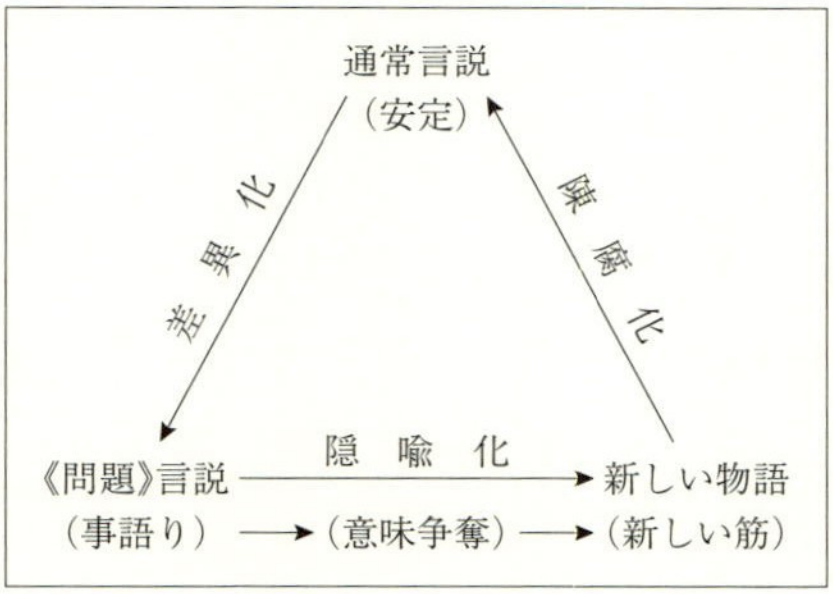

ことで、変則的であるという生産性を無力にしている、そのいかがわしい関係性の表明であるとみなし、この語りの接合地点に「新しい」したがって十分変則的な語りを仕掛けるとき、実践的な知（practical wisdom）が出現するといえるのではないか、と考えた。

この仮説が正しいか否かは証明の限りではないが、この「元気」が二人を結ぶ常套句であることは間違いない。常套句は、丁度、擦り減ったマンホールの蓋のように日常のコミュニケーションを円滑にする役割を果たすと同時に、それは使い手たちの思考と行動と知覚を陳腐化させる。この常套句を使うことを一時止め、生徒と教師の関係にどのような変化が起こるかを観察するのもひとつの方法であるが、しかしこうした中止や排除以上に生産的な工夫とは、「元気」が行き来している場所を少し揺さぶって、「元気」によって固定されている意味にねじれを起こさせ、「元気」を使ってそれを手掛かりとして「元気」に変則的な意味を出現させる、このような語りの仕掛けを演出することだろう。この種の語りを実験することが相談の過程であると考えると、相談活動には、その過程のどこかで意味を変形させたり新しい組み合わせを工夫する変調変格の妙が潜んでいると言ってよい。教育相談の課題は、この陳腐化した学校の常套句にどのように差異を仕掛けられるか、そのための言語的な装置が工夫されているか、それらが作動するタイムリーな相談場面のモデルを提示できるかなどだろう(4)。私は教育相談の場面のレトリック状況を一応臨床教育の三角形モデルとして考えてきた(5)（図参照）。

このモデルで重要な役割を演じるのは隠喩の働き（例えばリクールのいう「生きた隠喩」）である。閉じた生産性ではなく、三角形のそれぞれのコーナで意味争奪を演じながら変換を仕掛ける、いわば過程的で分節的な不定形な生産性を強調する点が特徴的であると考えている。

教育相談にこのような役割を与えるとすれば、この共同作業の遂行にとって決定的な条件は、「問題」事例の収集の仕方であり「問題」を記述する技法である。どのようにして「問題」を語るか、あるいはまた、一度記述された「問題」がどのようにして再記述されると意味変容が可能となるのか、これらの課題は、最近のレトリック研究において「コンポジション研究」(composition studies)と呼ばれる領域で取り組まれている事例の再記述(re-description)の研究と共通していると思う。[6] 再記述という場合、それが教育活動の本質や正当性を正確に記述することを目指すものではなく、教育言説の自己差異化を仕掛けること「新たな記述を創造する」というミメーシス行為の意味においてである。

「問題」をいかに記述して語るかという「問題」のテキスト化の研究は、臨床教育学の教育現場への「批判的立ち向かい」(critical confrontation)の回路を可能にするものであると同時に、臨床教育学の目指す教師再教育の内容の中心テーマであると思う。臨床教育学にとって教育相談とは、教育現場で「問題」に直面している教師を相手にした「再教育」の過程にほかならず、「問題」のテキスト化という共同作業において、教育におけるレトリック状況を発見することがその目的であると言える。

〔6〕解釈学とレトリック

認識論を中心とした哲学の立場が崩壊した後の文化的空白を埋める役割を担うものとしてではなく、R・ローティ(R. Rorty)は、解釈学をこの空白がこれからも満たされないであろうという希望の――「むしろ解釈学とは、もはや認識論的であることをやめたときに、われわれが手に入れるものなのである」[7]――表明として位置付けた。この言語学的「回転」に誘発された解釈学の「回転」現象はレトリックへの関心を惹き起こし、最近の二十年間は解釈学とレトリックとが併走して知的活動に新しい刺激を与えていると言われる。両者はともに長い歴史をもっているにもかかわらず、相互に交渉した形跡は殆ど認められない。しかし、今日の「回転」現象のなかでレトリックに対する解釈学の急接近が試みられ両者が相互的な分節関係にあることが強調され、レトリックの復活が人間諸学（Human Sciences）の知的探索の前線で話題になりはじめている。この動向に力を与えているのは、客観主義、実証主義の無批判な受容を拒否して新しい自己反省モデルを求める幅広い反‐基礎付け主義（Anti-foundamental）――ローティ、クーン、ファイヤアーベントなどが主張する「客観的」真理の基礎は偶然であるとする立場――の台頭であり、したがって近代言説が作り出した世界理解に新しい言語ゲームを仕掛け、伝統的な哲学と科学のパラダイムを相対化すること、ローティの言を借りれば「必要なことは、通常的言説（normal discourses）を通して獲得された知識への信頼を掘り崩し、変則的言説（abnormal discourses）の存在事実や可能性を啓発的に呼び起こす（the edifying invocation）ことだけである」[8]。ここでは、解釈学はもはや認識の方法としての理解概念に関する学としてではなく、変則的な啓発言説によって古い自我からわれわれが「新しい存在」へと連れ出される実際的出来事、「もう一つの対処の仕方」（another way of coping）を意味している。

しかし、こうした「回転」の動向が時に「不完全な回転」と呼ばれるように（R. E. Palmer）、さまざまの批判を浴びている点も見逃せない。特に極めて近い立場と思われるドイツのガダマー学派との差異は重要である。その違いは主として解釈学と認識論の位置付けにある[9]。ガダマー（H. G. Gadamer）にとって解釈学の主題は理解と解釈から話すことへと拡大されており、レトリックを「語りの哲学」（philosophy of speaking）として積極的に位置付け、認識とレトリックに極めて深い関係を認めるのである[10]。

レトリックへの関心は、言語と解釈に関する客観主義化モデルと科学的仮説とに抵抗して新しい種類の批判的で革新的な実際知を探求するという課題を共有する、と一般的には言えるだろうが、しかし解釈学とレトリックとを総合する新しい学問領域が可能かどうかは疑問である。むしろ、P・リクールらが指摘するように、両者の差異性と補完関係の可能性との両面を見極める立場を確保する必要があるだろう。

解釈学とレトリックの両義的な関係付けと同様に、教育学とレトリックとの関係は、解釈学との伝統的な関係ほど親密な間柄ではなく、たとえその関係が成立するように見えたとしても、教育学の思考様式を「回転」させる衝撃をもたらすとは今のところ言えないと思う。教育学においてこうした回転現象がどのような仕方でどこで発生しているかを明らかにすることは困難である。確かに、先に引用したR・ローティは教育（education）に替わって啓発（edification）を提言しているし、ガダマーは知識の獲得ではなく経験の開放性（否定の解釈学的経験）を核とした新しい「教養」（Bildung）概念を導入して、判断や転機といった洗練された実践的能力の役割を明らかにする。また、"Rhetorical Paideia" の名の下に、日常生活の全体を不確定性を解釈して理解する営みと見立て、日常性の解体と再生を提言する教育論（R. Lanham）[11]、さらにより実際的なレベルでは、先に触れた、レトリックを実践的技法（art）と見なす「コンポジション」研究（L. Phelps）[12]、あるいはP・フレイレ（P. Freire）の解放教育論を手掛りに、解放の深化を図る教育理論の構築を目指して、イデオロギーとレトリックの関係を解明する論点をL・アルチュセール（L. Althusser）に求める新左翼の教育論など[13]、いずれもレトリック論を自覚的に組み込んだ新しい教育研究への挑戦であるが、私の不十分な理解を顧みずまた臨床への関心からあえて言えば、いずれも評価する段階にまで成熟しているとは思えない。最近の一連のレトリック研究のなかで、教育論の形はとっていないが、バーナード・ドナルズが「唯物論者のレトリック」として事例的に記述している内容は臨床教育学の立場からみて興味深い[14]。それは、一九九二年四月から五月の間にロサンゼルスで起きた「暴動」に関する新聞記事（*New York Times*）の分析を通して、世界を理解する営みが、反‐基礎付け主義の思想家たちが主張するように、「事件」を記述する通常／変則言説が、再記述の過程でどのような語りの模様を造り上げるかを論証したものである。この研究が取り上げた言説は先に述べた臨床教育学の相談過程における「問題」言説に相当する語りの生態系であり、ローティの概念装置によって、「事件」を記述する用語や筋立てが変容する場所が明るみに出されている。このレトリカルな事例研究は、「事件」はそれが記述されるかぎり意味の争奪と分節を繰り返しながら漂流することを物語っている。

この「事件」と「不登校」とは、「問題」言説あるいは変則言説という語りのジャンルにおいては同類であって、共通のレトリック状況にあると言えるだろう。この事例研究に、先に紹介したレトリカルな教育論よりはるかに近親感を覚えるのは、それらの教育論が十分に語り得ない臨床の知見をレトリック論に巧みに織り込んでいるからであると思う。

注

(1) アリストテレスのレトリック理解の特徴を紹介する際に浅野楢英はレトリックと哲学の差異についておもしろい譬喩を使っている。「レトリックはあくまでも説得的なエンドクサを基にしています。だからちょっと違った例をとりますと、哲学の仕事というのは産業でいえば一次産業とか二次産業、農業とか工業とかにあたるわけで、流通業というような三次産業にあたるものがレトリックとかアリストテレスが考えている弁証術なのです。（中略）ところがレトリックというのは直接事物にかかわるのではなしに、言論に関する知識なのです。事物に関して人々が得た知識をある程度反映しているのがエンドクサ（通念）です。そのエンドクサ、とりわけ相手にとって説得的なエンドクサに基づいて行われる言論の知識、それがレトリックに伴う知識なのです。哲学はあるものに関する知的な探求であるのに対して、レトリックはエンドクサに関する知的な探求なのです」（浅野楢英「レトリックと哲学――アリストテレスの場合」植松秀雄編『埋れていた術・レトリック』木鐸社、一九九八年、四七―四八頁。

(2) こうしたレトリックに関する知見については以下の研究が参考になる。K. Burke, *A Grammar of Motives*. (New York, 1945) 森常治訳『動機の文法』（晶文社、一九八二年）、同、*A Rhetoric of Motives*. (New York, 1950) 佐々木健一編訳『創造のレトリック』（勁草書房、一九八六年）、佐藤信夫『レトリックの意味論』（講談社学術文庫、一九九六年）、佐藤信夫『レトリック感覚』（講談社学術文庫、一九九二年）、佐藤信夫『レトリック認識』（講談社学術文庫、一九九二年）、尼ケ崎彬『日本のレトリック』（ちくま学芸文庫、一九九四年）、瀬戸賢一『認識のレトリック』（海鳴社、一九九七年）。

また解釈学とレトリックの関係論については、W. Jost and M. J. Hyde ed., *Rhetoric and Hermeneutics in Our Time: A Reader*. (Yale University Press, 1997), H. W. Simons, *The Rhetorical Turn: Invention and Persuasion in the*

Conduct of Inquiry.（University of Chicago Press, 1990）が参考になる。特に *The Rhetorical Turn* は、一九八四年のＩＯＷＡシンポ The Rhetoric of the Human Sciences でのローティの三つの Turn 発言をうけて、一九八六年テンプル大学でのカンファレンスの内容を収録したもので、当時のレトリック研究の動向を知ることが出来る。

（3）C. Ginzburg, *History, Rhetoric and Proof.*（University Press of New England, 1999）, p. 9.

（4）例えば、臨床心理学者河合隼雄の『心の処方箋』（新潮社、一九九二年）は、相談や治療場面で使われたり、あるいはその場面を表現したりする相談者の常套句を格言風にまとめた俚諺集ともいえる作品で、通俗性と技巧性を兼ね備えた心理臨床の言語的仕組みとしてレトリック論からみて大変興味深いテキストである。

（5）このモデルの原型は、筆者がレトリック論に関心をもつ前段階で、臨床教育学の研究方法をリクールの隠喩論と物語論を手掛かりに構想していた当時、受講者であった楠林かおりさんが作成したもので、従来から「楠林モデル」と呼んでいる。このモデルは元来、認識と言語と教育観の三相を重ねた三層構造の図式であるが、その言語相だけを取り出して用語を少し置き換えると図のようになる。これは臨床教育学を語りのレベルで描いたものである。

（6）M. Bernard-Donals, *The Practice of Theory: Rhetoric, Knowledge and Pedagogy in the Academy.*（Cambridge University Press, 1998）, p. 209 以下参照のこと。Composition Studies に関する最近の研究は、M. Bernard-Donals and R. R. Glejzer, *Rhetoric in an Anti-foundational World: Language, Culture, and Pedagogy.*（Yale University Press, 1998）の Part IV にも紹介されている。なお、筆者はこれらの研究と別の発想（ミメーシス論の立場から）で「問題」の言語化と読み手の役割について考察している。拙論「なぜ〈臨床〉教育学なのか――「問題」の所在と理解」（和田修二編『教育的日常の再構築』（玉川大学出版部、一九九六年）参照。

（7）R. Rorty, *Philosophy and the Mirror of Nature.*（Princeton University Press, 1979）, p. 325（野家啓一監訳『哲学と自然の鏡』（産業図書、一九九三年）、三七八頁。）

（8）同前書、p. 386（四四六―四四七頁。）

（9）H. G. Gadamer, *Rhetoric and Hermeneutics.*（Trans., by J. Weinsheimer, Rhetoric and Hermeneutics in Our Time, pp. 45–59）

（10）W. Jostand and M. Hyde eds., p. 114.

（11）Ibid., XIX-XX.
（12）M. Bernard-Donals, *The Practice of Theory: Rhetoric, Knowledge and Pedagogy in the Academy.* (Cambridge University Press, 1998), pp. 130-160.
（13）Ibid., pp. 161-178.
（14）Ibid., pp. 213-238.

〈『臨床教育学三十年』からのコメント〉

香川大学で開催された日本教育学会五十七回大会（一九九八）のシンポ〝教育という「物語」〟の報告をもとに加筆したもので、臨床教育学の特徴を鮮明にして理解を広めるために書かれた。教育学的な思考における譬喩の役割と物語的理解の必要を語るとともに、教育現場での言語的場面で活用されている常套句の存在に注意を喚起しそれが陳腐化と意味発見の二重の役割を演じていると指摘している。現場の「問題」事象をいかに言語化して物語ってみせるかに実践家の専門性がかかっていることを強調している。

付論②　「物語」としての教育

【初出　香川大学教育学研究室編『教育という「物語」』世織書房、一九九九年】

［1］改題〈「物語」としての教育〉

与えられた論題〈教育という「物語」〉を改作して〈「物語」としての教育〉という論点から副題〈人間形成への物語的アプローチ〉に迫る方法を考えてみたい。その訳は、例えば〈教育という「物語」〉（Ⅰ）と〈「物語」としての教育〉（Ⅱ）と〈教育は「物語」だ〉（Ⅲ）の三つの表現を比較してみると、（Ⅱ）（Ⅲ）は譬喩で、（Ⅲ）は教育と物語の類似性を押し付け的に誇張して強調した隠喩であり、（Ⅱ）は、（Ⅲ）に比べると教育と物語の関係付けのために「として」を挿入することでより説明的で類推的な表現になっていて、（Ⅲ）程の力強さはないがしかし両者の類似性を主張しており直喩的であると言えよう。この二つの譬喩表現は教育と物語を強引に組み合わせ両者の類似性と差異性を際立たせ、それによって教育に新しい意味を発見しようとする仕掛けである。ここでの二つの譬喩は、意味差異は比較的弱いが、それでも通常の教育理解の仕組みに違和感を与えることはできると思う。改題の意図は、「通常的」な教育言説によって共約可能と見なされている教育（学）の世界に差異を発現させるために「変則的」言説を仕掛けることである。それは、かつて教育が「科学的」な言説で語り始められた時に、それがその時の「通常的」な教育言説との間に生じさせた「変則性」に対応するとも言える、と言いたいが、しかしこの程度の仕掛けでは無理だろう。それでも、譬喩がもつ意味発現と認識様式の変換の働きは相当な効能をもつと思う。

類似性（それはまた、どれほど似ていないかの発見でもある）と差異性（それはまた、意外な類似性の発見でもある）に関しては、最近のレトリック論における譬喩の研究が指摘するように、類似性を前提にして譬喩が成立するのではなくて、逆に譬喩の設定によって類似性が発見され、新しい類似性において事柄から新しい情報や文脈が取り出される、したがって、さまざまな形の譬喩（なかでも隠喩）には意味発見の働きがあり、認識の枠組みを変換させる力があると言われている。(1)

（Ⅱ）（Ⅲ）の譬喩表現に比べると、（Ⅰ）は譬喩法ではなく対象説明的表現である。教育と物語を同一化する前提が透けて見え、少し誇張して言うと、〈教育という「物語」〉は教育者が共有している暗黙の前提を再確認する、発見的よりも説明的説得的な論議の展開が予想され、解釈学的よりも認識論的な根拠付けに傾斜する発想である。定義するとは「同一性の原則に基づく言語行為である」とするなら、（Ⅰ）は教育と物語の意味を同定する作業からはじめ、その上で両者の関係がどのようであるかを検討することになる。しかし、このような定義付けの作業は、「真正の認識」を前提にして、両者の共約可能性を合理的に根拠づける体系化の意図に従うものであって、教育や物語をそれが語られる文脈を抜きにして一義的に定義すること自体が陳腐化している今日の教育学研究の「物語」

状況において、この種の作業はさして生産的であるとは思えない。

ここでは、教育の意味を正確に定義することを課題とするのではなく、教育について「より多く考え」、教育が多義的な性格を発現できるために教育言説の転換の可能性を探ることを主題としたい。

[2]「物語」としての教育——教育は言説の所産である

〈「物語」としての教育〉を譬喩に見立てる時、まず注目されるのは両者を結んでいる「として」である。この「として」は、教育と物語を組み合わせそれらの相互作用によって両者の同一性を解体させ、教育に意味変換・意味発見を促す言語的仕掛けだからである。両者の巧妙な組み合わせが類似性に気付かせ意外な意味を出現させる訳で、「として」という見立ての仕掛けがうまく使いこなされると、教育は思いがけない様相をあらわし、新しい意味地平を開くことができる。教育研究で使われる抽象度の高い諸概念は、こうした見立ての産物を言語的に加工して認識論的に整合させたものであるといってよいだろう。

〈見立て〉は、通常は芸術表現の技法や医療での臨床診断用語として使用されるもので、ここではそれを誇張して転用したい(2)。見立ては、認識様式を変換するために工夫された言語的仕掛けであり、この仕掛けによって類似性の発見と新しい意味の提示を試みることができるのである。〈「物語」としての教育〉には、成功するか否かはともかく、教育の意味を発見する言語装置「として」が仕掛けられており、この譬喩は、教育と物語の類似性を発見することを期待をこめてわれわれに強制しているのである。

考察を進めるために物語についての共通理解が必要であるが、そのために厳格な定義は必要でない。極く大まかに、出来事や行動などを筋立てて語る言語活動の一種と考えておきたい。言うまでもなく、物語はある筋立てのなかで意味を表現する語りの所産、つまり言語によって産出された意味世界、フィクションの世界である。「物語」として教育を見立てる時、それがもたらす最も生産的な論点は、教育を言語によって産出された意味世界、フィクションの世界と見立てることだろう。ここから差し当たって二つ教育理解の切り口が開かれると思う。

第一は、教育を言語活動が産出する所産とみなすことである。教育という現象は、理念や理論はもとより実践活動などの全体が言語による筋立ての所産であって、したがって、教育「として」意味付けられた世界は、実体的な対象ではなく、主観的でも客観的でもなく、言説の筋がひらいた文脈的意味にほかならない。教育は、物語がそうであるように、伸縮自在な時間軸と空間軸の上に繰り広げられた意味のネットワークなのである。教育の現実を演出しているのは語り装置であって、観察や分析の対象とされる教育の現実や行為や制度はそれ自体が意味をもっているのではない。教育は、言語が筋立てたテキスト世界に所在して、新しい筋立てとともに絶えず意味を変容させているわけであって、その点から言えば、自明的で通常的な教育言説を成立させているのはレトリカルな「断言」法であると言える。また、この筋立て作業にはテキストの読み手もまた解釈という仕方で参加しているのである。

第二に、教育は出来事から言葉への移行の過程において、言葉によって「模倣的に再現」された世界であり、その世界は出来事の精細な複写（コピー）や語り手の主観の投影などではない。教育は語りによる意味付けが施されたミメーシスの所産であって、いわゆる教育の「事実」とは似て非なるものである。教育は特定の対象である「事実」として存在するのではなく、語りの文脈において意味付けられてはじめて教育として出現する。語りの筋立てが変化すれば教育という「事実」は別の「事実」として解釈され、別の新しい意味を発現する。さらに言えば、教育の言説に出会う読み手が語りの筋をどのように理解し解釈するかによって、教育の意味はもう一度変化する。

〈物語としての教育〉は、教育を言語活動の所産に見立てることで、一方で、実体的な対象物認識スタイルから教育を解放しようとする、他方で、読み手との関係において教育の多義性を保証する、いわば教育の意味出現と意味理解の双方向にむけて開かれていることを、教育の未決的性格を引き出してみせたのである。(3)

［3］教育の意味を造る仕組みへの関心

教育を「物語」として見立てると、教育とは言説を作り出す言語技法が駆使されている場所であると言ってよい。教育言説は多くの譬喩によって教育の理念や形態や活動様式を表現しており、教師は日常の授業や子どもとの会話においてこれを使っている、というよりも、授業は譬喩というレトリック、隠喩や提喩や換喩などを抜きには成立しないのである。こうした譬喩は教育のイメージを形成し教育の概念を構成するより根本的な教育的な思考様式にも及んでいる。近代的な教育観の産出と展開を説明するために使用される教育モデル論は、隠喩の一種であるし、その働きによっていわゆる「根茎メタファー」（root metaphor）として（例えば成長）教育理解の地平を形成してきた。隠喩の力によって教育は意味の結合と包摂と分節を繰り返し、豊かなイメージを造り上げてきた。教育という物語の筋を生み出しそれを成長させて、教育を「大いなる物語」や「神話」にまで仕上げたのである。根茎メタファーの働きによって、教育は多くのメタファーを誕生させそれらを自由に組み合わせて、意味の拡大と再生を繰り返すことができた。また、教育における理論と実際の媒介という、カテゴリー違反を犯した意味の転移を平気で仕掛ける奇妙な教育言説が通用する秘密もここにあると言えよう。

教育の諸概念とは、教育の物語が生み出す譬喩的な言説の分散と独立、非文脈化の所産であると考えると、教育の意味地平は、メタファーによる拡張と分節を基本にすることによってはじめて操作的な概念化と理論構築とが可能になるのであって、その逆ではないということである。したがって、教育活動において、意味の転移と産出を担うメタファー的な機能が衰弱することは、教育言説の硬直と意味の陳腐化と概念疲労を招くことになる。言い換えると、教育の意味を多義性へと開放する見立てを言葉の転義機能を利用して工夫すること、教育理解の枠組みを逸脱する教育言説を奇語や新語や造語によってではなく手持ちの言葉の転用で工夫することが求められているのである。この作業は、意味のねじれを仕掛けることで意味産出的なミメーシスの働きを引き出すことである。

教育の物語を生み出す基底に言語活動の転義作用を想定してみると、教育を意味付ける語りのなかに、例えば隠喩や換喩や提喩などがどのように仕掛けられており、それらが教育の意味産出と抑圧とにどのような効果をもたらしているか、また、その仕掛けが例えば政治権力の語りや自然科学の言説などと、どのような仕方で連結したり排除されたりしているのか、などの問題は、教育を「物語」として見立てることによって提示された研究課題であると思う。

[4] 教育と「常套句」

言語活動の所産としての教育は、教育の実際場面においても豊かな語りの技法を使いこなし、教育的と名付けられる活動の場面と行動様式を造り出してきた。例えば、教室での教師の振る舞いや表情や言説などは、教育的なるものとか教師らしさといった通念的な教育像に支配されたもので、そうした「……的なるもの」や「らしさ」は、教育的日常を意味付ける常套句や決まり文句や独特の言い回しで支えられ、断片的な「小さな物語」を編み出してきた。教師が使う常套句は、ある出来事や場面を教育として見立て臨機応変に対応することができる言語装置であり、未確定な子どもを的確に「教育的」に意味付けて仕上げる、説得的実践的な道具である。この戦術的な技法(レトリック)に習熟するためには訓練が必要である。それは、教育の意味を発見して固定するための、教育的なものの論拠が所在する場所(トポス)に精通する過程であると言ってもよい。しかし、すべての技法や型などがそうであるように、言説の技法もまたそれ自体で自己完結しているわけではなく、それが有効に使われる場面への洞察がともなって初めて完成する訳で、常套句においてもそれ自体としては常に不完全な文脈依存的な言説であって、この依存的な不完全さこそが逆にさまざまの予測出来ない事態に即応することを可能にしているのである。常套句のもつこの性格は興味深い。常套句には、それが具体的な発話行為である点に注目すると、一般的で通常的なカタログ的教育言説と特殊な文脈的言述とが交差する場所を指し示す機能があって、教育トポスを構成するジャンルのひとつとしてこれを取り上げることが出来るのではないかと思う。常套句が予測不能な場面に対応できるためには不完全でなければならないが、しかし不完全な常套句は常套句ではない。常套句の完成は教育トポスの実体化であり一義的に形骸化する。この文脈を推し進めると、恐らく教育学の諸概念と常套句との境界線が次第に曖昧なものになってくるだろう。

常套句は説得のためのレトリックの宝庫であり、譬喩は言うまでもなく婉曲法、誇張法、擬人法などが駆使されているが、しかし、かつてレトリックが人を欺く術として批判されたように、教育の常套句は完成とともに、教育事象を一義的に断定的に語ることが可能となり、教育の形骸化と陳腐化、隠蔽と欺瞞と幻想を象徴する偽造の言説になってしまった。しかし現実には、教師にとって理解困難な出来事が出現して、常套句が通用しなくなればなるだけますますカタログ的な常套句が求められるという逆説が出現してくるのである。

しかし、常套句を、意味不明で未決定に見える出来事に対応するタイムリーな説得的技法である（あった。）と考え、これらの言説と所作を蓄積して時と場合に応じて適切に使いこなせる教師の技量が教育の意味発現にある役割を果たしている（いた。）と考えてみると、教育における常套句は単なる説得の小細工としてではなく、むしろ、個別の事例を状況において熟慮し文脈的に判断して意味付けるという、即応的で行為的知見（タクトと呼ばれてきた）が働いていると言えないだろうか。それは、教育の言語文化であると言えないか。最も効果的な言説だけが語り継がれ、常套句として使いこなされ、そして教育を一義的に語る陳腐な言説に転落する、これが常套句が辿る必然の過程である。陳腐化しない常套句は、常套句ではない。とすれば、常套句はそれが有効な説得力をもつ言説であるかぎり、実際的な意味発現の機能と、それと一体的であって対立する、意味を排除し隠蔽する機能という双面的な認識機能をもち合わせており、そしてその認識機能は言語的制約をうけていると言える。

このような教育の常套句がもつ双面性は、例えば教育相談での不登校や問題事象を語る教師の言説に再三現れる。見立てが困難な意味不明の「問題」を教師は常套句ではうまく語ることが出来ない。したがって、登校に関する通常的言説を軸としてそれからの逸脱事象という見立てで、「不」登校や登校「拒否」として語るしか語る術がないのである。そして、この種の「問題」を語る筋立てが十分工夫されない間に「不」登校に関する言説は急速に劣化して常套句化しており、教師も親も子どもも「不」登校に関する常套句に妨げられて「問題」の意味を発見することが困難になってきている。「不登校」は学校や教育を語る既存の仕組みに変化を求め、学校や教育に関する意味争奪戦を仕掛けていると思われるが、しかし、この「問題」はこのような見立てをされているとは言えない。つまり「不登校」は、常套的な教育言説の筋立てにおいて語られている限り、それは早く語られすぎたためにまだ語られていないのである。不登校は、常套句と教育言説の筋立てを変換するチャンスを与えているが、そのための語り仕掛けの工夫や教育イメージの変容を促す物語造りの作業は進んでいるとは言えない。

〈物語〉としての教育〉を主題に考察を進めてきたが、この考察の中心は［2］にあった。つまり、教育を言語活動の所産に見立て、教育を意味論的な文脈に置き換えることで教育理解の仕組みを変えようと試みた。［3］［4］は、教育相談の体験をテキスト化するという臨床教育学の難題に苦しんでいる現状を、物語論にかこつけて教育研究の課題として提起したもので、必ずしも一般的なテーマとは言えない。しかし、臨床教育学の立場から言えば、教育現場で使われる常套句（語）のレトリカルな構造と働きを解明することは、教育相談を単なる対症療法の語りにとどまらせず、通常言説によって陳腐化している教育理解の仕組みに変化をもたらすために、教育相談を具体的で「治療的」な場面として機能させるために、最も実際的な課題なのである。ここで言う「治療的」とは、子どもや教師の心を癒すという意味ではなく、教育や学校を語る言説の組み替えや語り直しを支援するという意味である。

注

（1）代表的なものは、佐藤信夫の『レトリック感覚』『レトリック認識』『レトリック意味論』（いずれも講談社学術文庫）であるが、「レトリック」に関する研究文献については、瀬戸賢一『認識のレトリック』（海鳴社、一九九七年）の引用文献が詳しい。また、レトリック論への関心の広がりを理解するには W. Jost & M. J. Hyde eds., *Rhetoric and Hermeneutics in Our Time*, 1997. がよい。

（2）尼ケ崎彬『日本のレトリック』筑摩書房、一九九四年。

（3）皇紀夫「なぜ〈臨床〉教育学なのか――「問題」の所在と理解」和田修二編『教育的日常の再構築』玉川大学出版部、一九九六年。（注：本書第三章所収。）

〈『臨床教育学三十年』からのコメント〉

論題からして、教育の意味を二重構造に見立てていることは予測できるが、特徴的な点は、それを臨床教育学の手法を使って議論しているところにある。ねらいは、教育的なもの、教育的日常、通念としての教育など、臨床教育学が愛用してきた曖昧な教育語態を、正面から取り上げ、その曖昧さこそが教育の多義的展開を駆動する源であって、大切に始源保護される必要があるとする論調である。視点を換えると、学校での「問題」言説や学力観の一義的一元的な硬直化と制度的形骸化を「病」として焙り出し、学校の日常に多様な教育イメージを回復させることがねらいである。その手掛かりとして、教育言説のメタファー機能分析のために活用されるのが、レイコフ、ジョンソンが発見した「複合的メタファーの解剖学」というアイデアである。一風変わったタイトルはそれに由来している。臨床教育学のそれまでの解釈学的な文脈とは異なって、生物学的な感覚作用と意味論的なカテゴライズとが、身体一元論的な概念である「ベイシック‐カテゴリー」で説明され、個別の対象認知と全体的類似性とを関係づける認知の仕組みが、幼児の言語においてすでに成立しているという認知論である。レイコフらによる「身体化された概念」という独特の構想は、西洋の伝統思想に挑戦するもので、時間や空間、身体や心などの基本的概念をメタファー的仕組みへと解体する痛快とも言える斬新な試みで、それを活用すれば当然、教育学的な思考法や用語もまた批判と解体に曝されることになる。例えば、学力やカリキュラムなど学校教育で流通する概念や用語を慣用的メタファーの複合態であると見立てるなら、教育言説の解剖学という新しい分野が可能だろうし、臨床もまた解体され脱‐再編を迫られることになる。ここでの展開は不十分であるが、これまでとは異なった、「教育言説の解剖学」という「臨床」教育学が開かれるかもしれない。

第二節　教育のなかの教育――臨床教育学の試み

【初出　上田閑照監修『人間であること』燈影舎、二〇〇六年】

①　通念としての教育――資源としての曖昧さ

教育に関する語り方は、教育学者から子どもまで、さまざまの立場や経験あるいは職業や信念などに応じて多種多様であることから明らかなように、教育を厳密に定義することは極めて難しい。無理をして定義をするとその教育はどこにも居場所をもっていない理想郷のような話になってしまう。しかし、こうした多様な語り方が可能であるにもかかわらず、ある出来事を教育と呼びある行為を教育的であるとかないとか言う時には教育の意味が共有されていてなるほどと納得する場合が多い。では、そこで言われる所の教育とは何であるかという大質問が向けられると答えるのは簡単ではない。共有していると思っていた教育の意味は霧散してむしろ相違点が浮き彫りになる場合が少なくない。厳密に定義しないままならよく通用してコミュニケーションがはかれていたが、正確な意味を施し始めるとだんだん話が通じ難くなる、こうした経験は教育に限らず日常でよく起きている。

通念としての教育は確かに曖昧で明示的に定義することが難しい。しかしそれだからといって教育は主観的体験としてそれぞれの個人に還元される恣意的なものかといえば、そうとも言い切れない。教育は個々の主観的体験を超えたより全体的な意味とイメージをもっているものであり、それの共有を前提に教育論が闘わされている。だからこそ、これこそが教育だ！　と共感したり、それは教育的ではない！　教師として親としてあるまじき振る舞いだと怒ることもできる訳である。もちろん、意見の相違はあるが、その相違にもかかわらず教育的とか教育らしさを話題にすることができる。これは、元気だとか健康だという場合に似て、よく通じているが中身は曖昧でお互いの理解の程は不明であるけれども、その言葉は多様な意味とイメージを含んだ曖昧さのままで十分通用する。この曖昧さがむしろコミュニケーションを豊かにしているのである。仮に医学的に元気や健康を定義することが出来たとしても（それこそ医学の病だと思うが）、われわれが日常使う元気や健康に匹敵するような奥行きと広がりをもった的確な意味をもたらすことは出来ないだろう。この曖昧さは、正確とは限らないが的確なのである。これに比べると、教育はもっと実態的であるし厳密な定義付けが可能な事象であり行為であるようにみえるが、しかしその定義や概念が通念的に了解されている教育らしさを的確に言い当てている保証はないのである。

教育学と教育現場の間では、同じように教育を定義して教育を実践しているのであるから、曖昧さの存在する余地は少なく教育の定義は共有されているかに思われる。しかし、教育関係者の間では古くからよく知られている事実であるが、教育が本質とか原理などとして厳格に定義されたとしてもそれが教育の現場にフィットしているとは限らない。というより、そんな教育は教育現場にはないと揶揄されることの方が多いのである。であるからこそ、教育学は教育の理論と実践の結合とか両者の相互媒介を繰り返し呪文のように唱えてきたのであるが、その願いは未だに成就していない。しかし、もう一方の教育現場と呼ばれる学校などの教育機関で共有されている教育が教育の本質を言い当てているかと言えば、そういう訳でもない。確かに教育に取り組んでいるのであるから、教育以外の仕事をやっている訳ではない。しかし、そこでの教育とはやはり制度化可能な教育として囲い込まれた限りでの「教育」であって、曖昧で多義的な性格の教育ではなくそれのある部分を取り出しそれを誇張して制度化した限定的な「教育」なのである。学校教育は通念的に流通している曖昧で多義的な教育の一部を模倣しているが、その部分機能を強調することによって逆に曖昧な教育のイメージや意味を隠してしまっていると言えるだろう。その点では、通念的な教育という幅広い中央からの距離感からすれば学校もまた教育学と同じ隔った所に位置しているのであって、必ずしも教育の意味を的確に実現している訳ではない。

学校教育における教育意味の一義的限定の仕組みを強調してそれと通念としての教育との距離感を指摘する論点は、学校こそ教育の理念を具体化する最適の制度であり場所であると考えるひとにとっては一見奇妙に見えるだろう。この点に関しては、ここでの考察の背景にある臨床教育学の立場について若干触れておく必要があるだろう(1)。臨床教育学は、学校教育で頻発する難解な問題に関する教師との相談を通して問題の語り方に仕組まれている筋立てを条件付けている学校教育言説の構造を焦点化して、この制度的に実体化され形式化した教育言説に差異を仕掛けることを実践課題としてきた。問題の相談場面から学校での教育の語り方、意味付けの仕方を逆照射する手法であり、この立場と方法において特に活用されるのは言語研究の方法である。なかでも、教育と問題を語る教師の常套句や接続法に深く浸透しているメタファーの所在と機能を解明するために最近の言語研究は有効である。臨床教育学にとって、問題について相談することは取りも直さず学校教育の意味を差異化する場所を探り出し別のメタファーを仕掛けることによって教育活動や学校制度に新しい意味を発見することなのである。

学校の先生との教育相談の経験に限って言えば、学校で語られる教育や子どもについての用語や筋立ての仕方や語り口などは、それを相談では学校教育の枠組みから逸脱したやっかいな問題事象についての語り方から見る訳であるが、極めて定型的で形骸化しているケースが多い。例えば、目立たない普通の子とか学習意欲がない怠け者とかすぐキレル子などなどは相談の最初に出てくる語り口であるが、ひとりの子どもの在り方を語るにしてはあまりに貧弱でノッペリしたものである。そして、問題の深刻さに比例してその枠組みは閉鎖的となりついには問題を学校教育の枠の外に排除する筋立てを探し出すのである。この局面では、教育の意味は曖昧さや柔軟さを失って強固な枠組みに狭く限定した教育として語られる。教育危機を強調する教育論はこうした教育意味の狭隘な囲い込みによって危機の回避や見て見ぬ振りを偽装する仕掛けを備える場合が多い。

問題を相談する場面がもつ生産性は、正しい標準的な枠組みに教育と教師と子どもを囲い込む処方箋を作ることにあるのではなく、教育の枠組みからはみ出すかどうかの境界線上を連れ立ってさ迷いながら教育の意味が微妙に変容する開かれた局面に気付くこと、教育言説が新しい不思議さを発見する文脈を問題の語りにおいて工夫することであると思うが、教育相談の実際において期待される相談の役割の多くは、これとは逆に、いかに早く問題を処理して消滅させるかという仕事である。臨床教育学の見方からすると、学校で頻発する問題事象とは学校教育言説の枠組みへの揺さぶりであり抵抗と批判と見立てられるが、この見方で学校の実際を経験すると、先に見たような逆転した相談事例が少なくない。学校の方がむしろ教育を語る文脈を専門主義化の名の下に限定しその融通性を失って自閉化してきているように見えるし、この狭隘な囲い込み傾向に拍車をかけているのが例えば最近の（低）学力論であると思われる。だから、臨床教育学からすると、今日の教育研究の課題とは実際の（学校）教育の場においてそれ自らを差異化して、教育の意味を改めて問い直すこと、曖昧で多義的なしたがって誰でも議論に参加できる教育、通念としての教育において発生している部分肥大と異常増殖つまり教育（言説）の病に気付くことであると言えるのである。

この意味で、臨床教育学の役割とは、学校教育において冷え固まった教育の概念とイメージを多義的で曖昧な通念としての教育にもどし、教育における多義性を発掘してそれを資源に新しい教育の意味を作り出すことである。こうした課題意識を基調にして以下の考察を進めたい。ここでの関心の焦点は我々の認識と行動あるいは思考と構想など人間生活の全般に深く根付いているメタファーの所在と機能を「解剖学的」に解明して、それによって臨床教育学の立場と方法を深めることである。

② 臨床教育学とメタファー論

教育意味の多義性についてはさまざまの方法で議論することができる。教育に普遍的な本質や不変の先験的原理を求めそれを一義的に定義することは不可能であるとするディルタイ以来の見解は、近代の教育哲学の基調であるが、しかし、この見解は教育理解が不可能であることを主張するものではなく、それは教育への問いかけの方法を転換したもので教育の意味をより広い歴史的な文化状況において解釈する新しい教育研究のスタイルを提起する試みであった。今日の文化人類学的な教育研究はこの文脈を拡大するとともに実証的研究の方法を導入して教育の意味と役割、形態と機能について多様な資料収集をして教育理解の視界を広げることに成功している。これらに加えて、現象学や記号論、システム論や意味論などを使った研究方法を開発して、社会現象においてあるいは人間学的次元において教育の新しい意味や働きを発見することに寄与してきた。また、学校教育をフィールドに見立ててそれをテキスト化する現象学的言語学的な研究スタイルが教育の解釈学的な試みとして取り組まれるなど、教育の意味解釈を巡る方法論への関心は一段と高まっていると言える。それらの関心はいずれも、教育概念の精密な定義によって教育の全体像や理想を求めるいわば本質主義と普遍主義の方向を目指すのではなく、教育意味の多様性と多義性・多元性を前提にして、部分的個別的な事象の解明を目指す「局所的最適理論」（locally optimal theories）の構想であると言える。(2) 哲学的な表現をすれば、教育の個別事象の意味を探索することを通して教育の全体的在り方を再び新たに構想するという循環的で文脈的な思考法による「個別現象の人間学的解釈」ということだろう。

先に述べた臨床教育学は、学校教育言説を囲い込む円周の境界領域、つまり学校教育を成立させている中心部ではなくその周縁部に教育の意味が生成と陳腐化を繰り広げる舞台を設定して、教育を語る仕組みの解体と再編の可能性を探っている。その場合、先に述べたように、臨床教育学は相談という語りの場面を教師の教育観が典型的に現れるテキストに見立て、そこで語られる「問題」言説の仕組みや仕掛けを常套句、譬喩、レトリックなどによって解明してきた訳であるが、その試みは形骸化した教育言説を転換するための場所――それは意味の争奪を仕掛ける場所――を探るいわば意味の地誌学であった。その場所探索にとって有力な指標になったのは教師が愛用する常套句であり巧妙な譬喩的語り方であった。教育で常用される慣習的メタファーの所在を明らかにして、その教育言説が客観的なものではなくある慣習化した制度的臆断に従ったものであること、したがって、「問題」言説もまたその分節である教師の教育観によって作られたものとして理解する。教育の常套句の所在と意味を発現させる譬喩的な仕掛けとを言語学的に解明することは、意味の争奪を仕掛ける言語戦略つまりレトリック論へと引き継がれていくのである(3)。

「問題」言説は、制度化された教育言説にとって不快でやっかいな事象を、むしろ教育の曖昧さに伴う必然の事柄として、つまり教育の理想が語られ得るために必然的にその対極に対立的矛盾として出現する禁忌として、等価的なイメージにおいて語られる必要がある。「問題」の役割と尊厳は「問題」言説の形において護られなければならないのであって、「問題」の内容の深刻さや重大さにおいて評定されるものではない。「問題」言説には、「問題」を回避したり解消することを目指す実用的な治療言説ではなく「問題」を通り抜ける語りのスタイルが求められている。それには、「問題」において教育の曖昧さを限定相続していることが証明され得る対極的な二重性が含意されていることが必要なのである。したがって、「問題」言説には一義的で抽象的な用語で構成された客観主義的な制度言説とはむしろ対極的性格をもった文体、つまり多義的世界を語る譬喩的形式や詩的表現あるいは撞着語法(oxymoron)などがそれの文体的特性として求められるのである。人間の行為における多義的複雑さを語る技法である詩的スタイル、あるいは言葉の字義通り意味を超えて新しいイメージと意味を創作するメタファー思考などは、「問題」を通り抜ける語りのスタイルでもって教育を改めて語り直すという課題に応える試みなのである。

通念としての教育についての臨床教育学の解釈法は、学校教育言説に差異を仕掛けるための場所と仕掛けを、

「問題」を語る仕組みにおいて探り当てることであり、制度的に固定された常套句を戦略上のターゲットにしている。この常套句はしばしば「マンホールの蓋」に譬えられたように、教育通念の土台であって、それの形骸化空洞化を指摘して批判することは少し工夫すれば簡単に出来る。しかし、この慣習的メタファーで巧妙にデザインされている常套句が演じる独特のはまり具合やその的確な仕掛け振りなど、つまり語りのあやとその文脈を解明することは容易でない。それへの対抗軸として新しい文体を仕組むことはさらに相当困難な仕事であると言える。

「問題」を、教育における「拮抗的な（織り目を破るような）現実」（countertextual reality）と理解して、「問題」の語り方こそが教育言説に変化をもたらすいわば「不調和による展望」（perspectives by incongruity）（K. Burke）をもたらすロケーティブな作業であるとして、もう一歩踏み出すためには、教育における慣習的メタファーという強固な岩盤の仕組みを理解する必要がある。そして、この作業は教育言説に変換を仕掛ける語りの局面的な的確性（locative optimum）という戦略技術的な課題つまりレトリック論の主題に通じていると言えるのである。

臨床教育学が取り組んできた教育における意味変換の所在を求めるトポロジーは、教育言説の陳腐化によって「問題」の意味が覆われている裏切りの場所を相談場面において探し当て、そこに意味分節を促して新しい展望を可能にする独特の文体をもった語りのパフォーマンスを仕掛ける立場である。その立場は、言語哲学やレトリック論など最近の言語思想の展開からすると、教育に多義的（polysemic）性格を読み取るための有効な仕掛けであると思うが、しかし今日までの試みにおいてその展開が十分であったとは言えない(4)。これらの試みでは例えば、「問題」の起源を個人的または集団的な無意識層に想定して意味転移を始原論的に解釈する深層心理的の立場や、同じように言葉を主題としながら、ラングとランガージュという言語の二つの位相において、意識の表層と深層、個体と集団の領域を哲学的に考察することで表層的実体的言語観を相対化する立場、あるいは人間の意識や身体との関係において日常的な慣習的メタファーの構造を複合的性格のものと解釈する認知科学による解剖学的な発想などは含まれていない。

慣習的メタファーが機能する社会的文脈については、古くから文化人類学や言語人類学が多くの資料を提供してさまざまの分析を試みてきたし、最近の言語哲学やレトリック論においてもメタファー研究は目覚ましい展開を遂げ人間諸科学に大きな影響を与えている。少し誇張して言えば、メタファーについての言語学的知見を抜きにしては人間とその世界を語ることが出来ない、と言える程にその波紋は広く深いと思う。教育学研究にあってはメタファーは古くから狭義の修辞学において関心が向けられてきたが、教育研究それ自体を対象とする方法論として注目されることはなかった。臨床教育学が当面している「問題」に関して言えば、教育言説の制度的傾斜が深まることで教育意味とイメージが実体化され教育が操作可能な政策対象として囲い込まれる危険が強まっている時（「問題」言説の陳腐化と解決のマニュアル化こそがこの危険を物語っている）、教育的なものという曖昧な領域がその漠然さのゆえに備えている生産性に注目して、この迂回路を通って学校での「問題」言説に再接近するという戦略をこの立場は構想しており、教育言説のメタファー機能を解明することが教育の意味とイメージが多義性へと開態される手掛かりであると考えるのである。

ここでは、メタファーに関する認知科学研究のひとつの分野を代表すると思われるG・レイコフとM・ジョンソンの知見をとりあげ、メタファーの誕生と所在と働きを概観して、人間の認知と思考と行動においてメタファーが演じている広範かつしたたかな役割を考察したい。彼らの研究は、臨床教育学が今までに試みてきた地誌学的な論点とは大いに異なって、「解剖学」的手法による科学的哲学的なメタファー研究である。これら二つの手法の違いが果たして統合されるかどうか、これは大質問であるが、――しかし、英語の topology が「局所解剖学」の意味で使われていることは興味深い――ここではこの問いに応答しないでもっぱら「局所的最適理論」に便乗して考察を進めたい。

③「メタファー思考」の仕組み

人間の生活世界にアクセスする方法論的な用語としてレイコフとジョンソン（以下レイコフらと表記）は、認知的無意識（cognitive unconscious）、マインドの身体化（embodied mind）、メタファー思考（metaphorical thought）の三つを挙げ、これらの認知科学的概念によって常識とか通念とか呼ばれている物／事の仕組みを解明してみせる。その構想は身体と言葉と意味とが織り成す日々の世界のメカニズムを身体を基盤として構造化するいわば身体論的な「日常の形而上学」（everyday metaphysics）の構想と言える。その構想のなかで特に関心を惹くのは、厳密な科学的推論から日常生活の実用的知識や会話さらには夢に至るまで、すべての人間の行動様式に領域横断的に深く浸透しているメタファーの働きを分析する「複合的メタファーの解剖学」（anatomy of complex metaphor）の発想である。これは、数百ともいわれるプライマリーメタファーの組み合わせによって複合的メタファーは推論とイメージを作り出しており、メタファー相互の融合／結合／組み合わせによって多様な思考と行動の形式が構築され且つ枠付けられていることを明るみに出す。つまり、先に見た通念としての教育の多義性の必然性とその起源を考える手掛かりをこの解剖学は与えてくれるのである。

レイコフらの理論は身体化されたリアリズムの一種である。我々の思考と行動のほとんどは無意識的（思考の九五％は無意識であるという）なもので、意識的思考は巨大氷山の一角にすぎない(5)。この認知的無意識のニューラルシステムがあたかも「見えざる手」のように経験を概念化している。このシステムを起動させる源泉は環境世界での生物学的な反応つまり感覚運動であり、この運動を身体経験として意味論的に分節する無意識のシステムとしてニューラルレベルでのカテゴリー化機能が存在するという。レイコフらに言わせると、人間とは「カテゴライズすべく進化した」のであり、それは生物学的に不可避の帰結なのである(6)。つまり、全ての概念構造は、我々の脳の中にあるニューラル・ストラクチャーとして基礎付けられており、我々が使ういかなる概念もすでに身体化されたものので、脳における感覚システムの一部なのである。彼らはこの「身体化された概念」(embodied concepts) の事例として色彩概念を取り上げる。一見外からの刺激に対する視覚の反応として経験される色が、外部世界の機械的な反映なのではなく、それは身体、脳、特に感覚運動システムによって決定的に形作られカテゴリー化されたものであるという。空を青く草を緑色として絵に描くことは、対象をリアルに描写する対応関係が成立しているからではなく、世界と人間の相互的作用の進化的所産たるニューラルカテゴリーの複合体がつくり出したリアリティなのである。[7] ユクスキュル (J. J. Uexküll) の「環境世界」論を連想させるレイコフらの立論の特徴は、身体と脳によってカテゴリーが作られこの認知的無意識において人間存在のかたちと構造が条件付けられているとする所にある。

ところで、ここでの関心はレイコフらの認知的無意識論を基礎付ける身体化理論それ自体に向いている訳ではない。人間の生物学的特性として説明されるプロトタイプなカテゴリー理論についての神経生理学的な説明にもかかわらず、彼らが概念メタファーという概念を導入して、概念相互間の関係を結合／融合／組み合わせによる複合態、すなわち「概念ブレンド」の機能を発見し (青くすんだ高い空、緑豊かな草〔原〕などの世界を生み出す仕組みである)、この「複合的メタファー」こそが多義的意味を作り出していると考察している点に関心を向けているのである。身体化一元論を基調にした認知論であるにもかかわらず、多義的な意味が発生するシステムとしてメタファーの働きをニューラルの次元で基礎付けようとする試みは興味深い。その理論の展開をもう少し見ておこう。

レイコフらの立場は、推理と判断から物事についての微妙なセンスに至るまでの全てを「身体特に我々の感覚運動器官にはじまり、そして決定的にそれらの器官と脳の微細構造に依拠している」[8] と見なす、強い身体一元論に基づく言語解釈の立場である。理性とは身体から独立した自律的働きではなく、理性は身体に「縛り付けられ」脳のメカニズムに支配されている。この脳のメカニズムとは、情報のインプット／アウトプットのセットを相互に結合した独自の「ニューラル・アンサンブル」にほかならない。これがカテゴライゼーションのメカニズムであり、この機能を意識的にコントロールすることはできない。我々に可能なカテゴリーの変更と創作という複合化においても、身体と脳の制約から完全に自由であることはできないのである。レイコフらによれば、このカテゴリー化に強く作用する身体の働きとは両の目と耳と腕と足であるという。これらは極めて限定されたやり方（definite ways）で働く人体の属性として人間の行動様式を規定しているのである。したがって、目は空間関係を概念化する能力として、ある仕方で動く能力（abilities to move）は運動の概念化に影響を与え、筋肉を使って力を加えるという身体の事実は因果関係に関する概念を導いているのである。[9] 人間の身体特性が行動様式を規定するとともにカテゴリー化と概念化を可能にするのである。

カテゴリーは身体化を通して形成され、その構造は無意識的で自動的なニューラルレベルに条件付けられている。言い換えると、経験とはカテゴリーにおいて経験されているのであり、身体化を抜きにしてカテゴリーなるものが超然と先験的に存在しているわけではない。レイコフらはこの身体に基礎付けられたカテゴリーを更に個別と一般、具体と抽象の階層構造へと配列して、それらの中間「中央」（in the middle）にある最も典型的で実用的なカテゴリーを認知的に優先性をもった「ベイシック―レベルカテゴリー」（basic-level categories）と位置付け、これが類似的なものを「適切に」関連付けて全体的なゲシュタルト的認識を可能にしていると考える。そして、この「ベイシック―レベルカテゴリー」（以下ベイシックカテゴリーと略称する）は「子供たちによって早期に理解されその子供の歴史の中で、早い時期に言語の中に入る。そして最短の一次的語彙集（shortest primary lexemes）を持ち、またそれを使う人によって素早く同定される」[10]。

例えば、我々は乗り物一般をイメージすることは難しいが、車はイメージできる。この車というカテゴリーの下にさまざまの個物が――その中心には一輪《車》やダンプ《カー》が置かれ周辺部分には電《車》や歯《車》などが置かれるのだろうか――集められる。このベイシックカテゴリーによって我々は環境と「適切に」関係をもつことができる。レイコフらの議論はベイシックカテゴリーの所在を認知論的に説明しそれが対象認知と推論の中心的機能であって、幼児期の言語目録に映し取られると考えるのである。

教育学的に見ると、このベイシックカテゴリー論は興味深い論点を提示していると思う。つまり、子どもは同じ《車》のカテゴリーに属しているとしても、そこにある本当の《車》とオモチャの《車》を間違えることはない。それどころか、《本当》と《オモチャ》というもうひとつの意味論的なカテゴリーを発見して、《車》にこの新しいカテゴリーをマッピングしてその差異を逆に利用して、《オモチャ》を《本当》に見立て《本当》のイメージで《オモチャ》を遊ぶことが出来るのである。おもちゃを使って遊ぶことは物と身体的行動の関係によって認知システムを単に言語に映し取るだけではなく、そこではさらに複雑なカテゴリー間の互換が起きている。カテゴリーの意味とイメージを同定すると同時にカテゴリー間の差異と落差を利用して新しい認知スタイルを作り上げているのである。子どもの遊びは認知論的に言えばカテゴリー間の差異を使った戯れであり、それが楽しく経験されるとは驚くべきことではないだろうか。《おもちゃの車で遊ぶ》子どもの行動は、レイコフ的に言えばベイシックカテゴリーの同定という認知的な出来事なのだろうが、しかしこの概念は、子どもが喜んで遊ぶ（この喜んでにこそ、その行為の「的確さ」が証明されているのではないか）場面こそ子どもが人間らしい行動と呼ばれる全体的イメージと能力とを育む母胎であることを指し示していると言えるのではないだろうか。一本の棒切れをいろいろな物と事に見立てて楽しそうに遊ぶ子どもたちの姿は、レイコフらの認知論からすればベイシックカテゴリーの獲得と複合化の場面である。その場面はまた、我々が「時は流れる」「時は金なり」とか「高い学力」「教育の目的」などなど複雑な複合的メタファーを駆使した語り方をすぅーと受け入れて理解することができるシステムを体得する場面でもあり、さらに新しいメタファー複合態を創作する技を習得する機会でもあると言えるのである。

④ 教育言説のメタファー的仕組み

ベイシックカテゴリー論は、我々が社会的に共有する知識と思考法はもとよりのこと用語やその使用法、振る舞いやイメージあるいは感情など、人間の在り方の全体的な安定感や的確感など日常性の仕組みを認知論的に説き明かす試みである。この論は常識あるいは共通感覚などと呼ばれる現象を認知的無意識論の立場から説明したもので、ここで取り上げる通念としての教育の領域もまたその射程にあると言える。

レイコフらの身体化された概念論は、西洋伝統哲学への批判に動機づけられた哲学論でもある訳で、その思考を支えてきた時間と空間の概念に対して激しい攻勢をかける。この哲学批判は、教育学が基本的な前提にしてきた人間理解の概念装置を新しい角度で検討する課題を提起するものである。それは教育学に教育言説の批判的吟味と再解釈を求め、教育的なものを語るメタファー的仕組みの解明を迫るものと言えるだろう。

時間、空間、運動あるいは自己などの哲学的な諸概念は直接的な身体経験から構築された概念メタファーであり、しかも、それらの概念はそれ自体単独で成立しているのではなく相互に連関した複合態として身体に埋め込まれている。時間を空間的な前後関係で表現したり、物質（流れとしての時間、測定可能な多い／少ない時間、時間がある／ない／無駄使い）としてさらには運動として（早い時間／停止する時間）語ることができるのは、個人的体験をもとにした恣意的創作によるものではなく、身体経験に基礎付けられたカテゴリーの領域横断的な移行と転用つまりメタファー化を示すものである。この身体的運動感覚という源泉領域からメタファーメカニズムとして効率的に転移と転換が仕組まれその複合として我々は豊かな流通概念として「時間」を得ているのである。この「時間」は「我々の身体や脳を経由して『クリエイト』されるなにものかである。ではありながら、それは我々の個別の体験を関連付けて構造化し、我々の世界とその物理学とその歴史に関する一つの重要な理解を可能にするのである」[11]。

この「クリエイト」は身体経験に埋め込まれたニューラルカテゴリーとして無意識的自動的に起きる。したがって「時間」概念からメタファーを排除してそれを一義的に定義することは不可能で、可能であるとしてもそれはもはや身体的に「実感」できる時間とは無関係な空虚な記号にすぎないのである。

教育を語る概念として注目されるのは、時間もさることながらやはりレイコフらが取り上げる「出来事－構造概念」(event-structure concepts) だろう。この概念は、出来事、原因、変化、状態、行動、目的などによって構成され、人間と世界を理解する基本概念群を指している。ここでもまた、出来事－構造概念の全てはメタファーによって概念化されそれらのメタファーは身体経験によって裏付けられるとされる。

因果関係の推論形式の骨格は単純な身体経験つまり「力(force)を用いた対象物の操作」、力の使用によって何かに物理的変化をもたらすという経験で、[12] これ自体としては何の変哲もない物理的な出来事であって推論能力などとは縁のない単純な事象である。このプロトタイプ的な骨格だけの「原因は力である」というニューラルカテゴリーにメタファーが肉付けされるとたちまち幅広い因果関係システムが展開することになる。レイコフらは、因果と出来事に関するメタファーシステムが「原因は力である」「変化は運動である」という二つの運動感覚を源泉領域とするメタファーにおいて成立しているとして、そのシステムを八グループに類別する。例えば、出来事に関する見方（行動、原因、変化、状態、目的など）を空間での「動き経験」を基に布置してそれらを概念化することである。（例えば、状態とは位置を指す場合、その状態とはメタファー的に区切られた特定の空間領域に見立てられる。絶望のどん底、幸福の絶頂などは状態を〈どん底、絶頂という〉位置や場所に布置したものである）さらに、状態の変化とは位置を変える運動でありこの運動の原因とは力であること、つまり因果的推論が成立するのは力による「強いられた動き」の身体経験に基づく推論であって、空間における手足と筋肉の動きを源泉領域として成立する位置から位置への強いられた動きを概念化したものである。因果関係の中心には「原因は力」という骨格があって、ここから特定の具体的な状況に対して放射状にメタファー的に拡大して、幅広い非中核的な中間概念つまり「ベイシックカテゴリー」が形成されるということになる。

ある出来事に関して、その原因は何かと推論するときの骨格として働くのは、レイコフ的に言えば「原因は力である」と「変化は運動である」という基礎的なメタファーである。これが拡大され目的領域に対応して、先に述べたように、出来事を位置との関係で概念化する場合と、今ひとつは出来事を対象物との関係で概念化する場合との二つに構造化され、因果推理においてはこの二つのメタファー系が図－地組織（figure-ground organization）として複合的に機能するという。(13)

例えば、学校教育の目的はしばしば空間化されて目的地に譬えられ、教育とは目的地に至ることないしはその過程（curriculum vitae）として語られ慣用的メタファーとして「カリキュラム」が定着している。これは、状態を位置に見立て目的地に至る運動として教育をイメージ化したもので、ここでは到達を実現するものは力である。教育の目的を実現するために必要なものとして推測されるのは能「力」であり学「力」であり体「力」であり想像「力」であり経済「力」である。この因果論を裏側から利用しているのが不登校論である。不登校は目的地である学校（位置）にいけないで家庭（位置）に閉じこもっている（状態）であると見立て、状態を位置ととらえその状態の変化は位置の移動であると理解される。〈だから〉その状態から出ることは位置を変えることであり、そのためには力が必要である。不登校は移動に必要な「力」が不足している。支援とは移動に必要な「力」イメージを含んだ手助けであり、それはまた運動を妨げる妨害を乗り越えるための「力」なのである。支援は移動するため障害物を乗り越えるための運動「力」（つまり活力や精神力など「力」メタファーによって構成される諸概念）を養うことである。これら不登校言説の特徴は状態を空間にマッピングしたメタファーで語り、それに「原因は力」を重ねるという因果関係論として成立している訳で、それは位置の移動という運動力学の筋立てに支配されていると言えるだろう。

状態を空間において語るメタファーは実は学校言説の特徴でもあって、学校では子どものある状態を空間シフトして（特に前後／上下に）二分法で裁断しその空間を価値的に序列化して語るメタファーであふれている。学校とは、ある状態を空間シフトしてそれを目的地に向けて前後に序列配置するという空間組織化の戦略的言説で成り立っている。別の言い方をすれば、学校言説は子どもの「状態」を空間的な位置関係において把握するというメタファーシステムを洗練させてきたと言えるだろう。そして、学校でのこの慣習的メタファーは制度言説として実体化され教育言説の固定化を促すことになったのである。

ところでレイコフらは、先に触れたように因果関係論にはもうひとつのシステムがあると言う。「状態は位置であるメタファーは双子の片割れを持っている。それは属性は所有物であるメタファー（attributes are possessions）である[14]。つまり、状態は位置であるメタファーと結び付いた「原因は力である」と「変化は運動である」は、属性は所有物であるメタファーとも結び付いて二重の因果システムを作るという訳である。ある属性が所有できる対象物として概念化されると、それに「変化は運動である」メタファーが加わって、変化とは所有可能な対象物を獲得または喪失することを意味する。対象物の獲得／喪失に「原因は力である」メタファーが加わって、対象物の獲得／喪失の因果に関する概念が形成されることになる。この複合メタファーシステムは属性を獲得可能な対象物として概念化することができて、目的の達成とは対象物を所有することであるという概念が作り上げられる。

レイコフらは、この出来事構造の二重性を図 - 地組織化と呼び、人間の知覚においてこの選択は不可避であって、因果関係論は「二つの出来事 - 構造メタファーにおいて異なったやり方でメタファー的に概念化されている」のである[15]。この説明はわかり難いが教育言説に事例を探すと次のようになるだろうか。子どもとは教育可能な存在である、と言うとき、子どもは図で教育可能性は地である。ところが我々はそれを、子どもは教育の可能性をもっている、と簡単に言い換えるのであるが、この場合には、子どもは地で教育の可能性は図である。因果的推論によって、教育可能性という属性は所有物に変換され可能性の移動つまり現実化が教育目的として設定される。教育可能性を意味付ける言説においてはしばしばこの図 - 地関係を不透明にする規範的な要因が加わって、無限の可能性を子どもの属性として語り、この無限の可能性の実現を子どもに強要して教育という（外圧）力を加える。こうした模様の読めない一義的で疑似的な因果関係論を教育学は作り上げてきたのではないだろうか。教育目的や行為を根拠付ける哲学的な本質論的言説は、それが複合的メタファーシステムが織り出す図 - 地模様の二重構造であるにも拘らず、それを多様な意味をもった織物として見立てる鑑識力を持ち合わせてこなかったように思う。

教育言説の解剖学の可能性を検討する場合、レイコフらが指摘する出来事 - 構造のメタファーシステムは示唆的である。教育という出来事をどのような語りの仕組みで把握しているかに関して、身体論、認知的無意識論、メタファー思考をセットにして考察する試みは、教育学的な思考スタイルを批判的に反省する手掛かりを与えるものとして、さらに教室での教師の言動を鑑賞批評（criticism）する眼識を磨く道具として貴重であると思う。

既に明らかな通り、レイコフらの立場は非身体化された理性や字義通りの概念と意味あるいは普遍的な道徳性などを批判してそれらを「身体化する」ことを目指すものであるが、それに対しての反論は可能であると思う。伝統的な西洋哲学への批判的立場を鮮明にするために身体一元論的還元主義の傾向が強調され、認識におけるメタファー構造によって認知と推論の多様性を論証してみせるが、その根拠付けは大脳生理学に拠ったものである。認知構造における多様性を語る装置であるカテゴリーとメタファーなどは、ニューラルシステムとのマッピングとして説明されるが、その説明の素材はむしろ言語の活用システムに負うところが大であって、両者の接合を十分説明しているとは言えないと思う。しかし、このいわば脳と身体とメタファーの極めて複雑に入り組んだ接合面を「ベイシックカテゴリー」概念で押さえ、メタファー的な認知システムを一気に展開してみせた手法は魅力的である。この概念装置は多義的で多様な形態をもつ通念的なものを、そして存在感をもった曖昧な「教育的なもの」を理解するために有力な手掛かりを与えていると思う。最近のレトリック論、なかでも譬喩に関する言語人類学的な研究が分析する隠喩と換喩と提喩についての認知分類の論議を、ここでのベイシックカテゴリーの複合システムの知見と重ねてみると人間の思考パターンや社会制度や文化的傾向などを条件づけている身体性の「問題」に迫ることが期待できると思う。

注

（1）臨床教育学の立場に関する筆者の考え方の詳細は次の文献が参考になる。
和田修二・皇紀夫編著『臨床教育学』アカデミア出版会、一九九六年。
小林剛・皇紀夫・田中孝彦編『臨床教育学序説』柏書房、二〇〇二年。
（注：いずれも本書に収録。）

（2）G. Lakoff & M. Johnson, *Philosophy in the Flesh the embodied mind and its challenge to western thought*, Basic Books, New York, 1999, p. 92.（計見一雄訳『肉中の哲学――肉体を具有したマインドが西洋の思考に挑戦する』哲学書房、二〇〇四年、一一五頁。）

（3）皇紀夫「教育学における臨床知の所在と役割」教育思想史学会『近代教育フォーラム』第一〇号・二〇〇一」参照。（注：本書に収録。）

（4）教育言説のレトリックに関する拙論には次のものがある。（注：いずれも本書に収録。）
皇紀夫「教育基本法のレトリック」、「同その（2）」（京都大学教育学研究科臨床教育学講座年報、第二号〔二〇〇〇年〕、同第三号〔二〇〇一年〕）。皇紀夫「教育言説の解釈臨床―小原國芳の「全人教育」論のスタイルを探る」（皇紀夫編著『臨床教育学の生成』玉川大学出版部・二〇〇三年）。皇紀夫「二宮尊徳の『神儒仏正味一粒丸』という語態」（科研報告・研究代表者鈴木晶子「教育詩学探求」二〇〇四年）

（5）Lakoff & Johnson op. cit., p. 13.（邦訳、二四頁。以下の引用文は邦訳を参照して一部手直しを加えた。）

（6）ibid., p. 18.（邦訳、三〇頁。）

（7）ibid., p. 23.（邦訳、三六頁。）

（8）ibid., p. 17.（邦訳、二九頁。）

（9）ibid., p. 19.（邦訳、三一頁。）

(10) ibid., p. 28.（邦訳、四三頁。）
(11) ibid., p. 167.（邦訳、一九九頁。）
(12) ibid., p. 177.（邦訳、二一〇頁。）
(13) ibid., p. 179.（邦訳、二一二頁。）
(14) ibid., p. 195.（邦訳、二三一頁。）
(15) ibid., p. 198.（邦訳、二三五頁。）

第五章　事例としての教育（学）言説

――レトリック構造を探る

〈『臨床教育学三十年』からのコメント〉

下程勇吉先生（一九〇四～九八）追悼論集所収の論文である。先生は「研究者とはどのようにあることか」を教えていただいた恩師である。その師の研究を取り上げるのだから忸怩たるものがあり、しかも先生のライフワークであった尊徳思想論を主題にするのだから、なおさらである。私は、尊徳研究者ではないし日本思想史に特別な関心を寄せる者でもない。にもかかわらず、あえてこの主題に挑戦したのは、下程先生の教育言説と尊徳の「心田開発」の技・語りとが具えるレトリックに魅かれたからである。また先生の口角泡を飛ばすあの講義を経験したからである。我が国で、教育人間学を創設展開された先生の到達点は「教育人間学典型論」であると言える。その展開に強い影響を与えたのが尊徳であった。その研究は、戦前戦後の四十年間に及び尊徳解釈も多様な展開を見せるが、尊徳が語る言葉に対する関心は一貫していた。尊徳の図像言語○を「一如・相即の理論」と解釈し、その図像的根源語こそ「愚夫愚婦」の「心田」を開発し得た尊徳の仕掛けであると考えた。本論では、このような下程先生の指摘を手掛かりに、最近のレトリック論から特に譬喩論を活用して、尊徳が駆使する譬え話をアレゴリー論として措定し、尊徳言説が機能している巨大な意味宇宙を描いてみた。例えば尊徳愛用の譬喩「水車の中庸」は、類似を使って意味論的なカテゴリー侵犯を平然と惹き起こす仕掛けであり、この種の自在な語りの達人こそが尊徳の真骨頂である、と考えてみた。

第一節　下程勇吉の二宮尊徳論とその人間学的方法

【初出　下程勇吉・教育人間学研究会『教育人間学の根本問題』燈影舎、二〇〇〇年】

①「教育人間学典型論」と二宮尊徳研究

下程勇吉（一九〇四〜一九九八）の教育人間学の構想は、およそ次のように要約することができるだろう。「（下程の教育人間学は）一方は、人間性の本質的な構造連関において教育を基礎付ける『教育人間学基礎学』という理論的哲学的な性格のもので、この傾向はフッセル研究以来一貫して認められる特徴である。他方は、その教育人間学は歴史的な現実との生きた接触において実際に生きられた人間によって験証され、人間的叡知によって基礎付けられた実践的性格のものであった。下程はそれを『教育人間学典型論』と呼ぶ。下程にとって全人教育とは、思弁的に構想された理想的理念論ではなく、歴史的な制約の下でひとりの人間が出現させた具体的な生きざまとして提示された『人間の生き方』を意味しており、『典型』とは、それを構造的に取り出すことなのである[1]」。

このような二つの性格をもった教育人間学を、概括的の「歴史的実存的人間学」と呼ぶことができると思うが、この立場と方法とは、下程が二宮尊徳や吉田松陰、中江藤樹さらには親鸞や沢庵など歴史上の人物との真摯な「対話」を通して工夫発明し錬成した独特の研究スタイルであって、特に長年の尊徳研究は、こうした研究スタイルと人間学的な知見と言説を作り出す最大の「活例」であったと言える。さらにまた、下程にとって尊徳は、研究の対象であると同時に人間としての生き方の指針として規範的な意味を帯びた「典型」でもあったと思う。

『二宮尊徳の人間学的研究』（一九六五年、同増補版一九八〇年、以下増補版を使用）の「あとがき」で、下程は本書が自分の尊徳研究の集成であり決定版であるとしたうえで、この作品をもって「一個の歴史的人物をあらゆる角度から統合的にとらえること」によって「真の人間学」の有力な方法のひとつを提示したものであると述べ、この研究が下程の教育人間学構想の結晶である点を強調している。(2)

前掲書の「増補に際して」には「畏敬と精進――二宮尊徳研究の態度について」と題した副題がつけられていて、(3)従前の尊徳研究のタイプを、「ジャーナリスティクな歴史評論家」「いわゆる客観的歴史家（尊徳を勤倹譲という健全な常識道徳を説いた農民指導者とする）」「我こそは二宮尊徳の神髄体得者」と自認する「報徳主義者」に三分類して各々の弊を妄信、皮相、狂信と批判し、尊徳理解が決して容易でないこと、「尊徳の理想的人間像が今日のわれわれのイメージを根本的に超越している」ことを強調してやまない。下程によれば、「歴史的人物の核心にふれ共感的つながりをもてるようになる唯一の道は、畏敬のみである」(4)。この、ゲーテに由来する畏敬を、下程は歴史的実存的人間学の研究態度として鼎立し、「エロース的畏敬」「傾倒的畏敬」のみが歴史的人物の精神の核心に迫り、「思想体系の構造を把握し、実践的洞察を深める」ことを可能にする唯一の道であるという。尊徳研究において到達した、人間学研究の態度を語る用語として下程は、この「傾倒的畏敬」を発見したのであり、この態度によって「教育人間学典型論」の地平を開いたと言えるのである。

フッセル研究によって身につけた精緻な文献研究態度は、哲学的な概念を構築する方法論上の厳密性を忽せにするものではなく、この態度は尊徳や松陰の研究を貫いている学問的姿勢であるが、こうした研究方法上の練達性を極めた下程にしてはじめて「真の人間学」の方法を「傾倒的畏敬」と言い切ることができたのである。尊徳のように通俗的な人物論によって覆い隠されその語りにおいて陳腐化されてきた人物の再生を目指す研究において、あえてこうした研究態度論を提唱すれば通俗的な意味での尊徳主義者と同列に扱われる危うさをはらんでいるが、それにもかかわらず「傾倒的畏敬」論を打ち出したところに下程人間学の面目があったと言えるだろうし、その人間研究の方法によって構想された実存的な教育論としての「典型論」の特徴を見てとることができるだろう。

「教育人間学典型論」の対象として取り上げられる代表的な人物は、「日本人の世界史的事業と評価される鎌倉仏教の代表者、道元・親鸞、江戸封建幕府体制成立期の中江藤樹、同体制崩壊期の二宮尊徳、近代国家成立前夜の吉田松陰」[5]たちである。なぜ彼らが「傾倒的畏敬」に値する人物であるのか、下程が彼らに魅せられていったのはなぜか、これは日本の「精神史」研究をライフワークにしてきた下程の歴史観と日本人観を理解するうえで興味深い問題で、歴史を「鑑」に見立て、歴史上の人物との「対話」を通して人間の「覚存」を仕掛ける下程の教育人間学の深層を探る主題であると言えるだろう。しかし、ここではこうした性格の問題を検討する余裕はなく、差し当たっては、下程の二宮尊徳論によって彼の人間学の独特性を考察することに主題を限りたい。とは言うものの、下程の深く長大な尊徳研究を研究史的に跡づけてその全体像を描き出す作業はとてもできない。そうした作業は、以下で検討するように、かなり方法論上の工夫をこらさないと、それこそ通俗的な尊徳論と同じレベルで下程の研究を回収評価してしまう恐れがあるからだ。

四十余年にわたる下程の尊徳研究において、研究の方法や関心の所在は、尊徳像を巡る歴史状況の劇的な変換によって大きな影響を受けており、尊徳を語る筋立ての変化は、それ自体が戦後の我が国の教育思潮の動向を観察するうえでの興味深いテーマと言えるだろう。例えば、戦後の新教育の理念を生活中心の教育とみなして下程がそれを語る時、尊徳はしばしばデューイや福沢諭吉あるいはペスタロッチと並んで登場する。民主主義やヒューマニズム、平和民生論などの文脈において取り上げられる場合などもあって、その位置付けの仕方は尊徳研究者としての下程の教育観や生活観を知るうえで、また当時の教育言説の形態を理解するうえで興味深い問題を提示している（例えば『生活教育の根本問題』、一九五〇年）[6]。

尊徳研究の展開に即してみれば、最初の研究書『天道と人道』（一九四二年）から『二宮尊徳の人間学的研究』（前掲）を経て『改編天道と人道』（一九七八年）に至る過程が主流であるが、その間、先に触れたように、多くの教育関係書に尊徳が登場しており、その意味付け方も多様で必ずしも一義的とは言えない。むしろ、戦後の教育界にあって、否応無しに教育の現実に直面させられた下程が、教育を主題とする研究活動のなかで尊徳を教育学的な文脈で改めて位置付けようと試みる時、日本の戦中戦前の教育界においてきわめて明確に意味付けられた偶像である尊徳像と対峙した、いわば緊迫したネジレ関係と意味の落差をたえず自覚し、尊徳をめぐる言説に意図的に差異を仕掛けて、教師や親を相手に語らなければならなかったのである。単純な尊徳賛歌が通用する状況ではなかった。下程は尊徳解釈に新しい教育的文脈を挿入せざるを得なかったし、教師という新しい相手にわかりやすく語るための言説を開発しなければならなかったのである。

「歴史の曲がり角」に新しいものが出てくる、「時代の問題」は歴史の曲がり角に出現する、という下程の歴史観からすれば、戦後の一時期はまさしく「歴史の曲がり角」であった。歴史と人間にとって新しい意味が露呈してくる「場所」、典型論的に表現すれば「古人の面目千載新たなり」と言われる人間再生の時期にめぐりあわせた訳で、尊徳の面目を「一皮むいて」再生させる機会であったと言えよう(7)。

この意味で、下程は自らの尊徳研究の課題意識の一貫性を強調するのであるが、しかし、解釈する立場の変化という点からすれば、尊徳研究のスタイルが変化していることは否めない。その変化は、一般的な言い方をすれば、哲学から（教育）人間学への変換、尊徳に関する語りの変化、新しい文脈の発見であったと言ってよいだろう。この切り替えは、劇的なものではなく、下程の「人間学」研究、特に「教育人間学基礎学」の充実に対応して、つまり尊徳を語る言説が、教育の実践課題や新しい教育理論と出会うことによって、教育人間学の文脈において再発見される過程であったと言えるが、この過程はまた、戦後の新教育の理論を日本の伝統思想の言説によって語る下程の試みとが重なり合う場所でもあった。尊徳の思想を新しい意味付けで再構築する試みに関して言えば、その過程をどのように見立てるかは、当然のことながら戦後日本の思想や教育の展開というより広い地平での論議の対象になるところでもあって、それは下程個人のレベルに止まり得ないテーマを含んでいると言えるだろう。尊徳は、日本の教育界という場においては、すでに特定の筋立てで意味付けられているから、そうした状況において尊徳を語る場合には、かならず《なぜ今、尊徳なのか》という問いへの応答が必要であり、語り手の言説にどのような意味差異の仕掛けが備わっているかが問われるのである。研究対象の目新しさではなくて、すでに陳腐化している対象を語り直す解釈言説のなかに、新しい意味を発言（現）させる手立てが仕組まれているかどうか、である。またさらに、尊徳と教育を関係付けてきた教育言説（その裏面である陳腐化した尊徳批判も同様に）に対する変換の試みは、尊徳のみならず教育に関する語りに対しても別の局面を開く可能性がある。その意味で、こんにち尊徳を語るということは、きわめて注目すべき現象、つまりさらなる陳腐化かそれとも脱陳腐化かとの間に激しい摩擦を惹き起こすエネルギーを潜ませていると言える。こうした巨大な意味落差を惹き起こすことが出来る人物として、尊徳は例外的に強力な事例であり、最良のテキストである。したがって、下程の研究を論じる場合にも、彼がどのような意味落差の仕掛けを工夫しているかに関心を向けるべきであり、ここでは、こうした課題意識をもって、差し当たって下程がテキスト解釈の仕方を「哲学から人間学へ」どのように変換したか、この点に焦点を当て考察を進めることにしたい。

問題の所在を明確にするために、極端に単純化した手法であるが、『天道と人道』（一九四二年）と『増補二宮尊徳の人間学的研究』（一九八〇年）とを対比して、この二つの尊徳研究の類似と差異を吟味する方法で考察してみたい。もとより、私は二宮尊徳の研究者ではないし、彼についての知識は下程を通して得たものが殆どで、彼自身が書き残した文献の総てに当たっている訳ではない。こうした不十分な態勢で尊徳について論議すれば、それこそ下程の原典主義からすれば、許しがたい態度と叱責されることだろう。私の考察の焦点は尊徳思想の解明にあるのではなく、また下程の尊徳研究の批判や評価を目指している訳でもない。そうした研究内容に直結する考察をするのではなくて、尊徳を研究する場合の研究スタイルとでも言えるような、人間学的な方法論上の可能性について考えてみたいのである。下程が「教育人間学典型論」の展開において、人間学研究の方法論的態度として提起した「傾倒的畏敬」論に触発されたのであるが、その立場を継承する方向の試みとしてではなく、逆にそれとは異なった筋立てによって尊徳の思想を語ることができないか、という課題意識にたってみたい。考察の筋を予め示しておくと、すでに下程が『天道と人道』の序で「宇宙的光芒」を帯びたものと指摘している、尊徳の「言葉」に仕掛けられた特殊な意味開示の機能に注目し、その形態や指示機能を検討することに尊徳の人間学的研究の新しい可能性があるのではないか、という課題を提起したいのである。

②　尊徳の「言葉」

二宮尊徳（一七八七〜一八五六）というテキストにどのような意味を発言（現）させるかは、精緻な文献研究とともに、いや第一義的に読み手の立場や方法、解釈技法の工夫次第である。下程の場合、「日本にもこんな人間がいたのか」という驚き(8)を動機として、「日本的理想」の型を哲学的に探索することであった。この、人間への、そしてなによりも「日本人」への驚きこそが、下程をして「人間学」に向かわせた根本の体験であって、歴史上の人物との「対話」においていよいよその驚きを深くしていったのだろう。

下程においては、その理想型は超越を語る言説によってつねに意味付けられていた。尊徳の場合、その「一円相」の哲学は単に東洋的な形而上学としてではなく、超越的「天」が百姓の命を紛れもなく包んでいることを日常の生活態に即してつまり営農の技術的経済的な有用性として験証してみせる、言うなれば農耕体験的宇宙論であったと言えるだろう。超越が営農という生活土台と具体的に結び付けて語られ、すくなくとも農耕者にとっては、間違いなく対応していると実感されているのである。この点は下程が的確に指摘しているように、例えば江戸時代尊徳に先立つこと約一世紀、「不耕貪食の徒」を退け「直耕直織」の「自然真営道」を説いた安藤昌益（一七〇三〜一七六二）の農耕哲学は、直耕体験の哲学的な意味付けと卓抜した理想主義の発想において非凡な才能を示したものであり、「農耕哲学に関しては、尊徳とともに、その窮極のものをつかんでいる」が、その理想主義的な急進性のゆえに、「農民の生活の現実から考えて」「具体的に政治的経済的技術的な方策を講ずる経世家としては、ほとんど何一つ実践した形跡をとどめない」ため、尊徳の立場、つまりあの天保の大飢饉に際して農民の命を守る具体的な生活防衛のプログラムを提示し成功させた経世家である点で、両者は決定的に異なっているのである(9)。

この宇宙論が語られる場面は、封建的身分制度の枠組みの中で、荒廃した農地で飢餓におびやかされる頑迷な農民を相手にしてであって、彼らはきわめて「卑近」な体験を話題としてこうした宇宙論を聞いた。この「一円相」の宇宙論は、極貧の農民の生活に直結した有用性があり、耕作人として心情的に納得できる内容のもので、生活指針として規範的な価値をもっている、言うなれば、きわめて多義的な意味を孕んだ「体系的」言説であった、あるいは、生活現実を多義的に見立てさせる発見的な言説装置であった、と言えるだろう。この意味で注目されるべきは、「一円相」の哲学における言説の壮大さやイメージの深遠さではなくて、むしろ尊徳が語る相手であり、語りの場面であり、語りの様式と話題という事例の使い方など、彼の哲学や宇宙論が出現してくる発話場面や語りのスタイルや道具だてなどである。彼の思想が「実際的な」自然哲学の性格をもつと言える根拠のひとつは、それが語られる場面と語りの様式と生活事例の使い方にある。丁度、異文化世界をフィールドにする言語人類学者が、発話場面と語り言葉が一体となってその社会の意味秩序を表現して分節させていると考えたように、尊徳の宇宙論的な言説を理解するためには、それに特徴的に認められる実際性と多義性、あるいは日常的卑近性と形而上学的思弁性など、独特の仕方で意味を相互に嵌入させる言説の仕組みを明らかにすることが必要であると思う。

例えば尊徳の門人富田高慶の『報徳論』に次のような記述がある。

「その言、至近にして深切著明、常に眼前の事物を離れず、もしそれを拡げてこれを充たせば六合（宇宙）にわたりてのこすなし。故に、言の近きものは、愚夫愚婦といえども、これをきいてみな懐（こころ）に了然たるを得、しかして至遠のものは、すなわち知者といえども、よく得るなし(10)」。

尊徳は、塩売や百姓女の言葉が「天理自然」を語るものとしてしばしば書き留めていたと言われるが、自然と人間を「天地不書の経文」[11]に見立て、その意味を読み取り、それらを言挙げる筋立てを称して「一円相」としたのであって、それは愚夫愚婦が納得した「言」と異なるものではない。「至近」と「至遠」を結び両者を自由に組み合わせ、相互の類似性や隣接性によって意味論的な連関の妙味を「一円相」として物語り、包摂と外延という関係性のカテゴリーを使って物と意味との関係を自在に創造して、通念的な文脈を変換して見せたと言えるだろう。「尊徳は、世間の考え方から逸れるはおろか、しばしば逆の考え方をしている」「こちらからだけでなく、むしろ向こうから考える」[12]、この種の思考様式（それが「一円相」の哲学でありまた「一円仁」の倫理である）によって語っていたのである。

「一円」的な言説を組み立てる仕掛けの巧妙さの点で、下程が指摘する通り、尊徳の発話技量は抜きん出たものがあった。特に譬喩を生み出す直感的な能力は、「一円相」のイメージで現実の意味をゆたかに分節して、世間的意味を根源的に変換させる物語を創作する技として冴え渡っている。その語りはまさに「愚夫愚婦」の腑に落ちる覚存（めざめ）言説のモデルであると言ってよいだろう。思想家としてまた教育者として尊徳を語る時、門弟たちが伝えているように、彼の語りにふんだんに仕組まれている意味変換のための巧みな譬喩に注目しなければならない。尊徳は「至近」と「至遠」を自在に往復循環して巧みに意味を演出する、語りの練達者であったと言う点で、営農土木技術を開発して普及させるすぐれた技能教育者というよりも、むしろ農民の「心田」を言葉によって開発するすぐれた教化者であったと言えるだろう。

しかし、この尊徳が自らの思想を書き言葉で残した書物を開いてみると、様相は一変する。例えば、尊徳門下の宝典と言われる『三才報徳金毛録』[13]は、冒頭に、大極之図として「○」を示しその下に「万物の化生は、大極を以て元と為さざると云ことなし。傳に曰く、天地未だ剖れず、陰陽剖れざる時は、混沌鶏子の如しと云う。」（原文は漢文）と記して、以下この本は、この「○」を使って十五の図と十六の「解」と一つの「訓」と「幼童諭之歌十二首」を載せている。全編「〇」を土台にして、これに象徴的な意味を帯びた文字や単語を配置して、詩句のような短文が添えられている。これらの図像と「言葉」によって、自然と生命、人生と国家と農耕とを一元「〇」的に解釈してみせるのである。この図像言語を日常の言語用法で直接読み解くことは容易でない、というよりも、その意味を理解することは殆ど無理ではないかと思う。

同様に、『万物発言集』(14)の場合は、冒頭「夫元一円混沌也、混沌清濁して天地となる。日月あらはれて昼夜をわかつ、雲発雨を降す云々」の天地開闢論ではじまり、天道と人道の原理と両者の関係を「天地人一円融合」の論理として説明する。その言説の形態は例えば、「天道は受に与し施に与す、人道は受に与し施を悪む、天道は楽に与し苦に与す、人道は楽に与し苦を悪む（この文節では、以下天道と人道とを対にした同形式の句が二十五対続く）」という短文対句の形式であったり、「天地〇是也　日月〇是也　男女〇是也　夫婦〇是也　親子〇是也（以下七十五の「〇是也」が続く）という同意反復形式のもので、この種の表現がこの著作の基本である。

こうした、同形式の対句を連ね、図像に短文を交え、短句相互の類似と差異を表現するのみで、説明的な言説を排除する形式を尊徳は駆使している。尊徳は言葉に通常とは違った力をもたせ、特別の意味を効果的に語らせるために、言葉にたいして特殊なデザインを施しリズムを与えそれの型や位置関係を単位化して、ある法則的文脈に布置している。書き伝える意味内容に対応した言葉の型を創作し、その図式的型が惹き起こした言葉の差異的な配置によって「一円相」の新しい意味連鎖を出現させるのである。このように考えると、尊徳の言語観や「一円相」を組み立てる言説の型のうちに、営農仕法における技術的道具的な型の発想を読み取ることができないか。これは内容の点のみならず、型によってものを造るという思考の様式の典型として理解することができるのではないだろうか。彼の思想を「書かれざる体系」と呼ぶ場合があるが、その意味は、書かれているけれども読み手次第で意味を現したり隠したりする、そのようにデザインされた言説の織物であるという意味だろう。では、下程はこのような読解困難なテキストにどのような方法で挑んだのか。

『天道と人道』のねらいは、その序で述べられるように「二宮尊徳に於ける哲学的思想の叙述を企てるもの」[15]で、その主題は「尊徳の世界全体を貫く『見えざる』主体的統一を把握すること」にある。尊徳の哲学とは、「複雑多岐を極める崩壊期の歴史的現実の間に処して道をきずく『即物的主体性』の立場に於いて自づと現成し来ったその哲学は、心身一如的に『天地人』を『一円の相』の下に把握するもの」であり、「物我一如天人一貫的なる即物的主体性の立場」において力動的一体的に体認把握された実在は、「物心一如的構想力的統一に託して自由に表出したのであった」、と言う。そして、尊徳の思想を「哲学」的に理解するためには、「我々は方法的にも『一円行道』の立場を要求せられる」として、この研究が、尊徳が工夫開発した「一円行道」に導かれて、「唯一実在界の『言葉』に参入する哲学的思索をすすめる」行道であること、尊徳の「言葉」こそは「天人一貫的に宇宙的深底に通ずるもの」、尊徳という人格よって「宇宙的光芒」が加えられた言葉であって、それによって「超越的統一」の言説が創作されたと考えられている。

「〇」において万物を象徴的に形象化せんとする尊徳の「論理」で構成されたテキスト世界に参入する方法は、図像「〇」言語が開示する意味を「哲学」的に読み解く、文字通り意味解釈の仕事である。確かに、尊徳の著作には、仏教、特に禅宗の用語や、儒教のなかでも『大学』や『論語』の語句さらには日本の古歌を引用してそれらを詠み替えた語句などが散見されるが[16]、これらの語句や用語の系譜を思想史的にたどる試みは、報徳の至誠を修証するものとして言葉を紡ぎ出した尊徳を理解するために、さして有意義な方法とは思えない。そうではなくて、直截に彼の図像言語を解明する方法を工夫しなければならない。愚夫愚婦が体認して納得した意味世界であるが、それをテキストの図像言語において理解するためには、下程が試みたように、それに対応した言説の仕組みを工夫する必要がある。

③　下程の「哲学」的尊徳論

『天道と人道』の本論の構成は、天、天道界、地、意識界、人、人倫界、の三部十三節からなり、後論は物徳開発と呼ばれ七節に分けられている。この構成をみれば明らかなように、「天」は、「〇」を一円無極の形而上学として理解し、自他、天地、物我、要するに万物を一如相即的（相互帰入、相互転入、上下交流）に一円相の下に解釈したものであり、「地」は、「天地の気」の偏りによって発生する身体我を中心に意識や精神を論じて「人道の自然」の態を明らかにした部分、最後の「人」は、「開闢元始の道」によって「人為（ひとため）」の報徳道を説き明かし、それが宇宙論的根拠に由来する「一円仁の道」である、と。このように、本書はどこまでも尊徳の立場を一円相の哲学として「体系的・論理的」の再現をしようとしたもので、あの躍動して変転極まりない「〇」の世界をとらえるために下程が工夫した仕掛けは、それをほとんど常套句化している下程の用語法で特徴づけるならば《一如・相即の論理》とでも呼べるもので、これでもってあの「〇」を中心にデザインされた言説模様を読み解こうとした。

下程にとって尊徳の「言葉」は、まずは宇宙的な統合を語る形而上学的言説であって、尊徳の内面的体験を語る独話言説（日記、書簡、悟道記録など）を主要なテキストと見なし、門弟たちが残した『夜話』や『語録』などの対話言説は研究の有力な資料ではあるが、「其等は折りに触れての教育的感想的断片として時として余りにも通俗性に偏し」、資料価値としては前者の比でない、と判断している。「本書は七十年の即物的実践によりて達成せられた『言葉』としての二宮尊徳の哲学のみ」に限定した研究である点を強調している。[17] 確かに、尊徳への「妄信、狂信」が横行する時代状況において尊徳の思想を学問研究の対象にする場合、テキストの選択と研究方法の厳密化は当然で、下程が尊徳の自筆文献の「言葉」に可能な限り限定して考察しようとした姿勢は一般論として重要であると言える。のみならず、先にみたような特殊にデザインが施されたテキストとして尊徳の著書を見立てると、このテキスト選定は、尊徳研究の方向を決定するほど重要な意味をもつことになる。

自著として挙げられる主要なものは、三才報徳金毛録、大円鏡、空仁二論稿、一体三行録、万物一円鏡草稿、百種輪廻鏡、天命七元図、三世観通悟道伝、万物発言集、報徳訓、悟道草書帳、天禄増減鏡、農家大道鏡、三才独楽集（『解説二宮尊徳翁全集、生活原理篇』より抜粋）などで、なかでも尊徳の思想を最もよく表しているのが『三才報徳金毛録』（一八三四年）で、下程がこれとともに注目するのは『万物発言集』である。いずれも、先に引用したように、図像と短句とが巧妙に組み合わされた図像言語（言説）であって、それが表象する意味を理解するには、それがどのような種類の言語（言説）であるかを分析する作業が必要である。

例えば、記号論的な三分法である、イコンとインデックスとシンボルという三つの記号作用が複合的に使われて表現形式としてこのテキストを見立てることが出来る。とすれば、尊徳の図像言語は人類学的記号論の興味深い対象として登場することになる。また、「象徴作用は類似性と隣接性を動機づけの原理」としているとするレトリック論の立場からすると、象徴の作用は隠喩や換喩と深い関係にあるから、尊徳の図像言語（言説）を隠喩論によって解釈することができるだろう。[18] 通常の言葉の形式では語り得ぬ「根源的なるもの」を言い表す場合に使われる譬喩法や撞着語法といったレトリック論を手掛かりにして尊徳の「一円相」世界に参入することが方法的には可能であると思う。この意味では尊徳の言説は、その自筆と門人の語録とをセットにして、興味深い人間学的なレトリック研究のテキストであると言えるだろう。

尊徳の一円相の思想は「書かれざる体系」「不言不書」の体系と呼ばれ、それを哲学の概念に組み替えて体系的に取り出して理解することが可能かどうか、尊徳解釈の根本的な問題がここに姿を見せていると思う。つまり、尊徳の図像言語を解釈して、図・言が一体となって発現させている意味世界を哲学的「体系的」に語るために必要な言葉の仕組みが工夫されているかどうか。下程の使った《一如・相即》の哲学的論理は、尊徳の図像言語を解釈するひとつの装置であり、その難解さは苦心努力の証であったと言える。この場合に、下程の試みで明らかにされたのは、尊徳が編み出した独特な図像言語とそれで表現しようとした意味世界を理解するには、どうしても彼が造り出した「言葉」の仕組みを開明するコードを発見しなければならないという、尊徳研究独自の課題である。

いずれにしても、尊徳が仕掛けた「言葉」の特性の開明が必要なわけで、下程は勿論その点に気付いていたが、しかしそれは「天人一貫的に宇宙的深底に通じる」という超越的規範的な性格を強調するあまりかえって、図像言語という型が仕掛けている意味変換の働きへの関心を弱いものにしたと言えるのではないか。尊徳は自著において、通常の教説の形式ではなくあえて図像言説を選んでいるのであって、この型によってしか自分の思想は表現伝達できない、という思想表現の立場を明確に示しているのである。この主張を尊徳解釈では忘れてはならない。

尊徳の門人は、丁度芸道や武道の奥義書の多くが象徴的な詩句や図像として伝えられたように、営農者としての生活体験によって尊徳の図像言説を読み解いたと考えられる。尊徳の図像言説は営農生活者の体験を意味付け、その日常を意味分節させるいわば意味発見の装置であった、と同時に、その図像言説の性格は高度にコード化された抽象的図式であるにもかかわらず決定的に読み手依存的でもあった。この意味からすると、門人たちが残した『報徳論』（富田高慶）、『二宮翁夜話』（福住正兄）、『二宮先生語録』（斎藤高行）などは、象徴的な図像言説を読み解く解説書ないし翻訳書の役割を果たす作品であって、これらの手引きなしに尊徳の世界に到達するのは極めて困難と言わねばならない。これらの作品は尊徳言説の意味を発見する役割だけでなく、聞き手によって再現された尊徳の言説それ自体がすでに再現というかたちでの創造的な働きを十分に演じているのである。この点で興味深いのは、『改編　天道と人道』では付録として「門人筆写直談集」が加えられ、あまり知られていない三編の筆録がおさめられている。それらはいずれも、尊徳の「生の言葉のリズムがさながらにつたえられている」と解説を付け、一円相の哲学の言説が解読された事例として提示されている(19)。

尊徳の図像言説開明のために下程が用いた言語装置（ここでは仮に《一如・相即の論理》と名付けた）は、日本の伝統的な神儒仏の思想についての豊かな知見と現象学にみられる近代哲学との化合によって造り出されたもので、それは確かに一方において、尊徳崇拝主義の妄想と狂信から尊徳を救い出し、新しい哲学的文脈においてその思想を再構築する役割を果たし、尊徳再発見の先駆となった。が他方で、この『天道と人道』の試みは、下程のその後の尊徳研究が雄弁に語っているように、尊徳解釈の方法面では、哲学的体系化を志向するあまり図像言説によって形象化された「○」の象徴的でありイコン的でもある非言語的な意味世界の趣——尊徳はそこを譬喩で語っている——を言説の型の問題として検討する余地を失わせてしまったと言えるだろう。

しかし、尊徳研究における資料「原典主義」の立場は、下程の関心を尊徳が文字通り心血を注いで作り上げた多数の仕法書に向けさせ、そこで繰り広げられる新田開発や土木治水をはじめ農村復興の技術的経済的な開発プログラム策定の「雛型」をつぶさに検討して、この技術的実務的なレベルでの卓越した技量の持ち主として尊徳に出会うのである。後述するように、尊徳の仕法書への強い関心とそれらを単なる営農上の技術書と見なさず、一円相の哲学と関連させて「天理自然の理」を表した書、即物究理の結晶と見なすのである。この、技術的哲学的な生活人という尊徳像が、戦後の教育界において下程が新教育の「生活中心」の人間観と出会う時、クローズアップされてくる。尊徳が残した実務的な仕法書の行間に哲学を読み取っていた下程の理解の深さと研究者としての自負が、戦後の尊徳像の解体と抑圧の風潮の中で尊徳研究をもちこたえさせ、日本人と生活と教育とを結ぶ語りの筋立てを造り出させたと言えるだろう。教育論との関係で注目されるひとつは、尊徳の教育観が、例えば「心田開発」に見られるように「農耕モデル」や「植物モデル」論に類した教育論で解釈されやすいが、しかし尊徳においては、こうしたモデルにつきまとう楽天的な生育援助的な教育観はない。つまり天道ではなく「人道」としての教育であって、その身体論（「米食い虫」たる人間は「作為の道」で「身を立てる」）に典型的に表れているように、「育」ではなく、その「育」を可能にする技術的開発的あるいは民生的な「養」のニュアンスが強いと思う。

④　尊徳研究試論（レトリックの仕掛け）

ここで少し尊徳の語りの特徴である譬喩について触れておきたい。尊徳の語りが「至近」を話題とするためそれが卑俗な日常の生活道徳の説教の域を出るものではない、と見なされる場合が少なくない。しかし、尊徳に言わせれば「教は、分明にわかるをもって是とす。むつかしく、衆人わかりがたきは、用に立たず。教の足らぬなり。」（『報徳見聞記』）であって、聞き手が「分明にわかる」教を工夫すること、彼の場合であれば、農業の生活に即して一円仁の道行を教えることであった訳で、そこで使われた語りの手法は諷喩であって、これによって尊徳は生活の個別的な「多」現象と宇宙論的全体としての「一」とを「円」的関係において意味論的かつ実徳的に結び付けたのである。例えば福住正兄の『二宮翁夜話』（岩波文庫）を一読すればすぐに気付くことであるが、「譬ば」が至るところ（巻一で十六カ所）に使われている。有名な譬えに水車の譬喩がある。

「翁曰夫人道は譬ば、水車の如し、其形半分は水流に順ひ、半分は水流に逆ふて輪廻す、丸に水中に入れば廻らずして流るべし、又水を離るれば廻る事あるべからず、（中略）水車の中庸は、宜き程に水中に入て、半分は水に順ひ、半分は、流水に逆昇りて、運転滞らざるにあり、人の道もその如く天理に順ひて、種を蒔き、天道に逆ふて艸を取り、欲に随て家業に励み、欲を制して義務を思うべきなり[20]」。

これは水車を語ることで「人道」と「天道」の関係を示したもので、半分は天理（欲望）にしたがって稼業にはげみ、半分は天理を制御して「人為」の道を歩むこと、つまり天道と人道とが相互に背反しながら循環する「一円」的関係にあることを教えた話で、レトリック用語を使えば「アレゴリー（諷喩）」である。「諷喩」とは、辞書的に説明すれば、「あることを語り、別のことを意味する」と定義され、それは古くから「持続された隠喩」と呼ばれ、隠喩と関係する文彩とみなされてきた[21]。さらに「隠喩」については、これはさまざまな定義があるが、基本は、類似性に基づく「見立て」であると言われ、隠喩を特徴づけるのは「意味の移動」である。要するに隠喩の本質と呼ばれるものは「非常に矛盾した二つの原理つまり『類似性』の原理と『意味論的カテゴリー侵犯』（差異性）の原理とから成っている」のである(22)。

尊徳に即して言えば、水車を「人道」に「見立て」、水車の形と運動の仕組みを語ることで「○」との「類似性」を表現して、「水車の中庸」というカテゴリー違反を演出するのである。一見平凡にみえる「見立て」方である。しかし、「水車の中庸」という意味論的な衝撃を惹き起こす力をこの語りは備えている。この語り方はいわば新しい「類似性」の発見であって、この発見によって、今度は世界の万象が「一円仁」の規範的意味秩序に「見立て」られるのである。尊徳が語る水車のアレゴリーは、世界の意味を変換させる、いわば意味発見の仕掛けであると言えるだろう。こうしたレトリック論の立場から尊徳の水車言説を吟味してみたい。

水車の丸い形と水流に程よく沈むバランスと半円対立的円環運動などは、尊徳の一円相の世界を表現するメタファーのネットワークである。水車の形、運動、作用、仕掛けなどいずれの部分からでも一円相の世界への類似や隣接の関係を作り出せる。例えば、水車の丸い形はもちろん尊徳の言う「○」に対応しており、知覚できる具体物によって根源な宇宙の理法をイメージさせ、しかも、水車の動き方や仕組みや機能など水車という実体の運動によって、「○」に運動を与え、その運動が意味世界の一円「行道」を引き出すようになっている。

水車の譬喩は、「○」が単なる空間概念ではなく、絶えず循環して停滞することがない「不止不転」の一円運動を指している。この一円回転の運動イメージは、さらに実在が有／無に上下変転するものであること、認識において人間は「半円の見」の制約を免れるものではないこと、人道と天道とが背反的な一円関係のあること、などを類推して説明する仕掛けとして使われる。「水車→回転→循環→《実在・認識》の説明→一円運動の相の下での存在」、この認識過程を水車の諷喩という物語が切り開いていく訳で、この語りには実に複雑な仕掛けが隠されていて、それが先の引用文の内容を理解しやすくしているのである。

この言説の主題は、水車が水流に接するその境界面を語ること、「水中に入れば廻らずして流るべし、又水を離るれば廻る事あるべからず」という、水車が回転できる条件の微妙な彩を語ることにある。回転のエネルギーを生み出す水流との微妙な接触の仕掛け、入れば廻らず、離れれば廻らず、この「宜き程」の狭間で回転の力を生み出す水車の構造を語ることによって、その譬喩が開いた意味空間に読み手が「人道」を挿入できるように、語りの仕掛けが工夫されている。そのためには、まず水車を巧みに語ることが必要である。水車の丸の形を強調してその視覚的実体としての丸が、「類似」関係によって意味世界へと転移させられ、「それ」が「〇」としてイメージ化される（隠喩の仕掛け）。と同時に、「回転」という動きの概念との「隣接」関係によって「それ」を水車のように回転するものとして語り（換喩かそれとも隠喩）、「それ」を円環的な運動のイメージで捉えさせる。さらに、水車は水流に従うが、半分は「水流に逆昇りて」回転する。この水車の運動の一部分をとりだしてその部分でもって水車の機能を代表させ、この逆昇運動のイメージを誇張して「それ」の運動との「類似」を際立たせるのである。つまり、「それ」は水流という自然の流れに従いながら、その従う運動によってその自然の流れに「逆ふて輪廻す」るエネルギーを獲得している。回転する水車の姿を、矛盾した逆説の状態に見立てそれをクローズアップして、その逆説の部分を天道と「それ」との関係を語る言説に重ね合わせているのである。

もう一歩進めると、水車に回転を与えて逆昇の運動を可能にして水流を制御して利用する技と知恵という、水車にかかわる人間の営み全体もまた、「それ」を指し示しているのである。水車の語りが水車とは全く異なった「それ（人道）」領域に移行する意味変換が、この言説には仕組まれている訳である。尊徳は「水車の中庸」という表現を使う。「水車の中庸」は意味論的に見れば範疇違反であるが、水車に回転を与えて停滞させない「宜き程」が「水車の中庸」なのであるが、水車において物証された「中庸」のリアリティーは、水車によって人道を語る譬喩の仕掛けによって、人道の範疇へ軽々と転移することができる。尊徳が愚夫愚婦をもよく納得させたと言われるのは、言うまでもなく農民の生活感覚に根を下ろした農耕言説を譬喩として自らの思想を語ることができたからであるが、しかし、彼を実際的な思想家として際立たせている才能は、類似性や差異性を発見してそれを「至近」の言葉で語ることによって、聞き手の認識の枠組みを変容させたこと、「持続された隠喩」としての「諷喩」の巧妙な使い手、語りの練達者としてのそれであったと言えるだろう。

⑤「人間学」的な尊徳解釈

『増補二宮尊徳の人間学的研究』と『天道と人道』の間には、四十年近い年月があるが、それは尊徳研究史においては尊徳像を劇的に転換させる歴史の過程でもあって、先に下程が分類したように、さまざまの尊徳論が登場してくる。もし、尊徳を「江戸時代から明治の日本にわたる最も生気ある要素をその一身にたたえた人物」（R・N・ベラー）[23]と評価して、「実に尊徳の思想は明治維新までの神道・仏教・儒教の独自な日本的文化総合である」[24]（下程）と見なす立場が構築できるのであれば、尊徳研究はすでに新しい局面を迎えていると言えるかもしれない（この当たりの事情は私には不明である）[25]。下程の研究に即して言えば、この間、日本倫理思想史、教育哲学、生活教育論など、広い意味での教育人間学の立場から尊徳の思想研究に取り組むが、基本的な論点と評価の仕方は、先の『天道と人道』での「哲学」的解釈のそれを継承したものと言える。とはいえ、例えば『改編　天道と人道』では、前著の内容を中核にしているが語調は平明なものに変えられているし、「天」「地」「人」というタイトルも消えて、現代の時代性を映した話題を織り込んだ内容に変わっている。とりわけ目につくのは、尊徳の自筆書以外に門人の記録である『夜話』『語録』『夜話残篇』その他の講話筆録、手紙などを多用して、尊徳の教説が具体的事象に即してより多様に、「聞き手」の文脈において語られている点で、その工夫は、この『改編』に「門人筆写直談集」が付録されていることからもうかがえる。さらにここでは、尊徳自著以外の門人たちの筆録はもとより、尊徳の思想に深い関心を寄せた人物たち例えば内村鑑三、留岡幸助、井口丑二、石井十次、幸田露伴、佐々井信太郎など、まさに尊徳論の系譜をつぶさに紹介して、多様な文脈で一円相の思想と実際が語られてきた経緯の紹介に努めている。『改編』と『増補二宮尊徳の人間学的研究』とを比べるとこの二著にはかなり大きな相違が目につく。それは尊徳の見立て方の違いと言ってよい。つまり、前者はどこまでも尊徳の思想を哲学的体系として見立てた原著の「改編」であるのに対して、後者は「人間学的研究」と名付けられているように、尊徳解釈の仕組みが工夫され視野の拡大が図られている。一つは、「『神儒仏正味一粒丸』――日本思想史における二宮尊徳」（原書・第八章）というタイトルで、尊徳を日本思想史上にはっきりと位置付けた点である。ここでの下程の論点は、大学生時代の中江藤樹研究から『日本倫理を貫くもの・まこと』（一九四四）、『伝統と反省』（一九四八）を経て最晩年の著書『日本の精神的伝統』（一九九六）に至る間、文字通り一貫して探求してきた日本精神史研究（それは「至誠」「まこと」の研究と言ってよいだろう）という主題を尊徳において展開したものである。この分野における下程の研究内容とその評価は今後明らかにされる必要があると思う。

二つめは、尊徳を理解するためにそれを見立てる装置を示した点で、この論点の導入こそ「人間学的研究」という書名がついた根拠であったと思われる。それは「二宮尊徳における『人間の条件』」（原書・第二章）において、マンフォードにならって「人間の条件」という概念を使って、四つの人間的な力、つまり「つながる力」「はたらく力」「味わう力」「もちこたえる力」を取り上げ、そのおのおのが尊徳の思想と生活にいかに出現しているか、が検討されている。尊徳を「人間の条件」という文脈で語り直すとともに、尊徳の言動において「人間の条件」の具体的な姿とイメージを読み取って、それを人間の「典型論」として語ろうとしたのである。「人間の条件」という四つの力は、下程が発見した人間の存在論的要件であって、この条件（語りの筋立て）を組み込んで人間と教育が語られる時、教育人間学の理論が構築されるのである。それらは「人間」教育が成立する教育のトポスを示したものので、下程の「教育人間学基礎学」の骨格をつくる用語であったと言える。(26)

三つめは、『増補二宮尊徳の人間学的研究』において最も注目されるのは、それが尊徳思想の解説と賛美と資料紹介に終わらず、テキスト解釈の仕掛けつまり「見立て」が工夫されていることである。先の「人間の条件」はその工夫のひとつであるとも言えるが、この「見立て」をはっきりと打ち出して解釈している部分が第四章以下である。「民政家としての二宮尊徳」（原書・第四章）では、さらに「農政家としての二宮尊徳」とに二分節されている。原書・第五章「仕法家としての二宮尊徳」では「技術人としての二宮尊徳」「政治家としての二宮尊徳」「経済人としての二宮尊徳」に二分節、原書・第六章「教育者としての二宮尊徳」では「報徳教育」の理念などに二分節、という構成である。こうした「として」という見立てで語る方法は特に目新しいものではなく、むしろ陳腐な手法であって「研究書」などでは避けられるスタイルではないかと思う。

本著では、「二宮尊徳の哲学」（原書・第七章）で『改編』の内容をほぼ踏襲して『天道と人道』以来の研究が載せられているが、その前後にこの「として」と「思想史における」とが配置され、全体として、尊徳というテキストとの距離がはっきりと示され、尊徳がそれぞれの「として」に応答するかたちでより多義的な文脈でその言説が発見的に語られていると言える。これは一円相を哲学的体系に見立て、その体系を語る目的で尊徳の言葉を一義的に解釈しようとした前著とは対照的で、新しい文脈において人物を蘇らせる方法として、「人間の条件」の文脈やレトリカルな見立て「として」などが使われているのである。

ところでしかし、ここで使われる「として」には、尊徳の場合のように、類似や隣接の原理によって隠喩が仕掛けた意味論的な衝撃を惹き起こす力は強くなく、意味偏差が少なくて意味変換の活動は見えにくい。「として」が、先に見たように、類似性と差異性という矛盾した原理を内蔵していると、意味のずれや葛藤や争奪が惹き起こされるが、類似性のみの「として」は発見的な働きは低調で、むしろ、尊徳の特性を手持ちの通常文脈に応じて強調するという「同語反復法（トートロジー）」の性格のものであると考えたほうがよい。（この類似において差異を発見するという仕掛けは、下程の場合、レトリックのかたちとしてではなく人間存在の「逆説的二重構造」として理論化して取り出されていて、例えば尊徳においては「忠勤を尽くして其の弊を知らざれば、忠信に至らず。忠勤を尽くして其の弊有ることを知れば、必ず忠信に至る」（『三才報徳金毛録』）にみられる、「忠勤の弊」の解釈や、吉田松陰の場合では「狂」における「妙」の発見などに典型的に認められる。この二つの事例は、下程人間学の基本的な言説装置である「逆説的二重性」が見事に作動して発見した人間の「真相」であると言えるだろう。これは、語と語の間で働く撞着語法とはちがって、文以上の単位で働く逆説法であるが(27)、両方ともに意味論的な衝撃を狙ったものである。本論ではこの部分にこれ以上言及することは出来ない。）

そうだとすると、その語法の効用はどこにあるのか。尊徳を肯定的に語る文脈においてのトートロジー効果とは、尊徳を語ることで注意を喚起すること、つまり農政家、政治家、技術人、経済人、教育者などに関する言説や通念に対して「同類」から注意を呼び起こすことである。「として」を同語反復の意味合いで理解した場合、下程の尊徳論には、例えば教育者の在り方を再定義する意図が含意されている訳で、これは、「教育人間学典型論」の「典型」の発想に通底していると言えるだろう。

「として」のレトリック効果をトートロジーと見なす場合、そこから人間に関する言説のひとつのスタイルを描くことができるが、しかしその見立て方も相対的なものである。例えば、「として」によって分節された尊徳像はもはや特定の人物ではなく、むしろ「として」の文脈で語りだされた部分をイメージアップしてそれらを集合した尊徳像にほかならず、したがって、「として」の総和としての《尊徳》は、部分を包摂する全体「類」概念で、その内部に教育者、技術人、経済家などの概念を含んでいて、もはや個別的ではない。他方、「として」のひとつである「教育者」は、当然《尊徳》性以外の別の特徴を多くもっている。したがって、《尊徳》と教育者との関係は二重になっていて、「として」が増加するにしたがって《尊徳》は細分化され一般的な「教育者」との関係は弱くなる、逆に、「教育者」の属性が増加すればするほど《尊徳》との関係は薄くなるが、「教育者」概念は拡散して曖昧になる。

このように考えると、下程が提唱する「典型論」は、言うまでもないが、特定の理想的人間像の提示を意図したものではなく、個別と一般や種と類の関係を作る媒介的な働きをする言説で、個々の人物に関する語りの中に隠喩として「人間の在り方」が隠されていると思われる。尊徳は巧みな譬喩によってこの関係を語った、と思われるが、その語りを下程が「偉大なる対話」における「よき聞き手」として創造的に再現して、尊徳の語りの様式を継承してテキスト化してきた。私たちは、そのテキストが開いた世界を解釈しなければならないが、その場合、下程の尊徳研究が提起した図像言語解釈に必要な言葉の仕組みを発明することは、人間学研究の中心課題であると言えるだろう。

注

(1) 皇紀夫・矢野智司編『日本の教育人間学』玉川大学出版部、一九九九年、一二六頁。下程の教育人間学の誕生の経緯とその理論的な特徴については、本書の「下程勇吉の教育人間学――教育人間学の誕生と展開」を参照。
(2) 下程勇吉『増補二宮尊徳の人間学的研究』広池学園出版部、一九八〇年、七九一頁。
(3) 下程勇吉、同前書、七九五頁以下。
(4) 下程勇吉、同前書、七九八―八〇〇頁。
(5) 皇紀夫・矢野智司、前掲書、一二七頁。
(6) 下程勇吉『生活教育の根本問題』黎明書房、一九五〇年。
(7) 下程勇吉『教育の場としての人間』全人社、一九五九年、一八二頁以下を参照。
(8) 下程勇吉、前掲『増補二宮尊徳の人間学的研究』七八五頁。
(9) 下程勇吉、同前書、一九八頁。
(10) 富田高慶『報徳論』（『増補二宮尊徳の人間学的研究』六九頁より引用）。
(11) 福住正兄筆記・佐々井信太郎校訂『二宮翁夜話』岩波文庫、一九四一年改版、一九頁。
(12) 下程勇吉、前掲『増補二宮尊徳の人間学的研究』九三頁、九五頁。

(13) 二宮尊徳『三才報徳金毛録』以下二宮尊徳の引用は『解説二宮尊徳翁全集』（同全集刊行会、一九三七年）による。同全集「生活原理篇」一七頁以下。
(14) 二宮尊徳『万物発言集』（『解説全集』「生活原理篇」）二五一頁以下。
(15) 下程勇吉『天道と人道』（岩波書店、一九四二年）序一頁から四頁。
(16) 古歌や諺を借用・引用しての読み替えは尊徳の得意にするところで、これはレトリック論でいう「引喩」であり、他のテキストを変形させてテキスト間の交流を演出する言葉の創作や遊びの手法である。
(17) 下程勇吉、同全前書、凡例一頁。
(18) 野内良三『レトリック辞典』国書刊行会、一九九八年、一四二頁。
(19) 下程勇吉『改編天道と人道』龍渓舎、一九七八年、二五五―三四三頁。
(20) 福住正兄、前掲書、二一一頁。
(21) 野内良三、前掲書、二七七頁。
(22) 野内良三、同前書、二七頁。
(23) 下程勇吉、前掲『増補二宮尊徳の人間学的研究』八〇二頁。
R・N・ベラーの「聖者としての精農、二宮尊徳」からの引用と思われるが、原文との照合が出来ず下程の文をそのまま使った。本書ではベラーへの言及は三カ所ある。
(24) 下程勇吉、前掲『増補二宮尊徳の人間学的研究』七九二頁。
(25) 最近の二宮尊徳研究の動向については、大藤修の論文「戦後歴史学における尊徳研究の動向」（『尊徳開顕――二宮尊徳生誕二百年記念論文集』同記念事業会報徳実行委員会編、有隣堂、一九八七年）に詳しい分析が試みられている。ここでは、下程勇吉や佐々井信太郎などの尊徳研究を、尊徳研究の古典的名著と位置付けて、次のように述べられている。「ただ、これらは尊徳の精神を現実社会にどう生かすかという観点に立った論考のため、歴史研究者からは、護教論的な超歴史的見解という批判が浴びせられてきた。しかし、こうした類いのレッテルはり的批判は不毛であろう。どういう立場からの研究にせよ、それが学問的手続きを踏まえて立論されているか否かが問題なのであって、尊徳の思想と実践に何を学ぶかという立場からの研究も、一つの立場として容認されてしかるべきである」（二〇二頁）。また、「戦後、歴史家の手になる尊徳についてのまとまった著書としては、僅かに奈良本辰也氏と守田志郎氏が一般向けの評伝として書かれたものがあるくらいで、具体的な実証に裏付けられた体系的な研究書はいまだ出されていない」（二〇三頁）と述べられている。

(26)「人間の条件」について下程は多くの著作で言及しているが、最もまとまった形のものは『宗教的自覚と人間形成』（広池学園出版部、一九七〇年）の第六章「人間存在の基本構造」（九五頁以下）だろう。ここでは、尊徳の天、人、地の原理に即して「人間の条件」の図式化を試みている（図参照）。ここでも「もちこたえる力」「はたらく力」「しみじみ味わう力」を挙げ、これら三つの「力」を統合するものが「つながり」の場である、と言われ、これらの条件の体認と成熟が「全人教育」の主題と考えられている。この章は、下程の教育人間学の基礎学と典型論とが融合して、彼の人間学の構造が特徴的に描かれた注目すべき場所であると思う。

(27) 野内良三、前掲書、二三八頁。

天	超越性の原理（超意味への意志）	時熟的瞬間	心のよろこび
人	実存性の原理（意味への意志）	対決的瞬間	心のはり
地	現実性の原理（快楽への衝動）	生滅的瞬間	心のしこり

〈『臨床教育学三十年』からのコメント〉

小原國芳の全人教育論に格別の関心があったわけではなく、その知識は日本教育思想の通史以上のものではなかった。ただ何となく気にはなっていた。それは全人という巨大概念を使った教育論であることと、戦前戦後の五十年にわたって教育現場の教師たちにある種の魅力を感じさせ続けてきたことである。そして私の関心を決定的にしたのは、本論の（資料1）の後半にある奇妙な語り口、特に「貧乏、泥坊、陰謀、なまけ坊、食いしん坊……特に、情けないのがケチンぼう！」に触れたときの何ともしれない奇異感である。講演での脱線の場面だが、そのリズム感のあるノンセンスな遊びの語り振りが、全人教育の文脈に躊躇なく取り入れられている異様な脱線振り、この教育論は一体何だという驚きであった。当時、臨床教育学の言説スタイルを構想していたが、その関心に小原のこの語り方が触れたのだろう。バークやヤーコブソンを動員して、意欲的な考察をしており、私の教育言説観にも影響を与えたと思う。臨床教育学の研究法が、このような仕方で他の領域で活用できるという手ごたえを感じた論考である。

第二節　小原國芳「全人教育」論のスタイルを探る——教育言説の解釈臨床

【初出　皇紀夫編『臨床教育学の生成』玉川大学出版部、二〇〇三年】

①はじめに——考察の視点

小原國芳（一八八七～一九七七）は全人教育論においてホントの教育を語ろうとした。それは、全人を Godterm とする教育本質論、教育原論、教育根本論など、教育の「原型」論の系譜に属する用語や概念によって構成された言説であるが、本研究のねらいは、この「本質」や「根本」を語るその語りの型と筋立てをレトリック論やスタイル論から解釈することである。言うまでもなく、語られる内容と語りの形式の関係は相互に生産的であると同時に相互制約的でもあるという二重の力動関係で結ばれているわけであるが、一般的に言えば、教育論において「本質」が語られる場合、語りの内容に比べると、語りの形式への関心は弱いと言えるだろう。ここでは、小原の全人教育論を教育の本質を語る典型的言説と見立て、彼の場合、本質（全人）を語るその形式がどのようなレトリックと語りのスタイルによって構成展開されているかを検討し、全人教育論に代表される教育本質論がいかなるジャンルに属する語りであり、それを特徴付ける仕組みがどのあたりにあるかを探りたい。この試みは、語りの形式や発話行為の様式やレトリックなど言語態全般への関心を、語られた内容とその論理への関心と同レベルにまで引き上げ、全人教育論をいわば「語りの巧妙さ」という言語の技法と姿と彩が織り成す言語の所産として解釈するもので、全人教育論の地と模様の関係を逆転させ、全人や教育などの用語を対象指示的で実体的な解釈の枠組みから解放して、それらの概念によって教育本質論が論理的に体系化されているのではなく、語りの様式においてこの全人教育論が成立すると主張したいのである。

この着想は、実は学校での教育相談を重ねる過程で芽生え、最近の言語哲学の「回転」やレトリック論の再生に刺激されて育ったものである(1)。その意味でここでの立場は、相談という教育「問題」を巡る言語態の解釈を課題とする臨床教育学の方法論をモデルにして、教育思想を語りの局面において再解釈する実験的な研究であると言える。したがって、小原の教育論は「語りの巧妙さ」の技法において成立するという仮説とともに、それとほぼ同レベルにおいて、彼の教育論が聞き手への「発話」行為において産出された即興的な性格を濃厚にもっていて、論理的整合性を追求するよりも聞き手の反応に応答する場面的な演技性が優先された言説であるという見立てを強調することになる。

「語りの巧妙さ」や場面や演技性などをクローズアップして解釈する試みは、言い換えると、小原の全人教育論を教育を主題としたドラマに見立てることである。さまざまな出来事や経験をある筋立てで語ることによって、教育という意味世界を出現させ観客を感動させ喜ばせた、のである。小原の教育論を読み聞きかつ見ると、彼は聞き手の気持ちを揺さぶり想像力を喚起させるツボをよく心得た練達の語り手であり、その語り振りはちょうど、稽古に稽古を重ねて身につけた技を臨機応変自在に操る古参力士の相撲の趣をもっている。彼の全人教育論はこの語り技（レトリック）によって姿を現し、この言語態において、そしてそこでおいてのみ意味を出現させると言えるのではないか。小原は、その教育論にふさわしい独特の語りのスタイルやジャンルがあることを自ら鮮やかに演じてみせた。この見方を一般化して、教育言説にはそれ固有のスタイルがあるかどうか、そのことをここで論議の対象にすることはできないが、小原の全人教育論はその可能性を開いていると思う。特に、教育思想の「実践」局面を探る方法論を言語の仕組みを手掛かりにした哲学的研究に求める立場からすると、小原の全人教育論は「実践」がどのような仕方で言説において所在しているかを示す格好のテキストであると言えるだろう。

ところで、古来レトリックには、いわば白を黒と言いくるめるという、嘘っぽさやいかがわしさの印象が付きまとう。レトリックが有効に機能して成果を挙げれば挙げるだけレトリックは批判され、その効能ゆえに逆に不信を買うことになるのである。したがって、小原の教育論を「語りの巧妙さ」というレトリック論の文脈で解釈して、彼の語りの巧妙さを焦点化してその生産性を強調すればするほど、皮肉にも、彼の全人教育論が口先だけの嘘っぽい言説であることを暴露する試みであると見なされる可能性が大きくなる。しかし、教育論のレトリックの仕掛けを解明する作業がもつ生産性は、そのような暴露的シニシズムにあるのではなく、教育言説が一義的な概念の体系として理論的に自閉し自己完結すること、つまり教育言説が無誤謬の教説としてイデオロギー化することを防ぐ、いわば教育言説の弛緩剤の役割を果たし、教育言説が多義的な言葉を組み合わせた自由で柔軟な意味世界であることを、言葉が仕組む巧妙な意味演出の世界であることを論証し続けることにある。この点を強調して言えば、教育論が内蔵しているレトリックが巧妙であることは、それだけ相手を説得する力をもっていることである、と同時に、その教育論がさまざまに意味分節できる可能性をもっていること、そしてその分節の手掛かりとなる場所ないし文脈（トポス）を特定することがレトリック論によって可能になる。教育論において「語りの巧妙さ」の所在を明らかにすることは、教育論特に固有名詞が付けられた教育論を再解釈するための方法論として有効であると思う。なぜしばしば教育論が「……（式）教育論」などとよばれるのか、このわけは教育学の前科学的な非体系性にあるのではなく、教育を語る仕組みがもたらす帰結であることを判然とさせる。最高のレトリックとは、相手に気づかれることなくさりげなくレトリックを使うことであると言われてきたが、教育言説において仕組まれた語りの技法とそれの巧妙さを発見することは容易でないが、しかし、表現や伝達さらには説得のための技法であるレトリックを、全く使わない教育論を想定することができない以上、教育論に語りの技法を発見する研究は教育哲学の基礎的な分野であると思われるのである。

アリストテレス以来の伝統的な分類によれば、レトリックは法廷弁論（説得）と議会弁論（論争）と演示弁論の三種類に分けられるが、小原の全人教育論をレトリック論に見立てると、彼の教育論は演示の性格が強く、そのための技法として、誇張、譬喩、置換法などが駆使されている。なかでも、説得の基幹的な仕掛けである誇張法は、全人教育論のレトリックを特徴付ける技法である。全人教育論は、旧教育に対峙して新教育の立場を宣言するいわば教育変革を目指した言説である以上、近代教育の一般的解説や西洋思想の紹介であってはならず、何よりも聞き手を魅了して教育のすばらしさを納得させる、教育「賛美」のトポスを備えていなければならなかった。つまり、通念的な学校観や教育観を批判非難することによって既存の教育制度に対抗する新しい教育観を共有するという共犯性を演出することは、逆説の効用を使った教育「賛美」の優れた技法なのである。

聞き手の気持ちをかき立て、その教育論議が聞き手の情感に変化を起こさせる、いわば、知性を満足させるだけではなく「耳を満足させる」（キケロ）、いかにも本当らしい感覚的「真実」を伝達する、そのような、聞き手に満足や喜びを催させる仕掛けが誇張においてひそかに作動していなければならないのである。「全人教育」が別の言い方に語り変えられて解説されてしまうと、たちまち意味の変化や情報の劣化や文脈の転換が起きて、平板な興ざめた教育論に様変りしてしまうのである。

とはいえ、と言うべきかそれとも、それゆえに、と言うべきか、全人教育論を教祖的に高調する小原に対して他方で、「ホラふき」「大山師」「夢に生きる人」などといかがわしい誇張的な言説の操り手との風評が――そして、小原自身もそれを自認しているのであるが――すでに雄弁に物語っているように、その教育論はどこか非学問的で至るところに脱線と飛躍があって論理的な説得力に欠けている。語りのスタイルも錯綜しており、いかにも演技的誇張的な語りであることが相手にも見え見えにわかる仕方で、意図して仕組まれているのである。彼の全人教育論が聞き手に受け入れられる過程には、こうした誇張による語りのスタイルや文脈と意味の冗長と空虚が至るところに仕掛けられている。

この意味において、小原の全人教育論は理論的な整合性と体系性を追究するアカデミックな教育論とは異質である。この異質性に着目して、むしろその差異を強調することによって逆に教育論、なかでも教育「本質論」なるものが抱えている特性つまり「本質のレトリック」の所在を突き止めたいのである。ここでの考察は、小原の全人教育論を最近の人間学的知見や教育論などによって基礎付け、それを論理的に正当化しようとするものではもとよりないし、だからといって彼の全人教育論を教育への主観的な思い入れを語った「ホラふき」の夢物語として一蹴しようとするのでもなく、そうした文脈の論議から一度離れ少しズレを仕掛けた見立てによって、小原の教育言説を読み直してみようとするものである。陳腐化した小原全人教育論解釈に差異を仕掛ける実験なのである。この実験のねらいは、どのような種類の言説によって「教育」は語られてきたか、また現在語られているのか、小原の教育言説を使って逆照することで、われわれの教育言説が内蔵している語りの仕掛けとそれが抑制している仕組みを発見しようとすることにある。この手法は、学校の相談現場で「問題」事象を語る場合、その語りの仕組みつまり言語態を開明するために臨床教育学が工夫してきたもので、言語臨床的な性格をもっていると言えるだろう。

考察の発端として、ケネス・バークが言うところの、本質（substance）の逆説ないしレトリック論を手始めに使いたい。バークは次のように言う。「ある事物の定義はそうでない事物によって行われるという否定すべからざる事実があり、弁証法的本質はこの事実を極端におしすすめて反対概念同士を組織的に考察思弁した結果引き出されるものである」(2)（弁証法的本質とは「劇的」（dramatism）と同じ意味）と。つまり、バークによれば、存在と活動のすべてに根本的な基盤や根拠を与えようとする思考は必然的に、その根拠を支えるために、その存在以外、以上のものつまり「非存在」を想定することになる。全人教育論に即して言えば、全人を語る文脈は、必然的にその対極を呼び出し、それらを組織して反全人あるいは非全人を露呈させることによって、逆の視点から全人を語り直させ、出発点としての「全人教育」が頓挫する、この皮肉な「受難」を本質論は避けられないのである。視点を返して言えば、本質言説は、語りの技法として「いちばん曖昧なものであるはずの本質を、いちばん確実なものと考えて論をすすめる本質化（substantiation）の役割[3]」をひそかに仕掛けているのである。こうした、バーク的に言えば、曖昧なものを確実な本質として語る本質言説の代表的逸話として小原の全人教育論を取り上げるのである。「本質の概念を入念に検討すればするほど、それは空中に飛散してしまうのを認めないわけにはいかない。だが逆に、いささか視線をゆるめれば、再び本質はもとのかたちをとりはじめるのである[4]」。それは、教育の本質を語ろうとする、いわば「名づけの欲望」に強く動機付けられ、苦心して発明工夫された語りのスタイルを解明する試みであり、教育者が教育の「本質」について語る時、ひそかに仕組む語りの技巧を明るみに出すことである。

小原の全人教育論において特別な役割を果たし、かつ本質言説の言語戦略がわかりやすく読み取れる語句は、クザーヌスが提唱した「反対対立の合致」（小原はこの coincidentia oppositorum を「反対の合一」と呼ぶので、以下これに従う）である。この決まり文句が、彼の全人論の本質言説が必然的に生み出す「曖昧さ」や「反全人」を受難して回収する巧妙な戦略的仕掛けであったということ、これに加えて、この「反対の合一」を語りの形式において演出したものが「脱線」という一見偶然に見える語りの技巧である。この二つが全人教育論の展開を可能にした語りの技法であったと仮定してみたい。

②　全人教育論の目論み

小原の全人教育論は、小原國芳全集（玉川大学出版部、全四十八巻）の第十五巻と第三十三巻に収められている。前者（以下、全人1と呼ぶ）は一九二一年の「八大教育の主張」から転載したもので、いわば小原全人教育論のデビュー作である。これに対して後者（以下、全人2と呼ぶ）は、四八年後の一九六九年（翌年改版）に出版された作品で、これはその序が「全人教育！　私はホントに、正しかった、とつくづく感謝しています。香川師範赴任以来、全人教育五十六年」という台詞で始まる、いわば全人教育の勝利宣言である。したがって、これら二つは同じ「全人教育」を名乗りながらその内容には相当の違いが認められる。両者を内容面で比較検討すれば、約半世紀にわたる全人教育論の変転を研究事例にして広く日本の教育思想形態の変容過程を開明する魅力的な作業になるだろうが、今は、ここでの研究主題に即して二点に限って検討しておきたい。

第一は全人教育の「全人」に関してである。小原によって繰り返し語られる「全人」の命名にまつわるエピソードは有名であるが、しかし、「全人教育」については「苦しみ苦しんで命名したその名はえらい名でもなく、至って平凡な名前全人教育であった」（全人1、三五一頁）と述べているように、彼にとって目新しいものではなかった。事実、小原の大学卒業論文を一部手直しした作品『教育の根本問題としての宗教』（全集第一巻）――小原が京都帝国大学を卒業するのは一九一八年でありこの論文が発表されるのはその翌年である――において「この六の美しい調和を保った人格を私は全人という。全人格、フィヒテのいった文化人格のことである。（中略）しかも、あの美しい優美な調和の奥に、ガッチリした強さ、野趣、素朴、毅然たるものが厳存して欲しい。ドイツ語の Ganzer mensch 全人という語の強さ、ガッチリさが特に望ましいものである」（全集第一巻、六三頁）。恐らく、全人という用語が初めて現れる箇所ではないかと思われる（ただし、小原があとから加筆した可能性も否定できない）。ここでは、全人はシュライアーマッハーの「教養ある人（die Gebildeten）」に相当する調和的人格の形成を教育理想として提示したものである。「全人教育」を語る小原の言説はこれ以降ほぼ一定している。全人1においては、文化的人格 Kulturcharakter を――小西重直が使ったもの――、総合的教育といい全人教育とも称している（全人1、三六五頁）。

全人2にある全人教育のニュアンスも全人1のそれに近い。

「かくても、英語の Whole man よりも、ドイツ語の Der Ganze Mensch やラテン語 homo totus の方が力強く響きます。
でも！「全人！」私の心臓には、たまらなく美しく力強く響きます。全人教育、個性尊重、自学自律、労作教育……これらによって、世界は浄められ、救われるのだと信じます」（全人2、一一四頁）。

そしてさらに、全人2の結びでは八大教育主張の回想と賛歌が綴られている。

小原にとってそれは文化的人格や総合的教育の単純な言い換えではなく、それはどうしても「ガッチリした」美しく力強い響きをもつ語、心の臓に響く音感〈ゼンジン〉であり〈ガンツ〉でなければならなかったのである。

確かに、小原の全人教育論はリッケルトらの価値体系論をモデルにして、真善美聖健富の六つの局面の調和的形成を目指すいわばロマン主義的な文化教育論の一種であって、当時の教育論の動向からみても理論的にはむしろ平凡であると言えるだろう。八大教育の発表後の印象談として、「至極穏健な話でありましたが」とか「話を聞いていて散文詩でも読むようであった」との感想が出席者から寄せられているのも頷ける（全人1、四〇三頁）。小原の教育論を教育の理論的な斬新性とか精密性あるいは自己反省と対話的生産性など教育（学）の学的水準から評価するとすれば、児童中心的な新教育の展開に啓蒙的な役割を果たしたという意味においての評価に比べると、その落差は小さくないと思う。「アカデミック」な教育学に求められる体系性や論理性を重視する観点からすれば、小原の全人教育論は、哲学的な用語を使い論理的構成の重要さが強調されているにもかかわらず、あまりにも前体系的な教育論である。それは、個人の教育的心情を教説的な確信言説で語った、心情的な共鳴と覚醒を促す語りの形式に属するもので、総じて学的評価にはなじみ難い性格を備えていると言えるだろう。したがってまた、それは教育現場で実際的に役立つ狭い意味での教授法の伝達と習熟を目的としたものとも言えないのである。小原にとっての主題はどこまでも教育の「根本」を語ることでなければならなかった。少し割り切った表現をすれば、彼は教育の学としての理論構築を直接の目的にした訳ではないし、学校現場の指導技法の開発を目指した訳でもない。確かに小原は、学校教育の具体的な場面や指導法や内容を素材に成城や玉川での教育実践を全人教育のモデルとして語る訳であるが、しかし、そうした教育の個別的な部分事象は「ホント」の教育という教育の「全体と根本」を語るための啓蒙的な手段であって、目的であったとは言えない（資料ⅠおよびⅡは小原の全人教育論の核心的部分を引用したものである）。

むしろ、全人教育論の「論」解釈において今日求められている立場とは、小原自身が指摘するように、全人教育論を、それを産出するところの発話行為と一体的に理解するという、新しい教育論解釈の文脈あるいは視座を工夫発明することではないかと思う。つまり「全人」は、一方で小原にとっては心の臓に響く、情意的／身体的な言語であった。この身体言語はしかし、自然音声に由来する発声言語の意味においてではなく、逆に極めて抽象的で思弁的な観念と結び付くことによって具体的な心情的印象（イメージ）を与えるという、いわば書記的にして心情的でもあるという働きを言語に発揮させる、そのような語りの場面を出現するものであると言えるだろう。小原の心の臓に響く「ゼンジン」とは、それが彼の好みに合った望ましい音調であったとしても、それは単純な身体言語ではなく、すでに高度に意味論的に加工された書記的／歴史的な言語であって、かつ発話の響きにおいて特別に音調的意味が与えられていたのである。他方で「全人」は、教育の根本を語る「合言葉」の性格をもつに至った。「合言葉」は優れて社会的身体と結び付く発話行為であって、語り手と聞き手とが集団的に結び付く関係作りの場所を開設する働きをもっていた。その関係は、当初は形骸化した体制的教育言説を批判する逸脱した語りのスタイルとして、そして次第に標準化した常套句として陳腐化していったと言えるだろう。この両方の局面において、全人教育論の「論」は優れて発話的にして書記的な性格をもっていると考えられるのである。

「全人」は、小原にとって、音声の調子とそれが表現する意味とが情感的に結び合い、それは音声と語義との連関を強調する広い意味で音声譬喩（lautmetaphor）とよばれる言語／音声学的事象であって、彼の教育言説はこの音声回路を使った音の転移現象を利用してさらに意味転移を図るという「語りの造形」を特徴としていると言える（資料ⅠおよびⅡ参照）。実際には、この語りの技法は即興的場面的性格のものであるから、話の筋と音声とが一体となって出現する「リズムによる意味の造形」と呼んだ方が的確であるかもしれない。この語法こそが全人教育の意味を文字通り演出していたと考えるのである(5)（小原の音声やリズムに関する鋭い感覚は十代後半の通信技師としての経験によって培われたものであるかもしれない）。

ところで第二の主題は、小原の全人教育論の理論的な構成と言説の文脈とを特徴付ける共通の用語「反対の合一」（coincidentia oppositorum）に関してである。この用語は彼の全人教育論に活力を与え、聞き手を説得して納得させるレトリックの中核を形成する。宗教的な雰囲気を漂わせ有名な哲学用語によって修飾された、愛と癒しへと聞き手を誘う語りを演出するパラドクシカルな仕掛けである。バーク的に表現すれば、劇的な必然として、全人教育論が必然的に出現させる反全人性を、この用語によって、矛盾と対立を、そのまま「合一」に回収するという、使い方によっては語り手に都合のよい論法である。この人間の認識と思考の限界にきわどく施設された語りの仕掛けを小原は実に巧妙に転移させて駆使する。

この用語がその提唱者であるクザーヌスや彼の影響を受けたブルーノの宇宙論的な思考様式に忠実であるか否か、ここではそれが問題なのではなく、このCoincidentia oppositorumが小原の全人教育論の「ゼンジン」の響きと同じ意味で、いやそれ以上に、心情的な「根本」元音であったと言えるだろう。もしこの用語がなければ、小原の全人教育論はあのような奔放にして自在な教育論として成熟し得たかどうか疑わしいと思う。

小原が「反対の合一」に言及するのは文献上では大学卒業論文『教育の根本問題としての宗教』（一九一八年）においてでだろう（この論文は一九一九年に公表されるが、当該部分に加筆修正が施されていないとしてである）。この箇所は、「反対者の一致」として波多野精一『宗教哲学』からの引用となっているが、ここにはブルーノの名前は出ていない(6)。ブルーノが出てくるのは同書の別のところで、「崇高なるソクラテスの死に……悲壮なブルーノの死に……」という、真理に命を懸ける崇高な殉教者的態度を語る文脈においてであり（ここには「反対の合一」は出ていない）、ブルーノを語るこの文脈は、その後、全人1はもとより彼の講演行脚録にも度々登場し小原の常套句となるが、このブルーノ火焙論の文脈は後年（全人2）の記述によれば、朝永三十郎からの引用とされている（それの文献上の所在は未確認である。小原は朝永の『近世に於ける「我」の自覚史――新理想主義と其背景』に言及しているが、この初版本は一九一六年に出される。そこでは「以太利の所謂『自然哲学者』（ジョールダーノ・ブルノー、トマソー・カムパネラ等）」（朝永、同書、二七）の意味においてであって、小原が強調する火焙論ではない。一九二一年第五版（合本版）には付録が加わり、一九四六年には新版本その後改定版、決定版と改定が繰り返されるが、決定版ではブルーノの名前も消されている。また、小原は朝永の西洋哲学歴史の講義ノートも参照しているため引用箇所の確定は出来ていないが、論理的な言説の構築を目指す朝永の立場や論調からすると、火焙論の挿入には相当無理があるように思う）。

ブルーノの火焙論と「反対の合一」とは確かに重なる二つの歴史的な事実であるが、小原の当初の論文では両者は別々に扱われ、前者は宗教的価値論において後者は全人教育論において論じられる。それが全人2になると、「全人教育と関係の深い諸問題――全人教育の反対と合一」という節を独立させて、ブルーノは、火焙論と「反対の合一」論とを一体化して、全人教育論の宗教的な意味付けの語りを演出する人物に仕立てあげられるのである（資料Ⅱ参照）。

言うまでもなく、「反対の合一」の提唱者はブルーノではなくて、彼が多大の影響をうけたクザーヌスである。我が国でクザーヌスに最初に言及したのは西田幾多郎の『善の研究』（一九一一年初版）であるが、ここではクザーヌスの「知ある無知」についてのみ語られて、coincidentia oppositorum が取り上げられるのは、一九一九年の講演の演題「Coincidentia oppositorum と愛」（真宗大谷大学開校記念日講演）においてである。西田はこの言葉の意味を、ブルーノ、ベーメさらにはシェリング、ヘーゲルの思想に通底する宗教的な本質を開示したもので、愛の極致の表現であると述べている。(7) 確かにここでは、Coincidentia oppositorum は数学的で論理的な文脈においてよりも、情意的意味合いを強調する論調において語られているが、しかし、西田はそれをクザーヌスの用語として紹介している。いずれにしても、小原が京都帝国大学に在籍していた当時、クザーヌスの Coincidentia oppositorum が――恐らく朝永三十郎の影響下において――哲学関係者の関心を引いていたことは事実だろう。小原はそれにブルーノの火焙イメージを重ねて、教育者としての行動と信念を支える「根本」心情の極致としたのだろう。

小原が、クザーヌスではなく火刑にされたブルーノと「反対の合一」とを結び付けて全人教育論と宗教性とが交差する場所をイメージ化したのは、西田の影響ではなく朝永によってであると自ら述べるが、小原にとって「反対の合一」は最初から論理的性格のものではなく、「この苦しい二元の対立」「二元の対立といたいたしい矛盾」と「二律背反」とを Aufheben するところの、いわば心情の論理であり苦悩と葛藤を癒す救いの言説として見立てられていたのである。「ああ人生は矛盾か、この血まみれの葛藤の解決」を「止揚」する理想の境地、「ホントの人」になること、これを小原は全人（教育）とよんだ。したがって、それはクザーヌスではなく血まみれになって苦悩するブルーノでなければならなかった。これは「人生の矛盾」を象徴するイメージ語であり、教育言説に積極的に逆説を導き入れ教師が抱える悲哀や苦しみをこれによって浄化する、いわば意味転換の仕掛けであった。

小原の全人教育論は、ヤコブソン的に言えば、詩的言語に隣接するところの「情動的・喚情的な言語体系」に近いもので、その言語系の特徴は「言語表象そのものに関心が集中して……慣習化した近接連合が背後に退いて、言語がより革新的になる」(8) 点にあると言われるが、小原の場合は、内容と形態とリズムの三つの局面を収斂した語法において、情動喚起の働きへの傾斜が色濃いと言えるだろう。

③ 全人教育論の論理〈反対の合一〉

全人2において、ブルーノとCoincidentia oppositorumとは、次のように結び付けられ変容させられる。

「ブルーノは宇宙みなが実に反対の合一、Coincidentia oppositorumだと説きました。白と黒、上と下、内と外、天と地、物と心、貴賤、貧富、親子、長短、大小、左右、古今、東西、賢愚、老若……まことに白あっての黒、黒あっての白、親あっての子、子あっての親、……なのです！　われわれは実は、これらの二つを一つにした天地融合、物心一如、霊肉合致の妙境を開拓せねばなりませぬ」（全人2、九九頁）。

ここには、もはやクザーヌスやブルーノが説いた意味での「反対の合一」の文脈は存在せず、小原の恣意的な改作によってそれは別の役割を演じさせられている。つまり、全人を語るために〈反対の合一〉は不可欠の言語装置であった。「本質のレトリック」は全人教育論全体に入れ子状に存在しているが、表層に露呈しているのはこの種の語りである。この対立と矛盾とを「止揚」して「融合、一如、合致の妙境」を演出する仕掛けの発明者、それの優れた使い手と小原を見なして、この見立てによって彼の全人教育の〈スタイル〉を明るみに出すこと、それが本稿のねらいである。

全人教育論の理論的な純度をあげることは必然的に反全人という代償を生み出すが、その対極を回収するためのレトリックとして〈反対の合一〉を小原は活用した。これは語りの形式であって教育論とは区別するべきものである。それが正確なブルーノの論理の引用であるか否かは問題ではなくて、バークのいう「本質のレトリック」として重要なのである。教育の本質や根本といった教育に関する究極的の基礎付けを志向する言説は必然的に、小原のように、説得のための論証というレトリックを採用することになるのかもしれない。先の引用（や資料）で明らかなように、厳密な反対の定義や合一に至る過程と関係が緊張感をもって語られている訳ではなく、むしろありきたりの熟語や決まり文句を、類似と隣接の関係付けによって羅列して、それらを全体として〈反対の合一〉と見立ててみせるのである。これは学問論ではなく本質を語るために必要な語りの技法である。

〈反対の合一〉は全人教育論の「ホント」「ホンモノ」を支える言語装置、「補償的な命名戦術のアイロニー」である。したがって先に引用した言説は、小原という優れた語り手によって演じられた、〈反対の合一〉という筋立てが作り上げたドラマである。このドラマは、どの場面においても、〈反対の合一〉という非限定的な無限包摂の仕組みを備えているために、聞き手に矛盾や非合理を感じさせることによって逆に「ホンモノ」さを印象付けるという仕掛けになっている。逆の見方をすれば、全人教育論の「ホンモノ」さは、その言説が虚偽性に比例して高められ、それの虚像を見せることによって全人教育の真実性を訴える仕掛けになっているのである。

この〈反対の合一〉を演出しているのが、小原が反省的な意味を含ませながらしかしやや誇らし気にいうところの、「脱線」という語りのスタイルである。「脱線」、それは単に話の筋立ての逸脱と混乱という狭い意味においてではなく、聞き手との関係と語りの場面とを巻き込んだ語りの振る舞いという意味において、小原の全人教育言説のスタイルを特徴付ける所作であると思う。差異や逸脱を意識的に演出してわざと脱線してみせ、そうしたわざとらしい脱線――先の引用のようにそこで一体なにが語られているのかよくわからない、言葉遊びやノンセンスの演技――を織り交ぜながら、それによって聞き手の教育観の枠組みに崩しを仕掛け語りの世界へと教育を誘い出すのである。「脱線」は、実体的な教育論や概念的に体系化された理論的教育論、つまり当時の「通念的教育観」の権威から小原自身と聞き手とを引き離すための、全人教育論の差異性を際立たせるための滑稽な身振りであったとも言えるだろう。したがって、「脱線」や言葉遊びの仕掛けは、〈反対の合一〉を演出する語法であると同時に、他方で、小原の教育言説がその虚偽と「ホンモノ」の境界を「脱線」解体させることによって教育の意味争奪を演出するものであった。小原の意図とは関係なしに、権威主義的に威厳を装わされた真面目な教育言説に対して、全人という極限化された教育理念を逆に「脱線」というスタイルの語りで演出してみせ、その語り方によって教育言説に新しい筋立てを開こうとした企てであったと言えるだろう。

小原の教育言説のスタイルを「脱線」と特徴付けると、この「脱線」は語りの場面での即興であって、分析の対象として取り出すことは容易でない。それぞれの場面を興味深く演出する「語り振り」、教育を語る「話題の場面」を彩る「風味・風体」に注目する必要があるだろう。

全人教育論を演出してその意味を臨界点にまで導く技法は、脱線、誇張、余談、ノンセンス、繰り返し、もじり遊び、話の数珠つなぎ、音位転換、同根語併置、その他、格言、俚言、民話の言い回しの模倣などなど、であり、これらに加えて、常習化した時間オヴァーなどなど、一見して偶然に見えるこれら語りのパフォーマンスは小原ならではの演技である。これらは「ホンモノ」を演出するための錬金術的な仕掛けであり、聞き手や読み手が語りの脱線や遊びが生み出す溢れ効果によって一体感を育て、酩酊して癒される秘密の技法であったと思う。

それらを仮にレトリック論風に語りのアヤと呼べば、全人教育論は、〈反対の合一〉というすべての破綻を救い採る装置に支えられ、このアヤの仕掛けによって巧妙に演出された教育の論、豊かな語りの演技装置を備えた「論」であったと言えるのではないか。

極論すれば、小原が使う教育論の全人系の諸用語や言い回し格言やエピソードなど、あるいは小原の仕草までを模倣して、大筋で似た全人教育論を講述することはさして難しくないと思う。こうした語りの内容や筋立ての目新しさが全人教育論の特性の中心にあるのではなく、むしろそれらの部分は当時の日本の教育学研究のレベルからすればさして鮮度の高いものとは言えなかったと思う。したがって、そうした領域において小原の全人教育論を評価したり批判するのは筋違いだろう。小原自身は当時の師範学校での教育〈論〉を激しく批判して教育言説の差異化を仕掛けたとはいえ、その企てはしかし、アカデミズムの教育学の構築を意図したものであったとは思えない。小原の聞き手は主として教師と親であって、彼らの通念的な教育観を変換してそれを全人教育の根本言説によって浄化することであった。そのためにレトリックを工夫してアヤに富んだ語りのスタイルを作り出した、と考えるなら、この変換と覚醒を演出する独自の語りのスタイルは、「脱線」という一見偶然を思わせる秘密の仕掛けによって、効果的に演出されたと言えるだろう。そして「脱線」の果てに、〝私の一挙手一投足のすべてが私の全人の現れなのだ〟とまで言い切るのである。

「ホンモノ」を、ノンセンスを自在に織り込むこの脱線という「非ホンモノ」的な語りのスタイルで演出してみせる、これが小原の全人教育の核心であると考えてみると、その教育論は容易に学問的な概念分析を許すものではなく、小原個人の内面性かあるいはまた大正自由教育の一事例に還元するだけで、多くの場合、いかがわしい、教祖的な、山師、大ホラふきの教育論などという通俗的な批判に止まらざるを得なかったのではないか。そのような、教育語りのスタイルへの関心を伴わない教育思想研究の手法は、少なくとも教育本質論の系譜に属する教育思想に関する限り、そして全人教育論に関して言えば小原を賛美するにせよないがしろにするにせよ、いずれの評価をするにしても研究手法としては陳腐であると思う。

④　全人教育論の「スタイル」

記号の体系としての言語を、その構造と形態と内容の三つの構成素の相互的な作用連関として理解する意味論的な文体論（stylistics）の立場は、文を語に還元する微視的言語観から分析的に理解するのではなくて、言語行動をより表現的（演出的）で伝達的な文脈において解釈する。そこでは、言葉の使い方が、つまり、「コトバ（langue）」よりも「カタリ（parole）」を表現単位に見立て、「カタリ」（「騙り」の意味を含んでいる）の場面や話題性と「コトバ」の使い方、「仕掛け」との相互関係が主題にされ、発話の形態と内容とを一体的に理解する観点が古くから強調されてきた。言うまでもなく、文体（style）はレトリックの中心的カテゴリーであり、テキスト産出の伝統的モデルを構成してきた（英語のstyleはラテン語のstilus, 書く道具であった尖筆や茎に由来する語で、古くは書き方や話し方の作法〔manner〕を意味した）。語られる事柄にふさわしいコトバと文を脚色するという意味を転移させて、styleは衣服をつけるとか装飾するという譬喩として使われたのである。文体の効能として特に注目されるのは、装飾や華麗（ornament or ornatedness）を構成する譬喩、彩、響き、リズムなどで、これらは文体のもうひとつの効能として強調された明晰さ（clarity）と正確さ（correctness）とたえず緊張関係を生み出してきた(9)。今日の文体論の関心はこれら古典的なレトリック論が提起したカタリの仕組みへの論点を、言語哲学を中心に惹き起こされた「転回」現象のなかで再解釈するもので、その関心のひとつは、カタリという発話行為を聞き手関係との力動的平衡において出現する一回的な出来事として理解する方向である。

この立場からすると、小原の全人教育論は直線的論理的に教育が語られているのではなく共時的劇的に全人教育が演出され、バーク的に言えば、論理的進行ではなく気分をつくり、次の気分を生み出すところの「質的な進行の形式(10)」をとっている。これは先に指摘した「リズムによる意味の造形」にほかならない。

小原の全人教育論は、話題の素材は若干変わるとしても話の筋立てや結論、挿入されるエピソードなどはいつもほぼ同一でパターン化されている。一方で「脱線」「溢れ」を演じながら、しかしその語りにはひとつのはっきりしたスタイルをもっていた。

先に述べたように、小原の教育言説は口演の様式を元にしており、その特徴は内容よりも語り（カタリ）のスタイルを優先している点にある。つまり情報量や論理の整合性や正確さなどを優先させる種類の語りではなく、聞き手に参加を促し語り場面を共有して、共感を形成する祝祭的で劇的な効果を演出する種類の語りのスタイルであると言えるだろう。ちょうど、いい芝居を見ると筋や台詞や場面構成から演技に至るまですべてあらかじめ承知しているにもかかわらず、繰り返し見て同じところで心を動かされるように、小原の教育口演は語りのリズムと型と演技とを備えていた。それは教育を語る戦略である。全人教育論のスタイルであって、この語りのスタイル、つまり「形式の魅力」に聞き手が魅せられていく、というよりも、聞き手の期待が小原の語りの形式を育てたと言えるのだろう。

語りのリズム（音韻、音と意味と形の繰り返し、語呂合わせ、ことば遊び）と彩、譬喩、格言・俚言の引用、余談とエピソードの挿入と脱線、即興語り、笑いと涙のパフォーマンスなどなど、これらは教育賛歌の先導者（つまり音頭取りとか語り部と呼んでよい）が身につけた技法であり、これらが織り成す語りの型（スタイル）が聞き手に同調を促し酩酊を仕掛けるのである。しかし、この語りの型はしばしば逸脱と脱線によって型崩しを起こし溢れや狂という境界領域へ流出する危うさを抱えている、がしかし、その型崩れのきわどさまでもが、聞き手にとっては、この型の魅力であり期待される姿なのであった。

この教育論を、語りの演技性という語り手－聞き手・場面関係において形成された言説であるとする見立て方は、実は小原自身の強調するところでもあって、聞き手（ここでは、ほぼ同じ意味において読み手でもある）との関係が全人教育言説のこのスタイルを磨き上げたのである。あたかも芝居の役者の台詞の言い回しが見物人の受け具合を見ながら工夫錬成されていくように、「私から話したのではない、心から聞いて下さったために、ホントに話さして下さったのだ。聴き手がよいと自然話しができる」。そして「ドコでも狂気かホラとしか思われない私の脱線をここの人たちだけは喜んでくださる」と本気で言い切ってみせる（たとえば、全集二二巻、八二、一六八、二〇二頁参照）。

小原は口演の劇的な効果を十分に活用して教育を語り、教育に「惑溺」する人物、例えば「異端」「過激派」「感激家」「狂人」「ホラふき」「大山師」「大馬鹿者のドリーマー」「夢に生きる人」「率直でオープンな私」「迫害される人」「真摯、生一本」などを演じて見せた。聞き手はそれがホラであり誇張であり冗談であることを、たっぷりと意味の余剰と転移が含まれていることを承知して聞くが、しかし同時にこの語りの隙間から漏れてくる、不協和で未だ陳腐化していない〈声〉を聞き取っていたのではないか。

語りのスタイルや音声リズムによる「意味の造形」を強調する立場は、小原の全人教育論を脱実体論化することによって教育の「本質」言説の呪縛から全人を解き放つという皮肉な帰結に至ることになる訳であるが、この試みはしかし、本質言説の所在を別の意味において指示する手掛かりに触れている可能性もあると思う。つまり、全人教育言説は、時枝誠記《もとき》の文法の言い方を借用すれば、概念的な自立語「詞（コトバ）」――名詞や動詞――に対して、時と場合に応じて微妙に変化して文脈を変換させる従属的な「辞（テニヲハ）」――助詞、助動詞、接続詞、感動詞など――として分類されるところの（前者の「実詞」に対して後者は「虚詞」と呼ばれる）、この「辞」を巧妙に活用する語法であって、その特徴は、語られる対象（もの）とは直接結び付かないで、語り手の心像（心の臓）や音声と結び付いた語りのスタイル〈声〉を作り出すところにある。「辞」は「陳述の力」を宿している。それは語り手の意志を一気に出現させる働きである。

この種の語りは、構文法的なきまりをすり抜けて、テニヲハ／語尾活用／助動詞などの語法上の付属的な機能を担当する「語法カテゴリア」（佐久間鼎）と音声やアクセントや語順など、いわば「辞」の系譜に属する一族が定形的自立的な「詞」に対して優位な位置を占めて、言説を、語り手の思いにより忠実に演出するのである[11]。「辞」を活用することによって、通常では結び付かない詞（概念）と詞（概念）を結び付けたり、通常は付属している語尾に別の変化を与えて、意味の差異を仕掛けることができる。例えば、あることを別の物として見立てることができるのもこの「辞」を活用した語法によってであると言えるだろう（小原を事例とした教育言説のレトリック論的研究が教育本質論に及ぼす影響は少なくない。つまり、いかなる教育本質論もまた、小原との類似や隣接の関係において本質を語っている可能性がある。人格の完成といい、全面発達、諸能力の調和的発達といい、豊かな個性や才能をもつ子どもなどといった、いかにも反論の余地のない教育言説が隠蔽している「地口のかたり」を発見することである。教育の語り直しはこのような手立てによって可能になるし、異種の教育言説が発見される可能性もそこにあるのではないか）。

小原の個性や才能は、こうした語りのスタイルにおいて表現された、というよりもこうした教育語りのスタイルとともに成熟したと言えるだろう。全人教育論は、小原の知的思索の理論的成果ではない。あえて言えば彼の教育「実践」の理論化でもない。そうではなくて、全人教育論は彼が教育口演を重ねるなかで聞き手と共同して創作した教育言説のスタイルであり、工夫された言葉の仕組みと語りの技法によって演じられた一種の「教育語り劇」であったと言えるのではないか。小原はこの劇の脚本家であり演出家兼役者であったと見立てられないか。また、〈反対の合一〉は語り手である小原に「翁童両極」的なイメージを育て、その「正体」を見難くしている。「全人教育論」効果と同じように小原その人の姿は両義的であって、一義的に大教育家呼ばわりすることはかえってその教育論の魅力を見落とす危険があると思う。

本稿の試みは、小原の全人教育論にみる言葉の生態系を図式化して、それをレトリックの分類や分布図として提示してみせることではない。むしろそうした作業に入る前段階として、彼の全人教育論が語りによって造形された教育論であるという見立ての可能性を検討することにあった。したがってここでは、語りの内容と語りの形式とが相互的・相補的な関係において独特のスタイルを作り上げ、そのスタイルこそが全人教育論の戦略的局面にほかならない、この点を強調した。

では、この文脈で小原の教育言説を解釈したとして、この全人教育論はどのような役割演技を教育界にもたらすのか。これは大正から昭和にかけての新教育運動の展開という歴史的な時代性としてではなく、全人教育論を教育を語る新しい形の出現と見なすこと、そして、その語りの技法において演出された「教育語り劇」世界の投企である、と語り直すことによって、教育本質論を「語りの巧妙さ」の所産として解釈しようとした。したがってまた、小原の全人教育論に対する批評も、その見立て方にふさわしい新しい論点が求められている訳である。それは語りにおける言葉の仕掛け（レトリック）とそれを効果的に演出して聞き手を楽しませる技法、つまり聞き手に「美妙の感覚を起さしむ」「美術」という新しい口術のジャンルを教育の世界に開いてみせた人物として、あるいは教育言説の戦略的技法（attitude、方法）を創作した人物として、あるいはまた、通俗教育と呼ばれてきた分野の先駆者として、再解釈することではないだろうか。なかでも、この「通俗教育」という曖昧であるが巨大な教育領域において語られる教育言説の仕組みの「巧妙さ」（学校言説を中核にした確信犯的な教育論の坩堝である）に関して、臨床教育学の「語り」の様式に関する研究は差し当たっての課題を発見していると言えよう。

注

（1）教育思想史学会「近代教育フォーラム」第一〇号、二〇〇一年、一一五―一二七頁（注：本書第四章第一節に収録）。

（2）Burke, K. *A Grammar of Motives*, New York: Prentice-Hall, 1945.（K・バーク、森常治訳『動機の文法』晶文社、一九八二年、五九頁。）以下の引用は邦訳による。

（3）K・バーク、同前書、八一頁。

（4）K・バーク、同前書、八一頁。

（5）全人教育論は口演の痕跡を濃厚にとどめており、この教育論は音読した方がより効能を発揮するだろう。その仕掛けはいろいろある。例えば、「いわんや」（副詞、反語を作る）「さすが」（副詞）「しかるに」（接続詞）などを多用して、話題を転換して語りの局面をずらしたり飛躍させせつつ接続するのであるが、これらの用語は、その発声の音響効果や語りの接続に微妙な溜め（タメ）と間（マ）を演出することで、文脈のズレが与える違和感をむしろ語りの減り張りに変換させ、かえって語りにリズムを与え、聞き手に共感や一体感を喚起する契機を作り出している。あるいはまた、地名人名、故事・格言・俚諺、美談・エピソードなどをふんだんに引用して、さながらインデックスカードを自在に組み合わせて遊んでいるかのように、さりげなく技巧を凝らす手法を駆使するなどである。

また、〝六十年間の新教育講演旅行も恐らく年には何十回。計何千回の講演はフィヒテ以上でしたろう〟。ここでの「フィヒテ以上でしたろう」などは、恐らく小原以外にはとても口に出せないセリフで、小原〝らしさ〟がよく出ていると思う。これは小原の口調の典型で、固有名詞を使って、それによって特定の文脈や意味やイメージを象徴的に表現する譬喩言説の活用法であり、そこではフィヒテや……氏は文脈優先の語りに取り込まれ、主題によって制約された名詞であって、その「固有」性はもはや消されているのである。

語りの中に余談、脱線、挿話を自覚的に手法として導入できる（例えばヘロドトスは「余談の人」）者は「天性のストーリテラー」である（アリストテレス）と言われ、それは詩的技法（poetic manner）のひとつと位置付けられた。

（6）小原國芳『小原國芳全集』第一巻、玉川大学出版部、一九五〇年、五頁。
（7）西田幾多郎『西田幾多郎全集』第一四巻、岩波書店、一九五一年、二九五頁。
（8）山中桂一『ヤコブソンの言語科学Ⅰ　詩とことば』勁草書房、一九八九年、五八頁。
（9）*Encyclopedia of Rhetoric*, Oxford Univ. Press, 2001, p. 746.
（10）K・バーク、前掲書、一二一頁。
（11）佐久間鼎『日本的表現の言語科学』恒星社厚生閣版、一九六七年。

資料

（資料Ⅰ）

「さて、人間文化には六方面があると思います。すなわち、学問、道徳、芸術、宗教、身体、生活の六方面。学問の理想は真であり、道徳の理想は善であり、芸術の理想は美であり、宗教の理想は聖であり、身体の理想は健であり、生活の理想は富であります。教育の理想はすなわち、真、善、美、聖、健、富の六つの価値を創造することだと思います。然して、真、善、美、聖の四価値を絶対価値と言い、健、富の価値を手段価値と申します。

ここで、文化 Kultur, culture という言葉を少しく説明いたします。

もともと、農業から来た言葉なので、耕す、開墾といった意味だと思います。硬い土を柔かくし、冷い下の土を上に上げて暖かいお天道様の温床を与え、（中略）吾々は吾々で、人間の心を耕さねばなりませぬ。頑な心をやわらかくし、冷い心に神仏の温床をあたえ、心の中にある石ころ、かわらけ、木の根、笹の根、雑草の根を取り去ってやることだと思います。どんな雑草がはびこっとるかというと、怨み、妬み、ひがみ、貪慾、陰険、讒言、不平、不満、我侭、気侭、利己心……殊に、恐ろしい様々の棒が、根が胸の中にはびこって居ます。貧乏、泥坊、陰謀、なまけ坊、食いしんぼう、甘えんぼう、見え坊、……特に、情けないのがケチンぼう！　これらの一切をかなぐり捨て清らかな人間になることが人間修養であり、かかる人が教養人であり、文化人なのだと思います」（全集三三巻、一五頁）。

（資料Ⅱ）

全人教育と関係深い諸問題

1、全人教育の反対と合一

哲人ジョルダノ・ブルーノ（Giordano Bruno, 1548-1600）は、われわれ人類に、いみじくも崇い哲理を教えてくれました。ヘラクレイトスも「争闘は万物の父なり」と教えました。ヘーゲルも「実在の真相は矛盾だ」と説きましたが、ブルーノは宇宙みなが実に反対の合一、Coincidentia oppositorum だと説きました。白と黒、上と下、内と外、天と地、物と心、貴賤、貧富、親子、長短、大小、左右、古今、東西、賢愚、老若、……まことに白あっての黒、黒あっての白、親あっての子、子あっての親、……なのです！　われわれは実は、これらの二つを一つにした天地融合、物心一如、霊肉合致の妙境を開拓せねばなりませぬ。

しかも、ブルーノのこの哲学の独立は尊き犠牲の血なくしては贖われなかったのです。朝永三十郎先生は『我の自覚史』で、美しくも、きびしく教えて下さいました。

「清新高邁華やかなるルネッサンスの代表的世界人生観の建設者ジョルダノ・ブルーノは、一六〇〇年二月十七日の朝まだき、ローマの郊外カムポ・デ・フィオレの広場に生きながらの火刑。何と惨たる崇高さよ。僧あり、火焔のうちに苦痛と戦うブルーノの前に十字架を示せしに、ブルーノは顔を背けて見なかったのです。これ実に神学の桎梏を脱せる哲学好個の象徴です。ガリレオ、ニュートンの近世自然科学、デカルト、スピノーザ、ライプニッツの偉大なる哲学的組織はみな、このブルーノの死灰より咲き出でし美しい花といえます。」

われわれは尊く教えられて、反対の合一ということを、全人教育の立場から特に大事にいたします。

大胆で小心で、朗かで淑かで、快活でたしなみがあって、気はやさしくて力持ちで、よく学びよく遊び（中略）コヤシも担げばピアノも弾け、拭き掃除もすればお茶や生け花もでき、雑巾も綴れば絹の着物も仕立てられ、ドブ溝もさらえば、第九シンフォニーも歌え、薪割りもすれば劇も絵も書もいたし、ソロバンもはじくがお経も繙ける玉川っ子にしたいのです」（全集三三巻、九九頁）。

〈『臨床教育学三十年』からのコメント〉

教育基本法改編論の台頭を念頭に置いて、その動向に臨床教育学の方法論がいかに応答できるかを試みた挑戦的な考察で、学校現場から来ている院生に対する問題提起のねらいもあった。筆者は、昭和三十年代後半から四十年代にかけての数年間、夜間高校に勤務していた。その当時から、教育基本法が学校の自主的な教育活動を護る防衛線の役割を果たしていることを実感していた。その意味で、このテーマは一見迂遠であるが、レトリカル・アセスメントによって教育言説の構造を点検して再編の可能性を問う臨床教育学の課題ともかかわった切実な課題であった。教育法学の知識があるわけではなく、常識的なレベルでの基本法論であるが、しかし、まさにそのレベルにおいて、教育がいかに語られ国民に説明されている（いた）のか、その教育言説の技法を明るみに出すことを目指したものである。その手法は教育「研究」の方法としては手つかずで、法改編をめぐる政治的政策論争によって見えなくなっていた領域を掘り起こしたと思っている。「教育は人格の完成を」だけを取り上げてみても、単なる擬人法などではなく、日本語の話題優先性を効果的に使った説得のレトリックが巧妙に仕組まれており、ついには日本語の自発受身性という人類学的な知見に出会うところにまで論点を拡大させることができた。その先には、教育研究の興味深い世界が開いていると思った。基本法にその後、新二条が追加されるが、その議論の貧弱さ、というよりも「問題」の所在が不明のままであることに失望するとともに、「旧法」が教育言説の不要の「痕跡」として活用される必要を感じた。

第三節　教育基本法のレトリック

【初出　京都大学大学院教育学研究科　臨床教育学講座『臨床教育人間学　第二号、同第三号』二〇〇〇年、二〇〇一年】

①（旧）教育基本法のレトリカル・アセスメント

【1】教育基本法「前文・第一条」について

教育言説のひとつの典型として教育基本法を取り上げ、特に前文と第一条についてそれのレトリカルな構造について考えてみたい、とかねてから思い巡らしていたが、最近、斎藤昭が『教育的存在論の探究――教育哲学序説』のなかで、教育基本法の第一条「教育の目的」の特に前段の「人格の完成」に関して、「〈人格〉の〈完成〉が教育において可能か否か」を教育存在論的立場から問い、その結論を次のように述べているのに出会って、基本法の同じ文言を少し別の角度から論究してみたいと考えた。少し長文になるが斎藤の主張を引用することから始めたい。

〈人格〉に〈完成〉という構図は成立しない。あるとすれば、未知に向かう〈発展〉ないし〈展開〉だけである。そこで、結論的に言うならば、教育においては〈人格の完成〉はありえないし、生起するものでもない。〈完成〉された、ないし〈完成〉される〈人格〉は、哲学あるいは宗教の世界では理念として構想されるとしても、現実の教育においては見聞不可能な虚像であるにすぎない。それゆえ、教育の目的として〈人格〉を目指すという設定は、最終的に否定された（基本法制定の過程において――筆者補注）〈人間性の開発〉によって論証不能であり、目的とすること自体、無意味である。達成不可能なものを目的として強要するのは、たと

> え〈形成〉と読み換え操作を行おうとも、虚妄であるがゆえに、根本的に考え直さなければならない問題である。（中略）いずれにせよ、〈人格の完成〉は哲学や宗教では理念としてはありえようとも、教育においてはいかなる意味でもありえない、というのが私の結論である。(1)

斎藤は、決して確信犯的にこうした結論を出している訳ではない。「人格の完成」に関する教育学者の諸説や法制定過程の吟味、なかでもその成立に中心的役割をはたした田中耕太郎のカトリック的自然法思想の分析や西洋哲学における人格思想の系譜の解釈など人格概念の哲学的思想史的な検討を経た上で到達したのが前記の結論であった。

確かに、教育基本法の「教育は、人格の完成をめざし」という文言は、教育一般を理念的に語る際には、それ自体としては反論することが困難な完結性をもっていて極めて便利であるが、しかしその抽象的な完結性ゆえに、教育言説においては思考を酸欠状態に追い込み、「そうですか」の一言を浴びせて途中下山のやむなきに至らされる場合が多いと思う。すでに教育基本法制定の論議のなかでも、例えば「人格の完成」は「尤もなようだけれども、尤もでも誰も反対はしないが、併し感激もしない」（森戸）といった批判は繰り返し強調されており、「人格の完成」を教育目的言説に組み入れる立場は制定の過程では少数派であった。

我が国の教育目的を論議する場合には、これは説得的な役割を果たすよりも、教育目的論を袋小路に導き入れ隔靴掻痒の思いを込めて語られることの方が多かったのではないか。だがしかし、斎藤のように歯切れよく結論付けられると、その通りだ、という気持ちと同時にどこかでこのような歯切れのよい断罪では納得できないという抵抗感と違和感が残る。つまり議論がどこかですれ違っていって、教育基本法が指示しようとしている教育目的論の文脈と違った次元で反論が展開されマッチングが成立していないと感じるのである。この違和感は、「人格の完成」論に与してその立場を正当化するという意味のものではなく、斎藤の論調との「温度差」だと思う。斎藤の結論は論理的であり明解である。しかし、これに類似した論調は、制定過程の記録をみると務台理作ら批判派の人達によって、素朴ではあるがわかりやすい形で多く語られており、ある意味で、すでに織り込まれている論点でもあるが、最近の「教育危機状況」の下で、「教育は、人格の完成をめざし」という教育目的言説の無力さが露呈されるなかで、確かにそれが空文化して「死語」の状態にあることは否めないだろう。むしろ、高踏的な思弁にたいするある種の違和感や場合によっては嫌悪感すらも呼び起こしているのではないか。教育基本法の教育目的をもち出して教育の再生を図るという発想は時代錯誤であって、それよりもむしろ学校の現実に即応した具体的な目的論を制定して基本法を廃止か改正する必要がある、という話の流れに乗る方が合理的であり生産的であるような気持ちがする。「虚妄」呼ばわりされ「死語」として化石化した教育目的言説を、教育関係者が無批判に常套句的に使い続けるのは無意味であると批判したとして、しかし、この「死語」に対する代案をもち合わせているかどうか、また、その種の目的言説を提言すること自体が可能かどうか、教育目的の内容や方向の問題と目的を語ることそれ自体の可能性との問題の両面において検討が必要になっていると思う。結論めいたものを先取りすると、「死語」には「生語（?）」では代替できない貴重な役割があって、「死語」を追放してその空席を「いきいきした」リアリティーを感じさせる言説で埋めるという発想は、「死語」を追放するその排除の根拠いかんでは教育を脳死状態に陥れる危険があると考えている。

したがって、ここでの考察は教育目的の内容ではなく目的を語る言説の形態を吟味するためのテキストとして教育基本法をとりあげ、それが呈示している教育意味の独自性を取り出すことであって、代案を提示したり改正論の成否を議論したりすることを目指すものではない。むしろ、そうしたレベルの教育目的論の無効性を、結果的に強調することになるだろう。

以下の考察の「資料」として昭和二十二年制定時の教育基本法の前文と第一条を挙げておきたい。

〝われらは、さきに、日本国憲法を確定し、民主的で文化的な国家を建設して、世界の平和と人類の福祉に貢献しようとする決意を示した。この理想の実現は、根本において教育の力にまつべきものである。

われらは、個人の尊厳を重んじ、真理と平和を希求する人間の育成を期するとともに、普遍的にしてしかも個性ゆたかな文化の創造をめざす教育を普及徹底しなければならない。

ここに、日本国憲法の精神に則り、教育の目的を明示して、新しい日本の教育の基本を確立するため、この法律を制定する。

第一条（教育の目的）教育は、人格の完成をめざし、平和的な国家及び社会の形成者として、真理と正義を愛し、個人の価値をたつとび、勤労と責任を重んじ、自主的精神に充ちた心身ともに健康な国民の育成を期して行われなければならない。〟

〔2〕法成立の経過と論争点

教育基本法（以下基本法と略する）の目的条項にかかわった類似の文言は、その成立の審議に入る以前（一九四五年九月）においてすでに胎生しており、[2] 翌年の教育刷新委員会の第3回総会で田中耕太郎文相が「教育基本法要綱案」（九月二一日案）を説明したことをかわきりにして、「教育の理念」に関する審議が第一特別委員会で開始され、以来一九四七年三月に枢密院で成立するまで、目的条項は度重なる激しい論議をぐって誕生するのである。よく知られているように、教育の目的に関しては「人格の完成」論と「人間性の開発」論とが論争を展開した戦後教育の揺籃期の興味深い分野であって、基本法の「人格の完成」論研究として独自の領域が開拓されていると言ってよい。例えば、杉原誠四郎『教育基本法の成立――「人格の完成」をめぐって』（日本評論社、一九八三年）や新しいところでは林量俶『教育基本法の教育目的――「人格の完成」規定を中心に』（川合章・室井力編『教育基本法歴史と研究』新日本出版、一九九八年所収）などはその代表的な研究と言えるだろう。これらに加えて、『教育刷新委員会　教育刷新審議会　会議録』（全十三巻、岩波書店）の第6巻（一九九七年）によって第一特別委員会での審議過程が明らかになり、「人格の完成」を巡る当時の論議の模様がはっきりしたものになってきた。基本法の成立に関する実証的歴史的な諸研究をここで取り上げる訳にはいかないが、以下の考察の背景として制定の経緯について概観しておきたい。

基本法の教育目的をめぐる論議は、大きく二つの主題に分けることができるように思う。第一は、教育目的を国民に明示して伝達するために工夫された言語形式を分析するという問題である。この問題は従来の研究では全く取り上げられることがなかったが、基本法の教育目的の性格を考えるうえで極めて重要なテーマであると思う。審議過程の読み方を工夫してみると、委員会が絶えず話題にしていたのは、教育目的を国民に効果的に周知させるためにどのような言語形式がふさわしいかであって、その論議のなかで二つの目的論が闘わされた。それは理念論や言語表現上の問題ではなくむしろ教育の目的を国民に普及徹底させるための言語装置、言説ジャンル選択の問題であったと言えるのではないか。この文脈において、当初の委員会で語られた新教育勅語構想から「前文」付加にいたる言説の形態論議に関心を払う必要があるだろう。第二は、教育目的の内容にかかわる主題で、先の「人格の完成」か「人間性の開発」かについての教育論争である。第一特別委員会（以下委員会と略する）の最終案が「人間性の開発」であったにもかかわらず、文部省が総会に出したのは「人格の完成」であった。この逆転劇をめぐって、特に強硬な「人格の完成」論者であり、基本法成立の立役者であった田中耕太郎が果たした役割についてさまざまの推測がされている。(3) しかし、ここでの関心はこの問題にあるのではない。ただ、第二の問題は実は深く第一の問題と結び付いており、この結び目をレトリック論を手掛かりに浮き彫りにして、第二の問題への関心の強さがかえって初めの問題を隠していた点を指摘したいのである。差し当たって、二つの問題の所在を明らかにするために、第二の論議を主題にして基本法成立の経緯を概観しておきたい。

先に触れたように、「人格」論は早くから文部省内での教育目的論の基調に潜伏していたようであるが、田中耕太郎の入省によって急浮上し、第一特別委員会の主査であった羽溪了諦が逆転劇に出くわした折り、「人格の完成がよいということは予てから文部省のお腹にあったことで」と概嘆してみせたように、審議の過程で文部省関係者がたえず口にした文言であった。

基本法構想が話題にのぼるのは第3回の委員会からで、この時出された「基本要綱案」は、文部省内の審議室が作成した未定稿の叩き台程度のもので、「拝見しますと、何か随筆風で、法の書きおろしというものではない」という批判を浴びているが、この案には教育の目的としてすでに「人格の完成」が出ている。そして注目すべきは、この段階で「根本的な教育の基礎理念ということに付きましては、これに更に前文を付けるというようなことも考えられます。」(文部省係官)[4]との発言があり、「前文」を付けるという考えがひとつの選択肢として語られている点だろう。

「人格の完成」については、第4回委員会から異論が出始める。「非常によい言葉ではありますが、以前皇国の道に則るとか、国民の錬成とか、非常に喜んで使われた言葉があります。ああゆう言葉に代わって唯使われるだけでは、平滑な感じを免れない。(中略)殊に完成ということが、事実教育で期待出来るものでないと思います」(務台理作)[5]。さらに務台は「人格の完成といっても、戦時中でも終始そういう言葉を使っておりました」と批判論を述べ、この種の言葉(真理の探求もふくめて)が状況次第で容易に反動的な役割を果たす危険性を厳しく指摘して、森戸(辰男)や河井(道)がこれに賛同する展開になっている。これ以降、委員会では「人格の完成」論が批判の対象になり、これの代案として「人間の育成」(天野貞祐)、「個性の育成」(羽溪)、「人格の育成」(関口鯉吉)が話題になるが容易にまとまらない。この段階での一つの案として「教育は、人間性の完成をめざし、云々」という文言が板書されたと記録にある。これに対して「一般に正当に受け取られるかどうか」俗論化して感応的な文脈で理解されてしまわないかどうかの危惧と、「完成」に対して「開発」(天野)がよいという意見が出されている。第5回の委員会記録の末尾には「(参照・黒板に書かれたもの)」との見出し付きで次のような記録が残されている。

教育は、(人格／人間性)の完成をめざし、民主的平和的な国家及び社会の成員として、真理と正義とを愛し、個人の自由を尊び、勤労を重んずる心身共に(健康／健全)な国民の育成を期するにあること。[6]

（第7回委員会に出された案文では——の部分はそれぞれ「人間性」と「健康」になっている。）

この文言は、現行基本法の第一条の骨格に相当する内容で、この時点で用語や文脈はほぼ確定したと言ってよい。しかし、これをどの部分に置くのか、前文か条文かその位置は未決定である。つまり、こうした目的論の展開と並行して、他方では、前文をどうするかの論議の中で「教育宣言のようなもの」という基本法の性格付けが形を整えられてくる（第5回）。

第6回では「この前人格という言葉が陳腐なのと完成という言葉が厭なためにそういったのですが、或いは人格の完成という文字のほうがいいかも」（天野）、「やっぱり人間性の開発がよい」（務台、森戸）などの意見が出るが、委員会の大勢は「人間性の開発」論に傾いており、「教育は人間性の開発を目指し」という案文が提示され、目的論はこの段階で決着する。（一九四六年十月十八日）

前文をつけるかどうかの議論は、第7回に話題になるが、この話題がからむと、いつもこの委員会は何をするのか、つまり、基本「法」を作るのかそれとも基本法の基礎になる「理念」、新しい教育再建の「目的」を提示するのか、そして、もしここできめた事が基準となるのであれば、「怖いような気がする」（天野）、「ひやひやするような気がする」（務台）などの躊躇がみられ、議論は煮詰まっていかないのである。しかし、教育の方針や制度形態内容などについて各論的な議論が交わされるにつれて教育論はますます拡散して、全体と各論との調整が法技術上必要になってきて、第9回委員会で文部省案としてはじめてつぎのような前文が提出される。（同年十一月八日）

そもそも、教育は真理の探究と人格の完成とを期して行はれなければならない。然るに従来の我が国の教育は、や丶もすれば右の自覚と反省とにかけるところがあり、（中略）この欠陥を是正するためには、教育は根本的刷新が行はれなければならない。

とあって、以下では、「さきに、われらは、憲法を根本的に改正し」と、内容的は現行法に近い案文が続き、そして、前文案の末尾は「われら国民は、すべてこの自覚の下に、教育の目的の実現に向かって渾身の努力を傾けんことを期するものである」と括られている。[7] これは、もはや法律文ではなく、宣言であり決意表明であり宣誓であり、軍国主義教育からの訣別を告げる精神的変革の「革命宣言」であると言ってよいだろう。しかし、「そもそも」で始まり「期するものである」で終わるこの文言は、教育を簡潔かつトータルに語ろうとする意図は理解できるとしても、「そもそも」で始める辺りに教育言説の勅語的形態の残像を認めることができるし、また前文をもった基本法という特異な性格の「法」を生み出すエネルギーの出所を探り出すことができるように思う。基本法において前文が果たす役割は、「人格の完成」を入れるか否かの問題に比べて、基本法の性格付けの点ではより重要であると言わねばならない。それが強調するところは深い反省と「根本的刷新」であり、「渾身の努力」の誓いである。その新しい努力目的として再び「真理の探究と人格の完成」が復活してくる。

委員からは「文部省の方は、真理の探求、人格の完成、ということに非常に固執しておられるらしい」と皮肉られ、これに対して「これは大臣がずっと使っておられる言葉ですし、文部省では、いつもこの言葉を使って来ておるものですから」とのやり取りがあり、田中耕太郎文相の意向の浸透ぶりがうかがわれる。[8] しかし、「人格の完成」は、文部省が法制局と大蔵省と折衝する段階での法案（一九四七年一月十五日案）では前文からも姿を消し「人間性の尊重」（前文）と「人間性の開発」（第一条）に変えられた。ところが、一月二十二日の折衝で「人間性」の言葉が法律用語に馴染まないとの疑義が出され、一月三十日案では、前文の「人間性」は「個人」に、第一条のそれは「人格の完成」にそれぞれ変更され、ここで「人格の完成」が復活したのである。以後、一月三十日案を元に部分的な修正を加えて成案にこぎつけることになる。[9]

〔3〕「人格の完成」論

「人格の完成」対「人間性の開発」論争の経過とその場面場面で見え隠れする前文の構想とをたどったが、この問題は一方で、戦後の新しい教育目的言説を作り上げるために、すでに戦前戦中の教育言説に取り込まれてしまっている「人格の完成」に対する異議申し立てであり、「人間性の開発」には、教育言説を差異化して新たな教育を立ちあげるテコの役割が期待された。「人格の完成」とは、戦争中の国民総動員態勢の精神主義教育に結び付く復古的ニュアンスをもった危険かつ陳腐な教育用語であって、新しい教育目的言説はこれへの対抗語という性格がなければならなかった。その場合、新しさの内実は第一義の問題ではなくて、教育態勢の刷新と「人間革命」を宣言して、教育が「根本的に」変換したという印象を国民にいかに強く与えるか、そのための最も有効な言説を生み出すことが喫緊の課題であった。つまり、教育の制度や形態や内容の改革に先行して、「根本的」理念が変換されたこと（ここではその事実を語る必要はなく）を国民に周知徹底させること、いわば（差異の明示を内容とした）宣伝と普及のための言語装置を開発することこそこの委員会の第一の使命であったと言えるだろう。

この課題は他方で、教育の「根本的刷新」をどのような形の言説で表現するかという問題と結び付いていて、その背景には、第一特別委員会が最初に取り組んだ主題であった教育勅語の存在があったと思う。教育に関する言説の形態として勅語は、教育を語る形式という意味だけではなく勅語形式によって語られたものとしての教育という特殊な意味を出現させている訳であるから、教育の意味付けはその言説の形式に依存していると言える。教育勅語体制は、教育言説の形式が教育目的を規定した典型であって、内容よりは語りのスタイルの問題であったと言える。教育勅語に替わる「教育の大本を示される詔書」を天皇に奏請するか否か、後勅語に生じる教育上の「空白」をどのように埋めるか、「教育の根本理念」を国民に周知させる方策はなにか、これが第一特別委員会の当初の主題であった。この結論は、奏請はしない、その替わりに「教育者が拠る所の教育方針」を明示するための基本法の前文や第一条、第二条に教育の目的方針を含ませた、ということである(10)。後年、田中耕太郎が基本法の第一条と第二条は教育の理念を「宣明」する「前文的のもの」にした方がよかったと述べているが（注(16)参照）、教育の理念を「宣明」するにふさわしい非勅語的な語りの形式が探索されていたと言えるだろう。

「人間性の開発」が、陳腐化した教育言説を変換する意味変換の力を備えているかどうか疑わしいが、第一委員会の記録によれば、「人格の完成」にはっきりと対抗しそれを否定する役割を担って登場してきた言葉で、戦前の教育にたいして個人を尊重するヒューマニズムの教育を精一杯表現したものである。その弱点を補強するためにさまざまの言語的な仕掛けが工夫されなければならなかった。戦前への逆戻りにしっかり歯止めをかけながら、しかし教育の崇高な使命を強調する点では戦前のそれに劣ることなく、宣伝のレトリックを動員して、明確な方向指示や価値選択の語句で文脈を作ること、あるいは先に一部引用した、長い前文を付けて言語形態に工夫を凝らすことなどである。その意図をはっきりうかがわせるものとして、先に上げた前文の試案は格好のテキストだろう。例えば、「そもそも」から「渾身の努力を傾けんことを期す」の文脈は、そもそも、誰が誰に対して語るものなのか、ここに出てくる「われら（国民）」は誰のことなのか、よくわからない。「われら」は、一見すると、語り手であるかのように扱われているが、その語り手は同時に常に聞き手の役割を引き受けさせられる語り手でもあるという仕掛けのなかに置かれていて、この隠れた閉鎖的な自己回帰の回路によって、「私」は「われら」に同一化されてしまって簡単に離脱独立できない構造になっている。このことは、基本法の制定過程でその都度出された英訳案での「We」の場所を見るとより明瞭になる。これと関連した問題で最も興味深いのは、むしろ第一条の主語に座る「教育は」の位置ではないか。つまり「人格の完成」の前にある「教育は」の役割が興味深いのである。

なぜ「われわれは、教育（の力）によって人格の完成をめざし」という形を取らず「教育は～ねばならない」という形なのか。（事実、制定のある段階での英訳案では、"In education we aim at building up well-round personality"（一月三〇日案）である。旧法の公式の英訳では "Education shall aim at the full development of personality" になっている。ちなみに、「人格の完成」の英訳には、the consummation of personality→the cultivation of human nature→building up well-round personality→現行という変遷があるという。[11]）この問題は、単に繁雑さを避けるためにという構文上の技術的説明で尽きるものではなく、もう少し別の観点からの解釈が出来るのではないか。教育目的言説のきわだった特質を示したものであり、かつ前文を付けた基本法という性格を象徴する問題ではないか。つまり教育の特定の意味や役割やイメージを強調するための言説の仕掛けのひとつではないか、と考えたいのである。

「教育」が擬人法として使われているのか、それとも「われら」にたいして上位に「教育」を位置付けることによって「教育」に特別の意味を与える意図からなのか、この部分には重要な意味が含まれていると思う。私は、カトリック的自然法思想の立場から、教育権の政治からの独立を構想した田中耕太郎の基本法観が特徴的に現れているのがこの部分ではないかと思う。彼は、教育は国政の枠内で行われる場合でも「国家の他の活動範域に対して、理論的には優先した地位が与えられなければならない」という立場を一貫して主張しており、その立場において、個人の解放を求めたアメリカの教育改革の立場を「こえて」、教育とは「あるべき人間像」を明示するものでなければならなかったのである。(12)「人格の完成」は、人間が成就するべき普遍的「客観的」な第一義の価値であり、人間の個別的な期待や願望を超え政治的多数決の原理とも異質なところに存在する理念としての教育を指し示すものであった。

田中の立場からすれば、教育を、「人格の完成をめざす」教育として意味付けることは、教育を政治的な権力闘争の場面から理念へと解放すること、つまり教育をめぐる意味争奪戦への強力な言語戦略であったと言えるだろう。それは、「人間性の開発」論者が陳腐で危険な教育言説であるとして「人格の完成」論を批判したのと同じ戦略を使って、同じく教育の変革と刷新を超越の文脈によって基礎付けようとしたものであったが、「人格」概念が含んでいる超越論的意味が容易に政治的な規範秩序に意味転移した過去の経験に照らして、人間主義的な水平軸に沿った「人間性の開発」論が議論において優位を占めたわけである。結果として、「人格の完成」は生き残ったが、しかし、それの意味がはたして田中がはじめに意図した役割を演じたかどうかは別の問題である。(13) 歴史のなかで「人格の完成」の世俗化陳腐化は不可避であるが、しかし「教育は」という語場が開いている言説の形の特異性は、なお陳腐化を免れているように思う、これは思い過ごしなのだろうか。

〔4〕「連想された通念の体系」と「人格の完成」

ところで、教育理念の変換を強調するための言語的な仕掛けが基本法のどこにあるかだが、試案でも旧法でも同じことで、例えば第一条では《めざし、愛し、たつとび、重んじ、充ちた、健康な、期する、ねばならない》という語によって目的言説が作り出されている。これらはいずれも客観的に対象を指示するものではなく内面的で情意的な語であって、聞き手の心情に訴える価値指示的で形成的な、教説の言説を作り出す働きをするいわば「動詞型の隠喩」である。(14) 第一条では、教育の働きや意味が機能的に説明されているのではなく、教育の必要性と課題が教示され「宣明」されている。つまり、基本法はそれ自体が国民を教化する役割を担っているわけである。新しい教育理念を普及させるという「変革の啓蒙」を達成する言説として最も効果的な仕掛けが工夫されているのである。

基本法第一条をさらに検討すれば、この意図は一層はっきりしてくる。「正義を愛し」「責任を重んじ」「自主的精神に充ちた」などはいずれも常套句で、陳腐化した「死せる隠喩」（あるいは「基底隠喩」と言えるかも）である、がゆえに国民に理解されやすい言説、レトリック論的に言えば「意味論的連想可能性」が作り出せるのである。この言説は全体として、隠喩によって綴られた「アレゴリー（諷喩）」の性格をもっている。「正義を愛し」以下が隠喩を使った意味転義の仕掛けであるとすれば、その文脈によって意味付けられる「教育」もまた「連想」されイメージされるところの「教育」であって、対象化して取り出すことができる実体としての教育ではない。ここでの「教育」とはひとつの「見立て」によって、アレゴリーが開示した物語としての意味世界なのである。さらに言えば、「象徴とは、主に隠喩と換喩、それに擬人法を土台とする複合的文彩である」(15) と考えると、基本法の第一条は、象徴の働きによって教育の目的「人格の完成」を語っていると解釈することができるだろう。

先にみた「人格の完成」の「完成」もまた、教育の目的を「明示」するための選ばれた効果的な譬喩であり、それは教育の目的を「そのようなものとして」見せる「見立て」の仕掛けである。教育目的を語るために、ひとつのモデルを提示したものであって、この目的から逸れた教育目的が多々存在するか否かは問題ではない。言うまでもなくこの「完成」モデルは、それと対抗した「開発」モデルとはその教育観においてはっきりとした差異があり、目的を「明示」するという意味において、「完成」モデルは理想主義的であり「客観」主義的であると言えるだろう。しかしこの客観主義的な「完成」とは、譬喩的に言えば、水平線は確かに存在しているように見えるがしかしそれを「めざし」ても誰も水平線に到達することができないように、明示することは可能であるが到達は証明不可能であるというある種の極限概念と言えるだろう。したがって、「人格の完成」は可能か不可能か、という実体論からの問いかけは不毛の論議であると思う。

レトリック論から見れば、この第一条はメタファーで綴られた象徴としての教育目的の「物語」であって、そこに「人格の完成」が挿入されるか否かにかかわらず、第一条は教育の「大いなる物語」の典型であると言ってよいのである。それは、常套句を連ね国民に「連想された通念の体系」（M・ブラック）を印象づける言語装置なのである。したがって、そこでは教育の目的を厳密に定義する必要はなく、文中に含意されている「転義システム」によって、教育のある意味が浮き彫りにされその部分が拡大して相互に結び付いて、ひとつのまとまった「教育観」を造り上げるように仕組まれている。

教育の目的を完全に語ることはできない。語るとすれば類似や隣接の働きによって「それらしく」語ることが出来るだけであるが、その場合でも「それらしさ」の真実性を直接問うことや、その背後に「真実」の教育が存在していることを証明する必要はない。隠喩の働きが字義通りの意味に対応しなければならないという必然性はないからである。

基本法の教育目的は教育に関する「物語」であって、「人格の完成」もまたその語りにおいて出現した「それらしい」フィクションである。その物語は巧みな譬喩によって読み手に確実に伝えられる仕掛けを備えていると言える。人格の完成は可能か否かという法制定当時から続いている疑義は、基本法の教育言説の性格からすれば異なった言説間のミスマッチであると言えるだろう。

したがって、基本法の制定過程で注目された「人格の完成」か「人間性の開発」かの論争は、単なる表現語句の選択レベルの話題であって、教育目的の「根本」を刷新するという課題、つまり教育目的言説の作るレトリックを工夫するという課題からすればさほど重要な問題ではなかったと言えるだろう。事実、第一委員会における二つのいずれを選択するかの論議は教育学的に見れば取るに足りない断片的な体験論や個人的な信条の域を出るものではなく、その論拠を問いただすことは不毛であると思う。必要なことは「根本的」な変換を国内外に明示すること、そのためには単なる法律文ではなく前文という「教育目的の物語（あるいは「神話」と言えるかもしれないが、ここでは使わない）」装置を備えさせて教育の大いなる「物語」を謳い上げることであった。

［5］陳腐な言説「人格の完成」の役割

「私は個人的には、国家が法律を以て間然とするところのない教育の目的を明示することは不可能にちかいことと考えるものである。それは国家の目的を法律学的に示すことが不可能なのと同様である。憲法が国家目的を条文中に明示することをせず、ただ前文において民主憲法の政治理念を宣明しているにとどめているごとく、教育基本法も第一条と第二条は前文的のものとし、第三条から始まるものとする方がよかったのではあるまいか(16)」。

これは、基本法の原案作成から制定に至る間の文部大臣であり、基本法の性格と内容の方向づけに強い影響を与えた田中耕太郎の文章である。

理念を「宣明」することと条文中に明示することの法律学上の差異がどのようであるかわからないが、田中もまた条文として教育の目的を明示することは不可能であってそれは「宣明」の性格をもった「前文的のもの」がふさわしいと考えていた訳である。

田中にとって基本法の立場とは「教育が国家内において行われながら、手段として民主主義に奉仕するというのではなく、それ自身として自主的独立の使命をもっている」[17]、つまり教育は民主主義にせよ他のイデオロギーにせよとにかく政治に奉仕することを目的とするものではなく、「教育の本質は憲法より前に存在し」政治とは異なった次元に属しそれに優先しているのである。したがって基本法の立場は、教育権の独立を志向するもので、その理論的根拠は自然法主義であり共同体的教育観であると主張されている[18]。田中によれば、教育は社会への適応を援助する社会的な機能なのではなく教育は社会にたいして独立した固有の使命をもっている。教育の本質とは「人間自体つまり『全人』（der ganze Mensch）または全一的（インテグラル）な人間を形成することである」[19]。田中は、基本法の教育観はプラグマティズムのそれではなく人格形成（Persönlichkeitbildung）を中核的概念にすえる「人格教育学の範疇に属するもの」[20]であると明言して、基本法が抽象的に「人格の完成」と表現しているものに哲学的な解釈が与えられ、教育的な価値の序列が示されなければならないと述べる。

カトリック的自然法の立場をとる田中の基本法解釈の要点は二つあるだろう。ひとつは、教育を国家による政治的干渉の外におき教育の自律性独立性の保障を構想したものである。第二は、教育の独立性を確保して教育の純粋性を明示するために「人格の完成」を教育目的として設定した。その目的言説は本来的には条文ではなく「宣明」として前文的性格であるべきであって、その内容に関しては国家による規定を排除している。このような解釈に従えば、「人格の完成」が演じている役割は、その内容が抽象的であるとか高踏的であるとかといったレベルのことではなくて、意味規定が困難で極めて論争の対象になり難い目的言説が設定されることによって、結果的には政治権力にたいする教育の独立性や、機能主義的教育観と人格的普遍主義的教育観との差異を際立たせる効果を生み出したわけである。軍国主義や政治主義に抗して、そしてアメリカ使節団がもたらそうとした機能主義的な教育に対して、「教育」を防衛する装置として、教育を語る既成の様式から一旦教育を解放するための言語戦略として「人格の完成」を主張し、それによって意味論的な差異を演出したのである。

この戦略が成功したどうかを問う必要はないが、戦後の我が国の教育言説において基本法が占めてきた位置は決して低くなく、教育運動や政治的なイデオロギー論争の場面で、教育学の論議や教育裁判の場で、さまざまな文脈に即して引用解釈し援用や批判がされてきた。教育目的に関するこの「大いなる物語」はすでにそれ自体が、教育のある意味を表現する「譬喩的存在」として教育言説の中に組み入れられ、教育を語る文脈の筋を作り上げてきたと言えるだろう。その意味において、基本法の理念は、それに同調するにせよ批判するにせよ、われわれの教育通念として共有されているのであり、すでに十分陳腐化している。われわれが問うべきは基本法の改定論ではなくて、陳腐化した教育目的論は無用なのか、である。筋立てと結論がわかりきっている物語は無用か、退屈か。教育の意味を再発見する仕掛けとして、この物語はもはや機能しないのか、である。この、内容と形式の両面において陳腐化に成功した数少ない「物語」を、陳腐化ゆえに排除して解体するのではなく、逆にこの「物語」が開いた教育目的言説のスタイルを読み取ることによって、教育の意味と目的を語る言説のスタイルを発明工夫することが必要ではないか。

②　第一条「人格の完成」のレトリック

〔1〕日本語と「意味論的連想可能性」

先の論述は、いわばレトリカル・アセスメントと呼べるもので、その試みにおいて、基本法第一条が譬喩の語法を骨格にして構成されたもの、つまり隠喩によって綴られたアレゴリーの性格をもっていること、あるいは、隠喩と換喩と擬人法を取り混ぜた「複合的文彩」（象徴）によって教育の目的が語られていると特徴付け、こうした譬喩の仕掛けで語られた教育目的言説は、国民に「連想された通念の体系」をよび起こす言語的意味論的効果をもたらすもので、教育のイメージを国民に理解可能な《形》で鮮明に表現する働きをもっていることを明らかにした。こうしたレトリカル・アセスメントの作業過程において、基本法第一条がもつ幾つかの言語論上の検討課題が発見された。例えば、第一条の冒頭「教育は、人格の完成をめざし」にある「教育」という語の場所の問題である。前節ではそれを「教育の特定の意味や役割やイメージを強調するための言説の仕掛けのひとつ」と考え、その意味を主として田中耕太郎の自然法主義に基づく共同体的教育観の文脈において解釈した訳であるが、この解釈はレトリック論から見ればなお不十分である。この部分の解釈とも関連するが、前論では言及されなかったが、第一条の文末「心身ともに健康な国民の育成を期して行われなければならない」の「行われなければならない」という言い回しに関心を向ける必要があるだろう。つまり「教育は、……行われなければならない」という文言の語り手は誰であり、またそれの聞き手は誰なのか、「ねばならない」と義務づけられているのは誰が誰に対してなのかという問題である。恐らくこの問題は日本語文法にかかわる問題であるとともに日本語独自の表現と伝達の問題であって、なぜ「行われなければならない」であって「行わなければならない」ではないのか、この受動を意味する「れ」を使うこと、つまり「われら」を省略して受身型「れる」を挿入する語法を造ることによって、一体どのような意味伝達の効果が期待されているのだろうか。こうした、前節では考察できなかった問題を取り上げてみたい。

「教育は、人格の完成をめざし」という文言は、全体の文脈からすれば言語的文法的な明示性を特に必要としない、つまりアレゴリーとして読み手に了解されるスタイルのもので、厳密な主語―述語関係に規定されないタイプの言説であると言えるだろう。聞き手であり読み手である国民がもっている通念的な教育言説にほどよくマッチしたスタイルで、ロジックによって説明するのではなく教育観の刷新と価値の昂揚を訴える情意レベルでの説得を目的とした言説であって、そこではいわばイデオロギーのレトリックが使われていると言えるのである。このことはさまざまの角度から解明することができるだろう、例えば、基本法を音読してみると、そこでの言い回しや韻や常套句などが織り成す表現と説得のための言語的な調べを感じることができる。基本法は新しい教育の理念を国民に教示して説得するためのレトリックを備え、「常套句を連ね国民に『連想された通念の体系』（M・ブラック）を印象づける言語装置」であると見立てるのであれば、この見立て方はさらにこのテキストにさまざまな意味を発現させることが出来るのではないか。例えば、池上嘉彦は「日本的」な〈説得〉のテキストの特性について次のように述べている。

通常の〈説得〉のテクストがテクスト生産者の側からのテクスト受容者を指向した強い働きかけに特徴づけられるのに対して、「日本語〔人〕論」はむしろテクスト受容者の側からの積極的な参与を当然の前提としているかのような構成になっている。受容者の方が生産者の提示している〈断片的〉な事例の間を自らの認知的な営みによってつなぎ合わせ、その線の指す方向に生産者が〈直観的〉に把握しているものがあることを悟るということが期待されているわけである。そこには通常の〈説得〉のテクストに予想されるような、いわば〈他動詞〉とでも言うべき受容者への指向性は必ずしも強く出ていない。むしろ、生産者の〈自動詞的〉とも言うべき〈モノローグ的〉なテクストといった様相を多分に備えている。受容者の方でそれなりの対応がなければ、それは〈説得〉として機能しないこともありうる性格のものであり、いささかの危険を敢えて冒して言うならば、そのこと自体〈日本的〉と感じられる現象を構成しているようにすら思える。(21)

ここで指摘されている「日本的」な〈説得〉のテキストの一般的な特徴は、基本法のレトリック分析にとって示唆的である。基本法策定の目的は、前節で述べたように、教育態勢の刷新を国民に周知徹底することであり、第一特別委員会の任務はそのための言語装置を開発することにあったとすれば、それはまさに〈説得〉のテキストを作る作業であったわけで、池上が指摘するところの「テキスト受容者の側からの積極的な参与を当然の前提としているかのような構成」がどこかに仕組まれていることになる。私はその構成をレトリック論で言われる「意味論的連想可能性」と呼び、基本法の言説を、陳腐化した「死せる隠喩」を連ねた「アレゴリー」に見立てたわけであるが、このテキストはさらに池上によれば、「生産者の〈自動詞的〉とも言うべき〈モノローグ的〉なテキスト」という性格をともなっていることになる。基本法が〈モノローグ的〉テキストであることはそれが「前文」を備えた「宣明」の性格をもった特異な法であることを別の文脈において改めて際立たせるものであるが、しかしこの点でさらに大切な問題、前論で十分な考察が出来ずに課題を提起するだけに終わった問題、がある。つまり、アレゴリー風に語られる目的言説を語り手と聞き手の関係性において解釈する立場をより鮮明にすることである。

誰が誰に対して語るものなのか、ここに出てくる「われら（国民）」は誰のことなのか、よく分からない。（中略）語り手は同時に常に聞き手の役割を引き受けさせられる語り手でもあるという仕掛けのなかに置かれていて、この隠れた閉鎖的な自己回帰の回路によって、「私」は「われら」に同一化されてしまって簡単に離脱独立できない構造になっている。（中略）これと関連した問題で最も興味深いのは、むしろ第一条の主語に座る「教育は」の位置ではないか。つまり「人格の完成」の前にある「教育は」の役割が興味深いのである（前節［3］「人格の完成」論）。

ここで述べた「隠れた閉鎖的な自己回帰の回路」という言い方は、「テキスト受容者の側からの積極的な参与を当然の前提としているかのような」日本的な〈説得〉のテキストの構造を語ろうとしたものであったと言えるだろう。この部分と関連して「教育は」の位置に関心を示したが、その関心は、「教育は」が「われら」の前に位置して文法的に必要な「われら」が文中どこにも存在しないという特異な「語場」を指摘するにとどまっている。しかし、この問題は日本的な〈説得〉のテキストの構成にとってかなり重要なポイントであった。

テキスト受容者の積極的な参与と意味理解への期待とを前提にして作られた〈モノローグ的〉なテキストにおいて、語り手と受容者の関係は文法的な主語―述語関係においてではなく、説得の戦略としてあえて文法を表に出さないで、両者にとって既に了解済みである《と、思い、思わせる》主題をむしろ文頭に仕掛けたのである。これは、教育という主題が既に相互に共有された自明の話題である点を強調するために、あえてその主題を《心理的な主語》に据え、文法よりも主題を優先させているのである。しかし、この主題優先の「語場」は、テキスト生産者（語り手）の所在を曖昧にすることによって、受容者がその不明の部分を自発的に補完しなければならないという自発性誘発型のコミュニケーション効果をもたらす仕掛けになっていて、この二重の効能が日本語のレトリカルな構造において生み出されているのである。

この自発的な補完は、教育目的が譬喩によってアレゴリーとして語られていることで達成可能であり、かつ「われら」もまた、その補完の達成においてどこまでも参与の結果として顕在化してくる仕組みになっている。語句の配列について文法上の規制が比較的弱い（例えば英語に比べて）日本語の場合、文法上の主語でなくても話題の中心（主題）が冒頭にくることは珍しくない。再び池上に登場してもらうことにしよう。

> 日本語では、〈心理的な主語〉と〈文法上の主語〉の一致度はそれほど高くない。文法的に主語であるもの以外でも、〈心理的な主語〉として文頭にもってくることが比較的自由に出来るからである。一方、英語のような言語だと、文頭に置かれる構文要素というと大抵は主語ということになるから、〈心理的な主語〉になりうるのはもっぱら〈文法上の主語〉であるものに限られ、二つの概念の一致度は高いことになる。現代の言語学では、二つの言語類型に対して、それぞれ〈話題優越型の言語〉（topic-prominent language）と、〈主語優越型の言語〉（subject-prominent language）という名称を与えている[22]。

基本法の第一条「教育は、……行われなければならない」の主語は「教育」であり、その目的は「ならない」と達成を義務づける文脈として、一見教育の目的を明示的に表現した語句のように見えるが、しかし、「話題優越」的な日本語の特性を使って、「教育は」における〈心理的な主語〉の役割を強調することによって、テキスト受容者と生産者との関係を曖昧にしたままで、〈モノローグ的〉に「ならない」という義務言説で全体を回収するのである。受容者（聞き手）はいつの間にかこの話題に取り込まれて、その語りの筋を共有して達成するように義務づけられている、そのような仕掛けになっているということである。こうした見方が可能であるとすれば、基本法の第一条において果たして教育の目的が明示的に語られているかどうかという疑問が起こる。

「教育は」の「は」は、〈話題優先型の言語〉にあっては、話題を提供する助詞の役割をしており、この型の言語においては「〈話題〉の概念は、基本的には〈場所〉の概念をメタファー的に拡張したものにほかならない」「〈話題〉とは〈コト〉が成り立つ〈場（所）〉なのである(23)」そうであるとすれば、教育目的の「教育は」は目的を語っているのではなくて、実は教育という〈コト〉が成り立つ場所を語っているのであり、「教育は」は、池上のせりふを真似て言えば《教育にオイテハ》と言い換えることができるだろう。第一条は《教育ニオイテハ、……ガ行ワレナケレバナラナイ》ことを述べており、それは《オコナウ》べき《コト》を規定したものであって、教育は目的や理念としてではなくすでに《コト》化された行為として扱われている。したがって教育目的言説は行為に関する規範言説に変容していて、心理的あるいは社会的な文脈において〈説得〉するための仕掛けとして機能していると言えるだろう。

確かに、第一条は教育の目的を語ろうとしている。そこで使われている個々の用語は教育の目的を語るにふさわしい価値提示的で理想主義的な意味合いをもった純度の高いものであるが、しかし、それらは殆ど譬喩として意味付けられたものであって目的指示的な性格のものではない。この目的言説の日本語的な特性からすると、語られている意味は教育の目的ではなくて《教育ニオイテ》行われるべき行為の規範に関してであって、教育目的が語られている訳ではないのである。言うまでもなく個別の用語（単語と言ってよいだろうが）は一定の意味をもっているが、しかしそれらが配置されるレトリカルな状況とそれに加えて日本語的な文脈構成の特異性との二重性において、個別の用語が演じる意味表現と意味伝達の働きはかなり大きく変換させられる。基本法の教育目的言説は、教育言説が受けている日本語的な制約と特性を垣間見せるものであると言えるだろう。

基本法の言語戦略は、譬喩と常套句を連ねて意味論的連想においてテキスト受容者との共通理解を仕掛けるとともに、日本語の〈話題優越〉性を効果的に活用して教育《目的》を国民に周知させるものであったと言えるだろうが、こうした切り口による基本法解釈によって基本法に新しい意味を発現させることができたのは、〈説得のテキスト〉というカテゴリーであり、レトリック論的な思考方法であったと思う。

察を試みたい。

[2] 教育目的の「動詞化」と「自発受身」

先に指摘したように、基本法の語句に関する「日本語」論からの考察は、〈説得〉のテキストの分析モデルとして、また、それを一般化して言えば、われわれに馴染み深くなっている教育言説が作り出している変換的な意味発現の彩を探り当てる手法として、興味深いものがある。このテキストを使って少し別の日本語論的な角度からの考察を試みたい。

「教育は、人格の完成をめざし、……行われなければならない」と規定され、この間の《……》において幾重にも条件が加重され教育の重要性が誇張表現されているが、何度か読み返してみると、この文言にはどことなく間延びした印象が拭えないのである。例えば、「めざし」ではなくなぜ「めざす」と言い切らないのか。「めざし」として、以下において人格の完成にかかわる諸要因を順接させていくが、ここでの「し」という接続の形式は、すでに、目指す目的を明示的に指示するのではなく流動的な文脈において語ることを構造的に示すもので、教育の目的が際限ない条件の充足の彼方にあることを、つまりそれが語り得ぬ未完了な課題であることを予感させている。「めざし」の「し」が開いた接続の文脈は教育の目的を「し」を連ねる無際限な語りに開く働きをするのである。教育目的言説が完了不可能な語りの型によって「目的」を語り始めたとき、その言説はもはや目的を提示するのではなく目的をコト化して、教育行為の過程いわば「教育目的の動詞化」への転換を図っているのである。目的言説を目指しながら、しかし語りのスタイルとしては、この教育目的の完了不能性を表明する「し」を仕掛けることによって目的の過程化あるいは行為化への転換が図られている、これが基本法における目的言説の特徴のひとつではないだろうか。したがって「行われなければならない」は、「し」が開いた無際限な順接を可能にする言説を断ち切るために必要であった。しかもこの停止は、目的を動詞化するという文脈の変換によって強引に達成されるのである。「ねばならない」は行為の言説であって、それは〈説得〉のレトリックであって目的のそれではない。もしこうした文脈の変換に日本語による教育言説の特徴を認めるのであれば、後述する「自発受身」と呼ばれる日本語の固有形態とともに、日本語における教育言説の特性つまりはその教育観に関する興味ある研究領域が開けてくるのではないだろうか。

最後にもうひとつの問題に触れておきたい。それは「行われなければならない」についてである。なぜ「行う」や「行わなければならない」ではなくて「行われなければならない」なのか。この「れ」が果たす役割はなにか、という問題である。繰り返し述べたように、主語が「われら」ではなく「教育は」であることにこの問題が関連しているわけである。「話題優越型の言語」の特徴でもあり、また〈説得〉のテキストが備えるレトリックでもあると言えるだろうが、テキスト受容者の側からの「積極的な参与を当然の前提とするかのような構成」が端的にあらわれているのが、この「れ」ではないかと思う。つまり教育は「行うべき」単純な義務ではなく、それは「行われるべき」ものなのである。この「れる」は一般的に自発、受身、可能、尊敬の四つの意味をあらわす助動詞であるが、これら四つの意味は自発、受身、可能を中核的意味にしていると言われるが[24]、なかでも注目されるのは、それらの意味の始源は「自発」にあると指摘される点である（荒木博之）。

先に私は、「れる」「られる」の「可能」の意味が「自発」の意味と分かちがたくからみ合っていることを論じた。「受身」の場合においてもこのことは同様である。

私は「受身」を英語などのPassive Voiceと等価的にとらえる仕方はきわめて危険なものと考えている。元来、日本語には「受身形」といったものは存在していないのであって、日本文法で「受身」といわれているものは、実は「自発受身」とでもいうべき、きわめて日本独自の語法であって、英語などのPassive Voiceとは似て非なるものであると思われるのである[25]。

つまり、ここでもまた、先の池上とは別の立場から自他を区別して成立する語法と日本語のようにその区別が曖昧な動作主を欠く語法との差異が受動態の認識の違いとして指摘され、本来、相互対抗の概念である自発と受身とが、その意味境界を曖昧にして「自発受身」という言語事象を作り出していると指摘されるのである。荒木はこの現象を「自他止揚の文化的ダイナミックス」(26)と呼び、日本語における「自発受身」的言語形態である「られる」の存在意義を強調する。日本語に関する論議に立ち入れないが、差し当たっての関心からして、日本語において「自発受身」的な働きをする「られる」に注目すると、基本法の「行われなければならない」とは明らかに違った意味を表していると言える。つまり、教育は単純な義務として「行われる」のではなくて、「自発」的意味を含意した義務であって、この「自発」の契機を介在させることによって教育の目的はテキスト受容者の「自発」的行為と一体化して受容されることになる。

ここで引用した荒木の《「れる」「られる」考》は、助動詞「れる」「られる」の自発用法に着目したもので、その特徴は「発語者と対象物とは、漠たるアトモスフィアのなかで、ひとつになって溶けあってしまっている趣さえあるように思われ」、両者が混然とひとつのものになった独特の世界を演出してみせる働きをすると解釈する。

日本語の自発用法といわれるものは、こうした日本人のきわめて独自の対象世界のとらえ方、対象世界に対する心のあり方を言語的に表現したものなのである。助動詞「れる」「られる」もひっきょう、そうした日本人の対象世界に対する特別な心的態度を言語的に受けとめた日本語の語法のひとつの局面であるということができるであろう。(27)（荒木はこうした心的な特性が形成された背景として個人の論理を抑圧して共同体の論理が絶えず優位にたつムラの論理、稲作に生活基盤をおく共同体構造の在り方を指摘している(28)）。

日本語における「受身」型のこのような解釈が可能であるとすれば、教育関係者がよく口にする「教育されねばならない存在」としての「子ども」という語句が言い表している「受身」言説は、語り手の子ども観や教育観をすでに雄弁に語っていると言えるかもしれない。学校現場において、教師と子どもとの日常的な言葉のやり取りの場面で使われる常套句や決まり文句のうちにも、この種の「自発受身」型が暗黙裡に前提されていて、「教育的」な子ども理解の型を造りあげている可能性がある。こうした言語やレトリックの研究を通して、親や教師が使う子ども向けの常套句のうちに日本人的な教育観の結晶の断片を見つけることができるように思う。教育言説において私たちは、子どもを「自発受身」型の文脈で見立てそれを「コドモ」として語っている可能性がある。もしかすると、こうした日本語の教育言説のスタイルの研究こそが日本人の教育理解の型や意味付けの仕組みを解明する手掛かりを与えるかもしれない。また、西洋型の受身と区別されるこの「自発受身」と呼ばれる曖昧な非二分法的な受身型によって語られる教育言説は、レトリック論で言われるところの「撞着法」的な表現を変形した、それの「弱い」変形スタイルをとっている可能性がある。日本語で語られた教育論（学）は、日本語的な特性の分析とレトリック論的な検討という言語論的回路を迂回することで、その言説の意味構造の一端を明るみに出すことが出来るように思う。

注

（1）齋藤昭『教育的存在論の探求――教育哲学序説』世界思想社、一九九九年、五五頁。

（2）杉原誠四郎によれば、一九四五年九月十七日付けの田中耕太郎のメモ「教育改革私見」中に「被教育者の個性の発揚と人格の完成に力を致すこと」に認められる。田中は同年十月に文部省学校教育局長に就任するが、このメモは当時の文相前田多門との会談のためのものである（杉原誠四郎『教育基本法の成立――「人格の完成」をめぐって』日本評論社、一九八三年、四一―四二頁）。

（3）例えば、杉原は教育基本法の一月十五日案（第一条教育の目的では「教育は人間性の開発をめざし」である）をもとにした文部省と法制局との折衝（一月二十二日）に関する辻田力調査局長のノートに、教育目的に関して五点の指摘を受けたとあり、その中に〝「人間性」という言葉は一般に熟していないので、法律用語とすることに対する疑問。また人間性という言葉は人間の悪性を是認する感じを与える〟とあると指摘している。この折衝を経た修正案（一月三十日案）では、「人間性の開発」は「人格の完成」に変更されている。この変更の経緯に関して、杉原は辻田の証言をもとにして「田中耕太郎が直接関与した形跡はのこっていない」と判断している。（杉原誠四郎、前掲書、一四〇頁）。
　これに対して、林量俶は、文部省と田中耕太郎は基本法の草稿の段階から「人格の完成」に固執していた経緯を指摘して、第一特別委員会の段階では一旦消えた文語を「法案作成が任された（任させた）ことを、〝千丈の堤の蟻穴〟とし、教育基本法の教育目的規定の「人格の完成」を無理矢理復活させ、最終的には所期の企図を実現し」と解釈している。この問題をめぐる論議の流れからすれば、林の見解は妥当なようにみえるが、変更の直接の力が法制局という「外」から働いたという杉原の指摘に関して言及していないのはなぜだろうか（林量俶『教育基本法の教育目的――「人格の完成」規定を中心に』［川合章・室井力編『教育基本法　歴史と研究』新日本出版、一九九八年所収、一一六頁］）。

（4）『教育刷新委員会　教育刷新審議会会議録　第６巻』岩波書店、一九九七年、三八―三九頁（以下『会議録』）。

（5）『会議録』四七頁。

（6）『会議録』六四頁。

（7）『会議録』一二七―一二八頁。

（8）『会議録』一三六頁、一三七頁。

（9）この間の経緯に関しては、杉原の前掲書、一三二―一四五頁、および資料篇に詳細な記述がある。

（10）杉原誠四郎、前掲書、一一五頁（第十三回総会での羽溪主査の見解）。

（11）杉原誠四郎、同前書、一二八―一二九頁。

（12）杉原誠四郎、同前書、二〇頁。

（13）杉原誠四郎、同前書、一五八頁。田中耕太郎の後任文相である高橋誠一郎が貴族院本会議において、「人格の完成」をめぐる質疑で答弁に使っている論法は、「人間の中には無限に発達する可能性が潜んで居る」といったもので、これはいわば「人間性の開発」論とアメリカ教育使節団用語「個人の尊重」とを組み合わせたものであった。

（14）野内良三『レトリック辞典』国書刊行会、一九九八年、二五頁。

（15）野内良三、同前書、一四三頁。

（16）田中耕太郎『教育基本法の理論』有斐閣、一九六一年、一五頁。

（17）田中耕太郎、同前書、八頁。

（18）田中耕太郎、同前書、二頁。

（19）田中耕太郎、同前書、九頁。

(20) 田中耕太郎、同前書、一六頁。
(21) 池上嘉彦『「日本語論」への招待』講談社、二〇〇〇年、四八―四九頁。
(22) 池上嘉彦、同前書、二四八頁。
(23) 池上嘉彦、同前書、三〇四頁。
(24) 荒木博之『やまとことばの人類学――日本語から日本人を考える』（朝日選書２９３）、一九八三年、一三頁。
(25) 荒木博之、同前書、一四―一五頁。
(26) 荒木博之、同前書、二〇頁。
(27) 荒木博之、同前書、九頁。
(28) 荒木博之、同前書、二四頁。

第六章　教育と仏教の関係試論

――臨床教育学の立場から

〈『臨床教育学三十年』からのコメント〉

本書に、この拙論を掲載するかどうか大いに迷った。その理由のひとつは、第一節の論調である。教育学において、仏教と教育とか仏教的教育論とかいう場合にイメージされる定型的な言説に対する抵抗感（おそらく筆者の偏見だと思うが）が強くあって、その種の教育論をまず批判して差異を仕掛けるために、「こころの教育」を事例的に――教育界での臨床ブームの典型現象である――論じてみたが、改めて読み返すと、苦労している割に繰り返しの部分が多く、「関係論」としての考察が深まっているようには思えないのである。第二の理由は、本書は、執筆から出版までに十年近い時間が経ち、この間に、我が国の教育事情も筆者の臨床教育論も変化を遂げており、出版当時から「こころ／心」論への批判に関しては加筆したい思いがあったからだ。しかし、第二節に関しては、臨床教育学が追求してきた言語論やレトリック論の方法によって親鸞の教説解釈に立ち向かっており、方法論を練成し新しい可能性を発見する機会として有用であると思った。第一節を削除して第二節だけを掲載することも考えたが、それでは文脈が分断するので、前半部の不十分さを承知のうえで全体を載せることにした。親鸞思想への関心は（筆者は真宗大谷派の住職でもある）以前からあったが通俗的概説以上のものではなく、言語論やレトリック論から彼の言説に接近したのは初めてであった。そこには貴重な言語的仕掛けが貯蔵されていることを知った。デニス・ヒロタの『親鸞――宗教言語の革命者』（法蔵館、一九九八）は、本論では直接言及することはなかったが、親鸞研究に新しい風が吹いていることを実感じさせる研究で、心強い先達として記憶に残っている。

第一節　宗教と教育の「関係」の意味論

【初出　和田修二編『仏教教育選集3　仏教と教育学』国書刊行会、二〇一〇年】

①　はじめに

「教育学と仏教」は巨大な研究テーマであって手際よくまとめあげられる性格のものではない。しかもよく考えてみると、このテーマが何らの条件づけもなく自明的に成立するのかどうかも大いに疑わしい。教育（学）と仏教の関係をどのような意味で考えるかによるが、教育（学）の側から見ると、この関係は成立しているようであるが、しかしその関係は一方的な被包摂的な関係であってそれを「と」で結ぶ関係と呼べるかどうか検討されなければならない。教育学の研究で「……の教育思想における宗教観」というテーマによく出会うが、それらは概ね教育の思想や活動の背景や「根底」に宗教的な世界観を認めるという筋立てであるが、こうした発想による教育思想研究は教育事象を手掛かりにして人間観や人生観を語る広い意味での「人間学的還元主義」のやり方で、その手法は、教育の研究を人生論的言説に還元して教育の意味やそれの研究方法をかえって曖昧模糊としたものにしてきたように思う。それはちょうど、地中を深く掘り進めば少しくらいは温かい地下水、つまり〈温泉〉の出てくる可能性が高いと言われるのに似て、ある教育者の教育言説の「根底」に宗教的な香りを嗅ぎ取ることはそれほど困難ではない。特に宗教的な規範によって日常生活が意味付けられ人生の全体像が規定されている文化状況にあっては、教育は生活と人生の指針と一体化して宗教言説によって方向づけられ、教育という個別領域を単独に取り出すことは不可能ですらある。このような事情は前近代の教育論のみならず近・現代においても同様であって、宗教という巨大な象徴的意味体系は日常生活を根拠づける存在論の性格をもっているから、客観的文化的な領域において顕在／潜在／偽装の形で存在するとともに、同じ形で個々人の内面的な心情としても息づいている。宗教をいかに定義するかの問題はあるにせよ、客観的と主観的のいずれの意味においても生活世界に「俗にいう宗教的なるもの」を見つけることは困難ではなく、したがってまた教育言説の解釈の工夫次第で、そこに宗教的文脈を発見することはさして困難でない。もしこのような意味において教育と宗教の関係を語るのであれば、それは一種の汎宗教主義において教育を語ることになって、両者の関係はなんの緊張も対立もなく宗教言説に飲み込まれ、教育は宗教に還元される。つまり、教育論文の結びは宗教言説で締めくくられ、教育の根底に宗教を位置付け教育活動を全体的に正当化する。これはしばしば出会うパターンであるが、教育が健全な人格的かつ社会的な活動であるための根拠づけとして宗教が利用されるのである。

宗教的な言説で教育が語られている場合にはなおさらである。宗教言説は象徴的機能によって意味世界を表現し価値を指示する体系であるから、その言説が存在の根源を開示する限り、その言葉は言葉自身を超えた意味世界を顕現する働きを原理的に付与されているが、しかし、まさにそのことの正当性において同時に、その言説が多義的な世界を逆に隠蔽するという逆説性を備えているわけであって、この開顕と隠蔽の逆説的な働きを宗教的言説は必然の機能として内蔵しているのである。宗教言説の逆説性は、人間が人間について語る言説の「事例」としての教育言説を貫通してかつ包摂しているが、しかし、その逆説性において教育言説の「言語ゲーム」が演じられているわけではない。むしろ先に述べたように、逆説性は人間的に改作され解毒され、程よく「世俗化」されて教育の根底に据えられているようにみえる。なぜかと言えば、宗教の言説が教育とかかわる場合には、通常の教育言説による意味秩序を根源的に解体する変換の場面を、両者の間に潜む深い意味落差を透過することが必ず要請されるからである。もしこの変換の要請を教育に突きつけることがない宗教言説であれば、それは教育言説の自己投影としての疑似宗教言説であるにすぎず、教育言説が自己肥大することによって空洞化する兆しであるとみなした方がよいだろう。教育の「根底」を想定してそこに宗教を据えて教育の意味付けを図るという図式それ自体は、教育と宗教を関係付ける一般的なパターンとして理解できるが、しかしそれは教育と宗教との一体性を強調するある種の「人間学的還元主義」で、宗教言説による無原則な教育の回収に加担するものであると言わねばならない。こうした枠組での関係設定は教育学的な思考と行為をむしろ衰弱させる可能性があると思う。教育（学）と宗教とが出会うためには、人間の有り様として、教育を独自の文脈で語りその意味をテキスト化する教育学自身の自己成長の作業と並行しながら進展する生産的な相互関係においてでなければならないだろう。この課題意識がここでの考察の基調である。そして教育学の側から宗教に向かって問いを出す相互応答の関係を作り上げる戦略として、臨床教育学がいう「臨床」の仕掛けを使うことにしたい。ここでの論の枠組みと戦略について示すと、おおよそ次のようになるが、実際には構想通りの展開になっておらず問題提起にとどまっているとの思いが強く、考察が不十分である点をあらかじめ指摘しておきたい。

確かに、両者の主題は人間世界における「経験」的事実の意味を探求して解釈する点で類似した解釈学的課題に取り組むものと言えるが、しかし、宗教研究の主題が、一般的に言えば「聖なる現象の原初的意味作用とその歴史の解釈」（エリアーデ）によって世界と自己の存在の源泉に創造的に出会う過程を開明するものであるとすれば、教育学の主題は、この巨大で全体的な意味体系において発見されてきた人間の営為の一部にかかわるもの、つまり文化的・実存的の両方の意味で、存在の根源から流出して意味が分節する過程において成立する局部的な文脈に支えられた領域に注目するもので、その研究は、宗教の主題である「意味の源泉」「霊的体験」「聖なるものの経験」といった意味創造の始元を解釈学的に開現する企てに対比して、この「創造」と「発見」という実践的課題に教育学もまた類似した課題を帯びていると言える。しかし、それはどこまでも「類似」であって、両者が直接結び付いているわけではない。この始元の「意味の源泉」を語るにふさわしい言説の形式を発明工夫して、伝達可能な筋立てで「物語」るところに宗教の役割があると考えると、ここで考察する宗教と教育の「関係」構造がより明瞭になるのではないか。つまり宗教と比較すると、教育は人間の形成と覚醒にかかわるという点で、「意味の源泉」を志向する働きを内蔵するもので、この局面を拡大すれば確かに両者は「類似」した志向性をもつと言える。それは作用面で、教育と宗教との「家族的類似性」を示すものである。宗教に接近して教育の「基礎」を宗教言説に求めるのはこの関係においてであると言える。

しかしこの「類似性」は、どこまでも教育の側からみたものであって、宗教の側からすれば、この「類似性」は同一性によるものではなく逆に差異性や対抗性にもかかわらず成立する関係、差異と断絶という非類似性を構成の条件としてはじめて成立する関係、いわば非類似性における類似性とでも呼ぶべき逆説的関係であって、宗教における始元的な「意味の源泉」の開顕は教育が備えている「意味発見」の言説の装置では到達不能なのである。意味の生成や発現に関する言説を発明する場面において両者は、この種の類似性によって、意味探索の垂直軸上で一瞬交錯することが可能であるとしても、その関係は実体的なものではなく、むしろその場面は、教育にとっては教育の意味付けが自壊する場面でもあるのだ。

以下の考察では、教育と宗教の双方が、それぞれの世界を意味付ける言説の形式を手掛かりとして、その間に垣間見える「非類似的類似性」を探ってみたい。したがって、教育学と宗教の関係が成立するモデルを提示するための考察ではなく、両者が「意味の源泉」に向かう、人間学がいう意味志向性の軸においていかなる類似性をみせながらどのような意味において「相互的関係」を結び得るのかを探索したい。

近代教育学の立場からすれば、教育（学）は、宗教が主題とする意味創造や世界発見という根源的な始元の「意味の源泉」から疎外され「世俗化」された、非普遍的で多義的、相対的で文脈依存的な意味世界の事柄を対象とするもので、宗教の場合のように意味の始元を開験するという根源への垂直軸を備えているわけでなく、相関的な水平軸上で意味付けられた営みである。「経験」的事実として、教育もまた宗教と同様に意味創造の出来事に深くかかわっているが、その出来事を教育言説において意味付けるという、いわば分節化の作業を自覚的に遂行してきたとは言えず、むしろ逆に教育の意味を発見して新しい言説を生み出す場面で、教育学はしばしば宗教言説に依存することによって教育学自身による意味の発見の仕掛けを工夫する機会を失ってきたと言えるのではないだろうか。

教育（学）は、宗教のように「意味の源泉」に至る垂直的な思考システムと個別現象を全体な意味連関において解釈するという解釈図式と行為の様式とを備えているわけではなく、教育の営みにおける出来事の意味を発見して解釈する仕組みの未熟さ、教育の「根源」を自前の思考様式で掘り下げる装置の貧弱さにおいてきわだっていると言えるだろう。この意味において教育学と宗教とは異なった思考様式と志向性によって人間存在にかかわっていると言える。教育と宗教の関係について考える時、この差異を見落としてはならないだろう。関係の可能性は両者の一体性や同質性を探求する手立てによってではなく、むしろ両者の差異性を際立たせ非連続面を強調することで逆に関係成立の条件や関係の形を発見することが出来るのではないかという、教育と宗教の狭間からのきわどい問い掛けが必要なのではないか。考察のねらいは、宗教から教育を語るのではなく、教育から宗教への問いがどのような角度で出せるかである。宗教言説と教育が出会うために教育学が自らの工夫において「新しい」関係の次元を開くことが出来るかどうか、その試みのためにここでは「臨床」という仕掛けを使って、宗教（ここでは仏教とりわけ親鸞の教説を中心にして）からどのような応答があるかを検討してみたい。

先に述べたように、教育と宗教（仏教）の関係が自明的に成立するものでなく、むしろ通念的に自明化されている両者の関係の脱神話化を図って両者の境界に意味落差を仕掛けるのである。一度、両者の関係を分断するという作業を通して、〈現代〉における両者の可能的な接触の手掛かりを探るという手順で考察を進めたい。曖昧で不透明な境界状況を効果的に演出して、新しい関係の仕組みやその位置関係をさぐり当てるための装置として、言葉の働き、特に仏教言説を組み立てるレトリックに注目したい。壮大な語りの体系である仏説を相手に仏教学や真宗学などの知見に依拠することなしに論を展開することは無知暴論の謗りを免れるものでないが、批判を覚悟の上で、あえてその立場から仕掛けてみたい。その理由のひとつは断言的に言えば、仏教と教育（学）の関係、というより宗教と教育の関係を語る切り口を教育学は工夫してこなかった。つまりその関係付けは、教育の「基礎」「根本」「根底」「背景」としての「宗教」という陳腐な語りの形式を越えられず、つねに宗教言説の文脈に教育を回収させることで満足してきたからである。仏教と教育の位置関係を明らかにしてその関係の可能性を吟味する方法論を教育学はもち合わせていないのではないか。この方法論的な貧弱さはひとり教育学の未熟さを意味するだけでなく、仏教（学）の側の課題でもあると思う。〈現代〉において、教育（学）がその成立の基盤から問いにさらされている状況は、仏教（学）も同じであって、仏教の〈現代〉を露呈することなしに両者の接点を発見することはできないのである。

教育にとって仏教のもつ意義を探索することは、教育にたいする仏教言説の有効性を吟味することと同じではない。教育が機能している世界、その機能が衰弱して瀕死に近い危機状態に見立てられている世界と無関係に超然と仏教が存立しているわけではなく、むしろ言説と制度組織の各面において形骸化と無能化を病むという点では、教育以上に深く長い無意味化の病歴を仏教は経験しているはずで、すでに仏教はその教えのなかに教説の衰退と堕落と絶滅を予言した自己診断の言説を内蔵しており、誕生とともにつねに内と外の両面から無意味化の危機に挑まれてきたと言えるのである。したがって、教育の危機に仏教が有効な処方を提示できると期待するのではなく、教育の〈現代〉状況は仏教自体の課題であって、教育の問題に出会うことは仏教自体の変換が促されることでもあると言える。

仏教の立場で教育を語って問題解決の処方を呈示するのではなく、逆に教育の現実に人間世界の危機と死相を読み取ることによって、仏教もまたその危機境地をまともに取り込みその状況において自らの真実性を表明しなければならない。それが仏教が生き残る唯一の選択であると思われるからである。〈現代〉人の心の最後のより所として精神的な特権を保持しているという自己欺瞞をむさぼることはいかなる宗教にも許されないからである。

②　今日の教育テーマと宗教の役割──「こころの教育」を事例として

我が国の最近の教育動向を特徴付ける言説のひとつに「こころの教育」がある。これは、その登場の背景と動機において、教育を巡る危機状況を世紀末の気分によって象徴するテーマであると思う。この「こころ」言説において、教育は否応なく宗教をはじめとする「外」の世界と言語ゲームを始めることになったわけで、その過程においてどのようにして教育が「こころ」を語り得るかが問われるのである。もちろんそれはひとり教育（学）だけではなくて、宗教もまた同じ舞台で自分の台詞を求められている。「こころの教育」論は、この意味では教育を新しい土俵に押し上げたわけで、「こころ」の周辺に陣取る宗教や倫理や心理の諸学にたいしてどのような演技や台詞で自らを表現できるか、またこれらの諸学がその興行主である政治的権力にたいしていかなる主張を開陳するか、「こころ」の現代を知るうえで興味深い舞台装置であると思う。

「こころの教育」が語られるとき、その「こころ」がどのような文脈において語られるかによって教育の意味や役割はかなり異なってくる。場合によると「こころ」の教育なるものが成り立つのか、という疑問を誘発することにもなる。そして実は、「こころ」という正体不明な、したがって、その不明であるために逆に誰でも手軽に語ることが出来る「こころ」であるがゆえに、「こころ」の教育を語ることにたいしては慎重な懐疑的姿勢が必要であると思う。例えば、「こころ」が病み絶望している。だから「こころ」を癒し再生しようとするのか。それとも、「こころ」によって時代の危機、教育の危機を克服しようとする現代の「こころ」論なのか。もし後者であるなら、物質主義、快楽主義への批判として、「こころ」の代替的ないし補完的機能を強調することによって「こころ」の陳腐化と自壊作用を促すことになるだろう。この種の「こころ」論は、物心二元論に基づいた相対主義の枠内での「こころ」観にほかならない。そうした「こころ」論あるいは道徳的な「こころがけ」論は、教育論にしばしば登場する言説であるが、実はこうした「こころがけ」教育論は、例えば、宗教言説が元来もっている、世俗化への対抗のインパクトを弛緩させるものとして、超越を説く宗教がそれと同一視されることを注意深く回避し厳しく批判してきたところのもので、このような「こころ」論批判を素通りして、「こころ」論を媒介にして宗教と教育の関係が論議されるのであれば、その場合には、宗教が指し示そうとした「心」とは全く異質な、功利的な世俗道徳論ですり替え、それこそ共犯して〈意味の贋金造り〉に努めている可能性がある。

宗教とは超越の次元において「心」を語る言説の体系であり、「心」の変換と覚醒を目指す臨床的な主題を儀式として形式化したものであるために、「こころ」に関する世俗の言説にたいしてはっきりと差異を設定して、それへの対抗的立場を守る。

「こころ」は多様な文脈で語られ、それぞれの文脈において意味を発現させるが、仏教言説の最大の特徴は「こころ／心」を含めて人間世界の存在論的な基底を徹底して打ち抜き、縁起律によって実体論の枠組みを解体させるところにある。仏教は、独特な撞着語法（oxymoron）や隠喩法によって「有無」二分の法と実体論を共に空無化させる言語装置を備えていて、そしてまさにこの仕掛けゆえに仏教言説の「心」の意味を教育が直接利用することができないのである。そのため、教育が「こころ」について語る場合、仏教は逆に教育にたいしてしばしば超然とした態度をとり、教育の限界を指摘する役割を演じてきた。教育が「こころ」の問題に接近するとき、教育は仏教へのスタンスをどのようにとるのか、理論的にも実際的にも検討される必要があるわけで、特に、教育と仏教がどのような位置関係にあって、両者はどの次元で、どのような形での関係が可能か、理論的また実存的に問う必要がある。

今日、教育で「こころ」が強調される場合、それによって、心身の調和がとれた健全な生活世界の担い手であることが子どもに期待され、「こころ」とからだの調和、現実と理想の調和、現実認識にほどよく組み込まれている超越の価値観が、求められている。「こころ」が、教育や心理臨床において語られるとき、その文脈は現実生活の調和的、創造的、主体的、内面的……な自己実現の達成や人格成熟の意味を指すものであるが、そのいずれも、教育の意味地平に位置付け可能な限りでの「こころ」であって、宗教のそれ（「心」）と一致しているわけではない。

「こころ」が実体や対象物でないにもかかわらず、それがなにものかとして語られていることは、それが語られる限りにおいて（語り得ぬものとして語る、という語りを含めて）語りの文脈のなかにおいてだけ棲息可能な何事（なにもの）かであって、隠喩や象徴の仕掛けを借りることなしには語り得ないのである。仏教が「心」を語るとき、「心」は必ず仏教言説の強固な神話的文脈に閉じ込められ隠喩として象徴的にのみ語られる。「心」を語る強固な言説のコードをもち合わせないと、「心」の意味は溶解して流出し行方不明になってしまう。一般に、宗教が世俗の言説に変換されるとき、この流出と変容と意味の解体が生じる。宗教の言説が継承される過程は、意味の流出と転移変容の過程であると言える。それは宗教言説が辿る宿命である。仏教に顕著に認められるように、宗教言説の多義的解釈と差異化と分派は教義の普及と継承が生み出す必然の帰結であって、教育が仏教と出会うのもこの分節して世俗化した言説においてである。

現代人は、人間の生き方を語る最後のより所として、また人生の危機と再生に関する神話的真実として、生活感情と文化の深層から「こころ」を発掘して、現代にマッチした「こころ」神話を新しく作り出そうとしている、と言えるだろう。その言説は当然のことながら、科学の時代にふさわしく、疑似的な科学用語と効率を求める実用的な合理主義の論理を基調にしているために、宗教言説の詩的で神話的な特性は解毒され、現代的に意味変換する細工が施される。したがって逆に言えば、現代の危機が「こころ」によって克服されようとするとき、それは、現代における宗教の危機でもあるのだ。「事実を記述する言語が文化的に特権的な地位を有している」現代の言語形式において、宗教的な「表出的言語は、たとえ存続するとしても、より直接的に言えることを［わざと］重々しく述べる方法であるとか、たんに間違った言語である、とみなされるようになるだろう(1)」。

「こころ」への関心が教育の〈現代〉を特徴づけていると仮定してみると、「こころ」言説を共通の意味的地平として、教育学は人間に関する諸論（ここでは仏教）と出会うことになるが、この両者の出会いが相互に生産的であるには、つまり教育と仏教との「言語ゲーム」が成立するためには、幾つかの条件が充たされなければならないだろう。

仏教言説といってもそれは決して一義的なものではなく、多様にして多義的であって、広くは歴史的な制約がもたらす文化的言語的な条件の相違はもとより、すでに宗派教団間相互の解釈の差異、さらには教団の内部と外に存在する落差などなど、仏説解釈をめぐる論議は尽きることがない。例えば、教団の内部が正当で外は堕落・異端であると決める基準は「客観的」に明らかではなく、むしろ教団の組織や共同体への参加を拒否して積極的に外を選ぶことによって宗教への関心を表明する人達が少なからず存在している。この内／外の落差と不一致を、内から外への一方的関係によって克服することは出来ないだろう。あえて言えば、外における仏教への関心——教育からの関心も含めて——が深まる〈現代状況〉に直面して、内部からの内発的な宗教改革の動きは鈍いと言わねばならない。外での宗教ブームが宗教教団への関心の深まりであると錯覚しているフシすらうかがわれるのである。内が発信している宗教言説の到達地点には、〈現代〉はもういない、受け手不在の地点に向けて語り出されている可能性が強い。内からの再生を期して、宗祖への先祖返りによってエネルギーを補給しようとする企ては、タテ軸によって内部的同一性を高める原理主義的傾向を誘発して内／外の落差を深め孤立化することはあっても、開放のためのヨコ軸を生み出すことにはならないのではないか。

この、宗派教団の内／外の論点を拡大していくと、仏教が非（反）宗教的価値にたいして、異質な他者である「外」にたいして、例えば近代の自然科学にたいしてどのような関係を作り出してきたか、近代人の思考と行動の基盤となった、論理性、合理性、客観性に基づく知性にたいしてどのような対話を重ねてきたかを問わねばならないだろう。近代の教育思想は、理論的にも実践的にもこうした近代的知性に基礎を置いているが、我が国において仏教がこうした近代的な西洋的知性と出会ってまだ一世紀半にすぎない。この間、西洋のキリスト教と科学の緊張関係の歴史と比べて、両者が学問的あるいは神学的な意味においてどこまで対話を深めてきただろうか。仏教思想が近代とどのように対応してきたか、を問いかけることなしに、西洋近代の知への対抗言説として提起されている「ポストモダン」論に仏教言説を安易に重ね合わせる発想は危険であって、時代を越えた真実を語っているという幻想でもって、周回遅れで先頭に立っている可能性を隠蔽してはならないのである。

仏教と教育（学）の関係を語ることは容易ではない。教育の危機的な事態を「こころ」の教育論を媒介項にして宗教によって克服するという便宜的な発想を断念する立場に一度立って、逆に両者の出会いが深まるにつれて、双方の立場や自明化されていた関係が崩れ始め、思考図式の差異がはっきりと見極められる境界に立ってみる必要があるのではないか。

③　宗教と教育の「意味落差」

宗教は、超越の言説を造り上げることで人間存在の意味を根源的に変換することを目指してきた。道徳や教育などを支えている、自明的な社会通念の地平にある人間像を解体して、これを超脱する仕掛けを詩的神話的な言説として語り継いできた。したがって、教育と宗教について語る場合、両者の言説がもっている差異の大きさ、両者の間に仕掛けられている断絶の深さに気付くことが大切である。この差異が存在しなければ、そこには、救済を願う超越の宗教は作動することができない。したがってまた、どのような文脈において宗教が「こころ／心」を語るかを吟味することなしに、単に宗教的な言葉で教育を語ったり、宗教的（宗派的）な理念によって学校を造ったとしても、そのことが「宗教教育」であるという保証はどこにもない。

「意味の源泉」に還源する言説の仕掛けを語り継いできた宗教にとって、その主題は「こころ」の意味の脱文脈化、通念的な「こころ」理解の解体と変革の遂行に深くかかわる言説を開発することであったとすれば、これは、宗教が、子どもの社会的文化的な成熟を援助することを目指す教育とは逆の課題をもっていることを意味している。したがって、宗教と教育の関係について語ることとは、教育の成果や目的を根底から否定して、それらの意味を全く異質な文脈において全面的に意味付け直される事態を出現させること、そして教育が仕組んできた自己存立の意味付けを全面否定する文脈を受け入れる事態に置かれることである。教育言説が対抗的な異種の言説に出会い、教育の意味が全面変換させられる意味の限界状況に否応なく直面するのである。

教育の言説が意味付ける秩序世界、子ども観、人間観を徹底的に相対的なものと見立てる巨大なパラドックスの仕掛けを教育が自覚的に導入して、教育の営みにこの次元の意味を発現させ、教育において（それはもはや従来の教育ではない）全く新しい意味模様を出現させることである。教育が、営まれている世界を無意味化する異界の言説に取り込まれ、教育の意味が根本的に否定される「死と再生」の限界状況を探ることが、教育が宗教と遭遇することにほかならない。この事態は、教育の世界が「意味の源泉」に触れられ、教育において「意味の祝祭」が出現することであると言ってよいだろう。

両者の関係をこのように考えてみると、今度は他方で宗教（仏教）言説が人間と「こころ／心」の所在をよく語ってきたという保証はどこにもない、むしろ、支配し抑圧してきた場合が多かったのではないか、という問いが誘発される。確かに、宗教の神話的言説は、「こころ／心」の出来事を投影した内面の物語とみなされ、読み手の「主体的」解釈に委ねられたり、また神話的な要因を捨象して宗教を倫理思想に還元する世俗化としての非神話化の対象と扱われたり、また時には、教団化した宗派的教学がこの非神話化の危機に対抗して、宗教言説を宗派護持のための偶像崇拝のイデオロギーへと再神話化してきた。教育と宗教とがうまく出会えず、宗派的なイデオロギーの言説によって教育が一義的に支配され宗派に従属させられてきた場合も少なくない。この意味では、宗教と教育の関係は、教育にとって危険な関係でもあると言えるだろう。

教育（学）と仏教に関する論述は、二つの分野に精通したうえで両者の関係の可能性や関係の構造を明らかにするという手順を経るのが通常であると思えるが、しかし形式上はともかくとして、実際にはこのような展開は容易でない、というより不可能に近い。もし仮にそうした発想に基づいた展開が可能であったとしても、両分野がどのような意味において関係付けられるかによって、一見いかにも関係が成立しているように見えて、すこし観点をずらすと両者は重なっておらず、全く異質の言語ゲームをやっているという場合がある。特に宗教、なかでも仏教の無や空などの言説は、巨大かつ融通無碍な象徴言説の仕組みを備えているために、キリスト教とのするどい緊張関係の過程を経て生み出されてきた近代的知性によって開かれた世界理解とは異質な世界像を描きだし、教育（学）との対話の成立を困難にしてきた。

教育（学）と仏教の関係についての考察は、その関係が成立するための条件を予め設定したうえでの、一定の制約の下での限定された論議でなければならないだろう。もしこの種の条件を外して両者の関係を議論すると、教育（学）は仏教のメタ・レベルでの宇宙論に飲み込まれて姿を消すことになる。それは、仏教の教説からすれば、教育（学）が人間世界の瑣末な出来事であって仏教の説く生死の苦悩を超越する一大事の比ではないということではなく、そうではなくて、教育が語る人間の相と仏教が語る文脈とが異なっているのであって、両者が対話による意味争奪を演じる条件を備えていないためである。この事態をもう少し拡大して言えば、先に述べたように、現代の教育（学）は、近代的科学の展開とともに成立した知見であって、仏教と教育（学）の対話はいうなれば科学やそれが作り出した〈現代的状況〉と仏教が対話することに他ならず、この対話は我が国の仏教にあっては、まだ一世紀半程度の経験であるにすぎない。この間に、仏教はどこまで近代的な啓蒙的知見と対決と対話を重ね新しい宗教的な信（知恵）を提示してきたか、この文脈に沿う形で教育への関係を議論するのでなければならないだろう。しかしながら、理論的理性によって導かれた現代の教育（学）と仏教との対話の場面は、教育の思想、制度、内容や方法などの全般において貧弱であって、はげしい意味争奪によって教育理解の近代的な仕組みを構想するために寄与するに到らなかったと言える。この事態はまた、我が国の教育学が近代的な理論理性の原理によって教育を研究する力量を十分成熟させてこなかったことの反証でもあり、西洋近代の教育学の移入の過程において仕掛けられた換骨脱胎――そして、差異を同類化するこの変換の仕掛けこそ仏教的装置であると言えるかもしれないが――の企てであったと言えるだろう。仏教における近代化のひとつの形態として「世俗化としての非神話化」（キリスト教神学におけるブルトマンらの「非神話化」（Entmythologisierung）とは区別しなければならない）を挙げることができるだろう。この傾向は、原理的には宗教が社会科学との戦い（ゲーム）において差し出した生け贄であって、宗教言説を説明可能な人間中心の言説に置き換え、政治や経済や文化政策の文脈に宗教を編み込んで意味変換させる企てである。その結果は宗教の世俗的意味付けがもたらす陳腐化であった。この世俗的で功利的な文脈に意味変換された宗教（仏教）言説こそが宗教教育において活用され、例えば、畏敬の念を育てる教育、情操を育てる教育、命を大切にする教育などなど、教育を語る学習指導の課題や目標に宗教のニュアンスがそれとなく組み込まれ、また「こころ」の教育などに顔をのぞかせているところのものである。

現代において教育（学）が仏教を語る意義とは、教育言説が（を）造り出した価値秩序を批判して価値の相対化と解体を提示することにあり、現代が、とらえられ／とらわれている人間理解の「見立て」の構造に気付くこと、その手立てとして、人間を語る言述の仕組みや筋立ての様式に距離を置き、その意味発言（現）の文脈を相対化（意味変革）するため言語的な工夫をこらすことであると思う。教育が仏教の言説に出会うとき、教育の現代性の切り口が際立ってみえるように工夫しなければならない。言い換えると、「人間が語る」言説が「人間に対する」超越の言説を拷問にかけ、それが「人間が語る」文脈に同調する言説であると「自白」を強要する場合が少なくないのである。例えば、「往生」や「貧」や「愚」などが、「大」往生とか、「清」貧とか、愚「直」などに変換され、仏教の語りが、「大」や「清」や「直」でうす甘く味つけされ根本的に溶解して解体変容されていくのである。「こころ」の教育もまた、「人間が語る」言説にほかならず、これらと同じ文脈において、仏教の語りを借用して、その意味を流出せる作業に加担する可能性を多くもっている。これは、超越から人間を乗っ取ることであり、人間に存在論的な「自閉」を強要することである。仏教言説自体がこうした自己疎外の渦中にあることを忘れてはならないだろう。

宗教（仏教）と教育とはひとつの言葉を共有しているが、しかし、それらの言葉を意味付けている文脈には本質的な差異があって、宗教はこの文脈上の差異を強調する点で攻撃的であると言ってよい。この差異は、論理的なレベルで止揚されるものではないし、主体的な決断という内面レベルにおいて解消されるものでもない。この文脈上の差異は例えば「人間に対して語られる言語」と「人間によって語られる」言語の差異ということができるだろう(2)。

宗教と教育を関係付けるのは、教育者の信仰や建学の理念などではなく逆に二つの言説の差異に気付くことである。「若し人其の所見は凡夫にかはらずして、諸法実相の旨を談ぜば皆是れ戯論なり。邪人正法をとけば正法も亦邪法となる。正人邪法をとけば邪法すなはち正法となる」、「仏法の慧解ひらけぬれば、世間の相も皆仏法なり。世間の情を出脱せぬ時は、甚深の妙理と心得たるも皆是れ世法なり(3)」。この所見の差異がなぜ作り出されるのか、そして、それらは互いにどのような関係にあると考えられるのか、教育と宗教（仏教）の関係は、宗教の立場からすれば、なぜ、同じ人世の相が正反対の意味を出現させるのか、という、この問いを教育（学）は透過しなければならない。

宗教教育の名の下に、宗教の言説が開いた世界を、人間的に、そして多くの場合子どもにとって、了解可能な文脈に置き換えるというとてつもない仕組みを作ることによって、人間と超越の調和を実現しようとしてはならないだろう。人間こそが「問題」である、と見立てる仕掛けを備えている宗教の言説が、逆に教育という人間に関する言説によって閉じ込められていくのである。現代における宗教と教育の関係は、こうした逆転を孕んでいるように思われ、この事態に、教育における今日のニヒリズムを垣間見る思いがする。このような次元において宗教と教育の関係が語られ、それが「宗教（仏教）教育」として完結されたのであれば、一体誰が、教育の意味や所産を完全に相対化して、教育の名において作り出されるさまざまの「成果」をことごとく「罪業」に意味変換させ、その営みの全てがことごとく凡夫の「虚仮」であると教示してくれるのだろうか。人間形成や子ども理解といった教育（学）者好みの言説が欺瞞に満ちた「戯論」であることに、そしてこの罪悪の文脈を同伴することによってしか教育の営みが成立し得ないことに気付かせるのは、誰なのだろうか。

このように考えると、仏教と教育の関係を語る意義とは功利的な「世法」の文脈に変意された仏教言説をむしろ解放することにある。この「解放」に必要な言説の仕組みを工夫すること、その「智慧」を発見することだと言えるだろう。現代人にとって、もはや過去の、あるいは異界の言葉になりつつある、仏教言説をいかにして理解して、その意味に出会うか、仏説が語る衆生救済の文脈を発見する語りの様式を発明することが課題である。仏教教育とは、伝承されてきた仏説を直接教育に持ち込むことではない。それは、教育にとっても宗教にとっても、不幸なアナクロニズムでありこの種の試みははっきりと拒否されなければならないだろう。教育（学）と仏教の関係を論議するさいに主題となるべきは、実は両者の関係を正当化する論点を求めた展開ではなくて、これまでの論述で明らかなように、両者の関係が癒着して双方が衰弱している事態、つまり関係の「病」に気付く局面に向けられるべきではないだろうか。

④「意味の源泉」を軸とした教育と宗教の類似性

仏説が説く意味は文脈によって変化するものであって、その言説自体が不変の意味を表現しているわけでないことは、仏教が多様な言語に翻訳され多様な文化圏に伝播されてきた歴史が雄弁に証言するところである。仏説を資源にして膨大な数の宗派が生まれ相互に正当性を主張して論争をくり広げてきた。しかし、それらのいずれをもって正当な仏説であると判定することは不可能である、というよりも、仏説とはこのような第三者的立場で判定基準を設けて判断する条件を欠いていると言うべきだろう。(4) では、仏教の教義は相対的であってその正当性は存在しないのかといえば、否である。仏教が教育の困難な事態に出会うためには、仏教における教えが解釈されることが必要である。しかし、教育を仏教言説の文脈に布置して語るとは、古いインドや中国の言説を引用することではないし、日本の宗派教祖の言説で大所高所から超然として教育を慨嘆することでもない。教育はそのような文脈が描く世界にもはや住んでいない。

仏教が教育と出会うためには、仏説が提起した世界や人間に関する理解の仕組みが明らかにされなければならない。仏説を演出している言語の仕組みを、つまり言葉によって言葉を超えた意味が出現させられる仕掛けを明らかにすること、仏説を解釈する新しい技法を発明することである。その作業は、仏説を文献学的に研究することを指しているのではない。仏教はむしろこの意味での文献学的技法では膨大な研究を蓄積しており、この技法の習得修練が仏教の知見の体認と同一視されるか優先されてきたが、この解釈（「教相判定」に代表される）の技法が自己目的化して仏説の意味を言語的な制約から解放する方向にではなく、逆に仏説を宗派的世俗的な枠組みに閉じ込め、専門的な用語とレトリックとによって護教と権力維持をはかってきたとの批判を回避することはできないだろう。仏説が開いた意味世界への参入の手立てを示すという意味で、テキスト解釈の技法をたえず発明工夫することが必要なのである。これは、仏説にたいして適切な距離を設定することを意味している。この距離設定を可能にするものは言葉である。つまり、仏説をテキストに見立てることは、仏説を言語的な実体として対象化して分析的に説明して解説する訓古的解釈の方向ではなく、歴史的な時間の制約を超えて、テキストが語る意味世界に参入する回路を開くことである。テキストを構成している言説のジャンルや文体（スタイル）によって、その言説が投企し指示している可能的世界を発見することが期待されるのである

仏説への新しいアプローチのためには、ちょうど、人類学者が異境の世界を理解するために工夫した発見的で意味探索的な解釈の技法に類似して、神話や詩や物語の言説の構造的な特質についての知見あるいはレトリック、なかでも譬喩の働きについての解釈学的なセンスなどが必要で、言語学的なフィールドワークの方法は仏説への新し

い多元的なアクセスを可能にする。こうした試みは、古典的な経典によって仏教の本質をみつけ出そうとする原典追跡的還元主義の研究からは批判されるだろうが、しかし、独自の意味発現の装置を備えたテキストとして仏説を見立てる解釈学の立場は、非教条主義的で批判的であり、物語的働きによるコミュニケーション場面を再現する点で、現在的で開放的・参入的であり、意味発見的方法として生産的と言えるのではないか。宗教言説を言語哲学の手法によって解釈する試みは、いわゆる「言語論的転回」以降急速な発展をとげ、ウィトゲンシュタイン（L.J.J. Wittgenstein）の「言語ゲーム論」をはじめ、エリアーデ（M. Eliade）の「創造的解釈学」やリクール（P. Ricœur）の「物語論」など宗教言説に関する興味深い解釈の手法が提示されてきた。

このような、ひろく解釈学的立場と呼ぶことができる立場から仏説解釈の歴史を考えてみると、仏教においては、解釈の理論に従って説明の技法と理解の仕組みという二つの言語技法を発達させてきたと言えるだろう。しかも、それは伝達と表現の直線的な過程においてでなく、ある意味で無数の異言語と文化とをかい潜り幾度も言葉と意味の変換を繰り返して、そのたびに理解の文脈を新しく作り出し、無数の分節と変容を重ねてきたのである。仏説は無数の分流と伏流を作り出して生き延びてきた「意味の大河」に譬えることができるだろう。この大河にあってはもはや源流はすでに定かでない。仏説の「真意」を何か固定的な実態として問うことはもはやできない。むしろ、そうした究極不変の真理言説として仏説を見立てる思考様式を無力化する類の言説装置をそれが備えていたために、逆に、生きながらえることが出来たと言えるかもしれない。

こうした前提で、仏説の解釈作業を大きく二つに区分することが出来るだろう。第一は、仏説というテキストの言語構造と言説の様式を分析・分類する作業であり、この分野での仏教学の研究の蓄積は膨大である。第二は、テキストが何をどのように語っているかという、意味伝達の仕組みを言説の形態において解釈する作業である。この作業は、ちょうど、仏説という楽譜を演奏表現するために必要な表現の技法や解釈の能力を焦点化して、テキストの意味が発現（言）する語りの装置、つまり仏説が仏説として出現するテキスト世界に聞思参入する――如是我聞に連なる——同時性を演出する言語的な仕掛けの解明を目指すことである。テキスト仏説の世界とは、仏説という語りの言語形式が開いた意味世界であり、その意味世界は新しい時空間の統合態として物語的に筋立てられた虚構の世界、神話的なリアリティーをたたえる世界である。このテキストの虚構世界が意味を発現するのは、言葉が造り出した虚構性において聞き手の世界を変換させるからである。

この虚構の語りは、仏説では一般に「即非の論理」と呼ばれるような複雑かつ極めて洗練された言語装置によって構成されていて、言葉の文字通りの意味指示機能を中断させて手持ちの想像力や思考や知覚の様式を頓挫させる逆説を備えており、強力な意味差異を惹き起こす仕掛けである。宗教言説の世界は、超越にかかわって存在全体の意味付けを変換させる言説と作法とに支えられている。特に仏説は多声的（ポリフォミック）で、物語、賛歌、予言、願い、掟、知恵の文学などの様式が複雑に交錯して、それらが全体として仏説を作り出している。仏説は基本的に「大いなる物語」という性格をもっているために、教育学が、この「オーケストラの総譜」のような神話を相手にして「言語ゲーム」をやったとしても相手になるまい。いきおい、両者は仏説の側からの一方的で部分的な関係に止まらざるをえないのである。

教育にとって仏説は、科学のそれに比べてはるかに手ごわい相手で、それとひとたび関係をもつと、教育は理論的にも実践的にも圧倒されざるをえない。宗教（仏教）の用語で教育を語り、教育を宗教的文脈に飲み込むことは可能でありかつ必然であると言ってよい。仏説は、全体的にはもちろんのこと、個別的な語りの様式においても、膨大な言語資源を蓄えており教育の言説を変換させ新しい筋を作り出すために極めて効果的な言語的な仕掛けを提供することができるのである。こうした関係のため、護教論的に武装した宗派的な言説にかかると、教育はひとたまりもなく召し捕られ、宗派的なイデオロギーで覆い尽くされてしまう。したがって、仏教言説との直接的な関係を教育学が試みたとしても、この二つの言説の性格からして何の工夫もなしに直接的対応を企てるのは無謀であると言える。仏教言説が、変換されることなくそのままの文脈で教育の語りに持ち込まれ、教育の語りと宗教の語りが十分な折り合いをつける工夫を施さず、語りの文脈を変換する作業を抜きに関係付けが試みられるのであれば、結局、両者は、上から観ると交差しているようにみえるけれども、その観点を九十度移動させて横から観ると、全く交わっていない、といった関係を作るだけではないだろうか。この点で、両者が人間の在り方を語る文脈を、どのように再構成することができるのか、教育の理論研究、特に教育哲学は、この課題に取り組まなければならないだろう。

あらかじめここでの立場を明らかにしておくと、宗教が語る人間存在の物語は「意味の源泉」に向かう言説装置であると見立て、その語りの仕組みは、先に述べた臨床教育（学）の「臨床」の手法と課題とに「類似」していると考えたいのである。「意味の源泉」に向かう言語装置の開発を、教育学と宗教との共通の「類似」した課題であると考え、この「類似」性において成立する関係の形を探ってみるのである。もちろん、この「類似性」とは直接的な対応関係を指すものではなく、両者の関係の可能性を探るための道具概念であって、したがって実体的な「意味の源泉」を両者が共有していることを論証しようとするものではない。「意味の源泉」に立ち向かう言語装置の開発という点で、臨床教育学の「臨床」を、解釈学の方法を教育現場の「問題」の意味発見という文脈において位置付けるとすれば、教育学もまたその「臨床」の場面において、しかし宗教の課題とは異質の次元の言説において、「類似」した課題に取り組んでいると考えられるのである。(5) そして、この課題設定のモデルを臨床教育学は、教育における「問題」への対応として提示することが出来た。それは、差し当たっては、通念的な教育言説を頓挫させその文脈の解体を迫る場面に身をおくこと、つまり既成の教育意味が解体して教育の意味不明という危機的状況に教育の思考が直面することである。教育を語る文脈が露呈して、その正体を垣間見せるのは、通念としての教育が破綻し、教育の日常性が危機に陥るときである。このときはじめて、われわれは自分を導いている教育観に気付く。正確に言えば、気付かされる。教育言説の枠組みの「外」の出来事に教育が触れ、人間に関する新しい言説の創作を迫られる状況である。

臨床教育学の立場から言えば、教育現場の「問題」事例とは、教育や子どもについての新しい語りが求められる場面、教育を語る文脈の分節を教師に要請している事態である。子どものやっかいな「問題」は、それがどれほど些細なものであっても、日常の教育秩序を揺さぶる教育の危機である。しかし、その事態こそは、新しい意味を発見するための好機でもある。そして、このような教育の「問題」の意味を発見する言説を作り出す作業、つまり通念としての語りの様式を変換させる工夫は、言うなれば教育言説の脱文脈化、脱通常化の作業であり、そして、この「問題」事例の語りを工夫する作業において、われわれは教育に新しい意味を発見しようとしているのである。「問題」出来事としての「問題」は、既成の教育言説を座礁に導く限りにおいて、生産的な役割を果たすのである。「問題」事例による言説の解体と再解釈の過程は、ちょうど、後述するように、仏説があらかじめ真理として存在し、人間世界の苦悩の出来事がその既存の教説によって解釈されるという、事前事後の時間的関係で結ばれるものではなく、逆にその事例によってかえって仏説の意味の「源泉」が再発見される、この真実を還源的に証言する「受け取り直し」の過程に類似していると考えてみたいのである。

教育における「問題」事例に即して、教育観の破綻と意味探索の苦悩においてはじめて、教育は宗教言説が備える「意味の源泉」の物語に接近する。「問題」事例は、教育において、理論的にも実践的にも葛藤と緊張を惹き起こし、いわゆる「意味の争奪」を展開させる。ここにおいて、教師や教育研究者は教育の意味を発見するために、新しい教育の言説を造らなければならない。「臨床」とは、このような、出来事から言説への移行を促す所の、意味発現の仕掛けなのである。「問題」事例において、教育の意味や制度や行動の様式を問い直すこと、そしてそのための言説を発明することが臨床教育学の仕事なのである。教育における「問題」事例は教育の意味を語る文脈を生み出す機会であって、その意味発見の場所は、個別の出来事に即して絶えず新しく仏説の意味を改釈してその真実を開存する過程に「類似的に」対応すると言えるだろう。さらに言えば、これは、教育の「問題」事例を単に仏教言説で語ることではなくて、それとは逆に、教育の「問題」事例において、仏教言説もまた新しい改釈と意味の発見とが求められているのである。

二つの言説は、「問題」事例に引き合わされることで文脈解（改）釈の仕掛けを発明して、相互の言説の解体によって始元に収斂して交差し再び別れていく。その意味で、「問題」事例とは、双方の言説が「意味の源泉」に向かう軸上で多様なレベルで交差して、座礁し錯綜する意味分節の「結節点」と見立てることが出来るだろう。

臨床教育学の立場では、教育の「問題」事例を通して、自明化されている教育の言説の文脈を異化する作業が始められる限りにおいて、教育は宗教の言説を読み直し、教育言説の変換において宗教言説の意味の「再」解釈が可能になると言える。双方が、それぞれの意味を作り出している語りの文脈を、「問題」事例において相互に変換させ、双方の文脈の織り合わせ、組み合わせによって、双方にとって、新しい意味の織物（texture）を織り出すのである。このような作業を促すのが「問題」事例であり、したがって、「問題」事例とは、教育や宗教といった個別化された人間理解の言説の境界線を錯綜させ、それを解体の危機に直面させる、厳密な意味で「出来事」であると言ってよいだろう。

教育における「問題」事例は、人間の在り方を語る宗教の文脈に必ず通じていなければならないし、教育の「問題」事例を語る様式を工夫することは、宗教の語りの文脈に新しい分節の契機を与えるはずで、「問題」事例の意味の解釈を巡って、多様な言説の組み合わせが可能になる。既成の教育言説を補強する役割を宗教に求めるのではなく、逆に「問題」事例の語りにおいて教育言説の語りの筋立てを崩すために役立てるのである。それは、「問題」事例が単に教育理解の地平における出来事ではなく、宗教的な文脈においても、必ず語られる出来事であるからだ。しかし、宗教がこの「問題」事例を、教育の場合と同じ意味で「問題」とするわけではない。当然のことながら、宗教の見立ては別のものであり、「問題」の意味は教育の理解とは差異があり、そしてこの差異の「間」において両者は、「問題」が開示する未だ語られざる意味の世界に出会うことになる。宗教は、この世界を語る仕掛けを超越言説の形で備えているが、教育は自らの言説の「外」なる出来事として、これに出会うわけである。

ここでの構想は、「問題」事例を、教育や宗教の語りの筋立てを変換する際の転轍機（switch）の役割に見立てる。人間に関する言説の全てはこのような、スイッチを備えおり、この変換によって、限りある言葉は、限りなく豊かに意味を分節することができる。だから、「臨床」とは語りの筋を切り替える仕掛けであり、具体的には、出来事としての「問題」を言語に移行させせて、意味を発現（言）する工夫を凝らすことなのである。

宗教において、最大の「問題」事例とは「死」の事例であると言ってよい。死の意味を言語化することが宗教の課題であると言えるだろう。この論点をさらに推し進めると、そもそも「問題」事例とは何か、それを解決するとはどのようなことを意味しているのか、という「問題」にいき当たる。この問いに関して、教育は、宗教において語られる死の「問題」事例に関する言説の仕組みから、「解決する」「解消する」とか「癒す」「よみがえる」などが何を指すかを学ぶことが出来るのではないか。

臨床教育学からみた教育と宗教の関係について考えてみたが、以下ではひとつのケース・スタディとして親鸞によって開かれた浄土真宗を考察の対象として教育学との関係を考えるが、この試みは、一方で、臨床教育学における「問題」事例を解釈するための手法、つまり「問題」事例の語りの様式を発見するという臨床の課題をモデルとして宗教の言説を解釈することであり、また他方では逆に、どのような宗教の言説が、教育の「事例」の意味を発現させるために有意味であるのかを考えることになるわけで、この二つの課題は当然相互に連関する解釈学的関係にあって、相互の脱文脈化が、双方に新しい筋の起て口を開くと期待されるのである。

第二節 「こころ／心」の変換システムとしての「仏説」

① 仏教言説の特徴

私は、宗教の言説を「こころ／心」の変換システムとして見立て、したがって、真宗の教義と作法とは、人間の「こころ／心」を変換させるシステム（親鸞においては「三心」解釈を中心に展開される「真実信心」（一心）出現の論理に相当するといえるだろう）、と考えてみたい。この見方をより一般化すれば、宗教を「人間における心術（Gesinnung）の革命」と呼んだカント（I. Kant）のそれに似ているだろう。このシステムを支えているのは、人間の在り方、特に人間の生死と再生に関する言説であり、その形態の特徴は人間の悲惨と絶望の物語である、と同時にその同じ筋立てにおいて読み手に再生と救済の意味を体認させるという、両義的弁証法的な構造を具えている点である。そして、この絶望と救済の物語の様式こそが、「こころ／心」の変換システムとして真宗信仰を成立させていると考えてみたい。

仏説と呼ばれる言説をこのような相互に背反する両義的な性格の物語と見立て、この「作者不詳」の膨大な物語が伝達され翻訳され解釈される過程で、優れた読み手たちによってたえず新しく「仏説」として生成されてきたと考えるなら、「こころ／心」の変換はひとり読み手個人の内面の転換を意味するだけでなく、その変換の出来事は同時に仏説の発見でもあったと言えるだろう。仏説は、たえず語り直され、機――それは「問題」に出会うことである――に応じて新たな意味を発現させてきた、そうした発見された意味の結晶の連合体を指すものであって、固定した教義体系をあらかじめもち合わせているわけではない。親鸞（一一七三～一二六二）においてもこの点は同じで、七高僧の釈師に聞信して自らの言葉で仏説と問答し解釈した主体的領解（「聞信」）の蓄積であって、単なる伝承や解説の所産とは性格を異にしている。このようにして、仏説における主体的な解釈の意義を強調する文脈をさらに延長すると、例えば親鸞の教説は、インド・チベット系の大乗仏教と共通の範疇に統合され得るかどうかという問題があらわれ、親鸞のそれは仏教かどうかという問いを成立させるだろうし、その問いは仏教思想の特性を理解する研究主題としてむしろ探求に値する問いかけであると言えるのではないか[6]。

『顕浄土真実教行証文類』（以下『教行信証』と略す）は、親鸞が仏説との問答において発見的に領解して獲得した意味世界を表現したもの、彼の切実な問いかけを織り込んだいわば実存の事柄として受肉した言説であり、親鸞において仏説が開現（言）した姿である。その内容は、「いま現にましまして法を説きたもふ」（阿弥陀経）その聞法の座に連なる親鸞が、七人の師釈に導かれて「聞きがたくしてすでに聞くことを得た」真理を開陳し、真宗教義を仏説において根拠づけた作品《テキスト》であり、親鸞の信仰告白を基調にして、仏典からの膨大な引用と複雑な解釈の技法とで構成されている。親鸞が使う解釈の方法は、当時の天台教学のそれで、字訓釈、転声釈などの漢字の語義解釈の伝統的手法であって、これを道具にして真実の浄信を信証しようとする。

この『教行信証』を議論の対象として今ここで取り上げる必要はないし、またそのような知見を私はもち合わせていない。取り上げたい主題は、親鸞教学に関する言説でしばしば登場してくる「自信教人信」（みづから信じ、人を教へて信ぜしむること、難きなかにうたた難し[7]）を手掛かりに、「自信」と「教人信」を結び付ける仕組みについて、とりわけそれを成立させている言語的な仕掛けを考察することである。その立場の第一は先に述べたように、「問題」事例を語る言説の様式に関連して、親鸞が仏説の真実を発見するために工夫して活用するところの言語的仕掛けに注目し、そこで使われる「問題」の意味理解の手法を、教育における「問題」理解という臨床の手法をベースにして、解明することである。教育における意味発見の仕組みをモデルとして仏教の言説の仕組みを「アナロジーの力」[8]によって考察するのであるが、この方法はまた逆に、仏教が人間の「問題」――その中心は「死」であるが――に対峙して造りあげた「問題」を語る技法をベースにして、教育の「問題」を語る技法の開発を図るという可能性を開くことにもなる。この場合、両者の間に成立する対応づけ（maping）を可能にする類似性とは、両者が「問題」の意味（「意味の源泉」）を発見するために駆使する言語的仕掛け（レトリック）である。さらに言えば、その仕掛けを特徴付けるアナロジー的思考の形態それ自体を類似性とみなして両者を強制的に対応させてみるのである。この意味では、この試みは戦略としてアナロジーを使ってアナロジーの働きをみつけるという、二重化したアナロジー論とでも言えるだろうか。第二には、親鸞が「教人信」において指す「人」が「末世の凡夫」であることにかかわって、そこで語られる仏説が聞き手（「凡夫」）との関係において文字通り共に「聞く」の場面、つまり意味発現の場所を問う立場である。親鸞自身の「教人信」言説は確かに発話行為であるが、しかしその発話は主体的な内発行為ではなく「聞信」が決定的に先行するという非 - 主体化の構造において成立するもので、この点で親鸞のテキストを読む立場は単なる文献解釈や親鸞の内面的心理の解釈とは異なる立場が要請されていると考えてみたいのである。

すでにたびたび指摘されてきたように、仏教ほどアナロジーや譬喩を高度に洗練させた思想は稀で、言葉の働きと形を巧みに組み替えて意味の変容と転移と飛躍を可能にする独特の言語空間を演出する技法を開発してきた。親鸞においてもこの伝統的な言葉の技法は生きている。「こころもおよばず、ことばもたえたり」の「無想」界を「語る」言語装置こそが、実に仏教思想の根幹を支えてきたのである。この「ことばもたえた」始元の「真如」を、真実の実在として「語る」という逆説を可能にする仕掛けを仏教は磨き上げそれを駆使するのである。この仕掛けは単に知的認識レベルでの類似性の発見を目指すものとしてではなく、実存の根本転換である覚醒に及ぶ言葉の技法として伝承されてきたと言えるだろう。

少し挿入的な形になるが、仏教言説のレトリック論的研究について若干言及しておきたい。私にとってこの領域で最も興味ある哲学者はP・リクールである。

彼は超越的な体験を表現する聖書を、「現実以上のもの」を語る独自の言語形態と解釈し、それが表現する世界とは人間の「可能性（それは希望と呼んでもよい）」であり、その可能性を語るにふさわしい言語の形態とは物語とメタファーであると考えた。このような言語哲学、なかでも物語論やメタファー論の立場から仏説を再解釈する研究は私の知る限り多くない。例えば『唯識の解釈学――『解深秘経』を読む』（袴谷憲昭、春秋社、一九九四年）は、解釈の学的方法によって「三転法輪の解釈学」を試み、仏説において譬喩が果たす役割を唯識思想の成立の過程にそって明らかにしている。『仏教の言語戦略』（橋爪大三郎、勁草書房、一九八六年）は、仏説を「複合的な言語ゲーム」に見立て、M・フーコー（M. Foucault）の手法によって教団と経典の形成過程を「脱‐主体化」させ、それをどこまでも言語ゲームの創作と展開の過程として解釈したもので、特に大乗仏教の成立を、基礎ゲーム、部分ゲーム、拡大ゲームの「種と類の関係」として構造化した試みは興味深い。

『宗教の根源――祈りの人間論序説』（棚次正和、世界思想社、一九九八年）は、その副題にうかがわれるように祈りを主題とした本格的研究で、方法論的には、「リクールの理論でエリアーデをとらえなおす」実存的‐解釈学的宗教現象学の立場を提唱したもので、祈りという言語所作の意味が意味論や言語学の知見を投入して多角的総合的に探索されている。この論点は親鸞のいう口称念仏の超越論的意味の理解にとって貴重な手掛かりになると思う。『意識の形而上学――「大乗起信論」の哲学』（井筒俊彦、中央公論社、一九九三年）や『意識の本質――精神的東洋を索めて』（同前、岩波文庫、一九九一年）などは、仏教思想において言葉がいかに意味付けられ、どのような言語風景を作り出してきたかについて鋭い分析を行った重要な研究である。『親鸞浄土教と西田哲学』（武田龍精、永田文昌堂、一九九〇年）は、親鸞教説の真意を明らかにするためには、「廃立・

隠顕」の言説装置が理解されなければならない点をまず明らかにして、西田幾多郎が「仏は名号によって表現せらる」というときの「表現」を仏と衆生をむすぶ非連続の連続を示す関係概念であると解釈し、親鸞が本願を「海」のメタファー（法譬）で語る点に注目、それが「転成」の象徴概念を表現していると考えている。『親鸞――宗教言語の革命者』（デニス・ヒロタ、法藏館、一九九八年）は書名から明らかなように、親鸞の宗教思想を人間存在の言語性において解釈した貴重な（あるいは唯一の）書で、浄土教には言葉について相互に対立する二つの言語観が存在しているが、親鸞にあっては修行や持戒によってではなく、まさに言葉により「真実」に出遇う道が開かれていると述べる。ここでは取り上げないが、親鸞研究の新しい展開として関心を惹く試みであると思う。

周知のように、仏説は経蔵、律蔵、論蔵に三分類されるが、仏説の伝達が経によるのにたいして論はこれの解釈であり模倣的な再現の体系であって、読み手が意味を発見しテキストを再編していく、いわば新しい意味が出現する場所である。論とは、テキスト仏説の脱文脈的な再構築の言語的所産と言える。そこでは、仏説の意味解釈をめぐる「意味争奪」の戦いが、論破と解釈のレトリックを駆使して展開され、論蔵はその意味でまさに言語戦略の実験場であると言ってよい。例えば、浄土教に大きな影響を与えた優れた論家である龍樹は、仏教言説に付着した実体的理解や思弁的な概念構成法を決定的に解体させる強力な「空の縁起論」を展開するが、その言語的仕掛け（古代インド伝来の古代的思考法とでも呼べる「四句論法」をさらに展開した「即」の論理、「中」の論理、方便思想、宗教詩など）は親鸞の思考法と言語観に大きな影響を及ぼしている。[9] また『大乗起信論』（馬鳴作とされる？）に見られる大乗仏教の「信仰の言説」の特性、つまり「意味構造の双面性・背反性」を語る「即」の論法では、例えば、「非一非異」の撞着法（オクシモロン）の論理あるいは「一切の言説は仮名にして実無く、但妄念に随うのみにして、（中略）言説の極、言に因って言を遣るを謂う」という、ある意味で凄まじい逆説を内蔵した「言詮不及」

の言語観などが、詩的な対句法形式で語られ、通念的で感覚的な有相界の言語観を「言語の仕掛け」によって完璧に破壊するのである[10]。

これら仏教言説を組み立てる独特な論法は日常言語がつくる意味秩序にたいしてきわめて攻撃的であり、非妥協的である。実体的な生活論理を超えた思弁的な観念論を破壊して、それらの論理とは異質な次元に逆説の論法によって「意味世界」を出現させ、この「出世間」にして不可思議の境涯において仏説が語られるのである。仏説は、言葉によって開かれた、しかも言葉で語り得ない不可思議界の「物語」以外の何物でもなく、通常の言語作用と言語感覚とを遮断する言葉における新しい出来事であって、否応なく言葉の象徴的機能や語りの技法や形態に関心を引き寄せるのである。こうした言語観は仏説テキストを貫流しており、特に『般若経』の「空」の言説を支えるレトリック（「Aかつ非A」の二重語法（double speak）とよばれる撞着法）は、「いったん二重言語（般若経）に侵入されたテキストは、任意の立言の隣りに、（陽子・反陽子の関係に立つような）反対立言を（視えない字で）書きこまれてしまったのと同じである」とさえ言われる[11]。

親鸞の思想もまたこうした言語観によって組み立てられており、難解な『教行信証』を開けばその論釈の歴史を目の当たりにすることができるし、親鸞自身の釈意とレトリックを実見することが可能である。これは、「論家・釈家の宗義を披閲」して仏説（広く三経の光沢を蒙りて）において「自信」を構築する過程を験証したものであり、当時の文献学の方法と親鸞の信仰告白とで合成された作品《テキスト》である。親鸞の教学上の特性は確かに『教行信証』でつぶさに述べられたところに認められるが、それはまた「自信教人信」を仏恩に報いる営みとして、「如来の教法は総じて流通物」にして「衆生利益の本懐」を開闡する目的以外に自専するべきでなく、必ず聞き手である「末世の凡夫」とともに聞信される教えであった。したがって『教行信証』は遠い論釈家に聞くとともに如来の真理を「末世の凡夫」に語る発話的行為を具えていなければならないのである。

② 親鸞における「問題」解釈の言語装置

浄土思想は「末世の凡夫」にたいして説かれた仏説を発見したが、この発見の動機と意義とは専ら聞き手である凡夫に伝え「聞信」の実をあげることにある。したがって善導（六一三〜六八一）以来早くから「随人随意随時」という対機説法が工夫され、譬喩、引用、事例の解釈、挿話などの膨大な言語装置が蓄積されてきたのであるが、なかでもそれらを全体として作動させる仏教言説の中心装置は「方便」であると言ってよいだろう。

親鸞のみならず、仏説においては、言説が開くテキスト世界を伝達する装置として、自覚的に「仮」が仕立てられ、その「仮」は目的の達成と共に自己解体する仕掛けを工夫していた。それは一般に「暫用還廃《ざんゆうげんぱい》」（暫く用いて還りて廃す）と呼ばれる戦略的な言説で、仏説はこの仕掛けを駆使する（一五三五頁、以下『聖典』からの引用は通頁のみ記入）。これは、語り得ぬもの、意味なきもの、人間を超えたものを語る言説の装置として実に巧みに仕組まれた仕掛けであって、他力の世界、本願の救い、阿弥陀仏、浄土などは、この「方便」の言説が作り出した物語世界の産物であり、言語における譬喩と象徴の働きが作り出した作品《テキスト》である。したがって、この言説の世界つまり仏説というテキストには対象的な認識を許さない仕組みがあらかじめ内蔵されている。「方便」において仏説が語られるということは、後述するように、親鸞が念仏の教化において繰り返し述べた「義なきを義とす」という逆説として貫徹されるのである。

ここでは、真宗の教義に関する教学上の論議に立ち入る必要はなく、注目するべきことは、親鸞が仏説を解釈するその手法であり、それを語る語り方、言説の様式である。とはいうものの、論議を展開する上で必要な、親鸞の言説を素通りするわけにもいかないだろう。

親鸞の教義上の主題は、『教行信証』につぶさに述べられているが、その中核をなすのは、「斉《ひと》しく苦悩の群もうを救済《くさい》して」、「悪を転じて徳をなす正智」を明らかにすることである。そして、この言説が、七人の師の釈（師釈に遇う）によって成立したものであると述べている。つまり、親鸞の教義は、仏説を単に翻訳して伝播することではなく、仏説を解釈した先師の言説を継承しそれを選択・解釈するという、仏説の解釈史のなかで仏説に尋ね聞く立場において成立したものである。

極めて多数の仏典を解釈する作業を重ねた親鸞が、善導に倣って選び出した仏説が「浄土三部経」とよばれる教典で、それぞれ『大経』『観経』『小経』と俗によばれている。親鸞の教義成立において重要な役割を演じているのはこのうちの『観経』であると言われる。つまり、『大経』と『小経』とは救済の構造を示し『観経』は救いの装置を作動させ「こころ／心」変換システムに聞き手を誘導するための関与の仕掛けを演じているのである。親鸞は、三つ経典をセットにして、この組み合わせによって「真実の教《きょう》」を出現させた。彼は『大経』の四十八の誓願のなかから特に第十八願を選択して、この願を「念仏往生の願」とした（第十八願の願文「たとひわれ仏を得たらんに、十方の衆生、心《こころ》を至し信楽してわが国に生れんと欲《おも》ひて、乃至十念せん。もし生まれざれば正覚をとらじと。ただ五逆と誹謗正法を除く」）。

親鸞においては、一切衆生が仏性を有すとは自明の前提ではなく、無量・無想の大願功徳に帰命する慈悲方便の果証として出現するところの、摂取包摂された現実態として仏性は「ある」。

浄土思想の形成において主題になるのは、この第十八願を巡っての解釈である。特に終わりの「五逆と誹謗正法を除く」という部分で、これは念仏往生における例外の「事例」を、つまり条件つきの往生を語っている。如来の誓願は一切の衆生の救済を説くものであるが、ここでは救済の例外が語られており、この矛盾が親鸞が仏説を理解していくための、仏説にみる救済の真実性を獲得する際の障りとなっている。つまり、仏説の「正受」に立ちはだかる難関なのである。この難関は、人間世界の具体的な「事例」の物語において、すなわち、『観経』において「事例」として仕掛けられた、王舎城での阿闍世をめぐる子ども殺し・親殺しの悲劇として先鋭化される。『教行信証』信文類三（末）の「逆謗摂取釈」は、「よく衆生の一切罪悪を破せしむる」（二七六）「五逆・十悪もろもろの不善を具せるもの、また往生を得」（二九六）とあり、この二経がどのように対応するのか、この仏説の解釈が深刻に問われる部分である。

浄土教において、仏説解釈の基軸の役割を演じたのは『観経』にみえる「事例」――それは episode である――であり、その挿話の意味を発見することがこの立場の歴史でもあった。『観経』は、『大経』と『小経』の意味を明らかにさせ、三部経の組み合わせによって開かれる浄土教の世界を開くカギの役割を果たしたのであるが、親鸞がこの仏説の文脈を読み開く際に、決定的な役割を演じているのは阿闍世の「事例」の物語であった。親殺しは救われるのか、という世俗の苦悩の物語において、四十八願の意味と構造が、つまり仏説の真偽を「難化の三機」において問うのである。つまり『論註』の問い、『大経』では〈往生を願ぜんもの、みな往生を得しむ。ただ五逆と誹謗正法とを除く〉とあるが、『観経』に〈五逆・十悪もろもろの不善を具せるもの、また往生を得〉と言う。「この二経、いかんが会せんや」という問いが繰り返される（二九六）。ここでは、仏説と個別事例とが衝突して、仏願力の真偽が鋭く問い質される。『観経』をどのように解釈するかについて、従来の教説が十六種類の浄土観想の方法を説いた経典とみなしたのにたいして、善導は『観経』の序分にある王舎城悲劇の物語こそ、この経の核心であると解釈する立場を取り、この立場は親鸞に受け継がれ、彼は和讃においても繰り返しこの悲劇の物語を引き合いに出して如来に摂取される衆生が現に生きている悲惨の姿を描き出すのである。

善導・親鸞は『観経』中の正宗分よりも「発起序」と呼ばれる韋提希夫人の物語に注目した。この「発起序」重視の立場は「古今楷定」と称されるように『観経』解釈を一変させ、悟りに至る観相の楷梯を説くものではなく、聞き手（機）に応現する仏説の真実を教える物語として位置付け、極悪深重の凡夫に仏願が及ぶ仕組みを読み取ろうとした。そして、そこに〝大慈悲心〟に発する救済の仕掛けとして「方便」を再発見したのである。したがって「方便」とは、単なる便宜的な表現や伝達の手段ではなく、凡夫救済の願を動機に出現した実践的行為の「かたち」

なのである。

王舎城での韋提希の苦悩は親殺しの物語であり、この苦悩の「療治」に関して仏が答えるという筋立てになっている。この物語は親鸞においては、教義のうえでは念仏往生の願の意味を理解するために、また主体的には如来の悲願の所在つまり「衆生」とは誰かを確かめるために、立ちはだかる根源的「事例」であり、信仰上の抜き差しならない「問題」を語る物語なのである。龍樹から善導をへて親鸞に至る浄土思想は、阿闍世の親殺しの物語「事例」にかかわって諸々の経典を再解釈し、仏説において念仏往生の願の意味を読み取る過程であったと言ってよいだろう。『教行信証』総序のはじめに「浄邦縁熟して、調達（提婆達多）、闍世（阿闍世）をして逆害を興ぜしむ。浄業機彰れて、釈迦、韋提をして安養を選ばしめたまへり。これすなはち権化の仁、斉しく苦悩の群萌を救済し、世雄の悲、まさしく逆謗闡提を恵まんと欲す。ゆゑに知んぬ（中略）証を獲しむる真理なりと」（一三一）。これは、親鸞が阿闍世の物語において仏の大悲が逆謗闡提を救済する真理であると知り獲た過程と契機を簡潔かつ雄弁に語った箇所で、テキスト仏説解釈の結晶であり往生観の変換であった。『観経』の物語解釈の作業において親鸞は「衆生済度」に新しい意味を発見したわけで、それは仏説に新しい筋立て、つまり本願力による救済が成立したことである。親鸞において「問題」事例としての物語は、宗教言説を単純に補完する役割ではなく、それは仏説への問いかけの切り口であり、新しい「真理」を発見するスイッチの役割を演じているのである。これを善導は「仏教多門にして八万四なり。まさしく衆生の機、不同なるがためなり」（二六五）と表現した。

親鸞は、『観経』の物語と仏説との衝突を、テキストが二重の意味を語っていることを明らかにする「隠顕」と呼ばれる修辞学上の手法によって解釈し、二つの仏説が非一非異の関係にあることを領解するとともに、「事例」（略）において仏説（広）を説くという、曇鸞に由来する「広略相入」論理に気付いたのである。これはいわば、個別によって全体を変換するという解釈学の手法によった仏説の解釈である。

『観経』は、その字義からうかがえるように、苦悩と迷いから解放されるための観法を主題とした経典で、観法を類型化してそれらの効能を説いたものであるが、浄土真宗の教学によれば、親鸞はこの仏説には表面上の語りで説かれている意味――これを「顕説《けんぜつ》」という、「教我思惟」（われに思惟を教えよ）――と、この表面の言説には隠されている意味――これを「隠彰《おんしょう》」、「教我正受」（われに正受を教えよ、真実心）――との「隠顕《おんけん》」の両意味があって、彼は、顕在していない「隠彰」の意味を発見することによって、仏説の真実を第十八願に見出したのである。

　ここでの問題は、親鸞が用いた手法である。彼は、『観経』の「事例」によって、仏説の意味を再解釈して仏説の真実として第十八の願を「選択」してみせた。その発見に至る過程で親鸞が用いた解釈の手法は、「隠顕」や「方便」と呼ばれる、言説解釈のための技法であった。特に、真実に「近づく」方法や道具を意味する「方便」という言説の仕組みは、宗教的な真実を語り伝えるための、親鸞における宗教的言説の中核装置として機能する根元的「メタファー」であった。

　「方便」（以下方便と言う）は仏教独自の用語として発展してきたもので、なかでも龍樹によってその意味が深められた[12]。方便は、語ることができないものを表現する手段として重要な意味付けがなされ、例えば空や仏国浄土さらには仏智そのものが方便であると説き、それらは対象的に語られるが、しかしそれが方便であるがために、方便に仕組まれている（方便という）自己否定の装置によって実体化を免れ、逆にかえってよく語りえぬものを語ることができるのである。もし、西方浄土が方便でないのであれば、その言説は実体主義に陥って逆に浄土に至る妨げとなる。浄土は方便であるがゆえに浄土として「あり得る」。方便こそが衆生を救うのであって方便なき言説は逆に衆生を迷わせることになる。

　方便は衆生を救いに導くための仮の、一時の謀りごとであり仕掛けである。それは一切の衆生を救済するという浄土教の救済論を成立させる言説の基幹装置である。「極楽無為涅槃界」の解釈において、信心、仏性、如来、法身に関して、「法身はいろもなし、かたちもましまさず。しかれば、こころもおよばれず、ことばもたえたり。この一如よりかたちをあらはして、方便法身と申す御すがたをしめして、法蔵比丘となのりたまひて、……」（唯信鈔文意、『聖典』七〇九 - 七一〇）と述べ、四十八の誓願という神話的な語りは、こころもことばも及ばぬ絶対超絶の「他」である「一如」より「かたち」を取って出現した「方便」仏であることを説き、法性・方便の二種法身を区別して、方便法身を実体のない法性が衆生救済の働きのために「かたち」をとって出現したと解釈するのである。いろ、かたちなく、ことばおよばぬ法身が、なぜ方便という「かたち」をとるのか、親鸞はそこに「度衆生心」という〈大慈悲〉をみる。「智慧と方便はこれ菩薩の父母なり、もし智慧と方便とによらずは、菩薩の法則成就せざることを知るべし。なにをもつてのゆゑに。もし智慧なくして衆生のためにする時には、すなはち顚倒《てんどう》に堕せん」（三三〇）。注目すべきは、親鸞が智慧と方便を菩薩発願の始元と考えている点である。衆生それぞれの機を省みる智と方便を欠けば、菩薩の願行が適わないのみか、仏説によって衆生はかえって空理に迷い出る。方便こそは一切衆生に救済の願を施与して達成する願行そのものであって、この仕掛けなくして凡夫と願の出遭いは適わない。無常論的な虚無主義と因果論的な実体主義の二分化論を排除して、それとは全く異質な場所に仏願を措定する仕組みが方便の思想であると言えるだろう。

方便は、形式的には無想なる法性法身の自己否定表現で、無数の表現仏として十方世界に生成するが、その「すがたかたち」として表現された方便法身は、目的論的には衆生済度という他者救済を動機にしている。その意味からすると、「名号」とは自己否定的な他者救済（つまり菩薩道の論理）の働きが、表現的・済度的な包摂関係において衆生に開いた方便の場所であると言えるだろう。「名号」とは単なる人間の立場から救済を願う言葉を意味するものではなく、大慈悲の方便として〈むこう〉から開顕したみえざる無量壽の「かたち」であって、人間のはからいに染まることのない施与された超越に応現する〈ことば〉である。「信は願より生ずれば、念仏成仏自然なり」（五九二）と親鸞が言うとき、この〈ことば〉は、方便であることにおいて法性と同じでないが、しかしそれは慈悲の方便である限りにおいて「無量劫の生死の罪を除く」願力なのである。したがって、親鸞がいう念仏口称は秘儀的あるいは呪術的神秘主義的な言語所作と同一ではなく（方便であるゆえに）、衆生に施与された願力より生ずる信の所作であり、その方便としての「かたち」において「自然」（自然はすなはちこれ弥陀の国なり）に開かれるという意味で、主体的な沈思瞑想の〈沈黙〉と鋭く対立する「無根の信」を現していると言えるだろう。

「諸仏菩薩に二種の法身あり。一つには法性法身、二つには方便法身なり。法性法身によりて方便法身を生ず。方便法身によりて法性法身を出《いだ》す。この二の法身は、異にして分つべからず。一にして同じかるべからず。」（三二一～二）「正直を〈方〉といふ。おのれを外にするを〈便〉といふ。正直によるがゆゑに一切衆生を憐愍する心を生ず」（三二八）。

この引用文からしてすでに方便という謀が衆生の救済と一体であることがうかがわれるし、方便界の出現が慈悲の働きにほかならないことが明らかである。無為無相の法性としての仏を方便として「仮」において語るのが仏説である。この仏はどこまでも「方便」仏であって法性ではないが、しかし両者は相即不離、非一非異の関係にあって、この方便という装置においてのみ一如界は「かたち」が取れる。仏説は方便の意味でフィクションであるが、しかしそれは架空の物語ではなく仏性と非一非異の関係でむすばれた「模倣的な再現」の世界である。仏説は、非対象の非言語界が方便の働きによって成立している逆説的なテキスト世界であると言えるだろう。仏説は、テキスト世界が開く一如という無一如を指示するもので、方便が指し示すところは方便を成立させるとともに方便を否定解体させる非意味界で「ある」と言えるだろう。このように、「方便」は無為、無相、無言を言説化させる装置であり非‐意味を発現させる道具であると言ってよい。しかもこの装置は、内容の実体化を否定する、いわば非‐意味化のための自爆装置を具えているわけである。

③「聞信」と「問題の消滅」という事態

ここで注目するべきことは親鸞が善導の「古今楷定」をモデルとして仏説の解釈で用いたその手法である。難解な「問題」事例の意味を読み取る作業において、仏説というテキストに新しい文脈を発見した、意味発見の手法である。それは先にみた、教育における臨床事例の解釈の方法に類似していると思う。悲劇の物語を「事例」として仏説というテキストを再解釈する、これが浄土思想成立の過程であるとすれば、親鸞とは物語に想像的に関与して、方便の世界が開いた世界の「無根」のリアリティーを体認し、その世界の意味を実存的に読み取ることができた優れた創造的聞き手であり、彼が貫いた「聞信」の姿こそが実存的意味探索の所作であったと言えるだろう。

このような「聞信」解釈によって親鸞が筋立てた仏説は、釈義として体系づけられ『教行信証』に収まっているわけであるが、ここには実存をかけて仏説に聞信する親鸞とともにすぐれた修辞家としての親鸞、平易な和語をつかって末世の凡夫に念仏の教えを説く親鸞に出会うこともできる。それは、告白詩人としての親鸞であり宗教的真実を語る宗教的詩人としての親鸞である。『御消息』『和讃』で、あるいは『歎異抄』の行間からうかがえる親鸞には『教行信証』のあの晦渋極まりない言説の面影はない。ここには、言説体系の伝達ではなく体系の言説から選ばれ変形された、ともに「末世の凡夫」として聞信する同朋関係において語られる仏説がある。八十八歳にして、「是非しらず邪正もわかぬ　このみなり　小慈小悲もなけれども　名利に人師をこのむなり」（六二二）と悲嘆を語り得た親鸞がそこにいる。

仏説の真実が発話に転移され、相手的な関係での語りの場面に対応して、「随人随意随時」の話術によって超越の世界が方便という謀において語られる。そこには実践的なしたがって臨床的である「発話の現象学」が顔を覗かせている。しかし、この発話は内発的な性格の語りではなく、すでに語りかけられ願われて「ある」ことに聞く、という意味での「聞く」が先行することで成立した発話である。仏説の冒頭におかれている「如是我聞」は、仏説の出現が可能であるためには発話に先行して随聞が存在することを示すもので、仏説の伝達の条件としてまず「随聞」が要請されている。

発話に対して随聞を強調する立場は、仏説が言葉によって固定された真理として予め存在しているのではなく、仏説は聞き手によって蘇させられ続ける言説であることを、絶えず現在の出来事であることを意味している。「今現在説法」とは、聞き手の「聞信」によって仏説の意味が再現され続けるという「聞信」による創造的な伝達と解釈という特徴を示したものと言える。そこで聞かれる「声」とは「名声十方に超えて、究竟して」聞こえざるところなき声を「聞く」ことである。親鸞はまさに「仏願に随順」してこの「声」を聞き、これに唱和し「聞治を得た」のであろう。「聞く」とは煩悩の束縛を突破する（諸結を破す）「無無義の言《みこと》」を聞くことで（二八八）、それは感覚的な聴覚の働きにとどまるものではなく「聞思」「聞見」「聞信」などの意味を包含した、いわば仏願の出現を感知して領解する全体的で実存的な被包摂の関係を指すものと言える。したがって、「聞信」は信心の究極の「かたち」であって、「聞く」とは「衆生の煩悩悪心を破壊せしむ」意味転換の出来事それ自体であって、人間の声で語られる言葉だけでなく世間や自然の出来事の全てに「聞く」である。しかもこの「聞く」は、言葉と出来事そのことを離れるものではなくその事柄において、語られた「かたち」である方便としての仏願に触れる「随聞」なのである。出現した言葉の背後に本来的な意味を聞き取るという仕方ではなく、その言葉において、まさに非一非異として「無無義の言《みこと》」を「聞く」のである。ちょうど、太陽の光がものに触れて反射するように、仏願は衆生に聞かれてはじめて「仏願」として出現すると言えるのではないか。この譬喩をもってすれば、「聞く」とは聞き手の主体的な行為の域をすでに越えるもので、聞き手の恣意的な聞き取りとは全く逆に、そうした聞き手を主体とした意味での聞くの根拠が破壊され、「無根」の虚空において超越的な「正受」や「信心」が出現する場面（トポス）と考えてよいだろう。

親鸞における信心の「かたち」あるいは「行」としての「聞信」は、仏説の冒頭に位置する「我聞如是」の系譜を引くもので、「粗語および軟語みな」「如来の言一味なる」語として聞くことを得る確かな宗教的所作を現在に再現するものと言えるだろう。「聞く」を信心の「かたち」に見立てると、仏説の真実は聞き手との関係においてはじめて明らかになると言えるわけで、浄土思想にあっては「聞く」という出来事を惹き起こす機縁の仕組みが重要な意味をもつ。

親鸞において発話は人間の救済の根源的な可能性と救済に関与する所作つまり「聞信」優位の文脈において位置するもので、その言述はここでも当然方便としての物語的な構造をもった、根本的な意味において「神話的・詩的」(mythico poetic) な言説であり、隠喩表現によって作られた「仮」の世界の語りである。したがって、教化とは仏説を非神話化することではなくて逆に神話的詩的なテキスト世界を再現させる言述の形式、つまり方便を方便として語る形式を工夫することである。なかでも特に、詩的な形式の言説は聞き手に言葉の意味の余剰と意味落差を気付かせ、仏説という「意味の祝祭」に招き入れる効果をもっている。詩的に語るということは、知識を伝えることではなく言葉の指示的な機能によって定義されていた意味を廃棄させ、指示によって逆に覆い隠されていた言葉の新しい意味を発見すること、隠喩的な指示機能を引き出すことである。神話的詩的な方便の語りは新しい意味世界を開くと言える。このように考えると、念仏という身体の所作は、指示的な機能が徹底的に否定された場所に出現する、非行・非意味の詩的世界での出来事で、人間世界の所与の意味連関においては意味を発現できない方便の所作、あるいは詩的な所作であると言えるだろうか。とすると、「愚者となりて往生す」という法然の言葉は、所与の意味世界を解体して脱文脈化した非指示的な場に所在する念仏者の位置を語った言説として際だった意味をもってくる。

かくして、「こころ／心」の変換を図る言説のシステムは、法然から親鸞に引き継がれた「他力には義なきをもって義とす」という無義の貫徹によって解体させられ、自然法爾に到って完結する。「義」とは、「行者のはからい」であり、如来の計らいつまり「回向」以外の全てを指している。親鸞の言説とて例外ではない。「弥陀仏は自然のやうをしらせん料《りょう》なり。この道理をこころえつるのちには、この自然のことはつねに沙汰すべきにはあらざるなり。つねに自然を沙汰せば、義なきを義とすといふことは、なほ義のあるになるべし。これは仏智の不思議にてあるなるべし」(御消息、七六九)。親鸞は、詩的、非指示的な発話、念仏によって、レトリックによる「義」の言説を超えようとする。これは方便としての仏説の完成であり解体、つまり、「暫用還廃」の遂行である。

念仏は、仏説の解釈において選択され、「往生之業」として法然から受け継いだ口称の所作であるが、なぜ口称なのかという疑問に関しては、諸説があり、念仏の行に親鸞の信仰の呪術性が指摘される場合もある。しかし、念仏の所作は、ここでの文脈に即していうと、ラングとパロールの境界に如来への帰依の発話が介在していることであり、「義」に拠って意味付けられながらしかもはっきりと「義」の文脈による意味付けとは異なった所作として身体化されるわけで、念仏は、仏説の身体化であり、身体の意味の変換の遂行である。この身体化は、如来の誓願の所在を、念仏者の主体に還元する内在主義やあるいは観念の所産とみなす論理主義などから守るための躓きの石であると言えるだろう。

ところで、「義」の解体は「問題」事例の消失でもある。親鸞においては、「問題」事例を基軸とした仏説の解釈は、言説としての「義」に導かれて、そして「義」の否定において完成するのである。それはあたかもソクラテスにおける〝無知の智〟を思わせるものがある。

無「義」を語ることは、一切の「問題」が消滅する世界と全てが「問題」である世界とが相即する不生不滅の世界を生きることであり、具体的日常をそのままで「受け取り直す」ことである。例えばここでいう「問題」として、死を取り上げてみよう。親鸞における人間理解の特徴のひとつは、命が終わる臨終の意味を決定的に変換したことだろう。死は人生の一大事であり臨終は最大の「問題」事例である。生と死との境界に臨む際の所作を全ての宗教が語っているなかで、親鸞においては臨終の意味は相対化され臨終が絶対的な意味を失っている。臨終はもはや「問題」事例であることを中断させられ、死を人生における「問題」事例に見立てないのである。体験的な臨終観からの解放である。このことは、先に述べた、「問題」事例の特殊な役割を相対化しその意味付けの仕組みを解体することでもある。人生において「問題」事例なるものは存在しない。とすれば、それこそは人生を考える「見立て」方の根源的な変換である。この意味からすると、信仰という宗教臨床は全ての個別の「問題」事例において例外なく絶対の意味（本願の働き）を発見することである。その限りにおいて、ここでの「臨床」的な営みとは臨終の出来事に焦点化されるのではなく、生きる意味とそのより所を与えるつまり新しい「いのち」に生まれ変わること、人間の再生「往生」にかかわる所作であると言ってよい。

親鸞の言説は人間の再生「往生」を主題にしたもので、それの臨床は「問題」の解決や解消を目指すものではなく、いのちが〈新しく〉生まれ出る現場を意味していると言えるだろう。

④「問題としての教育」が仏教に出遭う

臨床に付着する、病・死・逸脱や例外的な差異の事象にかかわって、いわば「問題」の発生を後追いして対応するというイメージは、ここでは一掃され、「いのち」の意味を根源的に再発見する「誕生」を促すという意味での〈臨床〉が登場してくる（それはもはや「臨床」と呼ぶにはふさわしくない異質の所作であるが、ここでの考察の方法であるアナロジーの力を生かすためにこの用語を使いたい）。仏教における臨床とは人間の第二の誕生にかかわっており、しかもその《臨床》は一切の衆生に向かって開かれ常に「現在」にかかわっている。

臨床教育学の「臨床」を、教育の「問題」の意味を発見する語りの様式であると考えると、ここで発見された《臨床》とは生命の意味を根源的に変革するための所作であると言えるだろうし、再生を促す無義の所作とでも言えるだろうか。

両者の臨床の意味をこのように対比して考えると、例えば臨床教育学における臨床の役割として、それが捉えている「問題」事例において教育の地平を越えてそれを包み込む、もうひとつの非‐意味地平が存在すること、そして教育における理解不可能な「問題」事象は、この別の地平においては絶対的な意味落差において位置付けられているという、二重の地平が予感されるのである。逆に言えば、教育という営みやそれが作り出す「問題」なるものを新たに意味付けるために仏教は、それらの営みがどこまでも仮《け》の像でありながら、にもかかわらず絶対の意味を施与せられている出来事であることを証する言説を作り出さねばならないのである。つまり、教育の「問題」と出会うことで仏説が新しい意味を発現できる、ちょうど、善導・親鸞において阿闍世の物語が演じた発見的役割に類似して、解釈の仕組みを工夫しなければならないのである。教育の「問題」が、既存の教育の意味を正当化するためにではなくて、逆にその意味付けの挫折であると見立てられ、新しい教育言説の起点と位置付けられるように、仏教にあってもまた、「問題」において仏説を新たに発見することが要請される。教育の全ての「問題」において、そしてなによりも、「問題としての教育」において、阿闍世の物語を発見できるのかどうかである。

この二つの臨床（《臨床》）は、「問題」を語る文脈を「意味の源泉」に差し向けるものであるが、しかしそれは相互に背反して相即するという二重の仕組みになっていて、教育の「問題」を解決するという所与の個別的な筋立てを変換させることが出来るが、しかしその変換は同時に、人生の全てが「問題」であるという「大問題」に直面できる限りにおいて達成されるところの変換である、という二重の背反する関係構造に置かれている。

親鸞が「末世の凡夫」の救済を語るとき、その言説が生み出した新しい人間の姿として「衆生」をあげることができるだろう。「衆生」とは、誓願の力を受け、救い取られる存在としての全ての生き物（有情）（一切の衆生）を指し、「意味の源泉」に還源する宗教的な文脈において発見された典型的な人間理解の言説のひとつである。救いの宇宙の住人とでも言い換えることができるこの「衆生」は、今ここにいる私たちである。今ここで、親殺しの悲劇の世界を共有している私たちが直ちに「衆生」なのである。そして、この「衆生」に差しかけられた救いの願が慈悲であると考えてみたい。

親鸞に従えば、われわれは全て平等に慈悲の受け手である「衆生」と見なされて生死を超えて生きる存在に見立てられている。「大」慈悲心とは、教師—子ども関係や親—子ども関係で語られる人間世界の心情とは無関係に、「衆生」に注がれている。「衆生」は慈悲の宇宙に浮かんだ、慈悲を呼吸して生きる生き物（有情）の世界である。

「衆生」とは人と人の関係はもはや第二義的な意味しかもち得ない、したがって個別的な生命存在を指すというよりもむしろ全ての生命あるものが慈悲を呼吸している、慈悲の場所を意味していると言える。しかしそれは観念的な形而上的場所ではなく、慈悲の受け手である苦悩する「末世の凡夫」という「機」が存在する場所に出現する慈悲である。「衆生」として生きるとは、末世に生きる苦悩の有情である私（それはどこまでも方便としての私であるが）において、私に差し向けられた慈悲の光にふれることである。ここでの主題に即して言えば、「衆生」の思想とは、どこまでも慈悲の受け手であって、慈悲の施し手ではないという事実に目覚め、人間世界の出来事を説明する因果的な関係論の底を突き破って、その出来事の全てを慈悲の働きに還源させる力をもっているのである。

とすれば、「問題」にかかわる臨床家の実践とは、摂取して捨てずという慈悲の意味を発見する仕事であり、「問題」を治療や癒しのことがらとしてではなく、慈悲の光を垣間見る機縁と見立てることにおいて、仏説の語りを再発見すること、「衆生」に深く転入する機縁を「事例」において与えられているのである。

宗教臨床の立場からすれば、教師にとって教育上の「問題」に出会うことは、そこにおいて私もろともに「衆生」の世界を発見できるかどうか、慈悲の光明は無礙であり、それを妨げるものはないといわれる念仏の教えを、教育の言説において物語ることができるかどうかである。それは、仏教の言説を一方的に教育にもち込むことではない。そのような手法は、心理学や社会学の研究成果の応用の場として教育を見立ててきた素朴な近代教育の立場を踏襲するものである。人間世界の出来事として、十悪・五逆の凡夫の世界のはからいとして作り出されたその教育日常において、必ず慈悲心を聞くのである。それは、一方で、教育の意味を変換することであり、他方で、教育において逆に仏教の意味を問うことでもある。教育の「事例」あるいは教育という営みそれ自体が惹き起こす悪業の罪悪性を言説化する試みにおいて、仏説に新しい「衆生」解釈を立ちあげるのである。

もっとも、ここでいう「事例」なるものが、このシステムの作動過程においてどこまで有効であるかは改めて問う必要がある。「事例」とは、「衆生」を目覚めさせる方便であってすでに対象的な実態ではなく、煩悩を語る「メタファー」であり、新しい世界への誘いだしの仕掛けであるにすぎないからである。

注

（1）Alan Keighley, *Wittgenstein, Grammar and God*, Epworth Press, 1976.（星川啓慈訳『ウィトゲンシュタイン・文法・神』法蔵館、一九八九年、一五六頁。）
（2）P. Ricoeur, *Le language de la fai*, 1964. Bulletin de Centre Protestant（久米博・佐々木啓訳『聖書解釈学』ヨルダン社、一九九五年、七四頁。）
（3）疎石『夢中問答』岩波文庫、一九三四年、前文一六三頁、後文一七八頁。
（4）末木文美士『仏教――言葉の思想史』岩波書店、一九九六年、の「結章　アジアの中の日本仏教」参照。
（5）皇紀夫『なぜ〈臨床〉教育学なのか――「問題」の所在と理解』（和田修二編『教育的日常の再構築』玉川大学出版部、一九九六年）。和田修二・皇紀夫編著『臨床教育学』アカデミア出版会、一九九六年、を参照。（付記：本書第二章収録。）
（6）末木文美士、前掲書「結章」参照。
（7）浄土真宗聖典編纂委員会編『浄土真宗聖典――注釈版』本願寺出版社、一九八八年、通頁四一一頁。
（8）K. J. Holyoak and P. Thagard, *Mental Leaps-Analogy in Creative Thought*, MIT Press, 1995.（鈴木宏昭／河原哲雄監訳『アナロジーの力――認知科学の新しい探求』新曜社、一九九八年）参照。
（9）三枝充悳『増補新版　龍樹・親鸞ノート』法蔵館、一九九七年、第二部および付論参照。
（10）宇井伯寿・高崎直道訳注『大乗起信論』岩波文庫、一九九四年、二四頁以下。より詳しくは井筒俊彦『意識の形而上学――「大乗起信論」の哲学』中央公論社、一九九三年、参照。
（11）橋爪大三郎『仏教の言語戦略』勁草書房、一九八六年、一七二頁。
（12）三枝充悳、前掲書、二八五頁以下。

第2部　臨床教育学の展開

第七章　臨床教育学からみたランゲフェルト教育学

〈『臨床教育学三十年』からのコメント〉

普通ならこのタイトルは〝ランゲフェルトの臨床教育学云々〟とされるところを、あえてそのようにせず、逆に臨床教育学の立場から彼の教育学の臨床性を解釈しようと目論んでいる。そこには、和田修二によってもたらされたランゲフェルト教育学を礼賛して臨床教育学の学祖として美化する、陳腐な輸入教育学の轍を踏むことを回避して、しかし彼の教育学への尊敬を失わない、そのような臨床教育学風の研究のスタイルを表したいという意図があったからである。ランゲフェルトの子どもの人間学などを読みかえすと、最近の哲学で世界的なブームになっている、アガンベンらの、強制収容所の極限状況や不条理を語り直す思想的な営みが関心を惹いているが、その関心に、試みにランゲフェルトの教育論を対応させてみると、彼の、独自の〝子ども〟の人間学の世界が、「弱者の世界」、傷つきやすい、よるべないものの世界が浮き彫りになってくるように思う。子どもを教育可能で教育必要な発達的存在と見なす近代的な教育学の前提から語るだけでは決して見えない、よるべない者（親を含む）どうしの思慮深い応答の関係としての教育が顕わになってくる。ランゲフェルトは「人間らしさ」という通念的日常感覚を離れたところでは教育は成り立たないことを強調し、そこに教育の役割と責任を発見しているのである。この論考は、ランゲフェルト教育学の臨床性を「再」発見するとともに、我が国の臨床教育学の展開を跡付ける試論にもなっており、結果的に両面的な性格を帯びている。

【初出　和田修二・皇紀夫・矢野智司編『ランゲフェルト教育学との対話——「子どもの人間学」への応答』玉川大学出版部、二〇一一年】

① はじめに

我が国の臨床教育学の起点をどこに求めるかについては幾つかの考え方があるようだが、少なくとも、ランゲフェルト教育学との関係を抜きにしてその起源を語ることはできないと思う。臨床心理学の延長やそれの応用としてではなく、また教育現場での相談活動の体験談を臨床ブームにあやかって臨床教育（学）と称する便宜主義でもなく、教育学独自の研究領域として臨床教育学が提起されたのは、一九八八年京都大学大学院教育学研究科での講座開設においてである。その開設計画を推進した当時の研究科長和田修二（一九三二年〜）は、その構想と名称が、オランダ滞在中（一九六二〜一九六五年）の研究指導教授であったユトレヒト大学のランゲフェルトの教育学に影響されたものであることに触れ、臨床教育学という発想が、我が国の一九八〇年代の臨床心理ブームに先立って、オランダの教育関係者の間ですでに語られていたことに言及している。(1) ただ、臨床教育（学）という用語が我が国の教育学関係の文献に現れるのは、和田がランゲフェルトの教育学を紹介する一九八〇年頃ではないかと思われる。しかしこの名称に対する当時の教育関係者の関心は弱く、臨床心理学への関心の強さに比べれば、広がりを見せたとはいえない。教育学研究領域においては、現在でも（二〇一〇年）その関心の度合いは必ずしも高いとは言えず、たとえ関心が払われている場合でも、相変わらず臨床心理学の応用あるいは教育相談事例集という、問題解決のための効能主義の意味合いが濃厚であり、研究主題として取り組む姿勢は弱いと言ってよい。(2) なぜ臨床教育（学）が教育学の新しい研究領域として関心をひかないのか、それは臨床教育研究者の学的と実践的の両面での取り組み不足を第一に指摘しなければならないし、臨床教育学が既成の教育研究の枠組みをどのように越え出て、いかなる方法によって独自の課題に取り組もうとしているか、つまり臨床の役割意味を鮮明にすることが不十分であったからだと言えよう。ここでは、その原因の究明にかかわることはできないが、臨床教育学の成長不全の（それには当然、臨床という用語への関心の高さの病的な部分をも含めてである）現状を、ひとり臨床教育学に限定された固有の課題と見なすのではなく、我が国の教育（研究）が当面している問題状況を浮き彫りにする、いわば教育（学）上のある種の病理（たとえば、理論と実践の相互的な媒介とか発達段階にふさわしい教育援助といった言説によって教育研究を囲い込んで陳腐化させる病理）を明るみに出す作業に連動するものであることを指摘するにとどめたい。

ランゲフェルト教育学を象徴する「子どもの人間学」の普及に比べて、臨床教育学というアイデアが我が国の教育界に登場するのは遅く、このはっきりとした時差は、海外の教育思想を受け入れる場合の学的と実際的の関心に応じた選択が働いていることを物語るもので、受け入れそれ自体が決して直接的な移行ではなく、さまざまの社会文化的な状況を反映して多義的多層的であることを意味している。ランゲフェルトの場合のこの時差は、我が国の戦後の教育学と教育現場の関心の位相や教育学的ニーズの方向性の変遷をたどる事例として興味深い。つまり、「子どもの人間学」と臨床教育学は、ランゲフェルト教育学においては一体的に構想されてきた、というよりも、むしろ彼の臨床相談経験（たとえば、強制収容所で親が惨殺される場面を目の当たりにした子どもに出会い、彼（女）が人間として成長する場面を共有する同行経験において、教育する責任と義務に目覚める）を抜きにして子どもの人間学は語れないはずである。にもかかわらず、こうした個別的な覚醒経験は、それをその個別特質を損なうことなく理論的に意味付けることがきわめて困難な課題であったため、差し当たっては臨床的出来事と表現する以外に手がなかったわけで、結果的には、「子どもの人間学」を構成する、大切なしかし十分に解明されたとは言えないエピソードと見なされ、その経験が内蔵している臨床文脈を開発することなく限定あるいは隠蔽してきたのではないかと思う。そして、この臨床的な経験が教育学の文脈として（再）発見されるのは、八〇年代に学校現場に臨床心理学が圧倒的な影響を与え始めたことに触発される形で、先の和田の構想において登場するのである。この時、我が国の臨床教育学は、二度目の姿を現すことになる。つまり、一回目は「子どもの人間学」の陰に隠れて、二回目は臨床心理学に誘導される仕方で。そのため、臨床教育学とランゲフェルト教育学の関係を議論する筋道は、われわれにとっては直線的ではなく見え隠れする、いわば伏流水のようであり、しかも教育界において隣接して先行する臨床心理学の動向の余波を受けながらの作業であって、その系譜は特定可能であるが輻輳的でもあるのだ。

我が国の臨床教育学と「子どもの人間学」の学的源泉の圧倒的部分はランゲフェルト教育学と和田修二の教育哲学に負うているが、しかし、そのうちの臨床教育学に対する関心の遅れあるいは弱さは、そのこと自体の問題もさることながら、その問題を越えて実は「子どもの人間学」の理解の仕方にも波及するという二重の問題を提示しているように思う。別の表現をすれば、ランゲフェルト教育学における臨床教育学的知見の文脈をより鮮明にしてそれを強調して見せることによって、彼の「子どもの人間学」の未解の分野が発見される可能性があるということである。このことは、従前のランゲフェルト教育学の理解不十分さを指摘するものではない。ある教育思想をどのように理解することが正当であるかを論議する正典主義や本質主義の立場は、もはや教育学研究の主題としては後退しており、それとは逆の発想、その教育論の多義性と多元性をどのようにして発見するか、またそのために必要な方法論上の工夫をこらすことこそが今求められているのである。系譜論の立場からすれば、本章の論題としては、ランゲフェルト教育学が我が国の臨床教育学に与えた影響ないし寄与というテーマがふさわしいことであろうが、しかしここでは、そうした陳腐な作業ではなく、その観点を逆転して、我が国で構想されている臨床教育学、しかもそれははっきりとランゲフェルト教育学の影響を受けながら展開された、その立場から逆照射する形で、彼の教育学の構造と意味を再解釈してみたいのである。そして、そのような教育思想への発見的な再解釈の立場こそが、臨床教育学が教育現場での問題事例研究を通して経験的に積み上げてきた意味解釈の臨床的手法である、と考えたいのである。(3)

② ランゲフェルト教育学の導入と日本の教育（学）

ランゲフェルトの教育論は教育の学校化を批判する。つまり学校の教授法やカリキュラム論や学習（心理学）論に焦点化した新教育の改革論（特にデューイの教育論）は、教育の意味を学校教育への適応可能性という実用的価値に限定して、教育（Pedagogy）の全体的価値的な性格を矮小化して変質させていると批判する。たとえばデューイの『民主主義と教育』では、「ほとんどどこにも、子供や家庭や家族や両親が現れない」と指摘する（a―一一、以下の引用文献の標記については注で説明する）。(4) この傾向はドイツにおけるヘルバルト（学派）の教育学にも典型的に認められ、学校こそが教育の「唯一の戦場」と見なされているのである。我が国の教育学（界）もまた例外ではなく、教育といえば学校教育の在り方に関する学校内外からの政治的論争や教授法の改革論議などが主要な関心事であったし、現在もこの傾向は顕著であると言える。

他方、ランゲフェルトは教育（哲）学が哲学的な抽象論に自己満足して、教育関係者からは退屈で有用性に欠ける教育論議として無視され、かつて哲学の領域に共に属していた心理学や社会学に比べて、教育学は理論的にも実践的にも大幅に立ち遅れ、その言説は教育に関する「駄弁」にすぎなくなっていると厳しく批判する。教育学は、学校はいかに教育を行うべきかについては語りえても、「教育哲学」に値する学問研究を展開することはできず、それはせいぜい「教育の歴史」や「二級の哲学」にとどまってきた。教育哲学と称されるものは、「哲学の台所で準備され、調料（理）され、その後に教育という食卓に供えられる料理」に譬えられ（a―一四）、その料理たるや消化するどころか口にすることもできないほど「熱すぎる」のである。これらの教育学では、人間の社会において子どもが生まれ、両親が子どもたちを育て続けているという「教育的事実」に言及されることは奇妙なことにほとんどないのである。一九世紀末から二〇世紀にかけてヨーロッパの教育学は、ランゲフェルトの表現によれば「最悪の状態」であり、この死に瀕している教育学のなかで「生き残ったものは、教育の最も形式的な制度化された部分、即ち学校に限られた。そして、そこですらそれは貧弱なものであった」（a―一四）。

ランゲフェルトによれば、教育学は学校教育中心の研究への限定的偏向と教育の理論研究の無能化という二面解体の危機に直面しており、その解体ないし崩壊の原因には、教育学が「教育的状況」（「相互作用の統一として、子どもと両親の関係」を指す）に注意深い関心を向けなくなっていることがあげられている。したがって、教育学再生の課題は、教育学の脱学校化と脱哲学化という二重の脱化の批判作業をくぐって、改めて現れてくる、前（あるいは脱）学校的な子どもと親の相互的関係という「教育的状況」なのであるが、この領域にはしかしながら、教育学者に先んじて学問的関心を向け、調査研究と実証的な分析を試みる社会学や心理学の研究者がすでに活躍しているのである。教育学は自らの固有の領域と想定した場所に、教育学とは異種の、より近代的な研究手法を開発した学問――心理学と社会学は言うにおよばず医学や福祉支援に関する実践的な諸学――がすでに研究に取り組んでいることを知らされるのである。教育領域での教育学の立ち遅れというこの奇妙な現象は、基本的には現在も続いているように思う。「教育学者にとって真の試練は、教育者がその火を燃やすためにかくも多くの異なった場所で薪木を集めなければならないこと、またその綜合がしばしば未熟である」ということなのだ（a―一二七）。

その最も関係深い領域の研究において教育学は、そのような立ち遅れに至った歴史的文化的な条件に関してなお十分な分析の必要があることを指摘したうえで、しかしなおかつ教育学に関してすでに言い古された「子ども不在の教育学」という批判や、教育言説への社会的な敵意を甘受せざるを得ないのであり、教育（学）者の自己責任は免れ得ないように思う。教育研究に対するランゲフェルトの批判的な論点は厳しく、現在の教育研究者の思考方法や概念構成やレトリックに及ぶ鋭さをもっている。彼のこうした教育学への批判的で自己反省的な思考スタイルは注目すべきであり、「子どもの人間学」を「子ども不在の教育学」という批判をかわす便宜的スローガンにすり替えてはならないのである。

教育の課題は、ランゲフェルトによれば、子どもを「人間らしい」おとなに育てること、という、ある意味で自明な仕事とその責任の所在を明らかにすることであると言えるだろう。しかし、この課題は、脱学校教育と脱哲学という二重の自己変革の作業を教育（学）が経ることによってはじめて、発見され展望される「教育」課題なのである。別の言い方をすれば、批判的で反省的な自己差異化の文脈において（再）発見された「日常的営為としての教育」（C―一三三）であって、それは従前の教育学の思考や教育現場の実践的技法の枠組みに対する意味落差を条件としているのである。しかし、この自己批判に強く動機づけられた――そこに彼の臨床教育学のアイデアが共起するのである――新しい教育学の試みは、教育的状況への立ち返りを提唱する地味な教育学と見なされ、その論点の革新性や現象学的な方法論に関するランゲフェルトの思考スタイルは、我が国においては必ずしも十分に理解されてきたとは言えず、その立場は、特別に衝撃的な論点を呈示しているわけではなく、むしろ子どもの人間学という口当たりのよい心情的な実践的教育学として受け止められ、それが希図した教育的世界を、古典的な子ども中心主義のイデオロギーの復活イメージとして薄甘く包み込む傾向にあったことは否定できない。「子どもの人間学」言説の中核にある生活用語「子ども」「おとな」が、教育学に再帰的に越境する（それは教育学に対する痛烈な逆説である）という企てに、すでに「子ども不在の教育学」に対する変革が仕掛けられているわけだが、この仕掛けに気づくには私自身鈍感であったし、教育（学）界もまた理論的にも実践的にも真剣であったとは言えなかったと思う。そのために例えば、ランゲフェルトの『教育の人間学的考察』（一九五八〜六三年、邦訳一九六六年）とほぼ同時期に邦訳出版されたボルノウ（O. F. Bollnow）の『実存哲学と教育学』（一九五九年、邦訳一九六六年）とを比べれば、我が国の教育（学）界に対する両者の影響の違いは明らかである。この違いは、皮肉なことに、教育学の脱哲学化というランゲフェルトの教育言説をわれわれがいかに理解していたかを浮き彫りにしてみせている。さらに、教育内容の現代化の掛け声とともに教科教育学に強く傾斜していく一九六〇年代の教育学界の潮流は、ランゲフェルトが（再）発見した前学校的な「教育の自明の営み」に関心を向ける学問的な知見を無視して、学校教育の部分的な機能である知識と情報伝達の教育を無原則に肥大させ、子どもを「小さな科学者」扱いする学問中心主義を蔓延させることになった。日本の教育（学）界は、少なくとも一九六〇年代当時、ランゲフェルトの教育学批判と教育学への課題提起を真摯に傾聴したとは言い難いのである。教育（学）界は、政治的なイデオロギーの宣伝と確執という政治力学に支配され、加えて経済成長の高度化を教育に対する社会の至上要請とする時代傾向のなかで、ランゲフェルトが強調する教育的状況「教育の自明の営み」に、学問的に立ち返るための人間学的な課題意識を成熟させていなかったと言えるのではないか。

ランゲフェルトのいう教育の営みとは学問的であると同時に優れて規範的・臨床的であることを忘れてはならない。彼の教育学は、強制収容所のなかで「苛酷な」経験をした子どもたちの「生活世界」を受容して、その経験の意味を理解し、この子どもたちが「安全な世界」を取り戻すために、どのような援助が必要であり可能であるかという課題に取り組むこと、それこそがおとなの「厳粛な義務」であると言い切る。このような規範性を強調する立場の教育学は、当時の我が国の教育（学）では、どちらかと言えば保守的と見なされ、その見なしとともに教育（学）からおとなの役割、責任、義務などの規範的・臨床的意味が流出してしまい、教育研究の科学主義化と実践の技術主義化の風潮が加速するなかで、その傾向は現在に及んでいると言えるだろう。

教育学の研究領域に関して言えば、ランゲフェルトの言う二重の脱化（脱哲学化、脱学校教育化）を自らの学的課題として受け止めることなく、むしろ旧来のそれを自明の前提に思考の枠組みを設定して、その内部で新種の教育哲学の導入というレベルで対応していたのではないかと思う。私自身、我が国では比較的早い時期にランゲフェルトの著作に触れ謦咳に接する機会に恵まれてはいたが、しかし、彼の教育学が仕掛けた教育学の転換の意味を理解していたとは言えず、むしろ哲学的に厳密に規定された概念を使って論理的体系的に展開されるドイツ風の教育学に親和性を覚え、その点でランゲフェルト教育学の常識的なわかりやすさに物足りなさを感じていた。先の譬喩を使えば、「熱すぎる」教育学の料理に慣れた味覚には、その教育学は生暖かいと感じられたのである。つまり私がランゲフェルト教育学に期待していたのは「子どもの〝人間学〟」であって「子どもの人間学」ではなかったのである。教育におけるおとなの責任と義務は、ランゲフェルトが依拠していた、苛酷で悲劇的な生活世界に生きる子どもへの規範的臨床的な営みとしての教育（学）という文脈においてよりも、より哲学的な概念によって体系的に論じられる、例えば、ボルノウの「新しい庇護性」や「非連続的教育」の展開に関心を向け、その概念構成の哲学的な厳密さにもっぱら趣向して、この種の傾向に批判的であったランゲフェルトの教育言説を、その一部の翻訳を手掛けていたにもかかわらず、真剣に吟味することがなかった。その意味では、「子どもの人間学」は、我が国での異文化理解のスタイルの例に違わず、どこかに未知な新しい知見を含む対抗的な教育言説として受け止めるよりも、たとえそれが意味不明であったとしても、既成の教育学の枠組みで適当に接ぎ木して理解していたように思う。

少し私の個人的な経験を引き合いに出してみたい。一九六〇年代前半の数年間、夜間高校の教壇に立った現場での体験からすると、大学における教育（学）研究に対する学校現場の不信は強く、実用主義的な教授法かそれとも社会変革論で武装した政治主義の教育論以外はまともに相手にされない状態であった。大学での教育学研究は現場でも一般社会でもさほど期待されておらず、せいぜい教師養成課程の基礎的分野を担当するマイナーな学問として位置付けられていた。その位置付けは現在も変わっていないと思う。教育研究の課題として、教育学の「低調」それ自体を課題として主体的に反省認識するのではなく、学校現場の実用主義と政治中心主義を慨嘆してみせることで、現実回避のいかがわしいアカデミズムに逃避していたのではなかったかと忸怩たるものがある。

確かに、こうした教育学への批判と敵意の風潮が強い教育学低調の時代にあって、少数であったとはいえ、若い世代の研究者に教育（学）への関心を喚起して、教育を研究対象として取り組む意欲と展望を育てていたという意味で、「子どもの人間学」の役割は貴重であったと思う。ランゲフェルト教育学が和田らを中心に意欲的に紹介されたし、彼の来日講演の記録が次々と出版され、教育に正面からけれんみなく取り組む誠実な教育学者の存在は、教育関係者の関心をひくところとなったが、それにもかかわらず、先に指摘したように、ランゲフェルトが希図した教育学研究の在り方、つまり「哲学的な」思考スタイルと学校教育中心の実践論からの脱化変換という課題を追究するという意味において、理解十分であったとはとても言えなかったし、批判される事態のただ中に身を置く者として、少なくとも私は、その批判の意味を了解していたとはとても言えなかった。少し一般化して言えば、当時の我が国の教育（学）事情は、彼の教育学的論点に応答して、独自に成長させるための学的と実際的の両方の条件を備えていなかったように思う。私の経験では、ランゲフェルト教育学に関して一定の輪郭が見え始めたのは、一九八二年に和田が『子どもの人間学』（第一法規）を公刊して以降のことで、この時点でランゲフェルト教育学の全体像に改めて出会ったように思う。しかし、その場合も、ランゲフェルト教育学の伏流である「臨床的なもの」を見出すことはできなかった。教育（学）の脱構築とランゲフェルトのいう「教育の自明の営み」の意味を発見するという課題に翻然自改するようになるのは、さらに遅れて一九八八年に臨床教育学の研究に取り掛かって以降のことである。それはランゲフェルト教育学との二度目の出会いであったと思うが、この出会いはしかし、私にとっては彼の教育学の文献研究の方向に向かってではなく、彼によって指示された「教育の日常」をいかに解釈するか、そのために教育における「問題」事例の意味をどのように語るか、という臨床教育学独自の方法論の創作工夫へと向かわせることとなった。ここでの考察の論題「臨床教育学からみたランゲフェルト教育学」でいうところの臨床教育学は、この意味であり、したがってまた、ランゲフェルト教育学の臨床的性格とそれを基調とした「子どもの人間学」再解釈を意図したものである。

③「子どもの人間学」再考

ところで先にあげた「教育の自明の営み」に学的にかかわる場合、その方法論上の論議のひとつは教育研究における価値判断をめぐるものである。ランゲフェルトの教育学的思考の最大の特徴は、教育の営みはつねに価値的な活動である、価値判断を抜きにした没価値的な立場によってその営みの意味を理解することはできないし、教育学が純客観的な立場で教育の事象を語ることはかえって、生活世界における教育という自明の前提を見失うことになる、との立場から、価値文脈において生成する教育研究の立場を一貫して強調するところにある。したがってまた、このような前提を無視した客観的な研究の成果や方法を無批判に教育に応用する科学主義の教育学に対しては批判的というよりも対決的な姿勢を崩さない。

彼の教育学は哲学や科学に基づく学ではなく「人間としての経験」に基づくもの、したがって価値判断を含む学という性格が特徴的であるが、その価値判断は、永遠の相の下でのそれではなく、人間が限りある時間を生きる有限存在であるがゆえに不可避的である、とする経験的な人間学の立場のものである。有限なるがゆえに人間は価値選択を強制されているのであり、しかもその選択を正当化する普遍的根拠はあらかじめ与えられていない、つまり状況的な存在としての人間であり子どもなのである（b—六一）。たとえば、ランゲフェルトにとって発達とは、それは成長と成熟とを包括するもので、前進や挫折、可能や不可能として経験される内的な経験でもあり、能動的な自己——変化の過程つまり子どもの未来への関係と自己——発見の活動を意味するもので、「自己の発達は、こうして、価値の選択にまで到達しなければならないのであり、人間が自身を——他の人の援助や文化的な背景に助けられてではあるが——まさに生涯にわたる彼自身の成果として、創造してゆくことなのである」（b—五三）。したがって、没価値的で通学問的に見える透明な諸概念や専門用語なども、教育が営まれている多義的な生活空間たる状況において再定位されることが必要なのである。子どもを人間として扱うことは、単純に情緒的な共感的関係を指すものではなく、「子どもを人間に本質的なもの」と見立てる価値判断や価値選択の問題なのである。ランゲフェルトはこの見立て方を、教育学を含む子どもに関するさまざまな科学が共有できる「先（前）専門主義的」パースペクティブであるとして、「子どもの人間学」を提唱する。この提言は、実験的性格をもつ「児童学」や古典的な「ペダゴギーク」にかわって、また教育学に先行して、「まずもっと大きな普遍的な範疇から子どもの人間学的な規定を作り出す」（a—三七）ための新しい研究カテゴリーとして構想されたもので、子どもに関する諸学の専門主義の知見が一義的に専有するべきものではなく、また確信的な「正しい」教育観や人間像の構築などを目指すものではない、教育学にとってはそれ自体の思考方法を再構築する自己創造のカテゴリーであると言えるだろう。ランゲフェルトは、専門主義化した科学研究の方法と成果が教育の状況性を認識することなしに、教育研究に直接移行されることによって教育研究のスタイルが一義的に規定されることを警戒する。そのことによって教育は没価値的な事象に変換させられ、教育の現実を意味付けている規範的価値的な文脈が捨象され、状況の変質が図られるからである。教育学の学際化が惹き起こす状況変質という問題は、領域侵犯への教育学の自己防衛といった単純な利害関係の問題ではなく、教育の営みがたえずすでに織り込んでいる未来的な不確定的な状況、つまり可能的な現実として見立てる価値的な立場を喪失させる危険があるという学的な価値判断にかかわる問題なのである。

「子どもの人間学」は、人間と子どもに関する諸科学の成果の統合を目指すが、しかしその場合強調されるべきは、諸学の算術的機械的総合ではなく、価値選択的な、したがって実践的規範的性格を伴った「人間らしさ」の世界に方向づけられた人間学なのである。その人間理解の特徴は、人間が本来的に「創造的な存在」であること、生活世界においてたえず「自己解釈」する存在であること、その存在特性を西洋の伝統的哲学に模して存在論風に論証しようと試みたのではなく、そのことを、子どもという「人間のはじめ」において、したがって生活世界の日常的営みにおいて発見しようとしたところにある。彼の「子どもの人間学」は、人間理解の先験的前提や実験結果から論理的ないし法則的に導き出される子ども一般ではなく、そうではなくて子どもとその世界の事実において（それは強制収容所や幼児の虐待、育児放棄など、弱者への暴力と差別が繰り返される悲劇的な世界と地続きである）、つねに発見されその都度新たに解釈される多義的な子ども世界の理解の仕組み、子どもと人間理解への開放の仕掛けを備えているのである。この点でランゲフェルトの研究の方法は現象学的である。しかし、それは繰り返し指摘されるように、特定の現象学「哲学」を指すものではなく、より一般的に「人間の世界に対する人間の直接的な関係から出発する」（a—一四二）経験世界の意味連関を解明する方法を指している。そして、その関係は「おとなと子どもの基本的関係」なのである。

しかし、この関係論は、おとな／子ども関係一般がすべて教育的関係であるという意味ではない。子どもが何時でも教育の対象であるのではなく、「教育的に形成される前の領域」が日常生活世界に広がっているのであるが、この関係には教育的意味を生起させる「教育的な瞬間」が内包されている（f—五六）。生活世界が教育的状況に転換する場面、例えば親が子どもを注意する時、あるいは叱る時、教育は判断の、少しおおげさに言えば、あらゆる配慮がごく自然な振る舞いとして子どもに向けられていることが「教育的状況」なのである。それは生活世界に織り込まれた自明の事柄なのである。この状況の経験において、子どもは束縛と自由、依存と自立といった相反する意味文脈を「一緒に吸い込む」のである。この状況は、人間的な自己認識の好機であるが破壊の可能性をはらんでいることを指摘して、ランゲフェルトは「それは緩慢にまわってくる毒であることもできれば、絶えざる恩恵であることもできる」（f—五九）と表現している。教育的状況を生活世界との関係において位置付ける場合、その出現のダイナミックスを「教育的な瞬間」ととらえ、その出来事が、しかし毒と恩恵という不確定な両義性をもたらすと見なす立場は、教育の意味を理解する臨床的見立てとして注目される。毒にもなり恩恵にもなる、という教育的状況の不確定性は、教育の意味がさまざまの連関において生成する構造化された多義性を具えていることを指しており、教育的状況が意味開放的であると同時に形骸化する可能性にも無防備であることを物語っている。生活世界における「教育的な瞬間」という着想はユニークであるが、ランゲフェルトはそれ自体を概念として語ることはない。恐らく、それが哲学的な言説に回収されて、教育が再び生活世界から遊離するという危惧を抱いたからではないかと想像される、が、それにしても魅力的な用語である。

生活世界という表現から明らかな通り、研究方法としてランゲフェルトが示唆しているのは現象学のそれであるが、彼は現象学の研究法を、前概念的で「そこで物事のナイーヴな、ありのままの意味に向かって開かれているような世界」つまり直接的な「人間自身の日常世界」の分析に限定するものであること、言い換えると、フッサールのいう「現象学的還元」は、世界やそれを生きている主体があたかも存在しないかのように思わせる危険があると指摘して、いわゆる世界および世界への志向性を「括弧にいれる」超越論的主観性の立場は「世界を欠いた子ども」理解を教育学に強要するもので、生活世界における子どもと教育の意味解釈に寄与するものではないとはっきり批判する。ランゲフェルトの現象学の特徴は、現象学的方法の還元主義への批判にある。その批判は哲学のみならず心理学における行動主義や科学の法則主義、精神分析における欲望主義などへの批判と連動するものであるが、しかし、彼の批判は哲学における現象学のフッサール以後の「転回」に対応して展開されているわけではない。つまり、彼にとって、「人間」についての哲学が、子どもと教育についての理解の仕方にそれほど重要な論点を提起してきたわけではなく、したがって「哲学や哲学的方法を教育学へ単純に応用する」という立場には与しないのである（e―一五二）。

確かにランゲフェルトは、当時の西洋哲学の全体的傾向を四つの潮流として［哲学的観念論（カッシラーなど）、実存主義（ハイデガー、サルトルなど）、哲学的人間学（プレスナー、ゲーレンなど）、文化哲学（ロータッカーなど）］紹介しているが、それらに関する関心は強くない（e―一五三）。なぜなら、それらのテキストではおしなべて「人間が一定期間必ず子どもとして過ごす」という事実に言及することがほとんどないからである（e―一五五）。また、あれほど人間の決断や自己創造への冒険を強調する実存主義もまた、子どもとおとなの相互関係（関係の相互依存性と独立性）が生み出す有意味な生成の世界を発見しているとは言えないのである。哲学的な還元主義と子ども不在の哲学と人間学への批判を通してランゲフェルト自身が提起する教育学は、第一に、人間の自己創造とは意味への強い志向として理解されること、そして「子どもの人間学」は「発達のカテゴリーを基底とする人間学」であって、子どもの発達に関する経験的研究と結び付いたものであること、この二点を備えた研究であることを求めている（e―一五八）。特に前者については、当時の実存思想の影響を受けながら、しかし「人間のはじめ」としての子どもの自己創造が、つねに依存的なしかし同時に自立を目指す自己‐変革的な活動の連続態であって、それは有機体的仕組みによる社会適合でもなければ一回的決断の行為などとして理解されるものではないとして、特に実存的な人間解釈との相違を強調する。しかしその反面、実存の立場は、後者の発達の研究が実証的な科学的研究として完結することを妨げて、人間学的な意味地平において多義的に解釈される開放性を確保するための不可欠の観点を提起するもので、彼の教育研究にあっては生産的な役割を演じているのである。現象学の方法や実存思想の人間観に関心を向けながら、ランゲフェルトの立場は、教育を人間世界の日常的な意味生成の事象として、言い換えると子どもがおとなになる事柄をめぐって幾重にも意味が交錯して発酵・発義する多義的な「自己‐創造」の営みと見なして、その事象を意味付ける発見的な立場で教育を語るあるいは語り直すことが意図されていると理解してである。

よいだろう。確かに、「教育の必要性」とは人類の古い発見であるが、それはすでに発見し終えたなどと大見得を切ることは決してできないのみならず、はたして「教育の必要性」は本当に認識されているかどうか、疑わしいのである。

「子どもの人間学」は、「子どもの日常的な創造力」を承認することによってはじめて、子どもの在り方を、自然的な有機的成長観を乗り越えて意味生成のカテゴリーに転移させ人間的世界に参加する道筋を開くことになる。それは「人間的に生きるという責任に生産的に参加してゆくような人間となる機会」（a―六一）を得ることでもある。その論点は人間と子どもに関する理解の仕方の明確な転換表明である。つまり「人間から子どもを理解する」という人間学の一般論から「子どもから人間を理解する」という立場への見立ての転換である。もちろん、両者の関係が排他的であるわけではないが、しかしその立場の転換は、ちょうど織物における「地」（ground）と「図」（figure）の見立てを逆転することに似て、子どもと人間とそして教育を語る解釈の仕組みや認識の様式に大きな転換を仕掛けるもので、子どもと教育を関係付ける半ば自動化された常套句や定型化された行動や見立て方など、子どもと教育に関する概念とイメージの枠組みを問い直し、教育意味の分節と再構成を促す試みといえる。子どもと人間との関係を相互的な循環関係において解釈する立場は、ランゲフェルト自身も言及する通り、ボルノウやロッホ（W. Loch）らドイツの教育人間学のひとつの公式を踏まえたものであるが（例えばｆ―一〇九）、彼らとの相違は「子どもから」の観点が抽象論ではなく具体的かつ臨床的経験から立ちあげられ、その観点を焦点にして人間の在り方が語られているところである。子どもから人間一般に拡散するのではなく、子どもの在り方を意味論的に分析解釈する作業にとどまって、そこから、子どもに応答する存在としてのおとなや親の人間「として」のあるいは「らしい」在り方を問うのである。その手法は子どもの在り方に即して垂直的に人間の在り方と人間の世界を語る人間学であると言えるだろう。そこでは、子どもを前にしておとなが、人間が問われているのである。生物学的ないしは社会関係論的な意味での子ども－おとな関係が語られているわけではない。その関係は価値的に選択される、自己創造としての援助的関係を意味している。

「子どもの人間学」は、子どもがおとなになることでその役割を終える。ランゲフェルトの教育論の特徴は、子どもとおとなの相互的な関係として教育を位置付けるが、その場合、教育をめぐる役割は反転して、おとなになった人間、成長した人間が果たす役割義務として教育することが求められる。当然といえば当然であるが、子どもの人間学において価値づけられた教育の目的はおとなになること、一人前になること「人間生活の責任に参与している」（a―六六）ことである。確かに、教育社会学が明らかにするように、教育の目的は子どもを共同体のメンバーとして育ててあげることであり、共同体規制に従った生活スタイルを身につけさせることにある。その形式と内容は多様で、民俗学や文化人類学、社会心理学や臨床心理学などが人間と社会の関係形態として好んで収集分類する現象であるが、これにたいしてランゲフェルトは、「責任ある世代への転入は、最も明瞭には父親となり母親となることによって起こる」（a―七一）という。共同体の規範的な価値に対する責任を強調するのではなく、おとなの責任は子どもを教育するという、子どもへの責任として選択的に定位する。その意味で、子どもの人間学は、社会機能の継承と適応の役割を担う社会化と文化化としての教育にたいして、より時間的で生命論的な過程主義的教育の立場を汲むものであると言えるかもしれない。しかし、「子どもの人間学」はそのような機能主義や生命主義的世代論として子どもの存在を考えているわけではない。「子どもが存在しなければ親も存在しない」（a―八五）「子ども、は、ある人格的な教育の意図の結果、はじめて子どもたりうるものであり、同じことは両親に対してもあてはまる」（e―一九九）といったランゲフェルトの子ども言説には、機能主義や世代論の子ども観をうかがうことはできない。つまり「子ども」という「新しいもの」を人格的存在と見なし、その存在として引き受ける時はじめて子どもと親は同時的に生成するのであって、その「在り方」は社会的でも生物的世代的なものでもない。未確定の「新しいもの」にいかに関係するかという、関係価値的に規定される概念であって実体論のそれではない。したがって、その教育論は便宜的な子育て論や押し付けがましい理想的な親子関係論とは別のジャンルの親子論なのである。彼の子ども言説には、体験的な教育論とは言えないが、平易な用語で部分的に魅力的な知見が仕組みまれている教育随想を思わせる論議が含まれており、しばしば事例が挿入されている。親の責任と義務を強調して自覚や覚醒を促す文脈では、規範的な説得のレトリックが駆使され、脱哲学化された教育言説が哲学的に過熱することなく教育について実践的に語るアクティブ・ゾーンを設定して、教育の意味が現れる人間世界の場面が語られ、教示の事例として親子関係論を読むことができるようになっている。

我が国で紹介されているランゲフェルトの教育論のなかには、こうした種類の教育論が幾つかあるが、それらには理論的というよりも教育への関与とそれに伴う責任を呼びかける動能言説が織り込まれている。このジャンルのなかで、例えば「父親の教育的役割」などに見られるように、子どもの教育論においては伝統的に母親の役割が、特にキリスト教の影響下にある教育論にあっては重視されてきたが、ランゲフェルトは明らかにその前提を差異化して、父親の役割と責任がどのような成長の場面において必要であるかを語ってみせる。さまざまな子育て文化にあって父親の存在はおおむね曖昧でその役割意味は不確定的であること、児童心理学もまた母‐子関係への関心に比べればほとんど関心を示していないこと、フロイト流の親子関係論が家父長的家族観にとらわれた誤解に基づくものであることなどを指摘して、そのような親子関係理解の偏向に対抗して、子どもが「父親をもつ」こと、そしてさらに「父親が全く本質的に子どもに属していること」（a―一〇七）の意味を改めて教育論として問うている。そこでイメージされている父親像や家庭像は、時代状況からしていささか古典的にみえるが、しかし最近の臨床心理学や学校カウンセラーが指摘する「父親像」の役割意味の解釈と重なる部分が少なくなく、子どもがおとな（女として、男として）になるために、自立するために不可欠な人間的形成素つまり「正常な精神的、心理的発達の最高に価値ある条件」（a―一一七）として（よい）父親の役割意味を取り出すのである。子どもにとって「父親をもつ」ことは、生物学的な関係を指すものではなく、その意味は「世界の中に固有の場所を決定することができる」（a―一一九）という子どもの帰属性や庇護感というアイデンティティーの獲得を指している。したがってまた、父親であること、「おとなである」こととは、人生の生き方について責任をもって子どもに応答することであり、子どもとの関係において成長して親とおとなに「なる」のである。臨床的な言い方をすれば、先の「父親は子どもに属している」とは、父親は自己自身への関係を踏み越えて、他者「弱き者」を援助する経験を重ねるなかで、「人間の尊厳」というより高次の規範価値の実現にかかわる人格として成熟することなのである。この意味で、ランゲフェルトの「子どもの人間学」は親であること（「責任ある世代」）の人間学や「人間らしさ」の実践学などと連動して独自の循環系をつくっていると言えるだろうし、その人間学の系は学校教育の立場を包摂して、別の観点からそれの課題や役割を語り直していると言えるのである。

④「子どもの人間学」の周縁

「子どもの人間学」（以下、子どもの人間学と略記）が成立する経緯について語るなかで、ランゲフェルトはそれが第二次大戦以後のことであると考え、それ以前の子ども理解をおおよそ三つに類型している。つまり、没価値的な立場からの自然科学的な子ども観に従って、教育とは、与えられた刺激に子どもが「正しく」反応する条件づけの過程としていた発達観に基礎をおく教育であり、いまひとつは、観念的な理性中心の教育観で、ここでは人間学とはもっぱら理性的存在であるおとなをモデルとしたもので、子どもはそのカテゴリーに属してはいなかった。キリスト教の子ども観では、人生の目的や選択の自己決断が強調されるが、その場合の範例は成人キリスト者である。これらの子ども観では、おとなとは区別される独自な人間存在として子どもが理解されることは少なく、ルソーやペスタロッチなどの子ども理解は例外的であって、たとえ不十分であったとはいえペスタロッチにおいて「子ども」の人間学が成立していたと評価している（C—一二）。ペスタロッチ、なかでも彼の『立法と嬰児殺し』（一七八三年）の精神につながるランゲフェルトの子どもの人間学の思想的立場とは、「総じて力弱き者たちと、親身になって彼らを保護し彼らを助成する両親や教師や福祉活動家たちとが、共々に手を携えて形づくる「弱者の世界」（Welt der Schwächen）に与することこそ」（C—二三）最大の名誉であるとする、「弱き者」を定位した広義のヒューマニズムの教育論である。

この「弱者の世界」への主体的な関与を、教育の動機と責任の源泉とする教育論は、教育において「人間らしさ」が具現されること、教育においてこそ人間の「在り方」の多義性（弱いこと、よるべなきこと、傷つきやすいことなどの周縁性を包摂する）への共通感覚的なセンスが働き育つこと、何よりも自らを「弱き者」とし自覚することの表明であると言えるだろう。おとなで「ある」とは、弱い、よるべなき、傷つきやすい者への責任を引き受けることである。しかもその責任とは、弱者に対する強者の支配と指導—服従の関係ではなく、どこまでも幼き者、弱き者の人格的な成長を助成する自立支援の関係において語られるものである。その在り方は、生物学や社会世代論的意味での「大人」とは別種類のカテゴリーに属するもので、規範的な「要求・約束」の文脈として位置付けられている。この意味で、ランゲフェルト教育学には、弱き者への共通感覚的な体認を言語化するいわば「能動的理性」が働いており、その規範性は、先験的な道徳律によって教育を規範的に語るものではなく、それとは逆に、より日常的な他者「弱き者」への個別的な関係に基づくもので、具体的な臨床経験に起源するものといえる。経験による（教育）意味（責任と義務）の発見は、弱き者の個別性をたえず再発見するいわば意味開発の文脈の構築と相即する言語化の試みである。

彼の教育学が規範的実践的教育学と呼ばれる場合、それが、教育の具体的臨床に向かうことなく一般化され、抽象的で哲学的「在り方」論に還元される可能性がつねにある。その場合には、教育における弱き者への実存関係とそれを語る言葉の覚醒的な働きは衰退し、教育における意味発現（発見）の場面性は消失して、教育の実践性と規範性の強調は、強者としての教師や親による弱き者への権力的教説へと変質することとなる。教育学の歴史をみれば、この種の教（強）権的な支配言説は枚挙にいとまがない。教育現場においても同様に、実践の名のもとに実は支配と服従が横行している場面はしばしば目撃されるところであるが、最近ではこれに加えて、教育や子どもの支援にかかわる専門職者もまた、専門的な知見と技法の実践的応用にこと寄せて、いかがわしい所見や処方を提示してみせるケースが増えている。

ランゲフェルトの教育論は子どもの成長を援助する側のおとな（親や教師など）を「強者」として位置付けているわけでは決してない。応答としての責任は、「共に」よるべなき弱者であり苦悩する弱き者たちの間での関係であって、「弱者の世界」に主体的に関与する者もまた強者ではなく弱き者なのである。彼の主張を聞いてみよう。人間の病と健康、苦悩や死にかかわる分野において、繰り返される危険な暴力的「越権」が、政治はもとより宗教的「神聖」、（精神）医学的「健康」と「予防、衛生」の名のもとに、新しくは（臨床）心理学的な「経験的＝分析的」科学の成果の名目で、人間の実存次元への責任ある応答を回避して、無邪気に「援助」を与えることで、逆にさらに大きな困難に陥らせてきたこと、これら助言と診断と治療にかかわるさまざまの活動が危険な問題を抱えているにもかかわらず肥大化傾向にあることを警告する（これは一九六四年当時の指摘であって、今日の我が国のことではない。「助言者の養成と選択」についてのランゲフェルトの見解はe―二一六以下を参照）。「援助の目的はあくまで子どもの自己責任の能力を育てること」であって、その援助者は、第一義的には技術的な熟練ではなく、規範的な意味での「態度」が求められる。相談と助言における技術的技法優先の考え方は、人間を素材と見なす傲慢な態度を育てる。教育的な仕事は「他人の尊厳や自立の可能性を前提とする」（e―二二二）もので、この「（自己）創造にたいする期待」こそが教育や助言指導（ガイダンス）の必要条件なのである、と。ランゲフェルトはこの種の職業に携わる者の資格についてしばしば医者の資格と比較してその重要性を指摘するが、そのなかで興味深い指摘をする。「（1）もっとも賢明な助言は、形式的には全く資格のない人間からも与えられ得るということ、（2）われわれは英知を組織づけることはできないということ、（3）英知を組織によって閉め出したり、監視しようとしたりすることは、まったく愚かなことであるということ」（e―二二六）。

教育的な仕事にかかわって、彼はしばしば学校中心の教育学や教師の狭隘な専門職意識を批判してそれらからの脱却を求めて、子どもの人間学を構想するのであるが、ここに示された、教育的な「知見」や英知は、専門的に組織化され資格化され、したがって監視下におかれる類いの、組織的に体系化された近代的な知性とは異質な、「人間として」言説の戦略的な地点を示すものとして注目される。ここでいう「人間として」とは、特定の人間像やその規範を指すものではなく、人間世界の出来事のつながりを意味するもので、出来事に意味を発見するいわば行為を再現して語る筋立ての問題なのである。その意味では「人間らしさ」とはすでに起こった過去の出来事において発見されるだけではなく、将来生起する可能的な出来事をも含んで想像的に語られる（詩的）複合的な言説であって、その筋立てにはすでに、発見的な認知や「納得のいく蓋然性」（いかにももっともであると納得する）が仕組まれている。ランゲフェルト教育学が繰り返し立ち返るのは、それを譬喩的に言えば、「塩水で育てられた魚も、腐敗防止のために塩を必要とする」あるいは「オリーブ菓子がオリーブ油を必要とする」（アリストテレス）という、「人間として」の経験上の事実において「人間らしさ」の働きに気付くこと、それに納得することである。[5]彼の教育学は最新の哲学的な概念や用語によって教育の意味を再定義しようとするものではなく、むしろ人間世界の日常において教育が担っている役割意味を再発見するための新しいパースペクティブの仕組みを子どもの人間学として提起したもので、その企てには、没人間化した既存の教育世界を構造的に差異化する変換装置が仕掛けられている。しかしこの仕掛けは、「人間らしさ」言説を離れては有効に作動することができないためにかえって、その言説の多義性に絡みつかれて、変換的に作動することが制約されているように思う。ランゲフェルトの教育学が難解であるよりもむしろ一見陳腐な印象を与える背景には、「人間らしさ」「子どもの人間学」といった日常的で馴染みやすい言葉で教育が語られているからであり、そのことこそが彼の教育学の目指すところであったのだが、しかしその試みは同時に、教育の新しい意味生成の場所を常套句で覆い隠す危険にもさらされているのである。彼の教育学が教育や人間観の変換に強く動機づけられている理由は、繰り返し指摘するように、彼の臨床経験にあると思う。しかしこうした個別の臨床事例を直接的に語ることについては、ランゲフェルトは慎重であったし、体験主義的な独断的教育論には批判的であったために、この種の経験の全貌は必ずしも明らかではない。

ランゲフェルトの子どもの人間学は、近代的な教育学が流出させて空洞化した「人間らしさ」を、弱き者への臨床的な経験（後述する、悲劇的な経験とそれが「人間らしさ」へと変換する、逆転的な生成の語り方）の「悲劇」を手掛かりとして、教育の世界で発見的に再認識して、教育学的な思考の脱構築化を企てたと考えられる。「人間らしさ」を喚起する経験は、情感をゆさぶり人間学的な思索の学問化と技術化を許さない、経験あるひとがもつ実践的「知慮」（フロネーシス）と呼ばれるもので、教育言説において形骸化と陳腐化の危機につねにさらされながら、繰り返し教育の意味を再生して更新させる働きを起動させてきたと言えるだろう。

ランゲフェルト教育学は子どもへの応答と責任を親の義務とする点が特徴的であるが、その論点は、例えば教師や学校よりも親や家庭に責任の度合いが強いとする論議として現れている。この強調点のずらしは、先の解釈からすると注目すべきことである。つまり、学校教師の専門性に先行して、教育責任を前学校教育の担い手である親あるいはおとな世代に認め、職業としての教職以前のところで教育の責任と義務を改めて確認するいわば原型回帰的な発想で、近代的職業観を支えるキリスト教的意識として発見されたいわゆる天職的職業観（Berufung）とは異なって、子どもへの責任を親であることの第一義な義務として語る教育観は、おとなないし親で「ある」ことが、社会的経済的な文脈での「天職」としてではなく、むしろ字義通りの直接的な「召喚」の意味で、つまり応答する責任／義務の文脈で教育を語ろうとするものである。それは親子関係における親の役割を意味付ける場所の再発見とそれへの批判的な回帰を呼びかけるものである。人間「らしさ」や人間「として」という規範的文脈において改めて「応答」を求める、あるいはその「応答」において「人間らしさ」を生成させるという、「応答する信頼」（responsible）関係が開かれる場面（トポス）を指し示す試みと言えるだろう。親と子どもの関係は個別的でありかつ実体的な経験的関係である。しかし、その関係が生成する「人間らしさ」の意味は、実体的な出来事であると同時にその実体的個別性を越えて、「教育」の意味文脈を開拓するのである。

確かに、子どもと親の関係に教育的関係の原型イメージを求める試み自体は珍しくなくむしろ平凡であり常套句的である。この使い古された関係を教育意味生成の場面としてクローズアップするだけでは古めかしい教育論議であってさしたる意義は認められない。ランゲフェルトの子どもの人間学にはこの種の陳腐さがつきまとうことは否定できないと思う。にもかかわらずその教育学が、脱哲学、脱学校教育という教育学の脱構築を仕掛け、教育学的思考に転換を求めるのは、子どもを「人間のはじめ」として理解するだけではなく子どもを「弱き者」と見立て、彼（女）らを庇護して安全に育てる責任あるおとなたちをともに「弱者の世界」と位置付け、生活世界に新種の世界を開いて見せたのである。「弱者の世界」は日常に組み込まれた世界でありながら、しかし「人間らしさ」や信頼や責任などが端的な「思慮深い」行為としてそこに出現することが要請されているのである。この世界に関与することは、取りも直さず、日常世界での意味落差「弱さ」の価値を経験することである。そして、この発見的な再認識は、先に触れたように、未来への期待と蓋然性を語る新種の教育言説の創作を可能にすると言えるだろう。

⑤　和田修二と臨床教育学

我が国において、ランゲフェルトの子どもの人間学が紹介されその教育学研究のスタイルが関心を惹くようになった経緯について述べた折りに言及した通り、彼の教育学を特徴づける臨床的な性格は、実践的という名のもとに一括されその意義について十分吟味されることはなかった。そのために彼の子どもの人間学のある側面（哲学的ないし理論的な側面）がクローズアップされたことは否めない。では、ランゲフェルト教育学の見えざる特性とも言える臨床的なものとは、どのような仕方で彼の教育学に織り込まれており、それがなぜ発見され難かったのか、このことについて考察しておきたい。この試みは、すでに明らかな通り、教育を、「人間らしさ」の意味がきわめて多様な仕方で生成する典型的生活場面として語るために、欠くことができない実践的な手掛かりを、「臨床」において発見するためのものである。

「教育学と臨床心理学の統合」を目指す臨床教育学が、我が国で初めて京都大学教育学部の大学院に開設されたのは一九八八（昭和六三）年のことである。この折り、臨床教育学の名称と研究内容の構想を立ち上げる中心にいたのは、繰り返し紹介したように、研究科長和田修二である。臨床教育学の制度上の枠組みや教育隣接諸学との連携の組織作りなどに関しては、和田の詳細な証言が残されており、ここでそれを改めて取り上げることはしないが、二十余年を経た今日、我が国の臨床教育学の変遷をたどる起点として歴史的な資料であると言える(1)。先に触れたように、和田は、臨床教育学の学名と構想はランゲフェルトの下での研究時代に得たもので、「klinische pedagogiek」とはランゲフェルトの同僚が彼の教育学をそのように呼んだことに由来すると述べている。教職経験と教育相談の経験を豊富にもつランゲフェルトが、さまざまの発達診断テストの開発に取り組み臨床関係の研究論文を手掛けていることなどからして、その命名は的を射ていると思われる。『子どもの人間学的研究』（一九五六年）において現象学的方法による子どもの生活世界の分析解釈を試み、その教育研究の実践的スタイルが戦後のヨーロッパ教育学界で注目され、その立場が臨床教育学と特徴づけられたことは偶然でない。しかし、自ら名乗ることがなかったから当然かもしれないが、ドイツにおいて臨床教育学への関心は広がりをみせなかったようであるし、我が国においても事情は同じではなかったかと思う。臨床教育（学）という教育研究領域がランゲフェルトとともに紹介されたのは一九八〇年頃ではないかと思う。この前年に来日して各地で講演した記録が出版（『よるべなき両親』玉川大学出版部、一九八〇年）されたが、そのなかの「付録四」で和田が、ランゲフェルトが一九四六年に開設した教育学研究所の現状を紹介した箇所で「臨床教育」に言及しており、さらに彼の「コロンブス・テスト法」の考案（一九六九年）を紹介するところでも臨床教育学の開拓に付言している（d—一六三頁以下参照）。恐らく、これが我が国で臨床教育学が教育学研究の領域として紹介された初期の事例ではないかと思われる。しかし、その当時和田はその領域の内容を特に注目することなく素通りしている。とはいえ和田は別の書で、「ランゲフェルトの人間学的関心は子どもだけに限られていたわけではないし、彼は理論的教育学だけでなく、教育的な心理学や臨床教育学《ペドテラピー》の開拓にも熱心であった[6]」ことを指摘して、和田の研究が自らの教育哲学的関心に基づいたランゲフェルト教育学のひとつの解釈であって、その全体にわたるものでないと注記していることからうかがえるように、臨床教育学に関する和田の関心は少なくとも当時（一九八二年出版）限定的なものであったと言える。

和田はランゲフェルト教育学が「教育的状況における規範的な人間学」「規範的実践的な人間学」であることを繰り返し強調して、教育に関する学的課題と方法論とに新しい展望を開いてみせた。その場合、「教育的状況」への実践的関与的な「理解」の重要さが改めて独自の観点から指摘されている。状況において現れる「問題」がはらむ意味生成の可能性を教育理解の「開かれた」事態として捉え、「問題」に対する主体的な応答において、教育者は、体験論や一般的な理論的レベルの応用としての実践概念などと教育状況の個別的な一回性との間に生まれる違和感を、一元的に統合して理解するのではなく、この不整合とずれを新しい意味理解の契機として位置付け、理論と実践の「往復的思考」を機動させ、「理解」に基づく責任ある教育を実行するべきである、と述べている[7]。ここでは、教育への実証科学的研究への対抗軸を明確にするために、「教育的状況」という実存哲学系の言説によって教育学の「人間学的現象学的解釈学的」理解の必要性が語られている。この「教育学は同時に教育的状況の人間学となることを自覚する」（同前）こと、さらには、教育学における「実践的」とは「状況の変化と共に再構成されねばならぬもの、換言すれば、絶えず生成発展するものであるということ」（同前）、これらは和田教育学の立場を鮮明に言い表している。そこには、特定の人間像や人間理解の抽象的な理論を応用して教育（学）を語るという発想はない。教育は状況への参加において共働創造される継続の物語であり、この共演の場面において、子どもや教育の意味がたえず発見されるのである。

教育的状況を、教育の理論と実践が生成されるテキストに見立てる和田の立場は、状況の規範性と実存的個別性をより強調する傾向を含みながら、教育研究が臨床的性格のものであることを鋭く認識したもので、ランゲフェルト教育学に触発されるかたちで、教育学研究に新しい展望を開いていると言える。ここではまだ臨床教育学という表現は使われていないが、臨床教育学の必然性は予告されている。それは、教育的状況を教育学的思考の起点とする学的な要請の強まりと、我が国における子どもの生活と教育をめぐる問題状況を危機的と認識する臨床的立場が重なることによって、その必要性が切迫してくるのである。それに加えて、和田の臨床教育学構想に強い影響を与えたのは、教育的状況に対応する臨床心理学の非（反）教育（学）的な立場、つまり「理解」よりも検査と診断と治療と予防を優先する臨床処方に対する警戒ではなかったかと思う。このことは、ランゲフェルトが再三指摘したように、理解困難な問題事象が頻発する教育的状況にあって、その当事者たちが援助を求めたのは教育（学）者であるよりも、圧倒的に臨床心理（学）家であったこと、教育（学）者は当事者としての自覚も資格もなく、哲学の「熱い」料理を食らって評論家然として頼りにならない、という教育学の現状への強い危機感の現れにほかならない。和田はその意味で教育学研究の在り方にたいして危機感をもっていた。教育学研究への厳しい反省と革新への使命感に動かされ、臨床心理学の応用学としてではなく、教育的状況に呼応する仕組みを備えた新しい教育学の誕生を期待して、臨床教育学を構想したと言ってよい。それは、教育現場の危機的な状況の解決を目指すいわゆる問題解決に役立つ実践的教育論などではなく、それが危機的であるかどうかを含めて、教育状況を解釈してそこに現れる意味を（再）発見するという、いわば教育意味の創造と解釈の仕組みの構築を目指すものであった。和田にとっては、教育現場の危機的事態は、教育学的思考の革新と新しい教育言説の誕生に向けての好機であり、臨床教育学にはその願いが込められていた。したがって、和田にとって臨床教育学という名乗りは、子どもの人間学とはやや遅れて、その遅れによって却って先鋭な危機認識と学的閉塞感をともなって、再発見された、ランゲフェルト教育学の独自な更新スタイルであったと言えるだろう。

臨床教育学のアイデアは、ランゲフェルトに由来しつつ、我が国の教育状況に対する和田の解釈として改めて発掘され再構成されたもので、その意味で我が国独自の課題意識に支えられており、したがって当然そこでは教育思想の直輸入ではなく、教育状況に関する独自の方法と思考の様式が探求されなければならない。そして、その独自の課題発見と展開の可能性は、実はすでにランゲフェルト教育学に原型的に現れているように思う。つまり、彼の子どもの人間学には、彼自身が長期にわたって献身的に対応した苛酷な人間破壊の事例において、人間世界の悲惨に同行する経験を通して受認した使命感「人間らしさ」が深く織り込まれていることを確かめること、つまり、その人間学が狭義の教育学を越えた、第二次大戦以後の教育学と呼ぶにふさわしい位置を占めていることを明らかにすることによって、教育研究の人間学的なフロンティアが展望されると思われるのである。彼の事例は、文字通り人間破壊の悲劇である。その悲劇からいかにして「人間らしさ」が回復され得るのか、その人間回復の過程においておとなや教育者は「人間として」どのように振る舞い援助するべきであるのかを語るものである。この「人間らしく」「人間として」振る舞う在り方が、弱き者への応答、責任、義務として取り出され、彼の教育学の基幹である規範的かつ実践的特性を造りあげている。その特性は決して先験的な道徳哲学や宗派的な宗教教説に由来するものなどではない。彼の子どもの人間学が、哲学的な人間学や人類学的な人間学などと際立った差異をみせるのは、それが「弱き者の世界」に与すること、その世界を標本調査の対象や解釈の事例とするのではなく、「弱者の世界」に応答する責任、さらにそれを強調すると、「よるべなき他者」への責任を引き受ける在り方に「人間らしさ」「人間の尊厳」の成就を読み取る点にあると言ってよい。ランゲフェルト教育学にあって、「人間らしさ」をめぐる言説は、それが通念的な言い回しをとっている場合でも、教育学伝来の古典的な人間主義の立場に解消されてはならない。そうではなくて、彼の教育学の独自性は、そのような教育学への批判と変革を希図した課題提起型の教育学であって、理論的体系性を志向するよりも、子どもとの実際的な関係において「人間らしさ」を探求するところにこそある。その思考を強く方向づけている働きに、臨床教育と呼ばれる文脈があると思う。

⑥ ランゲフェルトの「臨床」教育学

ランゲフェルトの教育学の特質をその臨床的なパースペクティヴにおいて語る場合、手掛かりとなるテキストは多くないが、しかしきわめて注目すべきもののひとつは一九七九年の来日講演集『よるべなき両親』（玉川大学出版部、一九八〇年）に掲載された論文「付録二　悲劇的経験をこえて」（一九七五年初出　オランダ）であり、いまひとつは『教育と人間の省察』（玉川大学出版部、一九七四年）にある「教育研究のカテゴリー――方法論的考察」である。前者は「付録」であり、後者は講演の際の手元のメモか断片的な覚書風のもので論文形式のものではない。いずれも、子どもの人間学からすれば傍系の扱いをされているが、このことが逆に臨床教育学のアイデアを端的に、しかも不完全な形で表したテキストとして関心を惹くのである。少し誇張した言い方をすれば、この二つで臨床教育学の骨格と子どもの人間学の意味地平を探り当てることは十分可能であると思う。

「悲劇的経験をこえて」は、ランゲフェルトが直接かかわった少年少女たちの苛酷な経験の物語を紹介している。例えば、少年ルネの事例は、強制収容所のなかで、父親が両手を切断される間じっと見ているより仕方なかった十歳の少年が、ランゲフェルトのもとを訪れ、以来、長い間庇護と支援を受けながら自分の手を「自分の手」として取り戻して、職を得て結婚するという、自己再生の長い物語である。少女ソニアの事例は、ワルシャワのゲットーで、目の前で父親を殺された少女が人生と和解するに至る、いわば過去との長い苦闘を歩む少女に同行した記録である。あるいは、両親から虐待され続けた少年が成人して、親になる責任を引き受けるに至るまでの心の遍歴の話。生まれたばかりの子どもをゴミ箱に投げ込んだ女性の事例など。いずれも、第二次大戦後の人間悲劇の物語である、と同時にその悲惨をくぐり抜ける自己再生の「新しい経験」の発見の報告でもある。これらの事例はいずれも、危機状況に正面から対応する「人間として」の在り方が直接鮮明に描かれている。われわれが注目するべきは、ランゲフェルトの子どもの人間学が、これらの深刻な人間破壊の危機状況からの解放に同行して、人間回復と自己再生への援助に取り組むという、この苛酷な過程において受認された使命感「人間らしさ」に支えられたものであること、そして、その経験が、人間世界の安全と庇護こそが子どもに対するおとなの責任であり義務であるとする規範性を不可欠の条件とする教育学の根拠であるということである。彼が、おとなや親であることの責任と義務を強調して、学校教育における教師の専門職性に関しては限定的意味にとどめる背景には、教育の役割を「人間らしさ」の開合にかかわる「人間学」の文脈において理解するからであり、その文脈の骨格を支えているのは彼の悲劇的な臨床経験であると言ってよい。

教育とは「自己実現の途上にある未だ力弱き者たち」（b—一二九）への固有の関係であると言われる場合、この固有の関係とは、限りある命を生きる存在であるがゆえに、普遍的本質の必然的な自己発展としてではなく、価値選択を強制される特殊有限の時間を人間が生きていることを意味しており、したがって自己実現（あるいは再生）を助けるというカテゴリーは、教育的状況論に相即した他者—援助の人間学を目指すものと言えるのである。ランゲフェルトが生活世界に強い関心を示しながら、現象学の哲学的な還元主義に同意しないのは、その立場が「自己実現の途上にある未だ力弱き者たち」の世界を透明化して、教育的状況に固有な臨床的援助関係に意味を見出すことを困難にするからである。われわれは、戦後の優れた教育思想家たちが哲学的な思考方法の機軸転換を試みるなかで多様な教育哲学の可能性を開いてきたことを知っている。しかし、その多くは哲学的な思考法や論理的整合性を目指して純度を高め、全体的で体系的な教育現実の理解ないし解釈に関心を向けることとなった。しかし、ランゲフェルト教育学はこのような教育学の哲学化傾向にたいしては終始不協和音を唱え、「途上にある未だ力弱き者たち」の世界を人間世界一般に還元するのではなく、その「弱者の世界（Welt der Schwächen）に与することこそ、（中略）正にその途上にある、か弱き存在としての『子ども』という独自な幼い人間の在り方を、せめて正しく把握することの可能な場は、こうした『弱者の世界』を措いて他に恐らく存在しないであろう」（C—一二三）と、その思考の焦点を逸らすことがなかった。彼の教育学が哲学的現象学とはっきりと一線を画する所、客観主義的な行動心理学の子ども理解にたいして断固として抵抗する論点を構築する根拠をここに求めることができると思う。この「弱者の世界」はまた、昨今流行の哲学的な「他者性」とも異質な、恐らく教育学独自の多義的な境界カテゴリーであると言えるだろう。ランゲフェルトの子どもの人間学には、この種の臨床的な相談経験を通して験証された用語や文脈が、哲学的に過熱することを警戒しながら、織り込まれており、彼の教育学に紛れもなく「人間らしさ」の風格を漂わせていると思う。

第二のテキストは「教育研究のカテゴリー──方法論的考察」である。論題は大きいが翻訳で十頁足らずの箇条書風のメモであり、講演集に収めるには違和感がある。しかし、箇条書風であるだけに、逆に論点が的確に焦点化されていて読み手には伝わりやすい。例えば、「子どもは六歳になったら学校に行かなければならない」という行政上のきまりが、心身に「障害」をもつ子どもにとって何を意味しているのか、このことを教育学者は問うべきである、と切り出し、その問いが学問的に展開されるためには、教育学は、「ある特定」の子どもの経験に意味を発見し、それが成長の援助にどのように寄与するかを解明しなければならないという。教育的状況はすべて個別的であって一般的法則定立的ではない、ここでの基調はこれである。この論点を十六項目にわたって紹介するがその根幹は、(1)この子どもは「誰」であるのか。(4)この子どもの「教育状況」とはなにか。(9)われわれは社会的教育的に否定的な出来事をどのようにして訂正し代償するか（b─一〇三）。この三点である。それらはいずれも、「教育的状況」というカテゴリーから分節する教育制度批判論であり教師論である。

ここでは、子どもと教師の在り方が、教育の「制度化による損害」という被害者論を織り込むかたちで論じられ、学校での予防、診断、治療、ガイダンスなどの子ども支援対策が本当に子どものためになっているか、適応支援の名のもとに子どもに服従を強制し、教育という「常習的な機械」に操られて教師の活動が停留していないか、が問いただされている。それは学校という教育の制度と教育を専門的「職業」と考える現代教育の現状がある種の「病理」に侵されていることを指摘するとともに、教育状況において子どもを「個別性」において理解する方法的立場が失われつつあるとの見解を示す。

教育的状況にたいして生産的に関係するためには、実存的人格的な出会いの経験が不可欠であり、何らかの仕方で自己認識と人間認識をもつことが教育学や心理学の研究（者）に求められる（e―六九）。ランゲフェルトは、教育的状況の原場面からの遊離は教育に関する実証主義的研究と教育活動の専門的細分化へと進まざるを得なくなり、「教育が、病気の予防や精神衛生に変質し」必然的に「世俗化、技術化があらわれ、教育そのものが不可能となる」、つまり教育の意味が消失して、人間の悩みがすべて病気と見なされ、「人間の心はあたまから精神病と神経症の視点から観察される」（e―七〇）という治療主義の傾向を生み出すと予言する。

この病理告発の批判的立場の基本には、「この子どもは『誰』か」という、対象への主体的な関与としての問いと、子どもとの応答とを持続させる関係の確保という教育的な見方が貫かれている。たとえそれが愚行に見えたとしても、「可能なかぎり弱者が自由に決定することができる保障を残しておくべきである」（e―二三八）。加えて、学校における相談と助言の原則は、親とともに子どもの援助に取り組むべきであって、親とともに働かない学校や感傷的で自惚れの強い助言者などは、子どもと親にとってはむしろ危険な存在になる。親とともに始め（それが同盟者としてであろうと敵対者としてであろうと）、親と戦うことを回避しない、親の責任を肩代わりしない（なぜならそれは親に「なる」好機を奪うことだからである）などは、教育相談者の心得であり、ランゲフェルトの論文にはこうした実際的な助言が少なからず紹介されている。「誰も、はじめから正しいわけではないし、それが正しかったという実例による証しは、多くの年月を経て初めてなされうるものである」（e―二三七）などは、際立った知見で、親はもとよりのこと学校での教師や相談者に深い慰めを与える言葉であると思う。

ランゲフェルトは「子どもを『理解する』ということと、その子に対してどうしたらよいかという『術《すべ》を心得る』こととは、ただちに同じではない」と言う（b―一〇九）。これはなかなかの卓見である。教育相談でしばしば経験することであるが、学校の先生は確かに子どもの問題に対応する術は、ある意味で、経験則としてに豊富に身につけている、がしかし、それが子どもの「理解」であるとは限らない、むしろ逆にその種の術がその子どもの問題状況を隠蔽して「理解」を妨げている場合が少なくない。その術が意味をもつためには、子どもの個別性を発見してその在り方（たとえば不登校や非行）への理解を深める、つまり先の「誰」性を問う場面を重ねることが不可欠である。ランゲフェルトはそのことを「彼（子ども）の全体的な人間としての在り方に深く関わるものとして［子どもが表現するところのものを＝筆者補注］捉えることを意味する」（b―一一）と表現している。この観点は、個別現象をより全体的な文脈において循環的に理解するという解釈学的な教育学の立場をさりげなくしかし端的に言い当てていると思う。ランゲフェルトはそのための手掛かりとして「コロンブス・テスト――絵画法による成長分析」という、絵による内面的なあるいは無意識の世界の物語的表現の可能性と、それへの交流と理解を試みる。彼は、図版の場面についての子どもとの対話は、それ自体がすでに優れてコミュニケイティブな場面であって、理解することは「教育的援助」（educational help）――ランゲフェルトはいわゆる「診断」と「治療」は、一個の人格として「この子」をよりよく「理解」することと同じ過程であるという（b―一二一）――と共通な個別的人格的な関係を意味するもので、その関係は客観的な理論と技法を装備した「心理療法家」のテスト主義や分析主義とは似て非なるものであると考える。

子どもの個別性を理解する教育者はその理解の仕方において、人格的な交流つまり自己と他者に対する臨床的な放開を経験するという点で、独自的であり、援助という在り方において自己自身の創造を同時に目指しているのである。教師やおとなが、個別的存在としてこの子どもを「理解」できるということは、個別性を発見することでその経験を生きることでもあり、個別の意味を創造することにほかならないのである。そして、その経験はまた「人間らしさ」に対する応答であるとも言えるだろう。

以上二つのテキストから、ランゲフェルト教育学を構成する臨床的な意味文脈を明らかにすることができたと思うし、その文脈こそが彼の子どもの人間学と哲学的人間学との差異を際立たせていると言ってよいだろう。彼の教育観は、生活世界におけるさまざまの悲劇、強制収容所での戦慄、子ども遺棄、虐待、差別など、絶望的な世界体験に生きる子ども、この「弱き者の世界」に対しておとなや教育者は逃れがたい責任と義務があり、その世界に応答することこそが「人間として」の尊厳であるという。その教育論は、「人間として」の在り方の自覚を呼びかける「能動言語」を含んでおり、そのような表現がふさわしいかどうか問題があるにせよ、彼独自の使命観ないし救済観があるように思う。ランゲフェルト教育学が教育における規範的価値を強調するからといって、その立場が直ちにキリスト教的人間観に基づくとかあるいは理想主義的な規範に依拠した道徳的教育論であると言い募るのは誤りであり、ランゲフェルトはそのような教育論からの脱却をこそ願ったのである。彼が「人間らしさ」として語るのは生活世界の行動様式として共有されている共通感覚的な振る舞いを離れるものではなく、生活上の当然の「規範」行為を指している。それはちょうど、傷ついた見知らぬ旅人を見て素通りする祭司たちに対比させて、その旅人を介抱した通りすがりの俗人（善き）サマリア人の行い（ルカ・一〇、三三―三七）をこそ、隣人への愛であると語る聖書の教えに似ていると思う。身近にいる傷つき悩む者、よるべなき者、病める者、これら弱き者への直接的（身体的）な共存反応（それが応答と呼ばれ責任と表現されていると思う）において善き隣人に「成る」こと、その行いこそが、特定の問題状況における一時的な対応としてではなく、「永遠の命を受け継ぐ」在り方として指示され、宗教的な宗派性を越えて、「人間らしさ」として端的に語り継がれてきたと思うが、ランゲフェルトの宗教観の詳細はむしろ無視して、「弱者の世界」に応答することこそ「人間らしい」責任感であり義務であるとする、通念的な日常感覚の回復を呼びかける彼の教育論に、逆にある種深い使命観を読み取ることができるのではないか。それを宗教的な語り方で表現することは、恐らく可能だろうが、教育を宗教的な枠組みに回収することは、教育を人間世界の「世俗性」から昇華させ、教育の意味を観念化させる回路を開くことであり、それはランゲフェルトの警戒するところであった。しかし、彼の言う「人間らしさ」をよりよく理解するため補助線を引くという意味で、宗教との対比は有効でないかと思う。

この「弱者の世界」への主体的な関与を教育論の基底に組み込む試みは、子どもの世界におけるいかなる文化的な欺瞞（学校教育を汚染する）や権威を失った「ナルシシズム的自我への退行」に教育が回収されることを拒否することであり、弱き者の苦難に応答する責任を呼びかける共同体伝来の「見えざる」決意として、教育意味を再発見する原動力を活開することになると思う。

注

（1）和田修二「序章　臨床教育学専攻を設置した経緯と期待——京都大学大学院教育学研究科の場合」和田修二・皇紀夫編著『臨床教育学』アカデミア出版会、一九九六年。R・ルベルス「臨床教育学の必要性」（同前書、第二章）。

（2）二〇一〇年頃の我が国における臨床教育学の動向に関しては、田中孝彦・森博俊・庄井良信編著『創造現場の臨床教育学』明石書店、二〇〇八年、が参考になる。また、同書の第一四章に、和田修二とランゲフェルト教育学の関係を臨床教育学に焦点化して考察した論文が掲載されている。そのなかで京都大学での臨床教育学研究の実際の一部が紹介されている。山内清郎「臨床教育学への教育人間学的パースペクティヴ」参照。

（3）皇紀夫「臨床教育学の方法論または〝目に入ったゴミ〟」教育哲学会『教育哲学研究』一〇〇号記念特別号、二〇〇九年。（付記：本書第八章第一節収録。）

（4）ランゲフェルト関係の邦訳文献は以下の記号で標記する。
a：『教育の人間学的省察』和田修二訳、未來社、一九六六年（例記　a—四）。
b：『教育と人間の省察』岡田渥美・和田修二監訳、玉川大学出版部、一九七四年。
c：『続　教育と人間の省察』岡田渥美・和田修二監訳、玉川大学出版部、一九七六年。
d：『よるべなき両親』和田修二監訳、玉川大学出版部、一九八〇年。
e：『教育の理論と現実——教育科学の位置と反省』和田修二監訳、未來社、一九七二年。
f：『理論的教育学（上）』和田修二訳、未來社、一九七一年。

(5)　アリストテレス／山本光雄訳「雄弁術」『アリストテレス全集一六』岩波書店、一九六八年、一八五頁。この部分の正確な引用は次の通りである。「実際魚どもも〔腐敗防止のために〕塩を必要とするのだ、彼らが塩水の中で育てられたものであるのに、塩を必要とするなんて、ありそうなことでもなく、信じられることでもないのだけれど。またオリーブ菓子〔オリーブの搾り粕で作られたもの〕がオリーブ油を〔腐敗防止のために〕必要とするのだ、オリーブ油が搾られるもとになるものどもがオリーブ油を必要とするなんて、信じられないことであるけれど……」。

(6)　和田修二『子どもの人間学』第一法規、一九八二年、二二三頁。

(7)　和田修二、同前書、九五頁。

『教育の人間学的考察［増補改訂版］』解説草稿

ランゲフェルトの教育学がまとまった形で紹介された邦訳（一九六六年）の増補改訂版（二〇一三年）で、前掲の『ランゲフェルト教育学との対話』の編纂をきっかけに出版された、改訂版の解説である。解説と言いながら内容的には、ランゲフェルト教育学の研究になっており、本節の内容と一体的であるので、ここに挿入した。この解説では、彼の教育論を学校教育中心の「教育ｅ」と生活世界全体にかかわる前概念的な広義の「教育ｐ」に類別して、その関係を種‐類関係と解釈し、後者の教育には「親の人間学」――子どもとの関係は大人を「精神化」する――が包摂されており、教育でありながら「教育ｅ」とは別のカテゴリーの属する教育であることを鮮明にした。彼は、西洋の歴史において子どもの虐待と遺棄が繰り返されてきた事実を指摘して、親もまた「よるべない」存在であること、教育は、この「よるべないもの」の共存において成り立つ営みであることを強調する。そして、現代人の教育観は「教育ｅ」に傾斜した、「教育ｐ」の所在と働きを隠蔽するものと批判する。彼は、親と教師の役割は「弱者の世界」に与することであり、教育は「よるべなさ」を克服することではなく、それの「救済」にかかわる過程であると主張する。教育の役割意味をめぐる「教育ｅ」と「教育ｐ」争奪戦は、ランゲフェルトの穏やかな論調にもかかわらず、先鋭的で断固たるものがあり、思わず我が国でその争いがどのように進展しているのか、と問われている感じがした。最初の邦訳が出版されて改訂されるまで四十七年を経ているが、解説を書いてみてテキスト解釈の難しさ、意味発見に必要な解釈技法の必要を改めて思い知らされた次第である。「解説草稿」と注記してあるのは、当初は解説のつもりであったのが、次第に独立した論考になってしまい、解説とは別に手元においていた未発表の草稿であるためだ。

付論⑦　ランゲフェルト教育学の「底荷（バラスト）」

[1] はじめに

本書は今からおよそ半世紀前に書かれ、その数年後に我が国で翻訳紹介されたランゲフェルトの教育論集である。それを今度復刻することになった経緯や論集構成の意図などについては、訳者である和田修二先生のあとがきにゆずることにしたい。ここでは、刊行から相当な時間を経てその間に教育と教育に関する研究の世界が劇的な変化を遂げていることを理解した上で、この半世紀の間に教育の世界において、何が新たに発見されそれが教育の意味として蓄積され、そして同時に、何が何によって隠されどのようにして失われていったのか、この問いを、特に後者の文脈にかかわる問いをより緊迫させるために、この教育論集を媒介的に活用したいと考えている。したがって、ランゲフェルト教育学を特徴付ける決まり文句として流布してきた「子どもの人間学」を紹介してその賛歌を謳うつもりはないし、また混迷した時代の教育（学）者たちが熱望する「教育の根本的本質」なるものを彼の教育観に読み取ろうと目論むものでもない。ランゲフェルト教育学の神話化とそれへの回帰を望む復古的な意図を封印して、なおかつ彼の教育論に今日的な意義を発見出来るのかどうかを考えてみたい。その意味で、ここでの考察はランゲフェルト教育学の解釈に向けての挑戦と考えている。

テキスト解釈における唯一の「正しい解釈」なるものを正当化する権威主義が解体した現在、テキストをめぐる多様で多義的な解釈の立場とその方法とが提起されることは歓迎されこそすれ非難されるべきではないだろう。テキストをどのように読みその意味をいかに解釈するかは、読み手の関心や時代状況によって異なるものであるから、客観的で不偏的な正しい内容理解があるわけではなく、むしろ読み手がどのようなテキスト解釈の方法や意味発見の仕掛けを備えているか、その立場の現代性こそが問われるのである。テキストを解釈することは、新しい教育意味に出会うひとつの冒険であると言ってよい。二十世紀末の言語学的転回が開いた言語哲学や物語論の新たな展開がテキスト解釈の方法に与えた影響は大きく、教育（学）研究においてもテキストや臨床事例の意味発見のための言語学的な工夫を促してきた。少し大胆な言い方をすると、ランゲフェルト教育学の解釈によって、私たちに自明化している教育観や教育理解の仕組みがどのような仕方でゆさぶられ、それらをどのように差異化させることができるか、私たちの教育観が教育の意味を隠蔽していないか、それは病んでいないか、などなど、「教育（学）の現在」に気付く手がかりをそこから得たいのである。この小論は、そのためのひとつの思考の実験であると考えている。私にとってのランゲフェルト教育学とは、そのような自己変革を試みる格好の素材である、と同時にそのような相互に変換を促す応答関係こそが彼の教育研究のスタイルでもあると思っている。

テキスト解釈の作業に入るに当って予め、この実験的な作業で使う思考の道具立てについて説明しておきたい。これは私がランゲフェルト教育学に学びながら臨床教育学を構想する中で少しずつ形を整えてきた手法で、解釈学に端を発して学校現場での相談事例で実践的な吟味を重ねてきたレトリカルな言語技法のひとつである。未完成であるがそれをここで使ってみたい。その戦略とは「メタファーが類似性を創る」（類似性によってメタファーが成立するのではない！）という「メタファー的類似性」論に拠る教育意味の発見手法である。

まず、この小論のタイトルにつけた「底荷（バラスト）」に注目してほしい。その意味は、辞書によれば「船舶の喫水を深くして安定させるために、船底に砂・石・石炭・塊鉄などの重荷を積み込むこと」「船体の安定を保つために船底に積み込む……などの重量荷物」で「固形バラスト」「水バラスト」があると説明されている、船舶用語のひとつである。また、ballast の語源には、価値のない積荷という意味もあるという。さし当たってのイメージとしては、人間の生活世界において営まれる教育を海に浮かぶ船に見立て、そしてその船が海中に沈まず・漂流することなく自由自在に動くことが出来るためには、船の喫水（吃水）を安定させること、つまり船を一定の深さに沈める装置が不可欠である、この船の仕組みに注目するのである。自由自在に動くために船は一定の深さに沈んでいる必要がある、船を進めるためにはそれを沈める仕掛けが必要なのである。私たちはこのことを経験的によく知っている。このよく知られている船の装置を、教育世界を理解する「見立て」モデルとして利用しようというわけである。つまり教育に即して譬喩的に言えば、教育は人間世界という海に浮かんでいる船であり、その浮かび方つまり生活世界と教育の関係を、喫水線を少し沈めることによって返って行動の自由を獲得している船の航行状態とに強引に結び付け、両者に類似性を発生させそこで教育の新しい意味や働きを見つけようとする試みである。「船／教育」は「海／人間世界」に程よく沈むことでかえって自在に動くことができる。そのためには「程よく」沈む仕掛けを「船／教育」は自らの内に備えていなければならない。深く沈むと動きが取れなくなり浮き上がりすぎると舵が利かなくなって「船／教育」は横転して漂流する。この「程よい」喫水を測る技量の的確さが航行の安全を保証しているのである。この見立て方は、ランゲフェルト教育学においてこの「底荷」の役割と所在がどのように意識され、いかに語られているかを見つけ出そうする工夫である。「見立て」という手法は客観的な観察的記述や分析的な説明方法とは異種の仕方で、つまりイメージ的に意味を再発見する譬喩的（レトリック的）認識の形式である。例えば、このような思考と認識のスタイルは、日常生活ではありふれたもので、庭石の配置をトラの親子の渡河に見立てるとか、星の配置を動物のカタチに見立てるとか、また最近では人間の脳の働きをコンピュータの情報処理機能に見立てるなど、いずれも同種の認識形式によるものである。

先の「船／教育」「海／人間世界」において、両者を結び付けかつ分離している「／」こそが、両者の意味上の類似性や包摂性に気づかせる仕掛けである。その設定に仕方の強引さや異様さがかえって思いがけない発見をもたらすのである。その意味では、今回の「船／教育」の仕掛けは、穏健でありインパクトが弱いように思うが、このような譬喩的認識の実験としては有効ではないかと考えている。

〔2〕「底荷（バラスト）」という仕掛け

前置きが長くなるが、この解釈の方法についてもう少し説明しておきたい。「教育は船のようだ」という譬喩だけで、両者の類似性を根拠付けることは難しい。その譬喩はどのようにも解釈できるしそれに応じて根拠もまたいろいろである。ここで「船／教育」譬喩によってクローズアップしようとするのは、両者の物理的な形態や前進後退する運動機能などの類似性ではなく、意味論的に焦点化された通念的に連想可能なイメージの類似性である。つまり、船が備えている海に対応する技術的な装置である「底荷」を焦点化して、そのイメージによって、教育と人間世界の関係の仕方を理解しようとする、いわば「関係性」イメージを鮮明にすることが、この譬喩のねらいである。教育と人間の生活世界の関係は、所与の自明的関係として前提されるものではなく、つまり人間の生活世界やあるいは生物学的・生理学的に還元される人間一般の自然事象なのではなく、教育が教育として機能するためには、人間世界において教育がそこを離れることなくしかも意図的に再構成されている、人間世界を離れることなく依存的でありながらしかも独立して自在の活動が出来る、そのような働きを体系的に支える独特の「関係」の仕組みをランゲフェルト教育学において探求してみたいのである。このような、譬喩的な類似性を仕掛けることによって教育に意味理解の枠組みを広げようとする方法は、広く教育の物語論的解釈と呼んでよいだろう。

この譬喩によって明るみに出そうとしているのは、実は船そのものではなくて船を安定させ自在に動くことを可能にしている「底荷」という仕掛けの存在である。そしてこの仕掛けに注目することによって、船の安定した航行を支えているものは船を動かす推進力ではなく、むしろそれに抵抗する下に沈むという異種の働きを包摂する全体的な働きこそが「船／教育」の自在の活動にとって不可欠であることが明らかに出来ないかと考えたのである。強調されるべきは、この「底荷」の内容を実体的に定測してその量と質と取替え可能性などについて語ることではなく（もちろんその議論が必要であることは、教育（学）においては当然であるけれども）、人間世界において教育が自在に機能できるために、また教育の意味発見に有効であるために、教育イメージを多様性へと導くために、仕掛けの所在を検討することである。教育の世界が、自己完結（専門主義化の名の下に）して孤立しているのではなく、その世界を支えてその働きを可能にしているより全体的な生活世界との相互的な「関係」において成立していることを再認識することである。その際、バラストの語源に「価値のない積荷」という意味が含まれている点は、これの役割イメージとして興味深い。つまりそれにはいわば「無用の用」という逆説的な働きが仕掛けられているのである。ということは、「船／教育」という見立てにおいて「底荷／（　）」を焦点化することによって、教育における この種の逆説的な働きを発見する可能性を開くことになると思う。それはランゲフェルトの教育言説において「撞着語法」に類した語法に注目することで、教育学の抽象的な概念では掬い取れない些細で周辺的な事象に彼の思考がどのように及んでいるかを理解することができるだろう。それはランゲフェルト教育学をひとつの物語として理解することでもある。

この「船／教育」という譬喩は、その「底荷／（　）」という仕掛けをクローズアップすることで、既にある種の変換を私たちの教育観に迫っている。或いはその教育観を問いかけているのである。つまり、「底荷」は船を沈める装置であるが、それは同じような働きをする碇とは違う。船を繋留して安定させる碇とは別種の仕掛けだしその役割機能はある意味で正反対と言える。また、これは船を推進する働きとも異なる働きをしている。正確には「底荷」の役割とは価値のない「無用の用」であって、船の有用性からは逸脱したカテゴリーミステークの役割をあえて演じているのだ。船にはこうした相互に対立して抵抗し合う力を総合する包摂化の仕掛けが備わっているわけである。それは奇妙な部分－全体関係のレトリックと言えるだろう。船の航行を可能にしている「底荷」の役割意味を面的に意味拡大してその役割イメージの類似性において教育における新しい意味を「／（　）」を発見しようとしているのである。もちろん、この「（　）」に入る正解があるわけではなく、ランゲフェルト教育学をめぐる解釈の方法、見立て方の如何によってさまざまの意味風景が現れてくる。私たちはその新しい意味風景を言語として再び語り直さなければならないのである。

この譬喩によって焦点化されている「底荷」イメージは、「船／教育」が漂流しないように不動の何物かに「基礎付ける／繋留する」とか、「船／教育」をより早く推進するために「強力なエンジン／能力」を開発するとか、そうした、確かに「船／教育」にとって不可欠な中心的機能に関しては、積極的な関心をはらわない。それとは逆に、こうした中心的に見える機能への関心が、「船／教育」において「底荷」への関心を希薄にして不当に無視してきた。「無用の用」の所在を隠蔽して教育世界の形態や意味を多義的に語ることを阻害してきたと考えるのだ。例えば、定型的な教育観を構造化してみると、そこには人間世界の普遍的な根底や何がしの本質が「ある」ことを前提にして（それがたとえどのような「ある」在り方であったとしても）、それを拠りどころとした営みとして教育を理解しようとする〝碇〟型教育観（それは教育学研究の伝統である本質主義的な教育観であるだけでなく、我が国の学校教育の現場を支配している素朴にして強固な偏見である。何か不動の支えを想定しないと教育が成立しないかのように考える強迫的な意識が蔓延している）を、ここでの〝底荷型〟教育観の提示によって、その定型的イメージの変換が図れないかと考えている。

また、能力や学力といった「力」イメージで教育や子どもを一義的に語る、復元力を失った転覆寸前の教育論を差異化して、能力や学力などがより多様で多義的な形成的文脈へと開放される、そのような自在に展開できる仕掛けを内蔵した「船／教育」の柔らかい包摂関係のイメージの誕生を探り出そうとしているのである。この譬喩言説によれば、「海／人間世界」に浮かんでいる「船／教育」というイメージからして、非基礎付け主義であるが、他方で人間世界を離れないという意味では人間主義的な関係にどこまでも支持されており、教育は単に標流するのではなく自在に浮遊していると見立てられる。「底荷」型の教育イメージは、その譬喩設定自体においてすでに幾つかの教育観に対するある種の差異化を仕掛けていると言えるだろう。

[3] 教育言説スタイルの多様さ

本書は10章で構成されているが、各章はそれぞれ独立した論考で（講演原稿も含まれている）体系的な展開を意図したものではない。言い換えると、いずれかの章を単独で読んでもランゲフェルトの教育観に触れることが出来る。教育（学）を体系的に論理的に語る教育（哲）学の形式と彼のそれを比較すると、前者に馴染み深い読者にとっては、物足りなさ或いは立論の軽さを感じさせることだろう。この体系的な論理構成における密度の弱さ（例えば、彼が言う現象学の独自性に関する説明の不十分さ）や子どもや教育を語る場合の用語の多義的な振幅の広さなどは、文脈依存的な性格が濃く厳密な形式的思考には馴染まない独特の物語的なスタイルをもっている。本書だけでなく彼の教育言説全体に認められるこうした傾向を、体系的な構成の弱さと見るかそれとも彼の教育思想や子ども観の独自性、つまり教育的状況と子どものよるべない世界をまともに課題としてきた臨床経験がこうした独特の語りを生み出させたと見るか、既にテキストの入り口で、私たちは問いかけられているのである。教育的状況を抽象的な哲学用語や実証的な心理学用語でもって理路整然と語る教育学（私たちの多くはそれを求めている）に対するランゲフェルトの違和感或いは厳しい批判は、その言説スタイルにもよく現れていると言ってよい。本書は、専門的な学術的言説と生活世界の言語との境界に布置された教育論であると言い換えてよいだろう。この点はきわめて重要で、「どのように語られているか」と「何が語られているか」とは密接に連関しているからである。再び先の二つの型を持ち出すと、碇型の基礎付け主義的教育研究に親しんだ教育学者や科学主義的な観察と分析の方法に馴染んできた教育（学）者にとっては、その語り口は学術的であるというよりも多義的なふくらみをもった物語的な性格のものに見えることだろう。しかし、このような教育言説のスタイルは、本書が邦訳された当時の我が国の教育界においては、理論的にも実践的にも相当異質なもので、先に述べたように、時代の教育学的思考にマッチした教育論としては受け入れられなかったと思う。特に、教育（学）を基礎付けるために、人間に関する諸科学の成果を集成した総合的な人間学の構想が、教育学の学的再生として期待された時代にあっては（本書が出版された一九六〇年代）、やや特異な位置にあったと言えよう。いわば教育活動を正当化するためにその基礎付けを求めて哲学や歴史や心理学の領域に進出して、その結果、教育の根拠が逆にしだいに拡散して諸科学への依存性を強め、教育（学）の空洞化に至る時代であったと言える。私の体験からすると、教育の人間学的な基礎付けを求めれば求めるほど教育の世界からは遠ざかり、教育の「現実」から疎外され、ランゲフェルトの表現を借りるなら、せいぜい「教育の歴史」や「二級の哲学」を模索しているという劣等感に苦しみ続けていた。彼のこの指摘は、当時夜間高校の教壇に立ちながら教育人間学を学ぶという二重の生活を送り二重の疎外感に苛まれていた私にとって衝撃的であった。この傷は今も癒されることなく残っている。

ランゲフェルトの教育論がその後我が国の教育界に新しい展望を開いたわけではなかった。彼の教育学への批判と教育学再生へ期待は、一時的に〝子どもの人間学〟を流行させたものの、教育（学）の関心が教育の本質や基礎を求める哲学的基礎付け主義と学校教育の教授―学習論へと分化して、それぞれが専門主義へと傾斜を強めるなかで、教育（学）に本気で応答しようとする真摯な教育論ではあるが、それ以上でもそれ以下でもない、インパクトの弱い地味な教育言説として忘れ去られてきたと言ってよいだろう。それは教育観を作り出す教育言説のミスマッチの典型であったと思う。今にして思えば、それは教育システムの構築志向と教育理解スタイルの革新との相違であり、文脈構成における仕組みの違い、先の譬喩に拠れば、生活世界と教育の「関係」イメージの差異であり、碇型と底荷型の違いであったようだ。教育をどのように語るかという語り口の違いでもあった。私たちは（少なくとも私は）両者の間にある差異に気付かず、一方的に自分の立場を正当化するためにその言説を利用してその限りにおいて評価しようとしていたわけで、その差異を自己変革の契機とすることに失敗していたのだ。その後相次いで彼の教育論が翻訳紹介されるが、我が国の教育（学）界においては、幼児教育の一部を除いて強い関心を惹くことはなかったようで、京都大学の和田修二先生の周辺の研究者たちに語り継がれてはきたが、その場合でも本格な研究の対象とは容易にならなかった。この傾向は地元オランダでも同様で、教育研究は実証科学と歴史研究へ分化しており、ランゲフェルト教育学の系譜は消滅しようとしていた（これは一九九〇年代半ばのことである。最近（二〇一〇年頃）オランダではランゲフェルト教育学への関心が芽生えてきているとの情報もあるが、詳細は不明である）。問題はランゲフェルト教育学の内容を文献的に精査してより正確な理解に至ることが生産的な研究と言えるかどうかで、ある意味でそれは必要である。と同時に、ランゲフェルト教育学に対する関心のもち方をより多様化で多角的な性格のものに変換するために、テキストの読み手の側が工夫を重ねること、この点を強調すれば、テキストによって読み手の教育観が変換されその枠組みが崩されることを期待するということである。先に「底荷」型という譬喩を提示したのは、このようなモデルで彼の教育論を解釈し直して、その作業を通して今日の教育観の自明性を揺さぶりたいからである。それは、今日の教育問題の解決に役立つ気の利いた教育論を手に入れようといった、物欲しげな態度ではなく、テキスト理解において自らの教育観を曝け出すという「対話」状況に身をおくことである。いささか気負った物言いになってしまったが、先に述べた「底荷」型の教育イメージによってランゲフェルト教育学を腑分けしてみたい。

〔4〕 教育意味の弾力化と教育者論

本書の中身を簡略化して、ランゲフェルト教育論の骨格を取り出してみせるのが定番の作業であるのだろうが、ここではその過程を省略して、先の「船／教育」の譬喩を活用して考察を進めたい(1)。

教育研究の現状への批判、というよりもそれが成立してくる十九世紀のヘルバルト教育学の系譜を引く教育学に対するランゲフェルトの非難は一見するとすさまじいものがあり教育学の将来に対して悲観的に見える。今日まで、教育学は教育的事実と子どもの状況への注意深い観察と分析を基にして全体的統一的に論述したものではなく、教育をもっぱら学校教育に限定してそこでの制度的な事象である教授―学習に関する専門的領域として展開されてきた。しかも、そのように制度化されて形式的な学校教育の研究すら貧弱なもので、教育学の現状は瀕死状態にある。

生き残っているのは、気の抜けた偽善的非現実的な抜け殻のような教育学であるにすぎないと言う。教育に関する実証的な諸科学も、自然科学的立場で子どもを単純な条件反射論で説明して子どもを適応と操作の対象と見倣しているなどと、多角的な教育学批判を展開しながら、ランゲフェルトは教育を二つのタイプに分ける。その一つは、教育を制度化することで全体的系統的に統制可能なものにする学校システム構築の方向である。この学校教育中心の狭義の教育 education（以下「教育ｅ」）と区別して、第二の、より広い意味での教育つまり家庭、共同体、などの生活世界全体における教育的なものないしは私たちにとって「教育らしく」見える前概念的で生活直接的な事象を pedagogy（以下「教育ｐ」）と呼び、この生活状況に即した教育の具体界の研究こそ大切であると繰り返し指摘する。しかし、このような仕方の教育学批判によって教育のカテゴリーの転換と拡大を主張する分化批判的な論調はそれほど目新しいものではなくむしろ陳腐なもので、教育研究の近代化や「教育の科学」を目指す研究者だけでなく、広く教育世論からも、時代錯誤の復古的な教育論であると批判されるだろうし、そうした姿勢こそが偽善的で狭隘な教育論であると逆襲されることだろう。教育学は二十世紀の後半に至ってようやく子どもに関する人間諸科学の研究成果を取り入れる総合的な人間学の構想に着手することに成功し、そしてランゲフェルト自身もまた子どもの人間学を提唱して、教育研究の新しい展開に強い希望をもった先駆者であった。その彼が、教育学の過去と現在に対して強い疑義を呈するのはなぜだろうか。つまり、教育と子どもに関する総合的な学として教育学が成立することへの期待は強いが、しかしランゲフェルトにとって、その展望は現在の教育研究を拡大した延長線上に開けているのではなかった。教育学が既成の諸学による専門化と総合化の繰り返しによって、教育という人間の経験的世界の出来事が抽象的な概念による分断とモザイク化されることへの危機感を彼はもっていた。教育は容易に学的対象とはなり難い未分化で曖昧な状況において、不安定なおとな－子ども関係として不確定な場所で生成している、直接的な人間的関心の実践なのである。教育状況のこのような特性からすると、それが厳密な操作的手続きによる実証科学の分析や形式的な概念と論理によって支配されることは明らかに危険であると言えるのだ。それはとりもなおさず教育言説における物語性の喪失であり、多義的世界の一義的支配なのである。

ランゲフェルトの方法は現象学的なスタイルのものであるが、それは哲学的な現象学的還元の方向（そこでは子どもの生活世界は括弧にいれられてしまう）ではなく、人間世界における「弱き者、よるべなき者」の理解と援助に焦点化された人間学的性格のものである。「教育e」が、教育世界を構成するさまざまな要素を分解して概念と記号によって再構成された操作の産物であるとすれば、「教育p」は多様で多元的な教育の意味を排除せず逆に差異を包摂して新しい教育意味を造り出し、教育世界の弾力的拡充を図る力学を備える、いわば「種」（個別）と「類」（全体）の相互的循環関係が造り出す意味世界なのである。その関係は「教育e」に特徴的である、部分と全体とが等質な一元的関係に還元される世界とは別種のものである。「教育p」の世界は、種／類の包含関係によって教育の意味を自在に伸張転移させるレトリカルな仕掛け（シネクドキと呼ばれる類似性に基づく認知スタイルの一つで、意味の活性化と弾性を可能にする言葉の働き）[2]が作動しているきわめて日常的な認識スタイルにおいて成立しており、この「教育p」の原型の役割を果たしているのが、ランゲフェルトの教育論においてはおとなと子どもの関係である。もとよりその原型は実体的な存在ではなく理想型を指すわけでもない。「教育p」は人間世界のおとな－子ども関係の共通感覚的で半意識的なイメージの言語化されたもので、その関係自体は常に曖昧で多義的な性格のものである。

本書に見るランゲフェルト教育論の基調は実践的規範的教育学であるが、その実践的規範の教育論が展開される中核には教育者論がある。教育者とは「教育p」の実践的な課題を端的にする具体であり、ひいては「教育e」における職業化された教師の在り様を相対化してその役割意味を変換する手掛かりを与えるものである。「教育e」が作り出すさまざまの問題事象の解決をもっぱら教師にもとめ、すべての責任があたかも教師にあるかのように指摘する教育論は、教師聖職者論の病理的蔓延であると言えるだろうが、ランゲフェルトの教育者論は、ある意味でこうした専門主義的な教師論を一旦解体して、教育者とは責任あるおとなの謂いであること、そして教育とは生活世界でのおとな‐子どもの関係における「人間らしい」出来事である、この出来事に教育意味を再発見することなのである。おとな‐子ども関係におけるおとなの在り方を教育者に見立て、その関係の成立と展開と終焉とに教育の多様な形態と意味をそしてそれが生み出す病理を発見する教育学を提唱していると言ってよいだろう。彼の教育者論は〝子どもの人間学〟が常に同時に〝おとなの人間学〟と応答するものであることを、その人間学こそが実践的な教育研究であることを証明する役割を果たしているのである。おとなは生物学的或いは社会的意味でおとなになるのではなく、子どもとの関係においてはじめておとなに「なる」。この関係を引き受けることによって、おとなはおとなとしての自分自身と改めて出会う。言い換えると、おとなであるとは子どもを引き受ける責任と義務に目覚めること、おとなへ、親へと自己成長することなのである。

おとな‐子どもの関係は、形式的には相互依存的であり相互形成的であるが、その関係の内容は多様で錯綜しており、葛藤と和解、対抗と共感の葛藤が繰り返し経験される実存状況そのものである。子どもに対するおとなの関係には、逃れがたく責任が伴っているが、しかしその責任は哲学や倫理学が唱える抽象的で内面的レベルでの人間一般へのそれではない。或いはまた存在論的に先鋭化された絶対的な「他者」への責任性に類するものでもない。まさにそこにいるその子どもへの、生きるすべを具えていない弱者への責任である。子どもとの関係はおとなを「精神化」する。つまり「親」になることはおとなの生物学的な必然性でもなければひとつの職業でもないとランゲフェルトは言う。子どもがそのようであるように、おとなもまた子どもとの関係において自己発見と自己成長を繰り返すという、人間学の基本的なカテゴリーとして「親である」ことが定位されている。このような意味からすれば、彼の教育者論とはまさしく〝おとなの人間学〟であり、〝親の人間学〟であると言える。ランゲフェルトは『よるべなき両親』という日本での講演で次のように話している。「（前略）しかもその場合の人間の哲学とは、（中略）夢想であるような哲学的な人間学ではなく、このよるべなきもの、即ち人間を愛するが故に人間の最も不可避的にして最も困難な課題である教育に立ち向かっているところの親となった人間——に対する直接的な忠誠から生まれる哲学的な人間学であり、その意味で『教育的な人間学』でなければならない[3]」。更に、「よるべなきもの」は、生物学的な或いは社会文化的な必然的過程をたどって機械的に成長する存在ではない人間の子どもだけではなく、そのような子どもを助けなければならないおとなもまたよるべなく無力な存在であること、人間のおとなもまた頼りない存在であることを指摘する。つまり親は自分の子どもを養育・教育しないこと、子どもをゴミ箱に捨てることがあり得るのである。ランゲフェルトは、西洋の過去と現代において、子どもが繰り返し虐待され遺棄され差別され「人間らしい」尊厳を剝奪されてきた事実を語ることによって、親を含めて教育（学）者には、自らのよるべなさに耐え切れず或いはよるべなさを子どもの特性と断定することで、反ってしばしば傲慢に暴力的に振る舞っていることを指摘する。

教育言説においてよるべなさの共在（mit-sein）を現前させるランゲフェルトの語り方は、教育状況を理解するうえで、また教育意味の起源の痕跡を洞察するうえでも注目される。よるべなさこそは、「教育P」が語られる人間世界の意味源泉であると言えるのではないか。

「よるべなさ」はしばしば教育論に登場する事象であるが、しかしそれは子どもの特性としてであって、おとなに及ぶことは稀である。教育においては、よるべなさとは絶えず克服され消滅されるべき負の事象であって、それを克服するための援助こそが教育なのである。教育を正当化する根拠であると同時それは教育によって克服されるべき子どもの在り様と見なされてきた。よるべなさは、教育活動の根拠としてどこまでも保持すべきであると同時に他方では教育の働きによって消滅させられるべき在り様という、教育にとってはきわめて両義的な性格をもつものであった。そして、おとなにおけるよるべなさは剝奪され隠蔽されつづけ、親や教育者はよるべなさとは無関係な人間であるかのように振る舞うことを強要され、よるべなさから疎外され続けているのである。その疎外状況は同時に子どもにおける状況でもある。私たちはしばしばランゲフェルト教育学のキーワードとして「教育されうる動物 animal educabile」や「教育されねばならぬ動物 animal educandum」などを好んで使うが、これらの用語には、よるべなさの共在という文脈での教育意味が含意されていることを忘れてはならない。さもないと、これらの用語は一義的な「教育e」必要論に簡単に回収されたちまち陳腐化するだろう。そのような文脈においてではなく、教育の意味発見はつねに同時に「よるべなさ」の露呈でもあるのだ。「よるべなさ」が立ち現れるたびに、教育の可能性・必要性が開かれるのである。教育世界の広がりと開けに対応して、人間の「よるべなさ」は一層深まる。

彼の教育者論の基底には、よるべなきおとながよるべなき無力なものを助ける、つまり「われわれ教育関係者こそ本当は全くよるべない存在なのである」という当惑と覚悟がある。「教育的な人間学」は、よるべなきの存在として人間を見立てるその見立て方において特徴があり、そのような覚束ない危うい存在が互いに助け合う関係として教育が考えられている。おとなのおとならしさとは人間生活の責任に参与することであるとランゲフェルトは述べるが、更にそれは「弱き無力な隣人のために配慮する」ことと具体化されている。教育者の子どもへの責任もまたこの人格像圏に属すると考えてよい。それは、教職という職業倫理のカテゴリーとは別の、より全体的で包括的でありながら同時に個別である、直接に私の責任を問う言説であると言える。

〔5〕「弱者の世界」と「教育p」

ランゲフェルトの教育者論が開く「教育的な人間学」の世界は、よるべない存在という人間の「弱さ」を焦点化することで、教育の成立根拠を生物学的条件や社会的な功利主義的根拠から切り離し、反って教育者の責任を顕在化させるという逆説的な論である。これは、二十世紀半ばの哲学的人間学が、人間を生物学的本能に欠ける欠陥存在或いは非確定的存在と定義した人間観と類似しているが、ランゲフェルトにおいては、この「弱さ」を補償或いは克服する営みとして教育の必要を強調する文脈を優先肥大させるのではなく、そうではなくて人間の在り方としてむしろその「弱さ」を奪回して、「弱さ」「よるべなさ」において改めて教育の意味を再生しようとしていると思う。親の役割とは「弱きものをその弱き力をとおして形成すること」（本書一〇〇頁）なのである。これはさり気なく言われているが、なかなか厄介なセリフで、差し当たっては、よるべなさという不完全や未完成を完成に向けて支援するという通念的な教育観を差異化する反転の仕掛けと考えられてよいだろう。「弱者の世界（Welt der Schwächen）に与することこそ（中略）正にその途上にある、か弱き存在としての『子ども』という独自な幼い人間の在り方を、せめて正しく把握することの可能な場は、こうした『弱者の世界』を措いて他に恐らく存在しないであろう」[4]。これはありきたりの教育（学）の前提を捨て新しい地平において子どもを語り直そうとする勇気ある呼びかけである。生活世界において周縁化され意味の境界領域へと追いやられるよるべなさ、傷つきやすさは、教育においても排除され、その在り方に留まる権利の放棄を促す役割を演じており、教育において、少なくとも『教育e』にあっては、痕跡としてしか存続することが許されないのである。よるべなさは、人間の本質を規定する存在論的なカテゴリーとは区別される中間的で発生的な在り方を指しており、そのようなものとして名指され、そのようなものとして露呈された人間の在り方であると言える。

ランゲフェルト教育学は、教育の意味地平から排除されて忘れられていくよるべなさの『救済』を目指していると言えるのではないか。彼の教育学は、第二次大戦で繰り返された人間破壊の悲劇の体験とその悲惨を生き延びた子ども達への支援の経験とに基礎付けられた正真正銘の臨床教育であり、子どもたちが「人間らしさ」を取り戻す過程に共在する中で誕生した教育学であった。よるべなさ、傷つきやすさが、子どもとおとなの在り方として復権させられる教育学の構想は、それらの克服と転換を目指す教育観――そしてその典型として「教育e」が作り出された――と対峙する教育意味の争奪の場所を開いていると言ってよい。しかし、先に見た通り、この争奪の場はすれ違いに終わり、ランゲフェルト教育学は、彼の批判と転換のターゲットであった「教育e」の世界に返って適当に回収されてしまい、「教育p」や教育者としてのおとなの責任への関心を十分に喚起することができなかった。

それ以降の事情については、我が国の教育（学）研究をめぐる政治的・学術的次元の動向を射程に入れた分析が必要である。ただ次の動向を思い起こすことは、ランゲフェルト教育学の理解にとって是非とも必要であると思う。

一九八〇年代以降今日に至るまで、学校教育を中核として拡大強化されてきた我が国の教育システムが、学校や家庭において深刻な問題状況を惹き起こしていること、そしてそれらの問題への「教育ｅ」の対応が反って問題を変異させ次の新しい問題を産出するという、いわば問題状況拡大のスパイラルに落ち込んでいるという事態について、教師はもとよりおとな、親は「教育者」としてどのように責任を引き受けるかである。最近の顕著な制度的傾向は、この種の厄介な問題への対応に関して、教師や親の当事者としての対応責任や主張が語られるのではなく、教育外の第三者が調査診断して、教育外の「専門家」委員会の単なる参考人程度の役割で済まされるという方向である。家庭や学校で発生する「問題」を、子ども－おとなの関係において「どのように語るか」という、「問題」の意味を解釈する臨床教育学の作業を素通りして、調査分析と処理と再発防止を一直線で結ぶ思考形式は、それ自体すでに深い病理的現象であると思う。そして、ランゲフェルトが指摘し、その役割の再生を期待した「教育ｐ」世界もまたその在り方を変化させており、よるべなさは人間世界の意味地平において隠蔽され排除され根本的に遺棄されようとしているのではないか。逆の見方をすれば、よるべなさは人間世界の地平から排除されるというそのような在り方として全世界を覆いつくしているということだろう。

よるべなき者同士が共在する「弱者の世界」における応答・援助の関係に教育意味の源泉を求めたランゲフェルト教育学は、ある意味で現在の教育が辿っている衰弱の道を予感していたと言えるかもしれない。しかし、彼の教育論は時代に先駆けていたがゆえに当時の教育（学）とのミスマッチに終わっただけではなく、その言説の独自性として、既存の教育学との対決と再生を演出する変換的な言説スタイル（ここでは物語的言説と呼んだ）を自覚的に具えていたとは言えず、むしろその語り口は「さりげない」ものであった。本書を手にされる方々も、その内容の「さりげなさ」に物足りなさを感じる人が多いのではないかと思う。本書で彼が警告した、哲学の台所で料理された熱すぎる料理、それに触れることも出来ない教育学、という自省の言葉と、ある〝哲学者〟の箴言「大切なことほど、さりげなく言うべきものです」とを重ねると、彼の教育言説が開くテキスト世界に新しい風景が見えるのではないかと思う。この拙論は、読者にとっては恐らく熱すぎる料理であったことだろう。たかが「よるべなさ」を語るために、かくも大げさな装置をもち出さなければならないのか、との叱責を買うのではないかと思う。

注

（1）ランゲフェルト教育学の研究については『ランゲフェルト教育学との対話――『子どもの人間学』への応答』（和田修二・皇紀夫・矢野智司編、玉川大学出版部、二〇一一年）に収められている諸論文を参照されるとよい。この論集はランゲフェルト没後二十周年を記念して出版されたもので、我が国の教育学の関心領域や方法さらに水準を知る手掛かりになると思う。

（2）レトリック論の研究は最近盛んである。入門書として参考までに以下のものを挙げておく。佐藤信夫『レトリックの意味論』他三部作（講談社学術文庫、一九九六年）。瀬戸賢一『メタファー思考』講談社現代新書、一九九五年。共著『認知文法のエッセンス』大修館書店、二〇〇八年。野内良三『レトリックと認識』NHKブックス、二〇〇〇年。菅野盾樹『反〈哲学的〉考察　新修辞学』世織書房、二〇〇三年。

（3）『よるべなき両親』和田修二監訳、玉川大学出版部、一九八〇年、一九頁。

（4）『続　教育と人間の省察』岡田渥美・和田修二監訳、玉川大学出版部、一九七六年、一二三頁。

第八章　臨床教育学「と」教育哲学

〈『臨床教育学三十年』からのコメント〉

この論文の初出は「教育哲学研究１００号特別号」（二〇〇九）である。その後『「人間と教育」を語り直す』（ミネルヴァ書房、二〇一二年）に同名で一部手直ししたものを掲載し、今回さらに加筆した。筆者年来の研究主題である臨床教育学を方法論中心に再考察して、それが果たして臨床と名乗るにふさわしいかどうかを問い返したもので、臨床ブームへの批判と自戒を込めた展開になっている。体系的な教育理論の構築を目指す思考法に対しては挑発的な臨床論になっている。その結論の未全（然）性という点では問題提起的な教育論であるが、第九章以下の考え方を生み出す役割を演じていると思う。この〝目に入ったゴミ〟論は、西洋哲学史上でかなり有名な譬喩であることを後刻知り、その系譜を意識して、臨床教育言説の「問題」を語るようになり、本書の以下で試みる全体―部分論ではこのイメージが作用していると思う。また今回の加筆は、後半の常套句に関して、それを教育言説の型と時間とを「痕跡」と見立てる考察を加えてみた。

第一節　臨床教育学の方法論または〝目に入ったゴミ〟

【初出　『臨床教育学の方法論または〝目に入ったゴミ〟』教育哲学会『教育哲学研究』１００号記念特別号、二〇〇九年、一部加筆】

①　臨床教育学に向けられた「期待」を裏切る

［１］臨床教育学への期待

臨床教育学という名称とその活動が教育関係者の関心を惹くようになったのはその研究が開始された数年後の一

九九〇年代半ばのことで、臨床ブームとこころの教育論が教育界を席巻した当時のことである。この動向の直接的な動機は、七〇年代以降次第に増加した学校での問題事象（登校拒否、いじめ、暴力、非行など）が加速度的に拡大し深刻化するに至って、それらがもたらす危機的事態に対応するために、教育諸学の連携と具体的で即効的な対策作りが要請されたことに起因している。一九九六年には、日本教育学会のシンポで「臨床教育学に何を期待するか」というテーマが設定され、幾つかの構想と実践例が紹介された。教育・心理・福祉などの分野を横断した新しい研究体制を整備して、教育の危機に対応し教師を支援するといった目標がこの時の共通理解であった。時代の緊急課題に教育学が取り組む姿勢を鮮明にして学校現場との関係をさらに深めるために、当時流行語になっていた臨床心理学の「臨床」を冠して装いも新たに、臨床教育学によってこの事態に対応しようとした訳である(1)。臨床教育学以外にも、臨床社会学、臨床哲学、臨床福祉学など臨床を名乗ることで臨床ブームにあやかる分野が急増し、大学の学部・専攻やコース・講座のネーミングでもこの便乗傾向は続発して、今日では学会まで作られている。

臨床の定義がそれほど明確でないこともあって、皮肉なことにこうしたブームはかえって臨床という名乗りのいかがわしさを呼び起こし、臨床教育学もこうした疑惑にさらされてきている。教育関係者なかでも学校現場では、臨床心理学の応用分野として臨床教育学が了解されている場合が圧倒的に多くそのイメージから、臨床教育学は臨床心理学に比べて実際的な見立て技法と治療法の開発が未熟であるいわば二流の臨床心理学との批判をしばしば受けた。そうした批判を回避するために最近では、臨床を、従来の教育学が愛好してきた常套語「実践」の類語と見なして、いわば臨床偽装によって伝統的な教育研究のスタイル、たとえば個性を生かす教育とか発達支援の教育などを混ぜ合わせて、その存続を図ろうとする動きも現れている。

臨床教育学はその誕生時点から、教育関係諸学との総合的実践的連携および学校教育との交流と支援という実に厄介な難問を押し付けられていた。これら、理論と実践の相互媒介や学際的研究などの課題は理屈上すべて正論であって、特に、ある教科や学習領域に特化した分野をもたない教育哲学系の教科書ではこの課題は常套句として罷り通ってきた、いわば適わぬ宿願なのであった。これらの難題が、臨床を接頭語に戴いたからといって簡単に解決するはずがない。臨床教育学がこれらやっかいな課題に取り組むなかでかなりはっきりしてきたことがある。それはこれらの課題が本当にやっかいな難題であって、課題を提起するそのやり方とその達成イメージを変換する工夫をしない限りこの難関は突破できない、つまり課題や問題を提起するその設定の仕組みの的確性に問題があるということ、（臨床）教育学自身の自己批判と自己変容が最大の課題であるということであった。なかでも、教育学と学校現場とにおける教育を語る仕組みの同／異に関する哲学的な分析が大きな課題であった。この教育言説の仕組みの同／異に言語学的な洞察をめぐらして、現場に行き渡っている教育観や子ども観を支える教育意味の枠組みに接近し、それと教育学言説との境界や落差の所在を解明すること、それが何よりも必要であるということである。必要なことは、理論と実践の橋渡し作業を強調して夢の懸け橋を夢想することではなく、両者がどのような位置関係にあってどのような種類の言説で双方が教育を語っているかを解明することである。（ある意味当然な）このことが、臨床教育学展開の中で筆者が気付いた切実な課題であった。

教育に関する諸学との連携、なかでも臨床分野の先達である臨床心理学との共働と連携は臨床教育学の当面の課題であったが、この共同態勢をつくることが簡単でないことは間もなく判明した。もちろん、私の体験を安易に一般化することはできない。しかし一般論としても、例えば臨床心理学が設定する面談場面や相談の技法、事例言説の作成と解釈の仕方、意味付けの文脈や用語・レトリックの使い方、概念構成の仕組みなど、問題を見立てる実際的な解釈手法の基本的立場において、当然のこととはいえ、教育学との相違は大きい。学問研究の専門主義化によってすでに教育隣接諸学と教育学との間には相当な距離ができあがっており、臨床教育学はその事始めの段階で、その目的とは裏腹に教育研究体制の分断と個別化に直面することになる。確かに、学校での問題状況を臨床心理学的な手法で解決しようとするいわゆるカウンセリングマインドの活用は、学校教育に一定の実際的効用をもたらし、そのための研修が数多く企画された。だが、こうした場所で強調される用語たち、共感的関係、受容、対話（相談）、表現、イメージ、ことば、そして理解などは、教育学においてもそれぞれ独自の意味付けでカテゴライズされている生きた言葉装置であり、それらを文脈を離れて恣意的体験的に活用する訳にはいかないのである。

［2］教育現場が期待するもの

学的な領域設定の過程において、学問間での概念構成上の齟齬は不可避であるがこのズレないし境界線争いは、制度化された研究という大学においてさらに増幅され、細分化と固定化の一途をたどっている。自省を込めて言えば、このことは教育学研究内部（大学の教育学部や関係学会に見られる）においても顕著である。教育学研究という共通領域はもはや存在せず、細分化された孤立の研究域を専門性の名で囲い込み、自己防衛的に相互無関心を装うなかでつかの間の生息を大学において謀りあっている、と言えば言い過ぎだろうか。

臨床教育学にとっての難題は学際的な交流のレベルだけではない。学問領域間の相違面だけではなく、今ひとつのそして最大の難関は学校現場との関係において現れる教育意味の理解に関する差異である。学際的交流という前者の課題は、そこに学校との実践的な関係が介在することで一層複雑なものとなり、ある意味より深刻化する。一般的な教育論としてではなく、具体的な問題事例を共通項として教育学／臨床心理学／教師の三者が話し合う場合、三者は問題への対応を考えてそれぞれの問題言説を作り、相談と対話の原則に従ってコミュニケーションを図る。しかし実際には、問題をめぐる相談で明らかになる相互の教育観（像）の差異は予想以上に大きく、特に問題の「解決」をどのように考えるかをめぐる肝心な点で三者の認識と判断のズレは対立的であるとすら言えるのである。

筆者の教育相談（一九九〇年代の約十年間、幼小中学の教育相談を担当する。相談相手は問題に対応している教師が中心で、形式は一対一の個別相談である。カウンセリングというよりもコンサルティングという、文字通りの支援的相談活動に取り組み、この間の経験を基にその後、現職教師の再教育とそのカリキュラム開発に取り組んだ）では、相談者が教師に替わって問題に直接関与するのではなく、問題に対応する当事者である教師の協力者として教師を支援することが主眼であった。問題解決の請け負い代理人ではなく、教師に対応能力を育てることが目標であった。臨床教育学的な言い回しをすれば、その活動は学校の「問題」においてその「問題」を通して教師の再教育を目指すものであり、臨床心理学的な用語と不慣れな技法を身につけた二流のカウンセラーに教師を仕立てることではなかった。相談者は、すでに学校教育に精通している当事者である教師が、「問題」を通して（問題の「解決」を通してでは決してない）その当事者としての在り方、つまり教職の専門家としての在り方を改めて問い直す、その反省と自己変革の過程に同行する役割を担う者と考えたのである。

しかし、教育相談の場面で教育現場から相談者に期待されるのはこのような役割ではない。現場の期待は、教育に関する高論や説教じみたこころの教育論などではもちろんなく、問題事例を分析診断してそれに対するたちまちの対応を具体的かつ適切に提示することである。問題が深刻であればあるほどこの要求は切実である。実際的な処方箋が描けない相談者はある意味相手にされない。問題の解決や解消に対する教育現場の要請と期待は、教師個人のものというよりも学校を含む教育界全体の要請であって、その要請は今日では、学校でのあらゆる問題を解決（消）しようとする――そして、それができると思い込んでいる――強い欲望に変質して、問題状況が発生することを容認しない偏狭な自己防衛と異質を排除する敵対的なイデオロギーとを同時に亢進させているように思う。

教育相談で語られる問題言説は、ある事象なり行為を「問題」と見なす見立て方、問題の経過のたどり方、その特徴を語るレトリックさらには問題解決の方向など、それらはいずれも学校教育固有の文脈で語られ、制度的あるいは行政的文脈を基調にした一義的な教育言説に限定されており、それによって教師と子どもの思考と行動も強く深くその政治的影響を被っている。その制約の正体は、学校教育に関する一般的な議論においてよりも、深刻な問題状況においてより鮮明に露見する。それは貴重な、しかしある意味で当面の問題事象以上に深刻な、教育言説の問題状況を物語るものである。皮肉にも、臨床教育学が「問題」において「問題」を通して出会っている学校現場の教育とは、問題の即効的解決の要請に強く方向づけられた偏狭で強欲な現実であって、一体何が「問題」でありそこで何が起きているのか、その意味は何なのかなど、「問題」のかたちや意味を改めて問うための余地を失っている、というよりもその機会を隠蔽している、硬直した現実なのである。学校教育の制度的な自己防衛策は、最近では更に前進しており、司法や警察との連携・協力を定着させ、その支援的介在を正当化する「第三者委員会」方式を普及させている。教育の「問題」を「解決（消）」するために、正体不明の「第三者」的組織が権力化することで、皮肉にも、学校教育の空洞化と教師の「専門職」性の劣化が加速されて、教育「問題」の所在と意味とが、権力的に排除・遺棄される事態が露骨になってきていると思う。このような動向は、臨床教育学が問い続けてきた「問題」における「当事者」性ともかかわって、教育における新しい領域の出現であって、単なる制度上の解決策のレベルでは済まない重要な意味を含んでいると思う。

臨床教育学の教育相談の課題とは、「問題」解決を学校教育の制約を逃れた（そのように見えるだけであるが）学外の臨床専門家に委ねるという方策をとらず、その制約の内部にあって、「問題」と教師と学校を相談対象に巻き込み、「問題」とそれを「問題」と見立てる教育の仕組みを積極的に織り込む仕方で相談の展開を工夫して、要求されているところの問題解決の思いそれ自体を逆に差異化する、そのような試みなのである。

〔3〕「問題」は解決できるのか

「問題」が、やっかいで解決はおろかその意味さえ不明な状況として教育の場面に出現した時、それは否応なしに人間とは、教育とは、という巨大な問いを呼び起こす。臨床の教育相談においてこの問いを避けることはできない。学校の問題解決の要請に応えるという場合、臨床教育学はこの問いにどう応えればよいのか。即効的対応とそれに対立さえする異次元の問いに応答するという、いわば相容れないしかも一体化している両面からの要請への対応が、相談のある場面で必ず迫られる。そして、この対抗する二重の課題に直面することにこそ臨床教育相談の役割意義があると言えるのだ。教育相談に、臨床心理家（学者）ではなく教育（学）者が立ち会えばこの対応を拒むことはできない。逆の言い方をすると、こうした教育をめぐる意味の錯綜状況が現れてこないような教育相談とは一体何なのか、むしろそのことこそが問われるべきなのだろう。

では相談場面において、人間とは教育とは何かという問いに答えるのか（答えられるのか）と言えば、教育哲学（者）ならばいざ知らず臨床教育学的には否である。この問いかけや要請に応答しないことは不誠実であって相手の不信をかうことになる。しかしまた、この問いに答えた途端、その答えは嘘となりここでも不実を犯すことになる。つまり、個別の問題事例において、解決可能であることを前提とした問いに応答することや、正しい教育（像）を想定した問いに答えること、つまり要請や問いが出されている前提やその文脈を問い直すことなしに無反省になされる応答は、教育実践への背信、つまり臨床教育学があたかも正しいあるいは理想の教育言説の語り手であるかのような幻想を与えることになる。その途端相談は一方的な高論と教説に変質して、問いは新しい次元へ撥転することなく消滅させられる。しかし、相談の場面では、応答しないにもかかわらずその要請と問いかけは、教育相談展開上の機転の仕掛けとしてどこまでも確保されなければならないのである。それは相談において、答えられることのない未決の問いとして未審現然と確保され、相談が「対話（問答）」に変換する機変として、相談過程において待機させられるのである。相談が、教育上の「問題」において答えられない未決の境致に及ぶ時、相談は相談であることを止めて（脱 - 相談化する）、新しい対話（問答）圏に到ったと言ってよい。とはいえ、教育相談においては、この相談の過程は単なる対話への通過場面を意味するものでは決してなく、相談場面での問題の具体的個別性に即応することによってはじめて撥転する機変としての対話なのであって、教育相談はその撥開を可能にする不可欠の助走的条件であると言ってよい。この点でいわゆる哲学的な対話主義とは別種類のものであると考えてよいだろう。相談の役割とは、一面で現場の要請に応えることである。と同時に、それに答えない（答えられない）ことをはっきりさせることでもある。この答えないことが相談の脱 - 相談化という生産性をもたらす。このいささか逆説的な転機の場面を自覚的に待つことが、教育相談技法のひとつであると言えるだろう。現場の問題解決に貢献することは確かに臨床教育学の課題であるが、そこで言われるところの「問題」の意味や所在、さらにそれの解決とは何かなどを問うことなしに、対応と対策を説得的に語る相談者は、実際的な便宜を提供することによって教育の役割と意味を制度的な一義的文脈で語ることにかえって加勢し、好語によって相談と臨床を便宜に堕すものである。そうした期待を帯びた相談活動を制度的に定着させることは、逆に教師や親の教育者的態度を衰退させ、結局は「問題」の暴発を誘うことになるだろう。

② 撥転装置としての「問題」言説

[1] 「問題」から教育の意味を再発見する

臨床教育学は、学校教育の実践的要請に無条件に対応するものではなく、現場の問題言説に対して冷醒に距離を設定しそれへの差異化を図りながら相談を進める。私はかつて（二〇〇二年）臨床教育学の位置について次のように述べた。

「臨床教育学は、臨床心理学をはじめとする先行臨床研究分野と、既存の長大な歴史と領分を占有している（と思っている、だけかもしれない）教育学と、それらに加えて、教育「実践」や「現場」を支配している（かのように見える）教師たちとが、一見したところ、相互に不一致であるにもかかわらず微妙な境界線を守りあっている（かのように見えるが、恐らくこの境界線の上か下かには巨大な意味空白の世界が潜んでいるのだろうが）この三者の勢力圏の、まさにその境界領域をめがけて着地しようとしている」と記し、丸括弧を使ってその真意を伝えようとした。(2)

臨床心理学と教育学と教育現場のいずれにも回収されない、学際的な境界線上に潜む「巨大な意味空白の世界」の発見と開拓に臨床教育学の夢を託したわけで、その発想は、今日的な表現で言えば“boundary work”の試みと言えるだろう。それが提起するものは、学術研究の専門主義化と孤立自閉化傾向が強まるなかで、かつての学際的（inter-disciplinary）研究の“inter”の内実とかたちをより多義的性格へと開放するために、学問領域間の関係を、multi-/across-/trans-disciplinarity などといったより多様な分節と異種結合の仕組みに変換させて、学際論を、平板で実体的な関係論から多元的な意味交差関係に転換させる試みである。言い換えれば、今日では学際的というカテゴリー自体が変容し境界線の劣化と研究のハイブリッド化が進んでいる（特にヘルスケアの分野で）ということである[3]。

教育学研究にあってもこの事態は切実な課題であって、近代的な学理体系の正当性やその自律性の理念がきびしい挑戦を受けており、その進行は平面的で内発的な脱構築論を追い越しすでに教育学のアイデンティティの崩壊に急迫している可能性がある。臨床教育学が構想された時点での目的や方法の設定と実際の展開で当面する課題や方法論的工夫とでは当然違ってくるが、学際的な再構成という点では、臨床教育学はすでに“inter”ではなくあきらかに“trans”の性格をもっており、隣接諸学との学際関係という枠組みを脱し、さらに理論と実践の橋渡しといった課題設定にも対応しないところにきており、臨床教育学は変種化した教育学を構想していると言ってよいだろう。

臨床教育学に関して、先の“boundary work”のイメージを借用して議論を進めると、その作業位置は、教育学の外部と教育界内部での現場（いわゆる理論と実践）との両面境界の何処かであると言えるだろうが、この位置設定においての臨床教育の最大の利点は、教育現場のやっかいな「問題」、意味不明で謎めいた「問題」状況にかかわるという点である。つまり、学校教育の周縁部に押しやられ排除されようとする限界的な「問題」事象に関係する立場にあること、学校教育をそれとして意味限定している境目の狭間から教育を考察するという格好の位置にいるということである。その場合、「問題」状況は一方で学校における教育意味の内／外という比較的特定しやすい境界線と、他方でその「問題」が、教育や人間の在り方を問う巨大問題に通底するものである限り、それは漠然と「教育的なもの」あるいは「人間的なもの」を意味付けている広大な意味地平としての境界（地平線）にも通脈するものなのである。この「問題」状況が垣間見せる境界／地平の二重性は、学校教育という特定可能な「境界」とその境界を更に包摂して意味付けている学校外の「教育的なもの」（それを離れて学校教育が孤立しているわけではない。この学校境界は外からの意味浸透が可能な境界であって、この境界が機能することによって学校教育は特定の意味を選択しそれを濃縮して一義化することができるのである）、更に、この漠然とした「教育的なもの」をそれとして意味付け限定しているもうひとつの「地平」としての境界の存在、この二重構造を指している。後者の「地平としての境界」は、客観的な実態として存在するものではなく「問題」とのかかわりにおいて学校教育言説の破綻とともに必然的に現れてくる「地平」なのだ。それは多義的で漠然とした意味地平的な性格のもので、漠然としているがしかしそれはある種の共通感覚的な説得力をもった集団イメージ的な働き――ここではそれを通念的（endoxa）な教育観と呼びたい――として了解できるものである(4)（この「地平としての境界」の彼方を問うことは、ここでの考察を越えたものである）。

「問題」の意味を問う相談場面ではある出来事を「問題」と見立てるその見方の仕組みを学校の制度言説を払開して問い進めなければならない事例が少なくない。「教育とは何か」「人間とは」という問いは、「問題」言説の「脱 - 相談」としての「問答」への転開によって、「教育的なもの」を意味付けるその「地平」に迫る必然性を帯びた性格の問いなのである。

[2]「問題」言説の二重の枠組み

ところで、臨床教育学は「問題」を通して教育現場と結び付くが、その結び付き方はここでもまた二重構造的になっていて、具体的な問題事象とそれを「問題」と見立てる教師の教育理解の仕方の両方がかかわっている。「問題」は客観的な事象ではなく選択的に取り出され特定の教育的文脈によってあらかじめ意味付けられ、しかもそれは公共のレトリックによって作り出された枠組みで条件づけられたものである。教育相談に登場する「問題」事例は、この種の全体的で漠然と通念化した教育観と決して無縁ではないが、しかし当面は、一義的な教育言説で「問題」として意味加工された特定のものである。もちろん、「問題」はいわば二重化された教育観に支配され、それらを屈折変形してそれ（「問題」）に映し出しているのであるが。

通念的な教育観（「教育的なもの」）と制度化された教育言説との関係は、同種教育観の単純な大小関係ではない。しかし両者は全く異種類のものでもない。類似してはいるが実体として比較対照される性質のものではなく、理論的な説明で合理的に体系化される関係にあるとも言えない。その関係は、意味レベルでの類似的な関係、つまりメタファー的とか、通念（類）に制度（種）が包摂される（その逆もあり得る）シネクドキ的な関係として、譬喩的な位相と見立てることが適切ではないかと思う。こうした譬喩的な、類似的もしくは包摂的な意味関係は「問題」の見立てにも映され、「問題」をめぐるこの二重性（客観的実態的な二重ではなく譬喩的認識における二重性）は、先の境界の想定においても、また「問題」言説の展開と方向においても、つねに文脈構成上の基調をなすと考えられる。

学校での「問題」言説は独自の筋立てによって言語化されており、コミュニケーティブで説得性をもっている。それはまた、習俗や習慣とともに政治的イデオロギーを織り込んだ偏見の複合態であり、当然ながら、理論的合理性ではなく解決に強く動機付けられた心情的性格をもっている。例えば共感や理解、関係や元気などはもとより、不登校や登校拒否さらには低学力など、教育相談で頻発される用語はすべて、すでに解決に方向づけられた意味合いで語られ、理解と共感とが、支配と隷属の関係にすり替わっている場合が少なくないのである。かつて、K・バーク（K. Burke, 1923-1993）は、現実を記述する作業には必然的に選択と偏向が伴い、記述は客観的中立的ではなくつねに「用語系（術語）スクリーン」（terministic screens）による「歪曲」が施され、スクリーンによる偏向を免れ得ないことを指摘した。[5] 学校の教育言説またこの偏向において成立し展開してきたと言ってよい。「問題」は、学校化という偏向の中で発生している。その特徴的な傾向は、「問題」言説なかでもそれの解決さらに加えて予防

病原の役割を果たすことになっているのである。

を要求する語りの仕組みが、「予め掻いて痒りを待つ」の格言よろしく、危機管理言説を増殖させ、学校教育の意味と役割を頑なな一義性へと凝固させている。その結果、「問題」言説の仕組みがかえって「問題」を増発させる病原の役割を果たすことになっているのである。

〔3〕〝目に入ったゴミ〟という生産性

臨床教育学では確かに、語られる「問題」を話題にする。しかしすでに明らかなように、その場面で演じられるドラマの主役は必ずしも当の問題ではなく、まして来談した教師の要求でもない。教育相談は、その所期の期待をどこかで裏切って、学校の期待を偸んで脱‐相談化を仕掛ける転機をたえず待っていると言ってよい。つまり学校言説の一義化の枠を越えて――「問題」はすでにそこを越境しているが学校言説はそれを許容しない――それを包んでいる通念的教育観の中へと、「問題」に導かれてそれに同道して教育の意味が共どもに飄遊することを課題としている。学校が取り込んだ教育意味を、それを解体することなしに「問題」言説に仕組まれた形のままでもろともに、境界線出入り自在へと払開することがねらいなのである。これを可能にするものは「問題」がもつ衝撃力や新奇さなどではなく、「問題」事例の具体的な個別性であると思う。

「君の目に入ったゴミこそ、もっともすぐれた拡大鏡だ」とは、アドルノ（T. W. Adorno, 1903–1969）の格言だが、これは臨床教育学の手法に通じる的確な譬喩表現だと思う(6)。つまり、やっかいな目の中のゴミという不測の経験を、生活世界を理解する認識様式の反省的な変換の仕掛けに見立てるこの譬喩は、自明的な世界像の経験が選択的な不注意の所産であることに気付かせ、変則的な事例による新しい認識スタイルを払開する、いわば意味発見の仕掛けと位置付けたものとして興味深い。「問題」、それは一義的な教育制度言説に回収できない、出来れば無視したい瑣末事（目の中のゴミはそれを許さない）なのだ。その個別性や変則性さらに瑣末性に臨床教育学はこだわる。その構え方は神経症的瑣末主義との謗りを免れないかもしれないが、「問題」とは、教育意味の断層面を拡大して見せる格好の局面なのである。「問題」は学校にとっては対抗的でやっかいな断片（fragments）事象にすぎず、それらの意味を問う臨床教育学の作業は、局地的でローカルな知性のそれであって、その働きが教育学の体系化に貢献できるとはとても言えない。臨床教育学はこのような変則的で局地的な事象において、むしろ教育の理論的体系化とは異種の思考スタイルを育て、その「目（ゴミの入った）」で教育を考え直しそれに新しい意味を発見しようとしていると言ってよい。

臨床教育学の瑣末断片的な「問題」言説の仕掛けは、理論的な体系としてあるいは制度言説として一義化されている教育論や、理想的教育像を語る観念論的教育論などに対抗する批判的変則的な認識スタイルの形成を促すもので、それは教育を多様かつ多義的世界に放開する構想力を備えたものでなければならない。それはまた、教育が不確定な状況を漂い続けている（したがって漂い続けてきた過去をもつ）ノイラートの船であることを冷醒に語り継ぐ役割を担うものでもなければならない。「問題」を断片として語ることは、学校言説とその背景にある意味地平（通念的教育観）とに二重化している教育意味の境界／地平に、その「問題」事例の非連続な断片性をカタにとった対抗的言説によって接近して、その境域に意味差異化を仕掛けるためである。この学校制度言説の越境は、一義的世界からより曖昧な多義的世界への開入を意味する、と同時に、教育意味の不確定化という溶解と流出の危機的な状況にも開かれたままで「ある」ことを物語っている。個別事例の「問題」言説は、教育意味の多義性と、それと表裏をなす未決性あるいは非確定性への筋道を展開する。臨床教育学にとって重要な点は、このような教育意味の変換や非確定化への筋道が、どこまでも「問題」という教育的日常の文脈を混乱させる不規則な断片を起点にしたものであること、しかも「問題」を教育状況一般や社会状況の全体に還元する方向をとらず、それとは逆方向にシフトしている点である。つまり、その対抗が現場の言説と擦れ違い空振りに終わることを防ぐために、教育相談という局地的な言語場面にその断片的な瑣末事を釘付けにして、「問題」を通して教育意味にひねりやねじれや押し戻しなどの摩擦抗力を持続させる言語的仕掛けを工夫する、これが臨床的な言語戦略の手法であると言ってよい。

臨床とは具体的な「問題」を起点にする相談である。この点を揺るがせにしないことである。具体的「問題」事例を離れずそれについて相談を重ねる過程で、「問題」はどこまでもそれとして存在しながら、しかも同時に「問題」は教育意味を同伴して多義的な意味圏に共に放開されることで、その「問題」性を失い意味変換される。臨床教育の課題とは、相談が脱‐相談化すること、「問題」が脱‐問題化すること、この意味変換の仕組みをその語りに工夫することである。それをさらに先の意味「地平の彼岸」を想定して言えば、「虚空に釘橛す」（虚堂智愚）仕方で「問題」事例に釘付けされる語りの貫徹によって、かえって「問題」を離れる試みであると言えるのかもしれない。

③　常套句——隠蔽と転開の場所

［1］　教育意味の確定から未決へ

相談とは、解決のための答えを探すことから問いかけ自体を工夫する作業にと転換的移行を図ることであるが、この移行はある意味で不可避的であるにもかかわらずその移行にはつねに停滞と躊躇と逆戻りが付きまとい、相談の終息かそれとも問答や対話の撥開か、その両者が錯雑してざわめく境界なのである。教育「相談」の脱的変換は、教育言説と「問題」言説が、より多義的な通念的教育観（共通感覚的に了解された半言語的・半意識的な構想態と、当面して措く）に押し戻され、いわば意味未決の文脈を織り込んだ教育言説を構想すること、理想的（である必要は全くないのであるが）な教育像を語るのではなく、教育を語る文脈の中に、それに対抗して差異化する多義的な未決性を語る言語的な仕掛けを組み込むことであると言ってよいだろう。この非確定的な境致の言語的な出現において はじめて、教育の多義的意味への放開という実践的な課題が、別の表現をすれば、学校言説によって作り上げられた「問題」言説の仕組みが後退して、問題を「解決」するという実践的な呪縛からの解放が可能となる。それは当事者たちの主観的な解放感などではなく、認識のレベルと言語の仕組みにおいて新しい意味が主体的に行取され、その教育理解の仕組みが新種の語りのスタイルとして教育現場で表明できる、いわば教育意味の再発見なのである。

教育相談の課題が、繰り返し述べたように、「問題」に導引されながら教育意味を同伴して学校言説を限定する境界に接近し、この境界線上で出入り自在な意味変換が展開する場面を仕掛けることにあると考えると、この局面を払開する手掛かりは、「問題」言説にすでに仕組みまれている非日常的な事例性・事件性に関する語り方にある。それが瑣末的であっても「問題」の例外的な事件性が、教育意味を問い直す局地的な機変にほかならないからである。したがって、「問題」言説の作り直しという具体的な作業が、「問題」と教育の意味を再発見する有力な回路を開く。問題解決を目指す相談が脱‐相談化して対話（問答）関係に転換する過程において、「問題」事例が解決の対象としてではなく、教育意味の分節の語りの事例としての役割をはたすことになる。「問題」を多義的な文脈においていかに語り直すか、「問題」は実態としてではなく教育の意味可能態として多様な言語態によって物語化され、相談はここでは物語作り（創作）の共同作業となる。この共同作業は仮説的な言語創作の漸進的な過程であるが、同時にそれは相互の認識様式の変化と教育理解の枠組みの変換的拡大の過程でもある。「問題」の意味変換という局地的な出来事が、丁度オセロゲームのように、自明化した教育言説の筋の各所に思わぬ変換を仕掛け、教育意味の風景を変えるのである。そして、この風景は、いずれはまた教育学の理論や学校の実践論などによっておもしろくもない常套句の世界に組み込まれることになるのではあるが。

臨床教育学の教育相談は、瑣末な事例において教育の境界上の局地から教育言説に変換を仕掛ける、広い意味で言語的な手法に依っていると言ってよいが、この手法は教育言説の意味解釈のさらにより広い領域を開拓することができると思う。

［2］教育意味に多義性と多様性を蘇らせる語りの仕掛け

臨床教育学が「問題」事例の個別性にこだわるわけは、教育意味を語る用語と文脈に不規則な対抗的語りを仕掛け、その不調和によって、教育世界が未決状況と表裏一体であることを語り継ぐためであると言える。その立場や「(ゴミが入った)目」を洗練させることによって、現場と理論のいずれの言説においても、実はすでに教育意味が多義性と未決性に転換する場所(トポス)が内蔵されていること(しかし、それらは教育言説の定型化と思考様式の画一化によって隠蔽され行方不明になっている)に気付く。教育言説の地誌学や考古学さらには認知解剖学などによって、教育多義性への回路が仕組みまれた語りの場所を探索することは可能であって、その作業は臨床教育学の新たな主題であると思う。私はかねてから、教育の意味分節と新しい文脈とが撥開する場所とは、原理的に非連続的でフラクタルに布置するもので、しかもそれ自体として直接指示できるものではなく必ず譬喩的な表現として教育言説に仕組まれていると考えてきた。

教育を意味深長に語る譬喩的な言語装置が仕掛けられている文脈と場所を探り当てること、これは実は教育相談での魅力的な作業でもあり、臨床教育学がレトリック論や譬喩論に関心を向けていたのは、こうした実際的な狙いからである。特に譬喩表現に関して言えば、最近の認知科学が身体感覚論と大脳生理学と言語学を交差させて、ベイシック—レベルカテゴリー理論によってメタファー思考の人間学的基礎付けを試みているが、こうした立場から解明される認知活動にみる譬喩的構造は、先に述べた通念的教育観(「教育的なもの」)の曖昧な漠然性格を理解するために興味深い手掛かりを与えてくれる(4)。

教育言説(それは教育相談であり教育を語るテキストでもある)において譬喩的表現が活躍する場所を探すことはさほど困難ではない。それどころか教師は実に巧みに譬喩を操りその専門的なコミュニケーション能力として譬喩理解のそれが不可欠であると思わせるほどで、しかもそれらの譬喩言説は教師の個人的な表現技法というより集団的なレトリックという側面が濃厚である。この、教育関係者が愛好してその意味が十分に陳腐化されている譬喩的表現とその語句が作り出す語りの文脈、つまり「常套句」（truism）が何の抵抗もなく滑り抜けるその場所が注目されるのである。

常套句は、学校制度言説の一義化に最も貢献する実践的なイデオロギー化装置であって、教育意味が多義性へと分節する可能性を抑圧し、その起点を隠蔽して教育言説を決まり文句とスローガンに貶める、いわば教師と子どもの思考と行動を画一化する元凶であるなどなど、その存在と役割は厳しく批判されてきたし、教育相談でもしばしば槍玉に挙げられる言語態である。しかしまたこれほど便利で貴重な言語装置も他にはない。この常套句あるいは廃れた譬喩は、「問題」言説の展開においてもきわめて重要な役割と位置を占め、相談での語りの典型をつくっている。

常套句は、そのコミュニケーティブな通じの良さで説得性を発揮するもので、これの活躍する場所こそは、実は未審にして未決な多義的意味が潜む場所が廃《すた》れ、それが機能不全に陥った廃墟ではないかと考えられるのである。常套句とそれによって作られる語りの仕組みはそれ自体廃墟であると考えられるが、同時にそれは教育意味の変換を仕掛ける標識でもあるのだ。この両面理解においてこそ常套句はその生産性を取り戻すことになると考えるのである。(7)

この変換を可能にする確かな仕掛けとは、共通感覚的で意味未分な、半言語的・半意識的なイメージ圏を言語化する譬喩の働き、なかでもメタファーの働きが有効であると言ってよい。そして、この変換を仕掛けた新しい譬喩は、それが教育意味と事象を新たに分開して、学校言説の境界を自在に出入りする境致を開く語りの仕掛けとして作動し、教育言説の有用なレトリックとして機能することになる。とすれば、その譬喩はその有用性において必然的に常套句となり、陳腐化して廃墟化する運命を辿ることとなる。

教育言説は、それに譬喩的な語りを内蔵することによって、常套句の役割を換骨奪胎して教育意味の一義的硬直化を免れさせ、それに多義的構造を撥開する可能性をたえず回復させる手掛かりを得ることができることになる。

しかも回復のこの過程は、教育意味を再び一義性へと陳腐化させる過程の始まりでもあるわけなのである。臨床教育学にとって教育相談とは、その過程での構造的な脱自化を含めて、「問題」言説の個別性を武器に、教育意味を多義的未決へと放開する、いわば意味転開を仕掛ける言語学的な現場であると言ってよい。そこでの言語的仕掛けに関する実際的に洗練された知見は、相談場面はもとより広くテキスト解釈に向けても新しい解釈技法を提示するものと言ってよいだろう。

後述するように（本書第九章第一節）、教育意味の分節と撥開が起こるところは教育現場での不確定な「その都度」の出来事であり、非連続な偶然にかかわっている。常套句は、そうしたその都度の出来事の「痕跡」であり形骸であると見なし、したがって常套句が施設されている場所こそは新しい意味発現の標識でもあると考えた訳だが、このような「痕跡」論を手掛かりして、教育言説の形骸化と撥開の両義的な潜在勢の「しるし」を探ってみると、教育学が十分な吟味をすることなく批判して無視してきた現場のさまざまな事象と行為が、教育意味の発見や理解に新しい役割を果たすことができるように思う。例えば、教育現場での教師の身振りや言い振りなど教師「らしさ」について、今日では、そうした「らしさ」は、型にはまった融通のきかない、すぐにお説教をする押しつけがましさなどなど、いくつでも重ねられる「教師タイプ」として批判的に揶揄されることが多い。この「らしさ」はしかし個々の教師の個性的振舞であるというよりも、学校教育に関する偏見（イデオロギー）の所産であり、歴史的な構成物なのである。確かに、幼児教育から大学教育に至るまで、教師「らしさ」は多種多様であって一概にそれを定義することはできないし、「教師タイプ」と揶揄されることへの嫌悪感が教師に潜在していることも否定できない。最近の我が国の教育政策が、教師の専門職性を目標達成型の技能職に強く傾斜させそれにふさわしい教師「らしさ」を養成することに余念がないが、これは新しい教師タイプ神話の登場であると思う。このことは、教育相談の場面での教育言説でしばしば出会う傾向であり、「問題」を共に語ることに不安を覚えそれを回避して、相談の場面が成立しないタイプの教師たちである。

しかし、相談場面では、そうしたイデオロギー的に産出された教師タイプの顔と口振りが破綻する、「問題」においての挫折の隙間から、別種の教師「らしさ（の痕跡）」を垣間見る機会があることも事実である。実体的なタイプと「痕跡」やしるしとしての「らしさ」を仮に区別するなら、タイプが頓挫する裂け目から「らしさ（の痕跡）」が見えるということだ。その「らしさ」は微妙でもろく不安定であるけれども、タイプとは別種のある「形（それが痕跡である）」を具えているが、実体的な事象としては取り出すことは出来ない。それはタイプ的なものが意味停止するその「痕跡」自体であると言えるだろう。その点で「痕跡」という概念は、「その都度」性という現在的行為とともに、「らしさ」を発見して理解する手掛かりとして有効であると思う。それは、イデオロギー的な教師タイプが宙吊りになった余白に現れる、「教育的身振り」のかすかな息吹きの「痕跡」なのだろうか。タイプに乗っ取られる危険と表裏の関係に置かれるというきわどい行程において、「らしさ」の所在を問うことはできるだろう。「らしさ」は教師の完成態でも理想像でもない。完成態というよりもむしろ可能態であって、多様な「らしさ」への回帰を示唆する「しるし」であると言えるだろう。

注

（1）和田修二・皇紀夫編著『臨床教育学』アカデミア出版会、一九九六年。臨床教育学の成立の経緯に関しては、序章「臨床教育学専攻を設置した経緯と期待」（和田）に詳細な記述がある。これは我が国における臨床教育学の構想を最初に論じたものである。我が国の臨床教育学の源流に位置するオランダのランゲフェルト教育学については拙論を参照してほしい。皇紀夫「臨床教育学からみたランゲフェルト教育学」和田修二・皇紀夫・矢野智司編『ランゲフェルト教育学との対話――「子どもの人間学」への応答』玉川大学出版部、二〇一一年、同論文は、本書第七章所収。

（2）皇紀夫「教育『問題の所在』を求めて――京都大学の構想」小林剛・皇紀夫・田中孝彦編『臨床教育学序説』柏書房、二〇〇二年、一七頁。

（3）"boundary work" に関しては以下の文献を参照。

Julie Thompson Klein, *The Rhetoric of Interdisciplinarity: Boundary Work in the Construction of New Knowledge* (in The SAGE Handbook of Rhetorical Studies, ed., A. A. Lunsford, Calif. 2009, pp. 265-283). また multi-/inter-/across-/trans-disciplinarity に関しては、R. H. Roberts, J. J. M. Good eds., *The Recovery of Rhetoric* (London, 1993) の六頁以下に簡潔な説明がある。

(4) 〝通念的な教育観〟については、皇紀夫「教育のなかの教育——臨床教育学の試み」上田閑照監修『人間であること』灯影舎、二〇〇六年、を参照。レイコフらの認知科学の手法をもとにして生活世界が複合メタファーの構造をもつことを論じ、人間の認知様式が身体感覚論的に多義的性格であること考察した。また、教育言説の解剖学的試みとして、学校言説が子どもの状態を空間シフトするメタファーシステムを慣習化させてきたと分析してみた。

(5) K. Burke, *Language as Symbolic Action*, Univ. of california Press. 1966.（森常治訳『象徴と社会』法政大学出版局、一九九四年、一七九—一九八頁）

(6) T. W. Adorno, *Minima Moralia: Reflexionen aus dem beschädigten Leben*. G. S. IV suhrkarmp 1951.（三光長治訳『ミニマ・モラリア——傷ついた生活裡の省察』（新装版）法政大学出版局、二〇〇九年、六〇頁）。ここでの引用文は、M. Jay, *ADORNO*, London, 1984.（木田元・村岡晋一訳『アドルノ』岩波書店、二〇〇七年、二頁）を使った。

(7) 皇紀夫「臨床の知と生徒指導——臨床教育学の文脈において」『生徒指導学研究』第五号、二〇〇六年、七—一八頁参照。

【初出　『教育と将来世代への責任――いかに責任を「もたないことができるか」』教育哲学会『教育哲学研究』第１０８号、二〇一三年】

第二節　教育哲学と「教育・・・」

①　はじめに

与えられた主題は、「教育と将来世代への責任」について教育哲学的に語ることである。近代的な教育言説が共有してきた啓蒙的な理想主義の文脈が急速に衰弱していること、そして、その種の教育論の前提の無効性を指摘するポストモダンの教育論もまた、拡散と散逸と退行を繰り返し脱―脱の失速状態にあると言わざるを得ない。共有できる前提が崩壊状態にある思想状況において教育を語ることはそれ自体が危うい厄介な課題であるが、しかしそこにこそ教育「哲学」の出番があるということかもしれない。その役割は、足場と背景を失った宙空状態で教育「に」舞うことなのだろうか。体系的な思考の展開を目指す「システムの哲学」に対して、ニーチェ以降のアナーキーで実験的な哲学が「スタイルの哲学」と称され、その系譜にはカフカやサルトルらの「哲学的文学」とデリダ、リオタール、ド・マンらの「文学的哲学」とが認められると言われるが、「哲学」的な考察もまた激しい脱化現象に見舞われている。(1)

ここに与えられた主題自体、見方によれば既に破産した教育言説の面影をとどめるもので、その問い掛けに対して直接的な応答がむしろ期待されていないと思われるふしがある。つまり、いかにも確定的な未来論や教育責任論の構築を持ちかけているようにみせながら、その教育論の前提がすでに不確定化していることを隠しているという、議論構成において早くもイロニーが仕掛けられているように私には思える。ちなみに、イロニーはソクラテス以来の対話的な技法でその特徴は結論を宙吊り状態におくことであると言われるが、そのように理解すれば、ここでの考察は特定の未来像や教育責任論を「システム哲学」風にアレンジした教育論として語ることではなく、逆に、ある種の結論めいた合意形成を目指さない、その種の体系的な思考法を逆に差異化する教育論の可能性を問うことであり、教育への責任（論）を語らない可能にも開かれているという問題設定に読みかえることができるのではないかと思う。そのことは、無責任を意味するものではない。そうではなくて、責任があるか／ないかの判断を宙吊りにすること、つまり責任の対象や範囲はどこか、責任の主体はどこにあるのか、応答の関係の場面や状況はいかんなどなど、従来の教育論が繰り返してきた議論の枠組みから離れて「外」に空間転位する仕掛けである。未来や責任の言説を教育的な決まり文句から解放して差異化した状況、つまりそれらを「もたないことができる」という例外的状況において語る（或いは語ろうとしない）試みである。教育学が蓄えてきた教育責任論に同化しない仕方で教育と責任を語ることがはたして可能かどうか、この教育言説スタイルの変換の可能性に挑戦してみたいのである。

しかし、この種の新しい意味転換の試みにさいして、私たちは今日困難な事態を、そして、ある意味でそれは未来社会を展望する場合に不可避的かつ危険な事態を経験している。それは人間の生活世界の「外」「例外」に関する想像力の劣化である。「外」や「例外」の意味が、恣意化した貧弱な想像力によって占拠され遺棄されようとしているのである。これは、私たちの知性や感性、思考や構想力の劣化を指摘する認識に関する一般論としてではなく、二〇一一年三月一一日（以下3・11）を起点にして露呈されてきた新しい〈政治的〉〈言語的〉経験として、である。自然と生命の危機に複合して、生活を取り巻く科学技術と情報などが「人間の在り方」に一点集中した危機として経験され、その生／死の経験を語る中枢に「政治」が隠れていることが露呈したのである。例えば、東日本大震災と原発事故以降、責任回避と免責の役割をになうコトバとして流布定着した「想定外」がもった「政治性」がそれである。このコトバはごく日常的な語句であるが、ある時点である文脈構成において決定的な政治的イデオロギーの役割を演じる破目になった。この語句は、想定の内と外の境界設定に纏わる恣意性を暴露すると同時に、そしてこのことこそが重大なのだが、想定の「外」の世界の存在と役割意味を貶め、「内」を限定してそれを成立させている「外」世界の尊厳を深く傷つける結果をもたらしたことである。「想定外」は、人間的な生活世界の有限性を語る境界語句としての役割を奪われ、無責任なご都合主義の行動を正当化する言い訳語句として同語異義的に加工され、新しい政治的役割を演じるに到ったのである。「想定外」は単なる境界の外を指すだけではなく限りない開けをイメージさせる非‐対象指示的な、その非在性においてその存在意味を誇示するという、興味深い日常的な語り口であったのだが。

想定「内」の危機が、それが排除していた例外であるはずの想定「外」を反って「内」に取り込み、それが機能していた境界を隠して、「外」に情報と価値と意味を転化して「内」の破綻と欠陥を覆い隠し、批判を封じるための説得の技法を作り上げたのである。例外を操作して「内」の意味秩序を確保するという政治的な戒厳令体勢の常套手段がここに現れていると思う。この経験は、或いは科学的な安全神話の脱神話化現象と言うことが出来るかもしれないが、しかし忘れてならないのは、現実にはこの脱神話化こそが新しい神話つまり同語反復的な「脱―脱」とし政治的に再生され、内／外の境界の弛緩と安易な乗り越えによって意味世界が政治的にひそかに再構成されていること、その意味では、両者の関係は相互的構成的であるとともに相互剝奪的な関係にあるということ、この事実を私たちは今経験しているのである。

3・11経験が作り出した「想定外」言説が露呈してみせた「内／外」の境界設定の恣意性と政治性とは、我々の日常の言語生活に深い影響を及ぼし未知の不確実な世界に関する認識態度を変化させているように思う。教育界においても、未来といい責任といい更にはいのちの教育などをめぐる言説において、それらは「想定外」言説との類似性を構造的に具えていると思う。ここで想定されている教育責任論や未来論もまた、3・11経験にみる「想定外」言説のひそみと臨床教育学の経験とを関連づけて、その連関をより先鋭化して言えば、近代教育思想の「内」

の遺産の延長線上にある幻想的な未来・責任ではなく、文字通り「外」としての未来でありその教育への責任を語ることであるのならば、その考察は、教育を意味付ける境界状況における意味の構成と排除、遺棄と包摂、例外化と規範化の対抗的で相互依存的な力動を呈示する作業と結び付く必要があるだろう。臨床教育学は、学校教育における理解困難な、それこそ「想定外」の「例外」問題の事例に敏感に反応して、その問題の個別性において教育意味の発現の可能性を問い続けてきた。しかし、教育現場における例外的な問題事象においてもまた、教育意味の差異化を促す境界状況固有の潜在的な多様性は衰弱しており、「問題」の意味理解の手掛かりは劣化していると言える。その意味では、教育の未来と責任を語る仕組みを構想することと臨床言説とは、いずれも意味の劣化と拡散と喪失という危機的な状態に置かれていると思う。

②「約束された未来」論と教育との危険な関係

私は以前、心身医療における「能力増強」(enhancement) に発する技術的或いは治療的な人間観が教育に急接近して教育の現場に影響を与え始めている様子を描いてみた(2)。

それらはまず、人生の始まりと人生の終わり或いは病気という周縁域に現れ、前者は、分子診断学と遺伝子工学の先端技術によって生命の誕生以前の遺伝子構造にかかわり、後者は生命科学による細胞の移植と再生の治療として死「後の生命」に関心を呼び、誕生と死と病の周縁域に「生命」科学の技術的介入が窺われている状況を取り上げた。人間の生命に関する思想的・科学的・技術的な枠組みが急速な変化を遂げるなかでその影響が教育分野に及んでいる事例を紹介し、教育活動の生物学的（脳）生理学的な前提に地殻変動が起きており、教育（学）が前提してきた人間学の諸命題に劇的な転換が起きていることを論じた。教育学が蓄積してきた教育理解の様式や理論的形式、教育の方法・技術論、子ども理解の認識法など、その影響を受ける領域は広く深いものがある。教育活動を意味付ける枠組みが越境され「外」から突破される状態にあり、従来の教育意味は散逸を余儀なくされようとしているのである。子どもの「能力増強」に取り組んできた教育は今やその活動拠点を生命科学と遺伝子工学と情報科学とによって占拠され既にそのアイデンティティを失っているようにさえみえる。教育の課題と方法はこれら生命科学のテクノロジーによって追い越され、その活動は別のカテゴリーに移行されつつあるように思う。皮肉なことに、教育活動の制度化と科学化を目指した近代化教育論の展開がこのような教育の自己解体を準備した訳で、その過程で蓄積されてきた教育に関する概念や用語（たとえば学力・能力、自己実現あるいは成長、発達、伝達など）は「外」に乗っ取られ、それらの文脈的な意味は解体され、雑然とした記号の羅列に変容しているのではないだろうか。よく知られているように、脳神経生理学による脳機能の構造的な解明は、その内容の当否は別にして、それが先端科学技術の成果であるという意味において、従来の脳科学の認知的機能の成果とは別種のものになっている。その成果はすべてを「情報化する」普遍的な技術と一体的であるという点で、もはや個別分野に限定されたテクノロジーの応用にとどまるものではない。情報科学と人間に関する諸科学のシームレス化は人間の脳機能理解の情報学的完成であり、「コンピュータ化した人間的脳プロジェクト」構想であると言える。つまり、人間の脳はかなり高度のデータ処理機能を備えた機械であってそれはもはや生物学や生理学に還元されるものではないということだ。この種の教育論議を更に増幅させているのが「バイオ・キャピタル」論である。人間の生命活動を、途絶えることのない情報の流れに見立て、その数量化された「生 - 資源」が最大値に到達するように「生涯学習」システムを整備するという発想である。そこでは、子どもの潜在性や可能性は測定と管理の可能な資源としてマークされる。教育活動を基礎付けそれを意味付ける言説は教育研究の領域の内外から急激な変革を迫られ、言説の劣化と空洞化は加速していると思う。臨床教育の相談場面で経験した、「心の病」の治療を装った「能力増強」論の事例は、教育が「生 - 資本」の論理に巻き込まれる予兆であり、教育の世界が大きく転換していることを物語るものであったのだろう。教育の未来と責任について語るためには、教育のこの現状をどのように解釈するかという課題を織り込むことが不可避である。超然として教育の未来図を設計してその達成過程を傍観者のように描くことではない。

教育の未来論は、ある意味で手ごわい相手であるバイオテクノロジーが描く未来像とそれを実現するための「生-資本」に向き合うことを余儀なくされているのだ。例えば「現われつつある生の形式」(emergent forms of life: (Fischer, 2003; N. Rose, 2007) や「約束された救済論的科学」(promissory salvationary science: K. S. Rajan) などと呼ばれる生権力論が仕掛ける未来論がそれである。前者は、フーコーの生政治学の内実を二十一世紀におけるさまざまの分野でのエンハンスメント事象として取り出し、それらの医療技術が未来志向的なイメージを伴っている点こそが特徴的で、そこでは医療技術はすでに単なる科学技術ではなく「未来の生命力を最適化することを念頭におきながら、今日の人間存在に介入」するという、政治性をもつという。(3) 今日の生物学的医学の関心は生命現象を知的に解明することよりも「技術的な介入によってそれを変形させること」であって、そこでは病気と健康をめぐる境界線議論はもはや問題にならない。それだけでなく、ゲノム医学では未来に潜む潜在的な疾病を「発症前検査」によって診断し、超予防医学と称して〔患者の前段階〕を想定(予言)することが出来ると考えている。これらの「約束型文化」(promissory culture) においては「臨床的な実践ではなく、むしろ現われつつある生の形式という点において、何かが起きている」のだ。(4)

「約束された救済論的科学」とは「生-資本」を支える信仰構造にほかならず、バイオテクノロジーが未来召喚の「認識論」レベルの言説に対応すると分析してみせるのが『バイオ・キャピタル』である。(5) 本書は副題「ポストゲノム時代の資本主義」が示すように、二十一世紀の生命科学(なかでもゲノム学の出現は、情報としての生命が「譬喩」から商品化可能な「物質的」現実になったことを踏まえて)を資本主義の新しい段階の表象として捉え、生命科学と資本主義の「共生産的構造」と重層的相互依存的関係を「生-資本」という用語で押さえ、エスノグラフィーの方法を使ってインドとアメリカにおけるゲノム産業の社会的文化的基盤を検討した研究である。その内容の紹介は控えるが、例えば、生物学が情報科学化した結果、情報産出のスピードが物質的な価値となり、遺伝子情報においては配列の差異の発見こそが市場価値の高い情報であること、遺伝子情報の脱商品化を目指して生命を救い健康を増進する「徳能的 virtue」な行為としての治療が価値を産出していることなど、生命科学をめぐる技術科学的な市場の興味深い分析が試みられている。本著者の考察で注目されるのは、「生‐資本」による「約束された未来」の言説とパフォーマンスを考察する第3、4、5章である。ここでの基調は、「生‐資本の文法」を、「言説的な（とりとめもない散逸的な、散漫な）装置」（discursive apparatus）において検討することである。その事例に取り上げられるのが「ある未来の到達を望んだ言説の形式」、つまり未知なものにかかわる技術革新は同時に、投機の対象として資本を呼び込む確かな価値創造を約束する、という論理である。つまり「約束された、リスクを伴った、技術革新のイデオロギーで先鋭化された、（グローバル化しつつある）」「ベンチャー科学」の文法を探り出すことである。(6) その中核的な言説構成の戦略こそ「約束すること」なのだ。アメリカの遺伝子企業を事例にした分析では、一方で未来での目的達成を保障しないにもかかわらず、その未来のヴィジョンこそが当の企業の現在を支える条件になっている、そこで機能しているのは「約束」の効力だけなのだ。ラジャンの結論はこうである。「バイオサイエンスの企業におけるヴィジョンを語る言説が、救世主を語る言説（例えば、「生命のためのゲノム学」というモットー〔筆者〕）に形態的に近いという点を、これらの言説が自然に共生しているということを指摘したい」、つまり宗教と科学とが、神学と投機とが結び付いて独特の「救世主的な空間」をバイオテクノロジーが内蔵していると指摘する。(7) そして、「未来完了現在形」とも呼べるような新たな文法の時制をもった未来「約束」言説はさまざまのパフォーマティブ成果を生み出す。その言説は、約束的なヴィジョンは企業の存在そのものを可能にするだけでなく、それの持続的な価値を生み出し、そしてたとえその約束が達成されなくてもそれを「虚偽」として位置付けられることはない。「約束」言説は虚偽でも過誤（error）でもなく「約束的なものを招来する呪文」（promissory conjuration）期待の地平で免責されるのである。

本書の第5章では、アメリカでの「生‐資本」の特徴をM・ウェーバーに模して、そこに「再生 born-again」

の倫理、『救済論的なまなざし』が潜んでいると仮説し、宗教・科学・資本主義の多層的な共生的構造を、救済と国家に関するレトリックの分析を通して明らかにしようとする。この種の共生的な関係構造を支えているのは未来の可能性その非決定性であり、その「非決定性こそが物神化」を導いている、と考える。(8)この非決定性が、「テクノサイエンスが新しい形で予言した未来」「明るい未来」への約束を信じる、いわゆる「宗教なき救世主主義」のレトリックとして、国家と企業のみならず国民の意識に広く深く浸透し、それこそが「生‐資本の救済論的な約束」の物語を活性化させ続ける源泉であるという。

教育における「能力増強」論から医療技術のもつ未来志向性とその過程への技術的介入を「約束型文化」の形成として解釈してみたわけである。教育の未来論もまたこのような未来論に類似・隣接したタイプのものと言えるのではないだろうか。『バイオ・キャピタル』は、バイオ企業と生命科学と国家の共生関係を「約束された救済論的科学」と総称的に表現したエスノグラフィックな考察であり、厳密に言えば前記二つの研究論文は方法論上の相違や認識様式に相違があるにせよ、未来への「約束」言説が生命科学やバイオテクノロジーに共通する語りのスタイルであると指摘する。未来の可能性を（そのリスクを含めて）最大限に強調して神秘化して見せても、或はそれとは逆に、その神秘性と科学的な言説を結び付けて脱神話化を試みても、生命科学とテクノロジーを支える宗教・科学・資本主義経済の共生的構造から離脱することはできないのである。教育の未来に関する問いかけには、問いかけること自体において既にこのような未来約束の文脈にからみつかれた状態にあり、未来を語る語り方はすでに多層的に条件づけられており教育（学）の思い通りにはならないのだ。

リスクの排除と予防、約束と増強をセットにした「生‐資本」の強力な、絶えず増殖を続ける支配を教育はうけている。未来を約束するその約束こそがすでに潜在的価値として商品化されるメカニズムにおいては、医療医学と同様教育においても未来を「約束する」ことは、かつてのロマン主義や理想主義の教育論の未来像とは異質の文脈に転移させられ、子どもの人生において医療的心理的な予防と危機管理と介入を継続的に続けることが未来に対する救済であり「責任」ということになる。その過程は、例えば環境破壊を惹き起こしている企業が同時にエコ運動のキャンペーンを展開して、医薬産業にとって予防対策を進めることが新しい病気の開発につながり生涯にわたって治療機関と製薬産業の支配を免れることが出来なくなる医療化社会のメカニズムが作り上げられていく、それに類した工程を教育制度として完成させることになる可能性がある。

教育の医療化が指摘されて久しいが、その傾向は単に現実の問題事象への医療的あるいは薬理学的な臨床対応を意味するだけではない。それは教育が「能力増強」的な価値創出を目指す「約束された救済論的科学」の態勢化に組み込まれることをも意味しているのである。教育が未来への責任を口にするとき、それがたとえ子どもの命と幸せを願うものであったとしても、その願いである「約束」言説と行動には既に「生‐資本」の戦略が浸透していること、少なくとも背中合わせの状態にあることを意識せざるをえないのである。「約束された救済論的科学」という世俗化された救済論が手ごわいのは、それが救済の脱‐神話化を遂げたその後に現れた「科学」的神話であることだ。しかもその脱‐神話化は完全な解体ではなく単なる領域の移行、つまり「内」が拡大して想定されていた「外」を取り込み、それを「内」の文脈に置き換えるという偽装ないしキメラ的な変容、いわばパロディーを演じるのである。それはもはや科学ではない、にもかかわらず、それは目先の新しさを装って私たちを惹きつけてやまないのである。「約束された救済論的科学」の影響を受けた教育論や教育実践の、一体どこが「問題」なのか、その問いに応答するすべを私たちは失いつつあるようだ。「問題」を露呈すると想定されていた境界域は、臨床教育の事例に即して言えば、「問題」を排除することによって逆に包摂して教育の枠組みの中に定着させるという生‐政治的機能が支配する場所に変り、内／外を差異化する境界としては機能不全に陥っていると思う。「問題」言説は、確かに手持ちの教育観を揺さぶり変換を迫る意味論的な落差や捩れを仕掛けていると言える。と同時に「問題」発現の場面は意味撥開に向けて十分には起動せず、「正から負」への単なる通過地点としての零であるにすぎず、意味転換点としてのゼロ化機能を衰弱させているのである。「問題」は、その形や規模、深刻さの度合いや社会的心理的な影響の大きさといった、それらの量的尺度に意味があるわけではなく、むしろ教育的意味を縮減して境界を露呈してみせる「ゼロ化の働き」にこそ独自の意味があったわけだが、今では「問題」の場所は「意味のない効力」の出来事という逆説的な生産性を失って、教育意味の枠組みの偽装された拡大（つまり縮小）と精緻化と称する監視化におかれていると言える。先の文脈を借りて言えば、教育現場の「問題」事例も、教育の未来論も、いずれも教育意味の物神化に利用されその細部にいたるまで「救済論的まなざし」に呪縛されている、と言えるのではないか。

③ アガンベン思想と教育（学）の接触

「生‐資本」が描く未来像に教育を重ねてその展開過程を詳細に検討する試みは、教育哲学の作業としてはあまり魅力的ではないと思う。教育哲学に今日的な課題があるとすれば、「生‐資本」の論理によって囲い込まれて身動きできない教育の現状を具体事例に即して分析してその教育論の展開を中断させること suspension ではないだろうか。怒りに任せて教育体制の解体を叫ぶのではなく、教育言説とそれに基礎付けられた活動の中断ないし宙吊りを仕掛けて展開を無効化する仕組みを工夫することである。その作業は、教育の制度や内容方法に関する認識論や方法論・政策論レベルの課題としてではなく（なぜなら、その種の問題解決型の課題設定は科学技術が最も得意とする領分であって、その思考様式に中断を仕掛けることこそが課題なのであるから）、教育意味の形成にかかわる意味地平を焦点化する存在論レベルの課題なのである。教育言説を存在論的に再考して、「生‐資本」態勢の呪縛から放たれた人間と教育がイメージできる意味空間を、しかも教育を解体する仕方によってではなく、発見することができるかどうか、である。この議論は、難解な謎めいた課題設定を弄して教育を抽象的な思弁に引き込む試みであるとの批判を受けるかもしれないが、しかし、教育の現実はある意味で既に「生‐資本」の論理によって根こそぎの状態にあることに気付くために、そして可能ならば、臨床教育学的な思考様式に新しい展開の仕掛けが見つけられることを期待しての、きわめて哲学的臨床的な「実験」なのである。とはいえ、筆者は哲学者ではないしその分野の研究者でもなく、自前で存在論が展開できるわけではない。ここでは、「生‐資本」態勢に批判的でありその哲学的言説の点で充分スタイリッシュで、二一世紀の思想家と呼ぶにふさわしいG・アガンベン（G. Agamben, 1942-）のテキストを参照してみたい。当世流行の思想家を教育論に取り入れる羽目になって面白くないが仕方ない。幸いなことに、アガンベンには教育論と呼べる著作は現在までなく、その哲学思想は教育学への転用可能な体系性を備えたものでもない。むしろ非体系的な非完結性こそが特徴であり、西洋思想の古典から現代に至るさまざまの分野を縦横に駆け巡っている奔放な思想家であるとの印象が強い。教育論にとって興味を惹くのは、その多様な領域を自在に横断して飛躍を恐れない自由で強引な思考展開を支える方法であり思想家としての個性的立場である。彼は自らの方法を「哲学的考古学」と名付け、「現象の成立点に取り組み、したがって新しい仕方で原典と伝統を扱う実践」であり、その成立点とは「同時に客観的でも主観的でもあり、さらに言えば客体と主体とが区別しえない閾に位置している。この閾は、事実を出現させると同時にかならず認識主体をも出現させる。起源についての操作は、同時に、主体についての操作でもあるのだ」と述べ[9]、現象の成立点を、主／客の間である「閾soglia」（イキは敷居であり、部屋を仕切る境界であるがこの境界は同時に出入り可能な移動の開けをも意味している。アガンベンはこの区別と結合の両義的構造に起源をイメージしている）に求め、この「閾」の発見と解釈こそが、彼の「考古学」のテーマであり、その思考様式を特徴付けていると言えるのである。彼のテキストに再三登場する「もはや〜ではない」（no longer）と「いまだ〜ではない」（not yet）という語りスタイルは、閾の所在を「破壊と不可視の空間──内にして外、内にあらずして外にあらずという『場なき場 topos-autopos』──は、また同時、そこから何かが立ち現われてくる潜勢力を秘めた空間でもある」[10]ことを語る注目すべき言い回しなのである。

もうすでにアガンベンの思想圏に接近しているわけであるが、ここでの考察は、彼の思想を通覧することや教育学への応用を目指したものではない。そのような目論みは、彼の思想に接近すれば瞬く間に頓挫させられる。教育学にとってはむしろ未知との遭遇と呼ぶにふさわしい体験を強いられ「アガンベン症候群」（岡田温司）に冒される危険を覚悟しなければならない。彼の膨大な著作と多岐にわたる思索をたどる作業は難解であるだけでなく、その考古学的な迷宮に迷い込み教育現象に「出る」ことができなくなる可能性がある。しかし、そのような危険を冒してなおかつその思想圏に近づくにはそれなりの訳がある。つまり、教育の制度と思想を支配している「生‐資本」の論理とイメージを中断ないし差異化して、教育意味の成立する所在を無効化する（教育の本質や根本原理、教育の根拠などとして語られ、そうした原理原則が教育には不可欠であるという思考方法を破壊した後の残りカスへの考古学的関心）という、些かアナーキーな企てのモデルとしては魅力的だからである。アガンベン思想と接触する教育学の危険な冒険は、管見では、始まったばかりで、アガンベン思想と関連した教育論は多くないと思う。ここではその試みのモデルとして、T・E・レヴィスの『スタディーについて　ジョルジョ・アガンベンと教育的潜勢力』（二〇一三年）を取り上げたい(11)。

本書では、アガンベン思想の影響を受けている教育関係者が紹介されておりこの分野の動向を概観することができる。レヴィスの教育論――それは本書のタイトルに在るように「Study」論である（後出の「studious play」を「勉学的遊戯」とする邦訳があるが、ここではスタディーと表記したい）。彼の意図は、もはや「生‐資本」による教育（スタディーに対してラーニング（learning）中心の教育として総称されている）ではないが、新しい教育のデザインはまだない、この教育論の境界域（先述の「閾」）に自身の教育論を位置付け、ラーニング教育の「瀆神」（profanity）と中断において来るべき教育の可能性を探り出そうとするものである。彼はそれを「弱いユートピア主義」の教育論と呼ぶ。到来する教育の存在論として、彼はアガンベンの「非‐潜勢力」（im-potentiality）を設定する。アリストテレスに由来する潜勢力概念は教育学に馴染みの概念であり、潜勢力から現勢力への移行に教育の働きを同定してきたという点では、現代に至る教育学や心理学の概念形成において中核的な役割を果たしてきた。

アガンベンは、アリストテレスの潜勢力（dynamis）に関して「あらゆる潜勢力は非の潜勢力である」とのテーゼを掲げて、主に『形而上学』第十巻を典拠に、アリストテレスの非の潜勢力（adynamia）とは、潜勢力の欠如を指すのではなく、非の潜勢力とは、「現勢力にならない潜勢力」（dynamis mē energein）を意味するもので、「あらゆる人間的潜勢力に特有の両義性である。その両義性はその原初的構造において、自体的欠如との関係を自ら維持しているのであって、人間的潜勢力はつねに――同じものに対して――存在することができる潜勢力であるとともに存在しないことができる潜勢力、なすことができる潜勢力であるとともになさないことができる潜勢力である」という。[12] アリストテレスの潜勢力に関するこの解釈には異論もあるが、アガンベンにはこの潜勢力の両義性、つまり「あらゆる潜勢力は、同じものの同じものに対する非の潜勢力である（アリストテレス）」[13]という発見こそは、彼の「存在することが可能である」と「存在しないことが可能である」は互いに互いから帰結するという大胆な結論を導くことになるのである。[14] アリストテレスの潜勢力は、「現勢力へと移行するときに、自体的な非の潜勢力を単に取り消すのでも、それを現勢力の背後に放置するのでもなく、自体的な非の潜勢力を現勢力へとそのまま全面的に移行させ、つまりは現勢力へと移行しないのではないことができるもの、これこそが真に潜勢力をもっているものである」。[15] アガンベン思想と教育思想が強い緊張或いは反発の関係におかれるのはこの非‐潜勢力に対する解釈によるものであることは明らかである。

レヴィスはアガンベンのこの非‐潜勢力の概念をテコにして能力開発主義的な新自由主義教育論の中断と無効化を存在論レベルにおいて仕掛けるわけで、その中核になる教育概念がスタディーである。もっとも、アガンベン自身にまとまったスタディー論があるわけではなく、アガンベンの影響を受けた最近の人文科学分野における古典研究の新しい手法として関心が高まっている研究スタイルで、フーコーの『知の考古学』の系譜を強く意識した立場である。レヴィスはそれを「管理され最適化され商品化され（中略）最後は社会的な整形術によって完成させられることを拒否する非‐潜勢力の現われを学問すること」[16]、或いは「潜勢力それ自体の未確定な潜勢力に注目すること⒄」「可能性そのものの経験に開かれ続けること」など、それらの洞察と発見が、アガンベンが指摘する「非‐潜勢力」に関する感覚的、身体的、知的な経験にかかわる「コレクター」の仕事であり、「現勢力と潜勢力が出会う交差点⒅」としての「身振り」（gesture）であり、非‐潜勢力の現れの「しるし」（signature）（注意：記号ではない）収集を企図する「考古学」であるという。

先に述べたように、アリストテレスの「非‐潜勢力」についてのアガンベンの解釈に拠る「非‐潜勢力」の現れをめぐる論議は、現勢力をどのように解釈して意味付けるかという、人間世界の「現実」解釈に直結する深刻な話題である。アガンベンの「非‐潜勢力」解釈の革命的な意味は、それに伴う現実認識の存在論的な条件を根本から転換させ、人間世界の風景を一変させることである。つまり「事物と記号の曖昧さや両義性を明瞭にして」、明るい啓蒙（enlightenment）ではなく薄暗い愚鈍（endarkenment）に世界を変える仕組みを見つける思想であるからだ⒆。彼の思想が、世界各地でさまざまな領域に「アガンベン症候群」を惹き起こしている所以であり、其処かしこで薄暗い異種の世界が発見されようとしているのである。アガンベン思想に教育学が接触することは、教育世界がこうした薄暗がりの世界として見直されることを試されることである。教育は、明るい理想や希望に満たされたユートピアを語ること、そしてその世界を実現させるために人間の可能性や子どもの潜勢力を専ら語り継いできたのではないか。アガンベンの思想は、そうした教育学的思考（嗜好）の存在論の前提を揺さぶってくる。

レヴィスはスタディーの方法を「しるし収集の考古学」と名付け、「しるし」の発見と再解釈こそがそれの主題であるとする。この、専門用語としては馴染みの薄い「しるし」を鍵用語にして、これに類似した用語である記号や象徴などとの差異化を図り、非‐潜勢力の現れの「痕跡」や「残りカス」を探索する。この「しるし」の収集を主題化したスタディー論の展開は、教育論として臨床教育学の知見と対比してみると、スタディーが人文科学的な古典研究のスタイルの系譜をとどめていることと関係するのだが、教育世界で発現する「問題」事象への「教育（学）者」的な関心が弱い。教育をラーニングとスタディーに二分して、ラーニング中心の教育への対抗軸をスタディーの求める戦略が前面に出て、ラーニングの教育を中断或いは宙吊りするというよりもむしろ代替モデルを構築しようとする意図が強いと思う。これは彼がスタディーとstudious playにおける、〈教育〉中断の事例としてあげる多くのものが大学教育であったり、学校での教授法の代替であることから推して、その「教育学」的関心の方向性を指摘することができる。確かに、教育における「問題」事象への言及はあるが、それが個別で「しるし」的な解釈として考察されているとは必ずしも言えないし、その中断的事象を通して既成の「生‐資本」的教育言説や思考法の無効化がどこまで戦略的に作動するのか、はっきりしない。レヴィスが一方で教育活動の宙吊りや中断を仕掛けながら、その教育論がアナーキーに転落せず尚且つ便宜的な代替的教育モデルに同定されない、という際どい尾根道を進もうとする位置取りの帰結であると言えるかもしれない。その立場でのぎりぎりの選択が「弱いユートピア主義」であると思う。しかし、彼に対するこの注文は厄介なものである。なぜなら、現在の教育を「生‐資本」による生命と教育の全面的支配とみなして、その罪状を告発して教育体勢の破壊を叫ぶことはある意味で簡単であるし、教育学は繰り返しその種の革新的な理論を生み出してきた。その延長に教育の未来を構想するのであれば、教育にさほど関心を示さないアガンベンを引き合いに出す必要はない。もしその必要があるとすれば、それは教育の役割意味を支えている意味地平に関心を向け、地平の揺らぎや薄暗さのしるしに気付くためである。教育における中断或いは宙吊りとは、一時的な出来事としての非連続がもたらす生産性ではなく、教育が機能している意味世界全体に出現する無効さを保持し続けることであるからだ。教育活動の中断、教育の「瀆神」の果ての廃墟の「残りカス」に取り巻かれた風景、それこそ幽霊が現れる風景、それらに居合わせ住み処とすることである。レヴィスの考察は、アガンベンの難解な非‐潜勢力と「しるし」の概念によって教育世界に、このような奇妙で薄気味悪い世界、未確定な陰気さが所在する場所を奪回して、教育世界の自明性を存在論的に揺るがせる冒険を敢行したもので、その展開は教育研究への違和感を呼び起こすという生産性を豊かに具えており、特にその方法論において評価されるべきだろう。

④「しるしの考古学」と「教育・・・」

レヴィスの教育論の展開で重要な役割を果たしているにもかかわらず詳細に検討されているとは言えない、しるしに関するアガンベンの理論について、アガンベン自身は『事物のしるし――方法について』(二〇〇八年)の第2章「しるしの理論」で集中的に吟味している。ラテン語で「Signatura Rerum」と表題されたこのテキストは、邦訳者によって「新たなる方法序説」と注釈される程に、アガンベン思想の方法論が簡潔に語られている[20]。その内容のうち、しるしにかかわる論点を整理すると次のようになるだろう。アガンベンは第1章の終わりで、アリストテレスに由来するパラダイム論の特徴を六テーゼに要約している。その第一は「パラダイムとは、帰納的でも演繹的でもなく、アナロジー的な認識のかたちであり、単独から単独へと進む[21]」といって、単独事象理解におけるアナロジー的な認識法を強調しその方法によって、「事例がパラダイム的なものとなるのは、その範例性と単独性がけっして分離されない仕方で、全体への帰属を宙吊りにすると同時に展示することによってである」(同前)これは、教育における「問題」事象を認識する臨床性として繰り返し指摘されてきた様式であり、アガンベンの方法論もまた、個別性、アナロジー、全体への帰属の宙吊りなどを媒介項にするもので、臨床的認識論に通底する手法であることをうかがわせて興味深い。第2章「しるしの理論」は、パラケルスス医学が展開するしるし論を手掛かりに、その系譜をたどり、しるしが〈しるしづけるもの〉(signans)と〈しるしづけられたもの〉(signatum)との記号学的な関係を表現しているわけではなく、「むしろしるしは、この関係に根ざしてはいるが一致してはおらず、この関係を別の領域へとずらし、動かして、実践的にして解釈学的な新しい関係の網目に差し入れる[22]」。神学的に言えば「しるしは、創造の記号のうちにありつつ、その記号を有効にし、語らせるものである[23]」。アガンベンは、しるしの理論の構築を目指して、医学、植物学、天文学、神学などなどの領域からしるしの働きやその痕跡を、文字通り考古学的に探索する。「しるしの術」とは、類似的関係つまり記号からはみ出した余剰の意味を発見することにあり――その発見の成果は言語に保管されている――それは社会的な関係そのものに他ならないと考える。彼のしるしの宇宙論は際限なく拡大し、ついにはトマス・アクィナスの秘蹟理論としるし理論との類似性に及び、「記号からは切り離せないが記号に還元もできないもの、つまり記号にこびりつきながら記号に効力を与え、はたらきうるようにする「霊印」(Character) ないし『しるし』である[24]」との結論にいたる。或いは、「占星術はしるしの特権的な場」であるとして、類似的関係を表現するしるしによって人間が空の中に「けっして書かれなかったものを読む」ことになったという。アガンベンにとって「しるし収集の考古学」は「類似、共感、類比、照応の緊密な骨組みからなる世界[25]」を発見することである。それは記号でも象徴でもない、類似が作り出す際限なく増殖する奇妙な世界なのだ。しかし、アガンベンは「言語的意味の理論がしるしの理論によって補完されなければならない」「しるしが語らせるのでなければ、記号は語らない[26]」と明言して、記号学と解釈学の関係の「裂け目」「閾」に現れるしるしの役割を強調する。しるしは「いまだ言説ではないが、もはや記号でもない」、しるしは「記号に付着して」おり、したがって記号はもはや中立的な抽象概念などではない。アガンベンのしるしの理論は記号論を越えて存在論へと進み「しるしの場所」とでも呼べる域に接近することになるが、私は、彼の方法は「しるしの補完的解釈学」とでも呼べるのではないかと思う。この記号論と意味論との「断裂点」は、彼の「インファンティア論」以来のテーマであり、そこではしるしはまだ語られず、その所在は「ただほんの一瞬だけ、イルカのごとく、人間の言語活動は自然の記号論的な海から頭を外に持ち上げるにすぎない。しかし、人間的なものとは、もともと、純粋言語からディスクールへのこの移行以外のものではない。そして、この転移、この瞬間が、歴史なのだ」と指摘される[27]。

アガンベンの「しるし収集の考古学」が、西洋の歴史と生活世界において、排除抑圧され、疎外され遺棄され隠されてきた、「残りカス」の収集に従事して、世界から見捨てられているが「なお消滅していない」「意味のない効力」、権力によって「例外」と見なされた実存、いわば西洋世界が暗闇に封じ込めてきた事象を、しるし理論において語り直すのであり、この思想文脈に、先に見た存在論における非 - 潜勢力が位置しているのである。ここで発見されるのは、アリストテレスの潜勢力論の解釈における自体的な非 - 潜勢力が意味する特有の両義性である。先に紹介したレヴィスのスタディー論は、しるしの理論を活用した教育意味の存在論的転換の試みであり、エンハンスメント的な教育論に中断と無効を仕掛け、教育の廃墟に住みつき、不在や欠如、虚像を積極的に保持することおいて、教育を意味付ける言説に「裂け目」や「閾」を発現させようとする。そこでは、潜勢力の両義性は現勢力への移行によって消滅するのではなくそのまま保存され「その保存はもっぱら、（存在したり、なしたりし）ないという潜勢力というすぐれた形式においてなされる」[28]という。「いまここで読まれることを欲するしるしの、眼に見えぬかぼそい糸をたぐる」こと、そしてそのしるしは「屑としてあらわれる可能性があるからこそ」[29]しるしの認識論が人間世界の両義性を開現するのである。これ以上はアガンベン思想に言及する紙面の余裕がなくなった。最後に、臨床教育学の関心からこの思想家から得た収穫について触れておきたい。

　アガンベンの『思考の潜勢力』の末尾に「句読法の哲学」と題した小さな論考がある。そこではドゥルーズの覚書風のテキスト『内在：一つの生……（L'immanence: Une vie ...）』のタイトルにある「コロン：」と「宙吊り符…」の役割意味が考察されている。句読符号の役割の解釈については、ハイデガーを引き合いに出すまでもなく強い哲学的関心がもたれてきたが、アガンベンは、前記の二つの符号の役割について興味深い検討を加える。特に「宙吊り符：潜在性」の項で「宙吊り符…」の役割について、それが「統辞上のあらゆる結びつきを置き去りにする権能」をもち、「意味を外れた要素」が暗示されているという[30]。そして、事例にある宙吊り符は、単に意味を宙吊りして未完了性を強調してみせるだけでなく、単語と分離できないものとして「単語のあり方自体を変容させる役」を演じていると考える。彼は「点《ポイント》を一つ、以上ですべてだ。点を三つ、以上ですべてではない」（ポール・クローデル）をたくみに引用して、先の『一つの生……』が表現しているのは、「特異な［単一の］生のもつ絶対的に潜在的な本性のこと、また、その生は当の潜在性によってのみ自らを定義づけるということ」、つまり「一つの生」

に付着した…こそは、生の「さまざまの潜在性、出来事、特異性からなっている」[31]その現実性を維持する役割を果たしているのである。「一つの生……」によってしるしづけられるのは、政治的或いは科学的な介入や分離を原理的に無効化する文字通りの中断であり宙吊りであり、そこに「純粋で非人称的な生」（非‐潜勢力）の現れが想定されているのである。

アガンベンは、宙吊り符…の「専門語としての価値」を強調する。それが「題を締めくくるとともに開いたままにする」両義性と逆説の場所を開くと考えるのである。この宙吊り符…の哲学的な解明のためにアガンベンの難解な諸概念が生み出されてきた、といえば極論かもしれないが、しかし、それらをここに結集することで「しるしの考古学」を実践すること、つまり先に挙げた非‐潜勢力や残りカス、中断（宙吊り）や閾などはもとより、メランコリーや薄暗さ、瀆神や裸性などを投入して、・・・という無為にして限りなく多産なしるしの非‐所在に接近してみるのは、アガンベン症候群の発症といわれるとしても、興味深い試みであると思う。

たとえば、教育・・・というスタイルの教育言説の可能性について吟味することができるだろう。この・・・は、・や：とは違って「以上ですべてではない」と言い続けることで、単に教育の未完性や開放性を表明するだけではなく特殊な非定義性を主張する宙吊り符なのである。この宙吊り符は、ここが大切な点であるが、「統辞上の結びつきをすべて宙吊りにしつつも、当の用語をその純粋な規定可能性と関係を持つものとして維持する。宙吊り符はまた、この潜在的な領野にこの用語を連れ込み」[32]、教育との関係を維持することで確実に教育を宙吊り状態に引き込み、なおかつ潜在的な領野に教育を連れ込むのである。これは別種類の代替理論によって教育を語るという別立ての教育論が成立する余地を与えない。確実に当の教育論を中断宙吊りする仕掛けなのである。・・・は、教育に「こびりついて」かつ教育を宙吊りにしてその無効化を仕掛けるのである。教育に付着した・・・の特殊な非定義性をより鮮明にするために、アガンベン流のアルカイックなアクセントを付けるなら、それは教育につねに隣接する「空位の玉座」であり、その「空虚」を維持する役割を教育の哲学は担っていると言えるのではないだろうか。

注

（1）M. Gessmann, Zur Zukunft der Hermeneutik（W Fink, 2012, ss. 63~64）

（2）皇紀夫編著『「人間と教育」を語り直す――教育研究へのいざない』ミネルヴァ書房、二〇一二年、第4章参照。

（3）ニコラス・ローズ／山崎吾郎訳「現われつつある生の形式?」『思想――来るべき生権力論のために――no 1066』岩波書店、二〇一三年、二、三一一頁。

（4）同前書、三二三頁。

（5）K. S. Rajan, *Biocapital: The Constitution of Postgenomic Life*, Duke Univ. Press, 2006.（塚原東吾訳『バイオ・キャピタル――ポストゲノム時代の資本主義』青土社、二〇一一年）

（6）同前書、一八三頁。

（7）同前書、一九七―一九八頁。

（8）同前書、三三六頁。

（9）Giorgio Agamben, Signatura Rerum, Torino, 2008.（岡田温司・岡本源太訳『事物のしるし――方法について』筑摩書房、二〇一一年、一三八頁。）

（10）岡田温司『アガンベン読解』平凡社、二〇一一年、四六頁。

（11）Tyson E. Lewis, On Study Giorgio Agamben and educational potentiality（Routledge, 2013）

（12）Giorgio Agamben, La potenza del pensiero: Saggi e conferenze（Vicenza, 2005.（高桑和巳訳『思考の潜勢力――論文と講演』月曜社、二〇〇九年、三四二―三四三頁）

（13）同前書、三四六頁。

（14）同前書、三四八頁。

（15）同前書、三四八―三四九頁。

（16）Tyson E. Lewis. ibid., p. 15.

（17）Ibid., p. 36.

（18）岡田温司、前掲書、五五頁。

(19) Tyson E. Lewis, ibid., p. 74.（付記：その後レヴィスは、*Inoperative learning: a radical rewriting of educational potentialities*, 2018 を著し、ラーニングとしての教育を無効化する教育論を「教育の弱い哲学 weak philosophy of education」として提案している。そのねらいは、ability を宙吊りにする「in-ability」概念の再解釈であり、アガンベン的に言えば、非 - 潜勢力の所在の開示の試みである。「問題」言説の展開や教師教育の在り方に示唆するところが多いと思う。）

(20) G・アガンベン『事物のしるし――方法について』一七一頁以下参照。

(21) 同前書、四七頁。

(22) 同前書、六三頁。

(23) 同前書、六七頁。

(24) 同前書、七八頁。

(25) 同前書、八九頁。

(26) 同前書、九五頁。

(27) Giorgio Agamben, *Infanzia e storia Distruzione dell esperienza e origine della storia*, Torino, 2001.（上村忠男訳『幼児期と歴史――経験の破壊と歴史の起源』岩波書店、二〇〇七年、九九頁。）

(28) G・アガンベン『思考の潜勢力――論文と講演』三四九頁。

(29) G・アガンベン『事物のしるし――方法について』一一三―一一四頁。

(30) G・アガンベン『思考の潜勢力――論文と講演』四六六頁。

(31) 同前書、四六七頁。

(32) 同前書、四六七頁。

第九章　「未全」態としての教育言説

第一節　「テキスト」としての教育現場

① 記号「　」の役割

「問題」という表現に付けられている記号「　」は、問題の内容ではなく問題という認識様態の言説を浮き彫りにする一種の注意喚起のための指示概念である。注意喚起の対象は、「問題」としてすでに解釈され特定の文脈で意味付けられているところの意味的事象で「ある」とするなら、「　」によって注意喚起されるのは、問題事象であるとともにそれを「問題」と見なしている当の主体に対しても同時に向けられているのである。「　」は、対象と認識主体との関係に向けての注意喚起の記号装置と言える。「　」は、問題事象に関する日常的に自明化された見方を反省する、認識と判断を構成する意味付けの文脈を暫定的に宙吊りする仕掛けであり一旦停止のサインである。そこには多くの脚注や注解が潜んでおり、多様な解釈と反省的な判断が要請される例外的な状況が惹き起こされているのだ。記号「　」それ自体が特別な意味をもつ訳ではない。しかし、ある事柄が「　」に入れられるとその事柄はたちまち暫定的な宙吊り状態に置かれ、事柄には別の意味を発現する場所が強制的に与えられ、新しい役割が要請されることになる。したがって、「　」は言葉による全面否定や部分否定ではなく、ある事柄を従来のままの表現にしておきながら、しかもその表現に意味差異を仕掛ける。それは単なる言葉の置き換えや概念の移行などとは違う、文脈的な意味落差の仕掛けである。私たちはこの仕掛けを日常的に活用しており、その役割意味については経験済であるが、この仕掛けを問題というそれ自体すでに通常的でない事象に対して使うのであるから、「問題」は意味的には二重的な差異化を受けているということになる。

臨床教育学においては「 」をはずしたむき出しの問題や問題抜きの記号だけの「 」は生産性をもたない。前者では、問題は実体的な事象として観察の対象とみなされ認識する主体の反省的契機を削ぐことになり、後者の場合では形式的で論理的な記号操作に還元され、臨床的現実との緊張感と意味発見の機能は失われる。「問題」という表現態は、臨床教育学が自らの言説や行動を究極の本質的な原理に基礎付ける思考形式に距離を置くため、認識様式の差異化を演出・象徴する役割を担っている。「問題」は、「教育的なもの」への対抗的あるいは差異的な関係を作り出す出来事であって、ある意味で敵対的な相手的関係を演出するがしかし教育的意味地平の外部にいるわけではなく、両者は相互に相手を生み出し合う音程の違うコダマのような関係であると言ってよいだろう。この「教育的なもの」の意味圏から排除されると、「問題」はもはや「問題」ではなくなり、巨大な宇宙論的パトスに飲み込まれ、全体に対する部分の関係に置き換えられて還元的に処理されることになる。「問題」は「目に入ったゴミ」のように「教育的なもの」の閾内で拘り続ける。しかし、そのことは「問題」を神聖化する教育における新しいフェティシズムを呼び起こそうとするものではない。「問題」は「教育的なもの」との対抗関係を作る文脈を生み出すこと、つまり「問題」という表現態によって「教育的なもの」の境域・限界を明るみに出す、という意味で啓蒙と革新の役割を果たすのである。「問題」という表現態は、「教育的なもの」の内/外における「未確定なままの可能性」を開く仕掛けであると言ってよいだろう。さらに言えば、「教育的なもの」の内/外の境界域こそが「問題」の住処であり、「問題」言説はその境界を越境する状況を表している。曖昧で漠然とした、前概念的で半ばイメージ的な様態である「教育的なもの」が、その意味地平を際立たせて輪郭を現すのは、差異的事象としての「問題」によってであり、この両者は相互構成的な関係におかれている。とすれば、「 」つきの「問題」は〈対象的〉事象でありながら意味論的でもあるという、二重性を構造的に具えていることになる。

確かに教育の問題の背景には、歴史的文化的或いは経済的などの社会的事情があることは事実であり、他方で、特に臨床心理学が指摘する個人の成長発達の過程における心身の問題事象が組み込まれていることも事実である。それらが複雑に相互に関係する多重的な複合過程において問題事象が発生することは、経験的に指摘される通りであって、そのことに異論はないが、しかしこのような問題理解の仕方では、問題事象の発生原因と複合的過程に関する説明と対応策が明らかにされるとしても、そこでは「問題」という臨床のカテゴリーや様態という発想は生まれてこない。「問題」の原因解明と解決解消の方策は工夫されるが、「問題」の意味を問うことが同時に「教育的なもの」への反省的な洞察を作動させるという二重化された思考が生まれることはない。そうした双面的な変化の契機は排除され、「問題」の発生と認識の仕方において、つねに既に共犯的関係にある通念的「教育的なもの」は視界に入ってこないのである。「問題」は、主客の緊張関係を解かれもっぱら一方向に観察と説明の対象として限定され、「問題」であることの緊張関係から単なる問題に移行される。「問題」は教育に新しい意味を発現させる役割を解除されることになる。「問題」ではなく、問題解決に熱心であることは、誤解を恐れずに言えば、「教育的なもの」と「問題」の隙間から垣間見える意味落差を不注意に踏み越えることであり、問題解決という欲望に取りつかれたカラ騒ぎや隠蔽工作に見えてくる。

問題対策と再発予防と称して「教育的なもの」が監視と管理の役割を引き受けさせられ、機能主義的な制度を整える過程でその役割意味は縮減され、ついには教育システムの守旧保全機能へと劣化していくことになるだろう。

②　教育における「その都度」性

学校教育を、「教育的なもの」の意味を読み取る典型的なテキストに見立てるなら、そこで現れる「問題」もまた同じく現場理解に役立つテキストのはずであり、多種多様な表現態が混合交錯して、不思議な未確定的な事象が言語化され意味付けられることを待っている。しかし、このテキストを読解する正確な辞書は存在しないし、教育の在り方に正解を与える究極の解答は存在しない。それどころか、教育現象を言語化する形式も定型的ではなく、絶えず変化と転換を繰り返しているのである。究極の正当化言説ではなく、「その都度」の言説に教育意味の現れを期待するほかない。「問題」言説が生み出される状況に対応する「その都度」という臨場の機転の働きを強調するなら、なるほど、それは臨床的であるかもしれないが、そのような臨床的な対応はしかし、断片的なご都合主義という批判を免れるものではないだろう。他方で、教育における「問題」をテキスト解読という譬喩によって解釈する場合に直面する難題は、実際にはこのテキストが十分に管理されたテキストでもあるという点である。テキストの解読方法は、実はあらかじめ決定されているのである。しかし「教育的なもの」特有の曖昧さ、多様で多義的であるという非定型態は、それがあたかも教育の欠陥であるかのように考えられ、その特有の曖昧さは克服され解消されるべき課題として制度設計においてたえず葬り去られていくのである。制度化された教育理念は、「教育的なもの」の曖昧さを克服した現実態であるが、その目標達成過程は同時に隠蔽の働きでもあるのだ。教育は、それ自身における「問題」に出会うことによって、改めてはじめて、教育意味の多様性と可能性に触れる。この意味発見の循環する行程を歩み続けるわけであり、その活動の客観性や技術性がエビデンスとして一面的に強調される事態は、教育の前進というよりもむしろ多義性からの逃亡であり一義性への後退現象であると言えるだろう。例えば、子どもの学力を数値化して測定可能・比較可能な実体（物）に見立て序列化する教育観がそれであり、教育を読解可能なテキストに見立てる典型である。これに対して臨床教育学の構想は、「教育的なもの」の境界内部において発生する「問題」を言語化することで教育意味を差異化する。その差異化によって境界にどのような変化が起きるか起きないかは、「問題」を語る仕掛け次第であり、その変化は自動的でも因果的でもなく、不確定的であるけれども少なくとも教育言説に異種の要素が挿入されることになる。それは新しい教育用語や概念を採用することではなく、かえって、日常の教育会話で使われる語句そのままでありながら、それの使い方、語句の配列や語りのスタイル、筋立てや文脈の差異化といった、教育を見立て語る意味論的な工夫を指している。その工夫は、教育と「問題」が語られる場面、つまり「差異的様態」との共在関係をもちこたえる臨床的な態度能力であると思う。見立ての工夫は、言葉の意味の交換と対抗によって多様化され洗練され微妙なニュアンスの相違やズレが担保される関係、正解を出すことよりも双方が問いかける相互的な関係——それには長い沈黙も含まれている——の持続において、その関係状況の「その都度」性に現れる。それが技術的に或いは制度的に完成することはない。丁度、対話が特定の結論や意見の一致を目的とするものではなく対話関係自体の持続を双方が目指す限りにおいて成立するように、見立ての工夫が意味論的であるとするなら、その営みは、対話関係という言語形態論的な要件を必要としていると言ってよいだろう。対話関係は日常生活での言語経験の例外事象ではないが、しかし決して一般的で自明的な現象ではない。それどころか、教育においては対話的関係の経験はむしろ例外的な経験である。言葉の意味が多様であり多義的であるという主張は、学校の制度優先の言語態においては反って教育の名において排除される場合が少なくない。ある意味で、対話的関係は、学校教育と教師の専門職性にとって、そして子どもたちにとって、一番厄介な扱い難い領域であると言える。そしてそれはしばしばイデオロギー的に粉飾偽装され、管理や指導のテクニックにすり替えられる軽薄な常套句とみなされる。

話を元に戻そう。教育において「その都度」が口を空けるのは、テキスト管理が不十分でコントロール不能状態に陥ったところにおいてである。テキスト管理や監視などという強い表現を避けるとしても、基本的にその態勢に変わりはない。教育学はもとより教師たちもまた、教育に関するさまざまな知識と技法の在庫を抱えており、教育にゼロから取り組んでいる訳ではない。たとえそれが前概念的な曖昧さを伴ったものであるとしても、「教育的なもの」は個々人に先行して教育観を方向づけ拘束している。したがってこの「その都度」は純粋の白紙や始源のゼロを指すものではなく、すでにさまざまの偏見と個別の体験によって脚色されている教育観に支配されている所の、いわばすでに途中まで進んできている道中での「その都度」という分かれ道なのである。たとえ明確な根拠付けの意識がないとしても、確固とした教育的信念に根差しているわけではないとしても、日常生活の意識レベルに近いところで「教育的なもの」は設定され作動している。教育をテキストに見立てる手法は、この「教育的なもの」と「問題」との拮抗する場面を素通りすることはできない。「その都度」は、この意味で、対抗的で偶然な突発的出来事であり予測できない非日常である。「その都度」は、教育の現場では、少なくとも教師にとっては些末なことではなく、否応なく真剣にならざるを得ない応答場面である。「その都度」には、その対応を正当化する根拠もマニュアルもない、不確定の出来事を意味している。「教育的なもの」の在り方が特定の形として自明化されているとしても、その在り方が最良であるという必然性はなく、偶然の所産であるとは言えないまでもさまざまの不確定要因とともにある。

現存する教育意味だけが全てではない。其処には常にそれ以外に未だ〈名をもたぬ残余がある〉。名付けられていない、まだ物語られていない教育が潜勢として「ある」。「その都度」の興味深さは、それが連続的ではなく非連続的な在り方において、限定性と集中性と反復性とを一如に現わす実存的な投企という性質を帯びていることである。「その都度」は、その時と場所に限定された独自性を表現しているが、しかし「その都度」は「every time」として反復される、分かれ道での不安でもある。「その都度」は、教育が空虚な空間での自由な振る舞いを指すものでは決してないことを、また時間的な経過の細分化された一片を指すものでもないことを、途中という不可避的な状況に置かれた、その被拘束の条件の下で裂開が潜むことをリアルに現わしている。この「その都度」は、決して思弁の産物ではなくて教師が日常的に経験する場面であり用語でもあるが、しかし、その場面は観察して記述されることなく、言語事象として意味論的な解釈を経ることなく、「その都度」は陳腐化した語句として放置され、教育の意味圏で劣化して枯死している。「その都度」性は後述する論理的な用語を使えば「一般」にたいする「特殊」であり、非還元的な独自性、「独異」性の行為的表現態であるともいえるだろうし、両者が交錯して協律するダイナミズムの具体であると思う。

教育における「その都度」は、教育的日常では厄介な場面との出会いであり、テキスト解読の手引き書には記載されていない厄介な、しかし教育の実際では不可避的な事態である。このように、「その都度」は「教育的なもの」の曖昧さに奇妙な仕方で教師が触れざるを得ないことを証明しており、教育場面の差異化を体験させられているのである。この指摘は奇を衒う思い上りではなく、また「その都度」における教師の道徳的な誠実さを説くものでもない。専門職主義的な技術マニュアルの支配に対抗するには内面的な誠実だけではこころもとない。「その都度」が、規範的な文脈においてではなく、「教育的なもの」の限界認識にかかわる主体的な行為として理解されるなら、そのような不安定な状況に対応する独特な認識スタイルを確保することが、臨床的な教育の課題として要請されると言える。対象指示的な教育言説にたいして、その機能の優先を逆転させるという否定的な経験が惹き起こす譬喩的転換であり、概念的な宙吊りが生み出す詩的な語りが出現する場面であると言えるだろう。教育言説における全体（教育的なもの）と部分的特殊との共存関係が破綻して、両者の閉鎖的な補完関係が中断した、オクシモロン状況に陥ることである。

教育世界を読解可能なテキストとして見立てる譬喩的類推からすると、「その都度」は、そこに一貫性を妨げる異質な例外の様態が出現していることを指している。そのことはこの譬喩の不完全さを物語るのではなくかえって教育世界に新しい意味発現の場面が現れていることを示し、その場面を認識できる教育言説を——それは「詩的」構想力の働きと呼べると思う——要請していると言える。「その都度」性は、それによって特定の事象や行為や場面を指示するわけでも新しい教育概念を構成するものでもない。「その都度」はそれ自身の出現が教育における観察と解釈するに値する言語事象として際立っているのである。「その都度」を言い換えることやその指示の背後を探る必要があるのではなく、〈読み返し〉が要請されているのである。テキストとして教育世界を見立てることが、教育意味の余剰の発見を促すと同時に、その余剰を読み取るために読み手の側に脱構築のプロセスが始まることを教えているのである。

③「教育・・・」という仕掛け

「教育・・・」は判じ物のように見える。どのようにそれを解釈するかは読み手に委ねられている。正解があるわけではない。「・・・」が、その前にある「教育」に結び付いているために、教育がこの謎々ゲームに巻き込まれるのである。「教育・・・」の文字通りの意味（それは変な言い方だが）からすると、「教育」という形や意味が現に流通している「現実態」よりも、いまだに流通していないどころかその姿形すら見えていない「潜在的可能態」が優位にある状況、それを指したいのである。しかもその「潜在的可能態」は、流通している一般的な教育的なものとくっつく仕方で所在しているのであって、可能性一般という抽象的な概念の意味ではない。「・・・」は教育の現実態や意味を否定するのでもなければ制限するわけでもなく、その意味を相対化して代替概念を提示しようとするのでもない。しかし「・・・」がくっつくと、教育は欠陥を指摘されているわけではないが、教育の意味や概念は自足できなくなってしまう。「・・・」が外部からつけられる場合には、その「・・・」を補完すればよいが、教育の意味圏から「・・・」が流出しているとするとそれは厄介である。流出という譬喩はうまくないが、さしずめこれでいくとして、「・・・」は教育の外であるような、しかし源流が教育なのであるから単純に外とも言えない。問題は、教育の在り方と意味付けが形成される文脈にある。教育という事象が記述され、それが読解可能であるとされる言語的な条件なり環境に関心を払うことである。「教育的なもの」が細部に至るまで記述可能と見なされ透明化されると（それは体系化されることを意味するが）、その細部が刺激剤となって逆に「教育的なもの」を拡大させる、教育学の理論的な体系はこの種の全体と部分を結合する再編を繰り返す循環的関係によって形成されてきたと言ってよいだろう。

これに対して臨床教育学が試みるのは、別種の教育言説である。「教育・・・」は、対抗的な緊張関係を仕掛ける非一元的で非体系的な思考様式を要請している。目立たない差異や偶然の振る舞い、思わず出た言葉など、僅かな揺らぎに注目して、標準からの転換現象を言語化する譬喩の働きは、感覚やイメージといった共通感覚的な共働によるもので、譬喩論が関心を払う現象である。その最大の特徴は、理論的な体系を含むあらゆる言語事象を単純化するのではなく、それを複雑な多義性として認識変換の手掛かりにすることである。教育の体系化や制度化を志向する従来の教育理論とは異なった仕方で言語の役割を解釈することが求められている。「教育・・・」は、教育言説における譬喩的言説の要請、教育意味を（再）発見する言語的仕掛であると言える。

「教育・・・」は、「・・・」の代わりに何かを挿入することを求めているのではない。教育とはなにであるかの問いに対しての正解が想定されている教育神学の構築を目指すわけでもない。「教育的なもの」の曖昧さや学問的な未熟さを告発してそれを裁くわけではない。そうではなくて「・・・」は、「教育」の意味発見に役立つ論争的な道具として設定されている。「教育的なもの」に潜んでいる多義的多元的な意味を発掘するための道具なのである。

この道具が始動する場面は、繰り返し述べてきた「問題」においてである。「問題」が含む両面性についての指摘からすると、「教育・・・」は教育する側の行動と意識により深くかかわる規範的反省的な性格を帯びていると言えるだろうが、しかしそのことは「教育・・・」の余白を満たす教育論の立ち上げを意味するのではない。もしそのことが目的であるなら、「教育・・・」の手段性・道具性は遺棄されたことになる。その道具的な性格が優先することによってはじめて「教育的なもの」において教育の意味を（再）発見するという逆説とも言える事態が可能になるのである。

「・・・」は不必要な余白ではなく、教育の「自己発見」を促す、「不在の力」を意識させる仕掛けなのだ。教育に関する専門的な知見が言われるとすれば、この「教育・・・」という仕掛けを教育現場に設定して、これを「その都度」使いこなす、反省された練達性であると言ってよいだろう。「教育・・・」それ自体は、水中で獲物を探す観察的観相的な「箱めがね」のようなシンプルな仕掛けである。単純であるために、これを使いこなすには相当な熟練が必要である。「教育・・・」は、教育を語る人、教育者と呼ばれる人に提供される道具なのだ。その道具は教育を「見る」ためだけではなく「読む」ための道具で、特別な拡大や発光や透視などの装置を備える必要はない。教育における逸脱事象、「問題」が現れる現場でいつでも利用できる、それ自体は特に役に立たない「見立て」の道具である。それの有用性を強いて言えば、教育に関する経験或いは先入観が流入することを暫し止めおきそれらを宙吊りすること、いわば水中に居ながらしかも水から少し隔たっている、消極的ながら自覚的行為的である認識様態ということである。このような素朴な「箱めがね」流の見立てを会得することは、臨床的な態度能力の基本的な要件であるように思う。

「教育・・・」は奇妙な働きをすることができる。つまり教育という語句を使いながら、しかもその教育なるものが取り出されてくる現実態は不確定的であってその存在は危うい、にもかかわらず、教育を語り、その意味を発見しようとする。この教育意味の「自己再発見」のために創作された仕掛けなのだ。その道筋は、芸術家が作品を作り上げる創作の様態「世界のポエジー化」に類していると言えるかもしれない。しかし、それは、この行為が教育的な真実や純粋理念を直観するという意味ではなく、多様な文脈が織りなす意味模様と、うまくいけば「教育的なもの」の意味地平とを、「読み直す」という、意外に発見的で現実的な働きをしてみせるのである。「教育的なもの」もまた、「教育・・・」の活用によって、改めてそして常に、それの成り立ちの経緯を語り直すことができる。「問題」との相互的な循環関係において「教育的なもの」の境界的性格が、その都度鮮明にされ、それを被限定「的なもの」として措定している境界（或いは地平）の「外界」との「接触」（カント的に言えば「超越的接触」と呼べるのかもしれないが、ここでは言及しない）が起きていると思う。

第二節　「教育的なもの」（一般）と「教育問題」（特殊）の意味論

①「教育的なもの」の曖昧さ

「教育的なもの」という概念は、教育事象に関する認識と解釈を規定するためのものであるが、その役割は、表現態の曖昧さに劣らず形式的な定義の点でも一義的ではなく、日常的で共通感覚的な多義的性格のものである。近代科学の思考法が追求する正確で客観的な認識法からすれば、その概念は科学的カテゴリー以前の未分化な経験的表現にすぎないと批判できる。この対立は説明か解釈かという古くから繰り返されてきた論争であり、教育学もまたこの歴史的な論議に影響されてきた。「教育的なもの」は、概念史的にみればクーンの「解釈学的基底 hermeneutic basis」にその先駆型を見ることができ、歴史的共同体共通の認識態を指すが、ここではこれまで、共通感覚を包摂した教育世界を構成して限定する境界域として扱ってきた。

ここで話題にする「教育的なもの」は言うまでもなく解釈学的な発想によるもので、その思想圏での諸概念によって構想されているが、なかでも譬喩論（特にメタファー論）と意味論は、臨床教育学の解釈学的考察の方法論の中核である。教育の「問題」をめぐる議論においても、そのあらゆる場面にこの両者の差異は認められ先鋭化する場合が少なくない。「教育的なもの」は理論的な概念ではなく、生活世界で自明化されている意味領域を指すもので、半経験的であり半イメージ的でもある。したがって、臨床教育学の方法は医療人類学や文化人類学の方法論と類似する側面をもっており研究領域でも共通する部分が多くある。

皮肉な現象であるが、「教育的なもの」は、教育「問題」が現れ、それへの対応と解決・治療が教育学や心理学の緊急課題になるという、いわば教育の非常事態における「問題」対応の仕方を契機にして再発見されたのである。それは曖昧であるが、しかし恣意的に操作できる対象でも実体でもなく、しかし教育の完全態でもないという点では不確定的でもあるという厄介な姿を現してきた。教育現実の当然の前提であると考えられてきた「教育的なもの」が、その〈現実〉に比べると実に多様で多元的な構造を備えており、過剰な意味世界を自在に作り出していることが次第に判明してきたのである。教育の〈現実〉を概念的に一義的体系的に定義してみると、「教育的なもの」は特化できないほどの多義性や多元性や意味余剰性を見せるし、教育の理念性や抽象性が強調されると、教育の日常性、共通感覚的な自明性が姿を現し思弁化に抵抗する。歴史学や文化人類学から得られた知見が開いた領域と言えるが、それはまた、ブランケンブルクら現象学的な精神病理学者が発見した、人間における「自明的なるもの」という人間学のカテゴリーとも重なる境域態なのである。

こうしてみると、教育と「教育的なもの」との関係は、等価的な交換可能な関係であると考えるのではなく、むしろ、部分と全体の関係として見立てる方が説得的であると思うが、しかしこの関係（部分と全体の関係）をめぐっては一筋縄ではいかない厄介な議論が待ち受けている。つまり、部分と全体の関係とは、部分を積み重ねた結合態を全体とするのか、それとも、部分と全体とは類似しているが、両者は単純な実体的加算原理で結ばれているのではなく、種と類の包含的関係を指すものであるのか、である。つまり最近のレトリック論が話題とする、換喩か提喩かをめぐる論争に近づくことになるのだ。この議論は、後ほど紹介するが、臨床教育学が取り上げる「問題」言説の位置付けを理解するうえで大切な論点を提起していると思う。かねてから、リクールの譬喩論（メタファー論）に関心を寄せて臨床教育言説を構想してきた立場からすると、この分野での議論は刺激的である。

結論を先取りする形になるが、「教育的なもの」と教育現実（「問題」が現れている現場）との関係構造は提喩的

（シネクドキ）な内包的関係と呼ぶ方が適切ではないかと思う。つまり、現実の教育は「教育的なもの」の「部分」ではなく「一種」と見立てるのである。「教育的なもの」という場合、現実の教育にそれが直接移行する単純な移動ではなく、教育に関する「より広い、より多い」意味を、意味の余剰や逸脱流出までをも含めた「大きな」意味を表現しようとしている。「教育的なもの」は曖昧で弾力性と柔軟性に富むが、しかし空中霧散するわけではなくどこかで境界域を必ず設定している。その言説は流通性をもっておりコミュニケーティブである。それは換喩的な部分―全体関係とは言い切れない、余剰意味を相当含む表現態で、概念的意味的な領域における譬喩である「提喩」に接近することになる。

教育と「教育的なもの」の関係は、教育学においては関心を引くことはなかった。教育にかかわる諸学が、それぞれの方法論とパースペクティブから教育事象を定義して概念的な意味体系を作り上げてきたが、それら諸学が前提とする「教育的なもの」を全体的に統合して意味付ける試みは、学際的な研究理念が強調される時代においても成功することはなかった。個別科学的な限定的アプローチは、専門主義化という現代的要請の下で細分化され精緻な体系性を整えたのである。その結果、「教育的なもの」という曖昧で不明確な世界は個別領域へと分断され部分化されることとなった。教育におけるこの事態は、あの『荘子』の寓話「混沌、七竅に死す」を思わせるものがある。「教育的なもの」は、混沌を意味するわけでも神秘的或いは神話的な何事かを指そうとするのでもなく、臨床教育学における「問題」の意味解釈を展開する過程で「発見」した仮説的な「概念態」であって、特定の実態や対象を意味するものではない。「教育的なもの」は、したがって今後さまざまな仕方で吟味されるべき教育的概念態であると思う。

②　提喩の働き

ここでは、この発想の切っ掛けのひとつであったレトリック論によって、「教育的なもの」と教育との関係について触れてみたい。臨床教育学研究の方法（論）は、二十世紀後半の言語論点転回を起点とした人間諸学の転回軌道に触発されながら、試行錯誤を繰り返してきた。ここでの「教育的なもの」論もまたそのひとつである。しばらく提喩／換喩の関係を見ていきたい（以下の考察は野内良三『レトリック辞典』による。（　）内の数字は同書からの引用頁[1]）。

換喩と提喩の関係は類似性を共通の原理とする文彩であるが、両者の境界は明確ではなく、換喩（メトニミー）はしばしば転義法一般を指す手法として拡大解釈されてきた。換喩は、語の入れ替えや代理や変更を意味するところから転義法一般を意味する文彩とみなされ、記号論的な言語解釈の普及ともあいまって、その定義は曖昧なままにされてきた。代理や代替を可能にする原理として、近隣性、共存性、相互依存性などがあげられるが、なかでも換喩機能における「隣接性」が、その定義付けとして注目されている（七一）。それは「隣接性」によって異質なものを結び付ける原理をもつという点である。隣接性を活用すれば、客観的な事実に限定された関係とは限らず抽象的なもの言語的なもの感覚的なものにおいても認められ（例えばキツネうどん）、その用法は相当に自在でありしばしば逸脱的ですらある。隣接性の原理は、譬喩のように類似性にこだわることなく平気で異質なものを結び付け（キツネうどんのように）、それを思考と事実認識の両方で実行して、多様な、時には意味不明な関係態を平気でつくりあげるのである。

ある意味で、換喩の機能は譬喩的な文彩のオールラウンドプレーヤーである。しかし、このような換喩論に対して、新しい提案が出されているという（ベルギーのグループ・ミュー）。それは、全体と部分の関係に関して「根本的に異なる二つの型」を提案して、曖昧であった提喩／換喩を異なる二つの原理で構成されるレトリックであると説明するのである。

全体‐部分関係に関する二つの型の提案にあるひとつは、「論理的積」（接続詞「と」で結ばれる関係）によって成立する全体と部分の関係（結合の原理）であり、他方は、「論理的和」（接続詞「あるいは」で結ばれる関係）による隣接関係で、前者に比べてより緩やかで互換可能な、包含関係として成立するものである。要するに、前者は「現実的＝存在論的」性格の関係であり後者は「概念的＝意味論的」であるというわけである（七九、二〇五）。

全体‐部分関係におけるこの区別によって、前者の「論理的積」の関係は、有機的全体を表す結合の関係として成立するところの「全体‐部分」関係であり（それが換喩）、後者「論理的和」の関係は「あるいは」で結ばれる緩やかな包含関係で、「類‐種」関係（これが提喩）として区別できる。最近では、提喩から隣接性を排除して換喩との違いを明確にして、提喩を専ら意味論的概念的な「包含」関係に限定する立場が優勢にあると言われ（二〇六）、提喩の特徴的な働きは、意味の「大小」関係、つまり意味論的な「包含」関係いわゆる「類‐種」関係を指すものと定義されるようである。

こうした提喩の意味論的特質をより明確にするためには外延／内包の概念的な区別を理解する必要がある。外延と内包は反比例の関係にあって、外延（類）が広がれば内包（種）は少なくなる。意味論的に言えば、外延は概念＝意味、内包は属性（特徴）＝意味素と言い換えることができるだろう（二一〇）。提喩に関するこの定義はさらに展開の余地を残しており、例えば、類は一般化（括り）概念化へ、種は特殊化（列挙、固有名化）へと展開することができ、ここでの主題である「教育的なもの」は外延の提喩であり、「総称的用法『〜というもの』」の基底にある提喩的発想」（二一七）を活用した語法であると言ってよいだろう。この「教育的なもの」という概念装置を設定することによって、類似性を活用して教育現場における事実的現実的な問題事象に侵入して、「教育的なもの」との包含的な類‐種関係に問題事象を結合させ、存在論から意味論に「問題」を転義させる転移方略であると言える。「問題」は、学校教育の一部であるという認識枠組みから開放されて、「教育的なもの」という包括的な類の文脈において意味論的に再解釈されるのである。その場合、「教育的なもの」という外延の拡大には、その拡大（類）に応じて「問題」（種）の個別化と特殊化が絞り込まれ、ついには単独のものになる。つまり、外延と内包の関係は「反比例」の関係にあるとすれば、「問題」における「教育的なもの」は、「問題」の意味においては極めて限定的な「小さな」特性であるにすぎない。「問題」は「教育的なもの」以外のさまざまの要因で構成されているわけだから。しかしこの関係は逆転する場合もあって、教育における「問題」事象は、「提喩の特殊化」の極みにおいて固有名となって、「問題」という呼称がかえってある独立した類（Oちゃん〝的〟事例）を現わすことにもなる。臨床心理学や精神病理学のテキストでしばしば出会う表現である。

この分類法に従ってもう少し提喩的な転義の方略を検討してみたい。「教育的なもの」と教育の「問題」との関係を考察すると、「教育的なもの」はすでにみたように、多様な教育事象や観念を包含する類の提喩を使った「総称的用法」であるということになる。隠喩が類似性によって意味の移行と転移を仕掛けるのに比べると、換喩は隣接性と事象性を原理とするために転義性は弱い。その点からすると、提喩は、結合関係よりも互換性に富む包括的な関係を表す譬喩であり、「教育的なもの」と教育「問題」との意味差異を顕わにさせる転義法としては、隠喩ほど急進的ではないが、換喩的な現実性に比べると融通性がある提喩法が注目される。

「教育的なもの」と「教育問題」を「と」で接続する場合と両者を仮に「あるいは」で結ぶ場合とでは、その相異は少なくない。確かに両者は隣接というよりも大小か程度の差があるだけで、基本的には同一の事象を包括的に表したもので「現実的＝存在論的」に差異を見つけるのは困難である。そこに差異事象や意味落差を指摘するのは詭弁や言いがかりにすぎない、と非難されるだろう。しかし、両者の関係を、同じ「教育」の表現をとりながら（この点が非常に重要である）一方に「的なもの」をあえて附設して、教育意味の一義化と自明化にあえて揺さぶりをかけるために、提喩が帯びている「概念的＝意味論的」関係が含意する微妙なズレを活用することによって意味差異化を仕掛けるのである。先の提喩論に従えば、教育「問題」〈あるいは〉「教育的なもの」という言説を仕掛けて、「現実的＝存在論的」に一方的に同化している実体論的な教育言説を差異化するやり方である。単純な結合原理によって教育の意味が作りあげられる（それは還元主義でもある）のではなく、個別的事象を排除せず包摂できる可能性を発見するために、関係を類－種関係に見立てる試みである。ここは換喩と提喩の微妙な違いが出るところである。つまり、「xはyの一部である」という換喩の転義法と「xはyの一種である」という提喩との転義法との区別があるが、しかし両者は長い間混同して使われ「提喩は換喩の一種」とみなされてきた経緯があり（二〇一）、その関係には諸説があってはっきりとした境界線を引くことは困難なようである。「提喩の原理には意味論的なもの（「大小」）と存在論的なもの（「全体と部分」）が共存している」（二〇二）ことから、正確な定義よりも言語事例に即した個別解釈が先行する傾向にあると言われている。先の提喩論の例にみられるように、意味論的な「包含」関係は、外延（類）と内包（種）、一般化と特殊化の働きを促す関係であり、臨床教育学における事例に即して言えば、教育「問題」という特殊的事例（それは「現実的＝存在論的」事象である）において、教育概念の特例化と極限化（意味論的な「小」化）の場面に遭遇したことによって、教育概念の解体と意味の再編という逆方向（意味論的「大」化）に転じることになったと言えるのである。

これが「教育的なもの」を発想する経緯である。この経緯からすると、確かに臨床教育学の展開には、提喩的な発想と仕掛けが深く影響していると言えるが、しかし、最近の提喩論に見られる換喩との相異の強調に関しては、臨床事例という「現実的＝存在論的」事象との関係をどのように見立てるかについてのさらに検討する余地があると思う。臨床事例が教育における「問題」現象と見立てられる場合には、明らかに意味論的な解釈が重ね合わさっており、「問題」は単なる事象ではなくすでに意味論的の文脈に転移している。そこで初めて「教育的なもの」が現れるわけであるから、ある教育事象を「問題」と見立てる意味転義の手法は、教育と「教育的なもの」の提喩的な関係に比べると、同じ譬喩言説であっても、事象を見立てる仕組みとしては触媒的であるが、単なる記述的ではない意味転義の手法として隠喩的（メタファー）性格が強いと言えるかもしれない。

③「未全」態としての臨床言説

レトリック論における譬喩言説に対する臨床教育学の関心は、事例言説のスタイルの分析という実践的なレベルから物語論や意味論に至るまで広範かつ多様である。ここでは主に「教育的なもの」という仕掛けの出処と役割について述べたが、では臨床教育学はこの種の仕掛けをどのように使い熟すのだろうか。幾つかの点で繰り返す内容になるが、少し文脈を変えて考察してみたい。「問題」と「教育的なもの」の関係は、意味論的な「包含」関係にあると言えるが、その関係は相互的な相補性において成立する関係であって、「大」が「小」を一方的に吸収する形ではなく、かえって「小」という臨床が「大」という全体的なカテゴリーである「的なもの」を現わす契機になるのであって、両者は相補的な循環関係で結ばれていると考えられる。したがって臨床教育学の方法は、個別の「臨床事例」をこの相補的な循環関係において解釈することである。「問題」を見立てる臨床教育学は「教育的なもの」を、その曖昧な不確定さにもかかわらず、たえず「前提」にしており、しかも同時にその「前提」は「問題」との関係において改めて「再発見」され、修正と改鋳という「語り直し」を余儀なくされるところの、必要なしかし暫定的である仮設なのだ。見方によっては、「問題」とは、前概念的な「教育的なもの」に再配置を仕掛ける事象であると見立て、「問題」によってそれの修正が不可避的であるという解釈の選択肢が提起された事象とも言えるだろう。「問題」というメタファーは――問題である「かのように」という見立て方を含めて――その意味不透明な抵抗において、教育というテキストに最終的な形式態を容認せず反ってそれに多様・多義的な豊かさを与えると考えるのである。

したがってその方法論は、「問題」において作動する意味論的な仕掛けであり、教育の意味の変容、転移、拡大、縮小などを可能にする譬喩（広義のメタファー）性をもっている。この方法論はそれらに限定されず、意味変容の可能性を語る譬喩言説それ自体にも適応されて、教育言説における新種の譬喩言説が構想できる。その場合注意するべきは、その新しい教育言説を我々に流通している日常語によって語ることである。限りある語句を使って、「限りなく」多様で多義的な意味発現が可能である言語的仕組みを作り上げるのである。新語や造語を拒否するわけではないが、譬喩言説に必要なことはそれの流通性であり、柔軟性である。新語や造語は一義的な記号機能が優先されるために曖昧さに欠ける。教育の世界で起こる出来事は、子ども世界の生成にかかわる活動であって、複雑多様な不確定的な未全的「意味」に溢れている。この錯綜や雑然性という非定型的な潜在態こそが教育世界の特性と言えるが、それを構成要素に分解して記号化する分析的還元主義の方法に依らずに、限られた生活言語によって立体的に譬喩構成して、ひとつの言語的作品として語る方法が求められている。それには「語と概念のアルファベット的結合というメタファー」(2)という表現を借用できるのではないか。しかし、教育理解のこのような譬喩的様態は、教育意味を絶えず確定化する安定志向の影に付きまとわれ、それから脱出するわけにはいかない。

教育学と臨床教育学は、「問題」をめぐって相互に対抗的であると同時に相補的でもあるという逆説的な関係に引き込まれることになるが、しかしその関係が成立する限り、つまり臨床教育学というアイディアあるいは教育解釈の方法が主張される限り、教育の「意味」「価値」の永続的な正当性は保証されない。教育の「意味」「価値」「役割」など教育世界を正当化する理論と実践は、不確定化されいずれ廃棄される「暫定的なもの」として「しか」存在できないということである。これは教育の不可知論や教育学無用論或いは教育ニヒリズム論を主張するものではない。むしろある意味でそれらと同類とも言える、空疎な教育理想論やユートピア的教育論が語る教育の意味や役割に対して、はっきりとした差異を仕掛け、教育を見立てるその仕組みの違いを際立たせる方法原理を構想するものである。

教育は真空のゼロ状態から出発するわけではなく、複雑な歴史と文化に支えられ支配されている社会的現実の世界である。この社会的現実に適合し順応することが教育の課題であるとすれば、教育の仕事はある意味簡単なことで、次の世代に対して歴史的に構成された「人間らしい」在り方を方法的に教化・適合させる仕掛けであり、その過程で発生する不適切な「問題」を予防し制御する自動的な教育システムを開発することであると言えるだろう。教育とは社会的に構成される所産であって、それは透明度の高い読解可能性に富んだテキストに見立てられる。「問題」がいかに難解であったとしても、いずれは解読される暗号なのである。

このような社会構成主義的な教育観に対して、教育における「問題」の意味を問うという発想は、「教育的なもの」の生産性、多様性と多元性を保護する、いわば教育意味の自己保存と生成の役割を担っているわけであり、したがってまた「問題」を読解可能・解消可能という前提によって観察・解釈しているわけではない。臨床教育学の立場からすると、教育（学）無用論やニヒリズムなどは、教育意味の解体・散逸という単純な無責任論の方向をとるのではなく、逆に、教育の意味を定型化・固定化して教育世界から意味発現を抑圧して排除する、教育意味を遺棄する事態、あえて言うなら、偽装されている教育、教育の空洞化をこそ暴露するべきだろうし、そのための批判的反省的な思考法の創造が求められているのである。

臨床教育学の役割は教育観に変化をもたらし続けることであり、教育が制度的に固定され目的に向けての手段として規制される教育観に抵抗することである。それは教育における問題事例の意味を発見する、いわば「可能性の態形」として教育を理解することにほかならない。「問題」は教育の日常において例外的出来事ではあるが、しかしそれは恣意的でも単なる偶然でもなく、いまだ気付かれていない可能的な意味の現れと見立て、単なる対象としてではなくその意味の未確定さに気付く反省的判断を惹き起こす「意味事象」なのである。この臨床教育学的な思考様式が、通念的教育理解に新しい変種として組み込まれていくかどうか、その仕組みが問題なのである。

「臨床」を名乗る多くの医療的・心理的な教育論が、問題とその解決の有効性を強調して既成の教育態勢に組み込まれ、「問題解決」と引き換えに臨床的批判的な未審性を放置して、「問題」は教育にとって形成力のある事象であるか否か、その様式とはどうなのか、といった問いかけを素通りしている。確かに「問題」事例は、それぞれ個別的な事象であって一般化することはできない。それは差異的であり独自的である限りで「問題」であると言えるのだが、まさにその一回性のゆえに「問題」は未来的でもある。制度化された一般的な教育言説に取り込まれない未決性を、つまり未来性を顕わしているのである。未来の教育言説、新しい教育物語を作る可能性と手掛かりがそこに現れている。教育が「可能性の態形」であると考えると、「教育的なもの」は、それ自体において「問題」が出現する裂け目・「その都度」性を抱えていると言えるだろう。「問題」は「ありふれた」事象として絶えず変異の様式を紡いでいる。変異の様式について教育言説がどのように応答できるか、多様性と変化に向かう仕組みを備えているかどうかである。

しかし他方で、教育は機能的な均一性と安定性を求めるが、教育の営みのすべてが機能的であるわけではなく、社会機能的にみるとむしろ子どもを教育する目的はつねに不完全にしか達成されず、たえず変化と逸脱を潜在させざるを得ないのである。「問題」は事象それ自体においてではなく教育的な文脈における意味の変容転換であるから、教育意味の相互的関係態を不安定な状態に置く。この事態は、新しい変化を促す条件になるという点で重要である。「問題」が文脈的な事象であるという理解の仕方の特徴は、特定の個別的事象にみえる「問題」がさまざまの「問題」の発見や引き出しに作用する相互関連性をもつ点である。教育が制度的な一貫性を強めれば強めるほど「問題」は規制され制度内的に解決されるが、しかしその解決法は、「問題」とともに現れる新しい「問題」として教育世界に波及する。この波及は、同時に差異化の連関を引き出す動機でもあって、差異化の連鎖と滞留を発生させることになる。教育はすべてが相互に連関する態勢であって、そこには顕在態だけではなく潜在態もまた同伴している。「問題」は、その解決の仕方を含めて、孤立した事象ではなく教育世界全体に影響を及ぼす。機能的にみれば「問題」の解決はそれぞれの特性に応じてケースバイケースで技術的に解決されるのであるが、しかし意味論的には、「問題」はその解決法を刻み付けて「痕跡」として教育世界にとどまって、意味連関に包摂され息づいているのである。例えば、言葉の使用での不規則活用や不規則発音或いは多義的用法などがいつの間にか慣例化して定着しているように。「問題」に関する臨床教育学の理解では、機能的なものと意味論的なものとの間には差異があり、特に解決（消）をめぐる評価は対抗的ですらあると言える。教育言説の解釈は可変性に富み、その変化は漸進的な自動的な進行過程ではなく、選択的な変換であって事例的な出来事によってもたらされる変化である。その変化の広がり方がゆっくりとした漸進展開であるからといって変化が事例的な個別的出来事ではないというわけではない。問題言説への関心はこの点にある。それは機能的な文脈において、それと対抗的或いは矛盾的な相互排除の関係を起こしている「問題」をどのように組み入れうるのか、という言語様式の変換にかかわる事柄なのである。差異的な「問題」を新しい言語様式の選択に転移できるかどうかは、同時に教育言説の様式を反省して再定式化する自己変革の過程でもある。変異形式は機能的な教育言説を分節化する拠点を作り出すが、その形態は個別的であり臨床的な場面であって一般化して法則的にモデル化して理解されるものでもない。

臨床的な教育言説は、脱‐構築化という否定的な推進力を「問題」において獲得することによって教育言説の宙吊りを演出し続ける、それは「問題」の排除を許さない言語的なパフォーマンスを物語り続けることである。レトリック用語を使うなら、テキストの統一的な文意に抵抗する「破格構文」（anacoluthon）を具えているということだろうか(3)。

第三節　「反省的判断力」と構想力

①　中田光雄『創造力の論理　テクノ・プラクシオロジー序論』より(4)

臨床教育学の構想を進める過程で注意してきたことのひとつに、教育論を哲学の世界に還元させないようにすることがあった。教育現場に密着することに警戒的であった背景に関しては既に繰り返し述べてきたが、哲学に関しても、自覚的に臨床的である立場から、あえて選択的な接触しかしなかった。ここで哲学の領域を参照するのは、臨床教育学の役割意味を哲学的な文脈に置いて吟味することで、その限界や課題に気付くためである。

中田光雄はその副題からうかがわれる通り、思考の射程を相当広く設定して現代の時代的特性と人間の在り方を哲学的に洞察しており、臨床教育学の構想で出くわした課題としばしば交通する部分があって刺激的である。その基本的な論点はカント哲学が提起する主題を再定式化して、現代思想に課題を提示することであると要約できるだろう。ここでの関心は、テキストの全貌を紹介することはおろか特定の思想家の哲学を取り上げることが目的ではなく、臨床教育学の輪郭や方法それの立ち上げ方などに関して角度を変えて検討する、いわば批判的な対話の相手として取り上げるのである。その中心の関心事は、カントが『判断力批判』で取り上げる二種類の判断力、規制的判断力と反省的判断力のうちの後者に関する考察である。勿論、中田にとってこのような部分的な取り出しは不本意であると思うが、哲学の専門家でない筆者が議論できる領域は限定されており、この反省的判断力の周縁領域で扱われる諸概念やレトリックとそれら関する注釈や解釈の仕方に関する議論がここでの焦点である。二種類の判断力の一方だけに関心を向けるのはカント研究者からすれば一面的であるとの批判があろうが、しかしながら、その判断力が「一般」に対して「特殊」を扱い、「一般」に対して「特殊」が「ネガティブな含意」を伴うものとして布置されている点が、臨床教育学にとって注目されるのである。カントは「特殊」にさらに積極的な意味付けをし「独自」「固有」「独特」と評価し、それを「賦活、活性化」するための方策・基準を反省によって「発見」し、妥当な実効‐範域を「構想」することを奨める（中田、一一。以下（　）内の数字は引用頁）。中田はカントの「独自」などの概念は、現代哲学風に言えば「独異（singulier）」概念に相当するもので、人間の還元不可能な特性を強調する人間観に近いものであると指摘する。この「特殊」（独異）を強調する立場から、「特殊」は「一般」に直接統合されて消滅されるものではなく、「特殊」の差異性が確保されるような関係形式として、一般・特殊・普遍という三層構造化論を新たに提唱し、その延長線上にさらに、「カント的『普遍』とは、おのおの『独自』態とそのさまざまの規模の集合とからなる、『汎‐独自』的な『多元‐協律態（Zusammen-(über) einstimmung)』（二四）あるいは「汎‐異本主義」（pan-variantism）であると解釈するのである（一〇七）。カント的世界の再定式化の試みとしてその成層構造を文脈に応じて語り直す、例えば、彼の哲学の基層概念である「物自体」を「原‐象」態（界）と別称して、その思想を現代思想の文脈に即して思い切って脱化して解釈し直すが、臨床教育学が構想する臨床事例の意味付けとの関連から注目されるのは、「特殊」と「一般」の関係がどのように構想されるか、一方的な支配的関係としてではなく「特殊」が「賦活」される生産的な関係がどのような関係態として現れるのかである。カントの反省的判断力はこの問いにどのように応答しているのかが関心事なのである。

ところで、カント哲学がいう「特殊」と教育の臨床事例とを直接結び付けるわけにはいかない。カント世界を構成するさまざまの概念は難解で、それらの関係と組み合わせをめぐる哲学論争に立ち入る関心も能力もないし、彼の教育論を取り上げる意図もない。ここでの関心は、「特殊」という一見すると形式論理学的なテーマが「人間的閉域としての現象界」において取り上げられる、その取り上げ方でありその語り方である。中田の表現を借りるなら「それなりに可開的でもある、一つの有限態」(二八)における「特殊」態とそれの次元の所在を尋ねたいのである。

教育は「人間的閉域」圏の活動事象であり、文字通り「多元-協律」態として、そしてそれの「痕跡」として理解される。他方で、臨床教育(学)は、多義的で多様な「教育的なもの」を前提にして、実際の教育活動に現れる「問題」と呼ばれる例外的で差異的な事象を取り上げ、その意味の解釈を試みているが、「問題」事象の認識と構成の方法に関して、カントが対象構成において悟性、直観、構想力を多元的多層的に連関させて理論構成する手法、特に特定の事象との対応を単に感覚的な受動としてではなく、「触発」(Affektion)された直観的判断力によって「別の次元へ再・新-構成として」産出される(二五)との指摘は重要で、臨床教育学において、ある事象を「問題」と見立てる論法とその様式が類似しており、臨床教育学の方法論として検討するべき課題を提起していると思う。このような課題設定にはしかしながら、両者における類似性だけではなく、当然ではあるが断絶や誤解が各所に潜んでいると思われて、臨床教育学の展開の中心的テーマになるわけではないが、カント哲学を語る解釈の手法の斬新さが注目されるのである。「触発」(affectio)は、スピノザによって「外部からの作用」として定義されて以来、それがもたらす変状である「様態」(modus)の概念を含めて、カントによって認識の形式の根本的な要因として位置付けられ、現代の現象学に強い影響を与え続け、ハイデガーの「情感」論やメルロ=ポンティの身体論などを生み出してきており、教育学に対して間接的であるとはいえ、その影響は大きいと思う。臨床教育学における事例の意味解釈と、後述する教育「様態」論の構想に関連して、ここでの「触発」概念は注目されてよいと思う。

教育における「問題」事象の出現と発見には、解釈学的な方法と言語認識論とが基幹的役割を演じているが、逆にこれらの側からカント的な「再・新-構成」論に対して問いを出すことができる、などなど両者の関係がミスマッチではなくどのような種類のゲームであるのか見極めることも必要だろう。譬喩論的発想からすると、類似性・隣接性の発見は、見立てや仮構という認識の人為的な技法の所産でもあり、そこが構想力の活性化される局面なのである。（それが潜勢的なものの顕勢化であるとするカントの見解はここでは問わない。ただ、最近の認知無意識論によれば（レイコフら）「身体化された概念」（embodied concepts）を生み出す「ニューラルシステム」の働きが指摘されており、我々が使う概念は既に身体化されたもので、脳の感覚システムの一部であると言われている。独特な「概念メタファー」概念を導入して、概念の「ブレンド」とか「複合的メタファー」などの融合や混合態を構想して、一元的な身心論が主張されている。認識における類似や結合の働き、つまり構想力が身体化して解釈されているわけである。(5)）

余談めくが、構想力に付く「力」は、学力、能力と同様にその出自態を「原因は力」という因果関係をメタファー化したものであると仮設してみると、構想力は「力」メタファーを多義的に修飾洗練した概念であると考えられる。とすれば、カント的な構想力が、直観的判断「力」の作用連関域で産出する「構想」であり、単純な因果関係による結果・成果ではなく、「力」を含めて、それが現勢化する過程において多義的な文脈で修飾された、不確定的な非一的「所産」と言えるのではないか。

カント的「特殊」と臨床「問題」事例とに「類似性」ないし「隣接性」を仮設することによって、一方では、臨床での「問題」が、「特殊」に関する反省的判断力の認識様式の次元に立ち戻って、「人間的閉域」の境界（臨床教育学では「教育的なもの」と称してきた）から現れる事象であることを、そして他方では、臨床教育学にとっては、「問題」という「特殊」に関する新しいカテゴリーを概念的に構成して、「問題」とそれへの関係とが単なる情緒的な共感関係としてではなく、より多元的な反省的判断力に拠る関係態であることを、つまり「別の次元への再・新-構成」する戦略であると解釈することとである。つまり、「特殊」は、「問題」の出現域とカテゴリー形成と意味構成の様態をより明確なものにするオルガノンであり、「問題」は、「特殊」論によって「新・再-構成」された例外的事象として教育世界に「再」布置され、新しい文脈を紡ぐ役割を演じることになる。この意味でカント的な

「特殊」と「構想力」とは臨床教育学を開展する強靱な仕掛けであると思う。

カントの『判断力批判』では、構想力と判断力の関係について明確に語られているわけではない。中田はその関係を次のように表現している。「判断力、とりわけ反省的判断力（われわれにとって規定的判断力は後者の一派生態である）は、いわば、騎士が騎馬に対すると同じように、構想力、とりわけ産出的構想力に乗馬する形で、展開する」（五三）。これは、反省的判断力と構想力の関係をわかり易く表現した譬喩で、両者の関係がイメージしやすい。これに注釈する形でさらに「構想力から反省的判断力への連続的変容ではなく、両者の間に反省を介しての二つの異次元の表裏一体の重合性が出来する」（五四）と述べ、この「重合態」から人間的世界の意味地平が現れる、と考えるのである。中田は、この「重合態」こそが「特殊」を「一般」から「排除」することなく、反って「『特殊』の復権によって『普遍』・世界を豊ジョウたらしめていく本源的な力」（五五）であり「創造的構想力」である、と考えている。（九九）（中田のカント論では、「普遍」と「一般」とは区別され、「普遍」は宇宙論とでも言えるような別の位置付けがされているが、ここではそれの媒介的な中間態である「一般」の役割にもっぱら注目したい。）中田が想定する「具体的普遍（態）」は、「特殊を賦活し、復権させる」集合態として、教育論にとって魅力的な概念であると思われるが、しかしその生動がいかに強調されるとしても、教育的な形態を最終的に規定するターミナル言語に転化して教育意味をひそかに制約する可能性を払拭することができない。このような巨大概念（umbrella concept）は哲学な思考には必要な道具であるだろうし教育学にとっても要請されるものであると思うが、臨床教育学に限れば、特殊を賦活・復権させる文脈において、本源的な原理論の想定に関しては理論的にはともかくとして、実践的には「特殊」的出来事の意味への問いを開くことが優先される。「教育的なもの」を、「普遍」より下位の中間態に据えて、それの上位概念に関してはあえて言及せず、究極や根本を措定する思考形式が、個別や特殊への関心と可能的な解釈や懐疑を反って遮蔽・歪曲するという危惧を抱き続けているからである。したがって、図式的に言えば、「特殊」に対する「一般」に相当する関係を、臨床教育学においては、「問題」事例に対する「教育的なもの」あるいは「教育的通念」との関係として類似的に対応させており、「具体的普遍」といういわば還相態については、不確定的な「未全態」という「非‐潜勢」態として留保的にしか語ってこなかった。教育が人間の子どもの在り方に関与する行為である以上は、この不確定な「未全態」は、教育言説が繰り返し立ち返るべき「参照点」であり、「教育的なもの」とはその「未全態」を克服した全体的な巨大概念ではなく、むしろそこに回収されない「残余」が見え隠れする、「問題」表象が生起する境界域を指していると考えるのである。

本書で繰り返す「教育・・・」という表現様式は、教育における「未全態」を発見‐現働するもので、カント的言い回しを借りるなら「構想力（産出的認識能力としての）」（二六八）或いは「心的能力（構想力と悟性）」の働きに対応するものと言えるだろう。その働きは、経験的な連想や言説を素材としながら、それに手を加えて定型的な規範と葛藤して「これまでとは別の何かあるもの」「いわばいま一つの自然を創り出す」のである（二六八）。「教育的なもの」という曖昧な前概念的な表現は、教育概念の多様な展開可能性を表しているが、それは言い換えると、教育概念やそれの現実態に「一定の言語的表現の中に包括され得るよりも多くのこと」（二七〇）を発見する構想力の働きが期待されているのである。「教育的なもの」という曖昧で多義的な表現こそが反って産出的認識能力（構想力）を活性させる。悟性的認識の典型は言語である。言語は特定の法則的な制約を受け一定の約束事として流通している。その意味で、言語的認識の様式は形式的定型的であることが必要である。と同時にその認識様式が産出的であるためには、より多くのことに開かれるためには、構想力に騎乗する「重合態」としての働きが出来《しゅったい》する反省的判断力の活動が必要なのである。言語における多義性と多様な変異の可能性、変則性が、言語の日常的な規則性に共存して確保され、（「教育的なもの」の）意味世界の差異化が重層的に言語的なレベルで進展することになるだろう。反省的判断力が騎乗する構想力は「通常の自然から借りたもの」を何か別のものへと「造り直す」（verarbeiten）ことができるのである（一〇四）。

②構想力の「産出」性

判断力が産出的構想力に騎乗する形で展開すると想定すれば、その展開は投企的行為的なものであり、もとより悟性による合理的な対象的認識を含むものであるがそれとともに、その投企は、構想力の「騎馬」的イメージからすると、異種の力と技が拮抗し合う多元的で多様な「未全態」とでも呼べる独特な作動域を出現させていると考えられる。悟性によって対象化され、それらが相互に関係し合う多様な個別的世界と、それら個別性を超えて一般的全体的な地平線的な広がりの開けに構想力がかかわることを指摘したカントにおいて、構想力の「像 Bild」産出的な働きが認識論的に位置付けられたと言ってよい。しかし、この構想力の働きは、特定の対象的な「像」が抽象的な理念として先行的に目的設定されるという類いのもの、そのようなユートピア構築やマニュアル作りなどを指すのではない。その場合には、理想にふさわしい合目的的な規制秩序が設定されその枠組みに合わない事象は排除され枠外に遺棄される。構想力とは、先にみたように、規定的判断力ではなく反省的判断力との「重合態」として複合産出として働き、多様な「特殊」において活（躍）動して自己出現する。「特殊」的であることこそが構想力が「触発」され展開する条件であるとすれば、構想力によって「特殊」は多様な形を獲得して「別次元へ再・新-構成」される。構想力は「特殊」を包摂して「多」態の地平を形成する働きであると言えるだろう。構想力は、一方で「触発」という契機をもちながら、他方では、事象認識とは異種の、直接的な対象関係にない非定型的なイメージ界に浮遊する「多」界を開いているのではないか。

構想の「想」の語義をたどると、この意味転移の過程を理解するヒントが得られるだろう。「想」は相＋心で構成されているが、相（異体字・目木）の解字は「木を対象において目で見ること。AとBとがむきあう関係をあらわす」とある（『漢字源』）。これに「心」が加わって転義して、「想」は「ある対象に向かって心で考えること」

（同）を意味することになる。つまり、「想」は物事の対象的な認識を包摂しつつ主体的に「心で考え」イメージするという、「もの」と「こころ」の対応態を表しており、相互に異質なものを結び付ける原理がそこに働いていると言えるだろう。「もの」と「こころ」の「対応」（correspondence）態の表現形式は、典型的には言語でありまた映像であり、さまざまな非言語的「形」において現れている。「対応態」は単なる模写や写実、対象との感覚的な実体関係などではない別種類の関係の仕方、意味論的な転移を伴った「様態」変化が起きているのである。ここでの「想」の語義転義は、レトリック論の概念を使うなら「換喩的発想」として説明できるもので、換喩が「すぐれて臨場的で個別的な文彩」であると言われるように、「想」は意外と豊かな意味世界を開いているのではないかと思う。(6)

余談めいた話題になるが、教育現場で「問題」に取り組む場面を教育相談と呼ぶのが一般的である。しかし、それにはすでに一定の概念的な傾向が含まれていることがわかる。つまり「想」ではなく「相」談という傾向が認められ、しかもそこでは「心」の問題がもっぱら話題にされている。この奇妙なねじれ現象は、「相談」が「心」の問題を字義通りに「相」のレベルで対象化した関係として取り上げ、「想」的な、「異質なものを結び付ける」「対応」関係を排除している可能性があるということだ。では、教育相談を教育「想」談とすれば、その役割が変化するのかどうか。勿論、たかが一字を変えたところで教育相談の役割や内容が変わるわけではないが、決まり文句的文脈でしか語られなくなった陳腐化した教育相談に向け、ささやかな差異化を仕掛ける意義はあると思う。「心」言説がまかり通り「こころ」に食傷気味の教育現場に、さらに加えて「心」イメージを強調するのかとの批判を承知の上で、あえて言えば、「相」から「想」への変換は、教育現場で流通している「問題」言説と教育言説へのわずかなしかしどこか断固とした抵抗の構えの表明である。用語のわずかな変換は、その差異化の意味が言語化されることによって、それが流通する過程でそれの共同体と使用者に新しい構想力を喚起する契機になり得るのである。

この中田が解釈してみせた「特殊」に代わって教育の「問題」事例を当て嵌めると臨床教育学の役割が見えてく

るように思う。その場合、中田が注目したカントの反省的判断力に関しての「触発」の働きが臨床教育学にとっては大切である。臨床教育学において特殊としての「問題」事象は、「差し当たって」差異的な事象として立ち現れ、その意味不明な出来事への対応が、それは、対象関係（相）から主体的関係（想）へと反省転移する「臨床的関係」の現れであると言えるだろう。ここでの「差し当たって」は意味深長である。つまり、実体的な認識の「相」から構想力の「想」への転換・展開を意味するとともに、「教育的なもの」もまた仮設的に想定された「一般」として構「想」的に領解されることになるからである。この実体から構想への意味転換の過程を導き出している場面が「相（想）談」であると思う。臨床心理学が開発したさまざまの診断的なテストや技法などは、治療目的の診断資料ではなくて、構想力とともに「造り直し」される新しい創作的場面であり、「様態論」的に解釈される性格のものなのではないだろうか。

注

（1）野内良三『レトリック辞典』国書刊行会、一九九八年。
（2）ハンス・ブルーメンベルク／山本尤・伊藤秀一訳『世界の読解可能性』法政大学出版局、二〇〇五年、四二五頁。
（3）ポール・ド・マン／土田知則訳『読むことのアレゴリー――ルソー、ニーチェ、リルケ、プルーストにおける比喩的言語』岩波書店、二〇一二年、三九九頁（訳者あとがき）。
（4）中田光雄『創造力の論理　テクノ・プラクシオロジー序論――カント、ハイデガー、三木清、サルトル…から、現代情報理論まで』創文社、二〇一五年。
（5）皇紀夫「教育のなかの教育――臨床教育学の試み」上田閑照監修『人間であること』燈影舎、二〇〇六年、一六八頁以下参照。
（6）『レトリック辞典』、七一頁以下参照。

第十章　新しい教育言説をたずねて

第一節　「様態的差異」論

①　再び「教育的なもの」について

「教育的なもの」に関してはすでにいくつかの観点から考察を試みてきたが、臨床教育学の展開にとってこの概念がかなり重要な役割を演じていることが次第に明らかになってきた。教育の可能性と現実性、教育の一般性と特殊性などに関する考察において、さらには教育意味の多義性を解釈する論点にとって、教育における潜勢態の発見にとって、「教育的なもの」は常に言及される概念装置であった。それは、教育世界で流通する経験的で説明不要な自明的な了解用語である、と同時に、それゆえに「教育的なもの」は曖昧な前理論的で感覚的なイメージ言語である。しかしまた、それは「教育」世界の何であるかを境界づける枠設定の役割を頑固に果たしており、歴史的にも民俗学的にも教育世界のウチ／ソトを区別する指標でもあって、きわめて排他的なイデオロギーにもなりうる。臨床教育学がこの概念に行き着いた事情は、まさにこの種の境界状況を「問題」が露呈させていると認識したからである。ここで取り上げるのは「教育的なもの」の多義性であり多元性である。そしてこの概念に新しい役付を演じさせることである。つまり、流通する自明的な用語でありながらしかしそれは実体的な特定の教育態を指すものではなく「的なもの」という一般しか指示しないのである。これは奇妙な現象である。「教育的なもの」は実際的な特定の教育現実と不可分でありながら、しかしそれ自体は決して特定の教育を指示する訳ではなく常に余剰的であり、拡大的可能的な世界に開いているのである。「教育的なもの」は実は教育現実とは別のカテゴリーに属しており、教育現実を差異的に語るための、余剰が生み出した「差異化」を作動させる装置として使えるのではないかと思う。教育の現実と一体的関係にありながら、しかもそれに対して提喩的な「種‐類」という包摂関係において、非一体的な緊張関係を維持するという、独特な「様態的差異」を現わしていると言える。この「様態的差異」という表現は、アガンベンによれば、ストア派の「存在の内的緊張・強度（ductus）」を示す概念に由来するもので、「特異な現実存在――様態――は実体でも点的な事実でもなく、さまざまな様態的動揺からなる無限の一系列であって、それらをつうじてそのつど実体は構成され表出されるのである[1]」。

彼は難解な「様態」論の源泉を、古くからの存在論の定式「存在としての存在」における「としての」に求め、この存在の「としての」こそが「もろもろの変化様態の源泉」であり、ギリシア哲学が活用した「リズム」用語は、形態が図式的（schema）ではなく流動的なリズム的性質であることを、つまり「存在はひとつの流動であり、実体はもろもろの様態のなかで〈転調〉され、リズムをつけられるのであって、固定されて図式化されるのではない」ことを強調して「実体の個別化ではなくてリズム化」こそが存在論の要諦であると言う[2]。先の引用に重なるが「共通の本性と特異性、本質と現実存在は、実体の中断することなきドゥクトゥスから生み出される二つの外観でしかない。そして特異な現実存在は―様態は―実体でも点的な事実でもなく、さまざまな様態的動揺からなる無限の一系列であって、それらをつうじてそのつど実体は構成され表出されるのである[1]」。少し長い引用になったが、しかし、ここで取り上げられている「様態的差異」論は、一般と個別（特殊）の関係を考える発想に対して極めて刺激的であり、これまでの臨床教育学が話題にすることがなかった論議であると思う。

「様態」（modo, modus）概念は、古くはアリストテレス形而上学の解釈をめぐるスコラ哲学の論争に端を発し二〇世紀のハイデガーの存在論に至る存在論的な主題であり、強い哲学的関心が寄せられてきた概念である。存在を固定的図式的にとらえるのではなく流動的な形態においてリズム的にとらえる発想は、モダンやモードがその語源の意味をわずかに留めているように、実体を変化様態として、変化様態を「存在のエトス」として要請するものである。（ちなみに、アガンベンはハイデガーの現存在の存在論は様態的存在論のラディカルな形態と考えている）このような「様態的存在論」は、哲学的考古学の発掘の過程で発見された未開の領域であり、「様態的差異」という概念も、存在論的にみて未分化であるが、古くからの共通本質と個別的現実の関係性或いは可能態と現勢態の区別と移行の仕組みなどが、新しい「様態」概念の導入によって、むしろ錯綜した事態として明るみにだされてきたと言える。もとより、このような発掘現場で「教育」の断片を見つけることは困難であるし、その作業に参加する技量を持ち合わせているわけではない。そのような直接的な参加の仕方ではなく、それとは別に、臨床教育学における「問題」言説の「再・新‐構成」の可能性や展望を開くための方法論上のモデルとして、有効ではないかと思う。「問題」は、それの見立て方次第では、教育意味発掘の貴重な手がかりになりうるのである。

しかし、この「様態的差異」論が提起してくる哲学的論点は、臨床教育学の展開にとっては強烈な衝撃を与えるもので、これまでの発想の仕組みに厳しい転回を迫るものである。つまり、その思考の枠組みは基本的には図式的モデルに拠ってきたわけで、概念やそれの構成法も空間的であり図式的であった。例えば、意味「差異」「落差」「（再）構成」「境界」「限定」「教育的なもの」などなど。臨床教育学の構想に関して、その構想の仕組みが図式的であることを今までに自覚したことはなかった。そのことは、これまでの臨床教育学の学的な作業が誤りであったということではなく、その思考様式自体を反省的批判的に差異化するような対抗的な思考様式の存在に気付かなかった、そのための工夫が及ばなかったのである。例えば、教育世界の非確定性を語る場合に、そこで使われている用語は図式的な設定を前提にした、その限りで「脱‐」論であり、その変換論は図式的な非連続イメージで語られる変革であって、流動的でリズム的な変調や転調のニュアンスのものではなかった。そこで強調される様態は断絶を媒介とした刷新であり、共通と個別の差異は様態的差異というよりもむしろ図式的な区別であって、実体的な相違をイメージして語られてきたように思う。

例えば、「教育的なもの」と「問題」との関係に関して言えば、先に教育言説の譬喩論的構成について考察してみたが、これに加えて、哲学的な様態的差異論が組み入れられるとすれば、「教育的なもの」の役割意味はどのように変貌するか、興味深い。両者の関係について、それの相互性や循環性に強調されてきたが、両者を関係付けている関係性自体がかえって両極的様態を生み出しているという論点、つまり「存在内的な緊張・強度」としてとらえる、例えば「教育的なもの」を様態的差異においてとらえる、――アガンベンの例を借りるなら「人間の顔つき」を本性から現実への移行において考える――同じ顔は一つもないが（特殊）、それらはすべて人間の顔なのだ（一般）――発想を十分にもち合わせていたとは言えなかった。「教育的なもの」は、それ自体が実体的ではなく抽象的な道具的性格のものであることによって、教育世界に反省的に切り込むことができたし、それの延長上に擬態的な符号として「教育・・・」を布置して、教育意味に差異化と非完結性とを工夫したが、しかしその仕掛けが「様態的差異」という変調や転調を生み出す仕掛けであるという自覚に欠けていたと思う。

②「正当化性の危機」（パラダイムの転換）

臨床言説は、「教育的なもの」がもたらす通念的な教育言説に対抗する強力な仕掛けであり、教育を「継起的な出来事」として再現しているのではなく物語的に劇的場面的に語ることで、通念的な教育言説との接点にねじれを惹き起こし、差異化を演出する。それを教育言説の「アレゴリー化」と言ってもよいだろう。自体の語り方に自己言及する「修辞性」に支えられるかぎりにおいて、それが「誤解される」危険をあえて冒す教育論であることを自覚していると言える。その「誤解」は、二重の意味においてである。一方は、通常言説との接点を失って、それの破壊や不確定化に失敗して孤立し、空疎な教育論として廃棄されることによって、他方では、アレゴリーがその譬喩的な意味変換の機能を抑制されその言説が物語的な躍動においてではなく、「文字通り」の字義的な直解によって誤解されることによって、である。

臨床教育学が、「問題」言説にこだわり続け、その事象の意味を問いかけたのは、「問題」に、「もはや先行する何ものにも支えられていない」という意味不在の感覚を喚起されたからだ、と思うが、こうした思考様式はしかし、通念的教育言説の信用失墜に至る方略を精錬する言語的な作業を通して、それと表裏の関係においてある別種の教育言説に応答していると考えたからである。

ここで表裏の関係をもち出すのは、臨床教育学が、その新しさを強調し、「モダン」な教育論を標榜して父親殺しのイメージの延長上に自身を位置付ける論点を断つためである。そのモダン論が好む否定のレトリックは、新しさを構想するテコの役割を果たすが、教育学においては、その思考法はしばしば脱‐教育学の形をとり、一度教育世界の外へ向かい、そして外から教育を解釈し批判するという往復運動をとる理論構成が一般的で、離脱と回帰を反復する過程にほかならず、実際には拡大されたモダンの試みにすぎないと思われる。この過程をたどる思考法は、現在の課題を取り出してその問題を「解決」する解答のための手立ての構築を前提するものである。しかし臨床教育学の主張は、この前提に対して懐疑的である。むしろ批判的な対抗する立場を措定することによって、課題設定や問題解決、新しい構想の呈示といった思考回路とは別種の仕組みを想定する。単に否定的ではないがどこまでも対抗的であり問題的であり続ける多義的構造において、つまり言語的な仕組みにおいて、教育の意味を問う。そこには否定や不在の言説はもとより「非明示的（covert）カテゴリー」と呼ばれる「非」表現型も共起させるのである。「問題」の「固有性」と「非固有性」とが思いがけない近さや類似性を現す場面で、言語的な意識的思考様式を突起した（salient）新しい息吹がわずかに感じられる機会に関心をはらうのである。

「問題」や差異的事象は、欠陥用語で語られるのではなく「教育的なもの」への関係の仕方を別の仕方で語る混成的な「様態的差異」言説の創作の機会として、教育言説に多様性と複雑性の拡大を仕掛ける場面として認識されるのである。教育言説の複雑性の拡大は認識レベルにとどまらず意味の転換と増大がもたらす社会的規範の評価レベルに影響を及ぼし、「教育的なもの」の「基礎」を支える水準や原理の根拠に脱‐中心化を仕掛ける。この脱‐中心化の行き着く果てをどう想像するかという重要な形而上学的課題が現れてくるが、ここでの臨床教育学的な作業では、境界域の外界は境界を形成する基礎的な必要条件であると指摘するだけで、その様態に言及することはなかった。おそらくこの問題は、解釈学的手法による臨床教育学の立ち位置と展開の方法論の関する批判として、教育論のあらゆる場面の肝心なところで投げかけられる問いかけであると思う。しかし、ここで私が言う臨床教育学は、その疑間に答えてこなかったし、これからも答えるつもりはない。「教育的なもの」を境界づけている「外」を、例えば超越的なものとして或いは生命進化の法則や生命環境の生態関係として、さらには歴史的社会の弁証法的過程において、すでに試みられてきた人間学的・科学的な洞察などを参照して、総合的法則的に展望することは、教育学研究のある意味定番メニューであり、その定型的形式への願望と憑依こそが教育言説の陳腐化と頽落に通じていると考えたからである。そのために、「教育・・・」という教育言説の仕掛けを提示したわけである。当然これには教育虚無主義への誘惑と、暴力的な原理主義への転落という双面の危険が伴っているが、しかしこの「教育・・・」は、その無能力さと傷つきやすさ、さらには翻訳不能さとして教育言説の内に想定され、然し絶えず忘却される、ある種の「始原」的な遅延装置なのである。教育と「問題」の双方が意味を生み出す、カントが規則的判断と区別して反省的判断と呼んだ、想像力の働きが確かめられる場をさそうとしている。教育言説が、「問題」の個別性や差異性を包摂して変容を続けながら語り継ぐ自己同一性を、「物語的な自己同一性」（リクール）が、たえず回復されることを要請するのである。

臨床的であるとは、「始末に困る（awkward）──したがって熟練を要する──」「問題」状況に身を置いて、定型的である正常なものに向かって、変異を許容する「自由」と解釈を求めることなのだろう。G・カンギレムの表現を借りるなら、「冗談のつもりなどなしに言えば、健康とは、病気になることができ、そこから回復するという贅沢である。反対に、どんな病気でもそれ以外の病気を乗り越える力の縮小である」(3)。これは、臨床の「物語的自己同一性」の「語りの技法」としては、その自在な意味転換の仕掛け、つまり「生理的活動を言語活動に置き換える」だけでなく、行動それ自体の「代理」でもあり「遅延」でもある、そのレトリックの働きに秀逸を感じる。かつて、ブルーメンベルクは「古典修辞学は、本質的に行為の促進を命じるものであるのに対して、近代の修辞学は、行為の遅延を引き起こすこと、あるいは少なくとも行為の遅滞を理解することを目指すのである。（中略）すべての修辞学の根本命題は、「非充足理由律」（principium rationis insufficientis）である。これはまた、本質を欠いた存在である人間を論じる人間学に対応したものでもある」と述べ[4]、近代の合理主義と主観主義に対抗する修辞学の役割を強調した。彼は、実践的に猶予ならない場面――例えば教育、裁判、日常的な交際――においては、実証主義が要請する検証手続きを経ない実践過程に巻き込まれ、その場面において「多様な合理性と現実理解とが出現する」、そのような事態に関する理論を支え意味を保持する原理の存在を支持する。それは理論的より「実践的要請」、不確実な領域で科学的明証性が機能しないところでの対処法であり、さらには、人間の自己同一性を実体的にとらえる思考方法への挑戦であって、ある種「正当化性の危機」（パラダイムの転換）を現わしていると言えるだろう。

臨床教育学の役割が、新種の教育「学」の構想にあるとすれば、それは文字通りの新しい教育学を創造すること、教育の理念、理論、制度、方法、内容、環境などなど、教育の刷新と改革が話題になるたびに登場する諸構想を企図するものではない。繰り返し述べてきたように、その構想は、こうした意味での新しさに役立つわけではない。有用であるか否かの文脈から教育を一旦離脱させること、教育の意味を宙吊り的に再発見するという意味においての、その方法論を含めての、新しさである。その新しさは実体的な「何か」ではなく教育の「いかに」に関する意味論的「様態」（modus）にかかわっている。教育に関して「様態的差異」を仕掛ける、そのために仕組みを工夫することである。もうひとつの別の「残余的な」様態を（その）教育において発見しようとしているのである。教育世界における制度設計や理念論を議論するのではなく、それらが生み出す、実体的或いは理論的な「教育的なもの」における転調や不／非規則態、つまり「問題」が作り出す様態に関心を向けるのである。教育世界という現実的存在において対抗的な緊張関係を惹き起こす、副次的で発見的な教育論の構想である。その新しさは、「教育的なもの」を様態と見立てる認識様式の展開とともに現れると思う。臨床教育学的な表現をするなら、教育における「問題」とは、その出来事や「その都度」性によって「教育的なもの」に共働共鳴しながら、転調的或いは破調的リズムを惹き起こし、新しい波動・様態をもたらすと考えるのである。先に話題に挙げた構想力は、この「様態的差異」にかかわる認識様式として注目してきたところであり、さらに言えば、言語の譬喩的な機能もまた「様態的差異」の表現態として位置付けることができるだろう。「様態」論は、臨床教育学の展開を促す興味深い話題であると思う。

注

（1）ジョルジョ・アガンベン／上村忠男訳『身体の使用　脱構成的可能態の理論のために』みすず書房、二〇一六年、二八八―二八九頁。
（2）同前書、二九〇頁。
（3）ジョルジ・カンギレム／杉山吉弘訳『生命の認識』法政大学出版局、二〇〇二年、一九七頁。
（4）ハンス・ブルーメンベルク／村井則夫訳『われわれが生きている現実　技術・芸術・修辞学』法政大学出版局、二〇一四年、一五四―一五五頁。

第二節　臨床教育学「断片」

①「観察者の立脚点の脱‐中心化」

教育の「問題」は、その事象を語るだけでなく、それを「問題」と見なす教育観をも同時に語るのであり、現代の教育と二重化した形で特にカッコ付「問題」として語られる。「問題」は見る、感じる、応答する、表現するといった感覚的心理的な行為的側面と教育的な判断や価値観にかかわる主体的な反省的側面とを組み合わせた複合的言説として現れる。「問題」言説は、生活世界に広がる雑多な日常的出来事を言語化する多義的な表現と理論的概念的な言語との混合態であることが、その特性であると言えるだろう。「問題」言説は、それぞれの「問題」にふさわしく個別的で多様であって、類型化と体系化への傾斜を用心深く回避して、繰り返し個別的な言振りを探し求めて脱‐中心化する。その限りで、「問題」言説は未知未見の「他者」を語ることであって、その形は当然断片的である、というより、そうであらねばならないだろう。断片的であることは、体系的な論理的一貫性によって「問題」を説明するスタイルを断念することである。問題解決の成功を、理想の教育観を、完成した人間像を求めない、ということは「問題」言説が失敗した教育言説であることを意味するものではなく、かえってある立場、消極的な「哲学」を携えていることの証明なのである。完成された理想の人間像は、輝く昼間の太陽が「昼の星」を不在にするように、「問題」を消滅させることになるのだ。それは到達不能な虚像を時差的な遅延において語ることによって、当面する「問題」の意味を人生論風の大きな物語に包摂して消滅させるやり方である。それは教育論に繰り返し現れる物わかりの良い牧歌的な身振りであり、場合によると、それは「問題」に対応する権力的暴力的処置や、或いは逆に、教育の困難を美化する素朴な教育神話とも結び付くことになる。

一体、「問題」とは臨床教育学にとって、教育世界の辺境の現れる美的事象なのか。教育世界を逆光的に映し出す仕掛けの役割を演じているのか。ニーチェ的な挑発的隠喩を使えば、臨床教育学は「夜の星空」を見るのではなく「昼の空」に星を見ようとしているのか。そこに星は「ある」とも言えるし「ない」とも言える。昼の空は星と人間の関係を媒介するものの、その明るさは、開明的であると同時に遮蔽的でもある、という両面性を備えている。星との関係からすれば昼間の明るさは人間の視界を妨げているが、それに人間が気付くことはない。しかし、特別な道具を準備しなくてもこの明暗関係の両義性がはっきりと姿を現すのは、昼夜の端境、つまり「あかとき」であり「ゆうべ」においてである。この端境において「空の星」に気付くのは、未知のものを発見するわけではないがしかしその気付きは個人の主観的な発明でもない。「空の星」は現れてくる、現（みえる）のである。教育の「問題」を、解釈学的な文脈に倣ってしばしば（意味）「地平」という譬喩で表現してきたが、地平という表現が、主観と客観の関係性を強調すること、つまり見る側の認識様式の制約が不可避的であること、世界認識の相対性を語るための地理的譬喩であった。その地平譬喩を活用すると、「空の星」を「見る」譬喩は、天文学的仕草というには大げさであるが、対象と文脈の関係がすでに両義的関係にあることを示すもので、天空の明暗の端境において脱 - 中心化というエピソードを経験していることになるのである。

臨床教育学の位置取りは先の譬喩によれば〝明らかに〟明暗の端境のそれであり、脱 - 中心化を帯びた思考法と言える。とはいえ、臨床教育学は教育における「問題」を説明する理論を構想するのかと言えば、簡単にそれに同意するわけにはいかない。解釈学によって定式化された、説明と解釈の区別に従えば、単純な二分化には問題があるとしても、臨床教育学は現象の意味解釈を目指しているが、しかしその解釈は哲学的な方法に限定されるものではなく、そこにさらに、大げさな古典的表現を使うなら、「問題」を「救う」という文脈が加わる。臨床とは、人間世界の周縁における例外と差異に関心を向けその事象を救い出し意味復権させることにある。臨床教育学は純然たる理論ではない。哲学な概念と認識論と思考方法によって構成される純粋な理論世界を構想しているわけではない。臨床教育学は、その点でより主体的で身体的情感的でさえあり、あの「目に入ったゴミ」を意識する。それは共通感覚的な「身振り的知」とでも呼べるものである。このような臨床的な知の役割を教育世界に主張することは、教育言説により多様で多義的な筋立てを工夫する要請であり、新しい錯綜状況を仕掛けることであって、既成の教育言説と教育制度システムに「問題」を吸収してそれらを補強することではない。

「問題」の意味を発見すること、「救う」決断は「問題」を見立てるその教育観の脱化と再構築に向かう、いわば教育懐疑へと踏切ることにほかならない。少し大げさに聞こえるかもしれないが、「問題」に応答することは、教育に新しい意味世界を開く通行証を手にすることなのだ。そしてそのことは、教育に関するこれまでの実践論や理論が、どのような仕方でこの通行証を手に入れたのか、またそれをなぜ廃棄したかの痕跡をたどることにも役立つだろう。

臨床教育学の理論的な役割は、「問題」の意味発見において、「問題」とともに「問題」と対峙している教育観の「教育的」位置を問い直すことである。それは、教育言説の限界や自己規制の限界線に触れて感電してみること、言説の内と外がショートして意味不全が発生すること、この絶縁的な出来事を教育的な世界の基盤や中核に向けて動地させることである。臨床教育学には、その課題に取り組む理論的な構想には、既設の教育言説との意識的思想的次元での、あるいは言説面での差異化が仕組まれていなければならない。それが、「問題」事象の例外性と同じ水準にまで押し上げられていることが必要なのである。

②「パラセオリー」としての臨床教育学

臨床教育学が、教育やその学的な将来性に関して直接言及することがほとんどなく、目的論的な言説で教育を語ることに極めて慎重である事情のひとつには、その立場が、将来的な教育が非確定的であることを強調することに由来するが、その発想は臨床教育の立場自体を、絶えず未来への「前史」的な位置取りとして予兆的に自己設定するからである。したがって教育の根本的な変革や展望を語ることはせず、新しい教育理論体系を直接構想するわけではなくて、専ら教育状況の現在を繰り返し語り、語り直して教育の意味を現わす工夫を重ねるだけである。例えば、臨床教育学が挑発的に反基礎付け主義という教育観を主張して、しばしば批判や非難をうけるが、しかしその主張は教育における理論的な状況を動揺させる仕掛けであり、大げさに言えば、教育学的な思考法の伝統的審級が禁止或いは無視してきた意味世界に接近する試みだからである。臨床教育学は教育的世界の不確実さを待ち続けるという「負担」を負っている。教育世界の意味秩序は決着済みではなくそれの保存は単一の原理に基づくものではなく、それらとは異なる可能性や潜在性があることを、その教育観が逆転して「没落」する可能性を伴っていることを強調してみせる。〝なぜこのような事柄や在り方が教育的と呼ばれるのか〟という修辞的な懐疑の表明、問いかけ宣言であると言ってよい。この懐疑表明は、教育世界の思想や実践にとって脅威であるのかそれとも癒しとなるのか、それをあらかじめ決定することはできないが避けることはできない理論的な要求であると思う。

臨床教育学が教育諸学の後発分野であることは大切な認識である。この問いかけは、教育の意味を探求する仕事が先行分野に帰属しないことを鮮明にすることによって、その臨床的性格を確保して、教育の実体的な認識法への批判、つまり教育現象を多様な意味産出可能態と見立てる、差異化する思考様式のスタイルを描き出そうとする。しかしまた、この方策は教育（研究）者には、臨床教育学の独自性を言い表す修辞的な自己満足と見なされ、陳腐化する運命にあると思われる。臨床教育学が、通念的な「教育的なもの」を思考の前提として、あえてその曖昧さや多義性、前概念性を強調するわけは、そうした通念的な教育においてこそ影響作用史における教育言説の系譜とその輻輳を読み取ることができるのではないかと考えるからである。その系譜はしかし、教育の歴史的意義を体系的に認識するという理論的な要請に対応して解釈されるのではなく、その言説が作り出した教育世界の周縁に例外的に出現する差異的な事象において初めて明証的になる言説として、再発見されるのである。教育言説の中核的な理論性や社会的機能性などの構造的全体的像の解明が優先課題なのではない。そうではなくて逆に、境界のギリギリの際で「教育的なもの」の手ごたえを得ることが課題なのである。そして、その境界域の出来事を言語化することである。経験は物理的、生物的、社会的環境への適応を指すのではなく、人間的世界における「在り方」の次元での意味的事象であって、「教育的なもの」はここに帰属している。

通念的な「教育的なもの」は、臨床教育学の発想からすれば、「問題」によって絶えず挑発され不確定化されるが、それは「教育的なもの」が拡大可能態であるという認識の代償である。教育に関する普遍的な価値判断や全体的展望を得るには妨げになるが、しかし「問題」こそが「教育・・・」として、潜在的な可能性を開くテコの役割をはたしているのである。臨床教育学の戦略は既に明らかな通り、「問題」を生み出し且つそれを排除するという、「教育的なもの」の境界域に現れる両義的様態を明るみに出し、その両義性によって教育に関する理論と実践への差異化を試みる。それは対抗的であるがしかし活物「寄生」的な仕方でもある、そのような仕方で自らを正当化する立場であると言えるだろう。

臨床教育学は、教育における「問題」を離れないという意味で「寄生」的であるが、その関係はしかし一方的な依存の関係ではなく、「問題」において「教育的なもの」に差異化を仕掛け「問題」の独異性を主張する対抗的言説を創作するという意味では、どこまでも脱—寄生関係を維持するのである。

対抗する相手への抵抗関係に理論的な根拠と展開の駆動力とを施設するというこの方略は、一般に「副次的理論」（paratheory）と呼ばれる論法である。それの利点は、臨床教育学の論法に置き換えるなら、「問題」への直接的な対処法を要請する教育観とそれを支えている思考や関心に対抗して、この種の思考と関心を宙吊りする仕組みを内蔵した、そのような思考形態を創作することである。教育を離れず、しかしその教育世界に対（反）抗的である差異的な「問題」言説（二重化された）によって、改めて教育を「語り直す」。「問題」と「教育的なもの」とは単純な正負二分関係にあるのではなく（単なる治療的関係や解決関係ではない）、そのような関係を中断させて「教育的なもの」を振り返らせる役割を「問題」に課すのである。「教育的なもの」を定型的に自明化する教育論とそれを前提にした教育実践論・教師論は、その成果がどれ程目覚ましいものであったとしても、臨床教育学からすると、その成果には懐疑的でありその情熱に対しては批判的である。

臨床教育学を構想する過程で、それを「別種の教育論」と表現した時期があったが、その場合には、既存の教育理論と実際への批判的な距離設定、つまり「問題」へ射程の不十分さへの批判を中心に教育観の修正と改変が意図されていたが、臨床教育学の役割が「教育的なもの」と「問題」との関係における位置取りの仕方に関心を深めるに従って、教育観の修正改鋳ではなく、その「域圏」において、それの「境界域」から宙吊りや脱臼などの機能不全を仕掛けることが課題になってきた。それには「副次的理論」あるいは「もうひとつの教育論」という立場が重要で、より精密な理論的言語的な仕掛けが必要である。そのような作業で探求される課題は、臨床教育学が既成の教育学にとっては「問題」的な、しかし排除できない「始末に困る（awkward）教育論」として成熟することだと思う。

人間の「はじまり」を特定の在り方に求めることは、成長の画期的な変化や切れ目を探る観察者の仕事であるが、その観察が直ちに「こどもの発見」に結び付くわけではない。ちょうど、望遠鏡が制作されたからといってすぐにそれが空の星に向けられたわけではないように。ブルーメンベルクが指摘したように、その発見がどのような種類の言語で語られるのか、つまり中世伝統の自由七科の〈天文学〉のそれか、それとも「数学」の言語であるかによって歴史な評価は異なる。しかも、これらの数学の数字にも太古の呪術がかけられていることを忘れてはならないだろう。「発見」は感覚的な劇的出来事ではなく歴史的な文脈におけるさまざまな意味争奪と偶然の契機を経てようやく到達される、緩慢でどちらかと言えば事後的な意味付けであると言ってよいだろう。したがってまた、「発見」が歴史的な条件に制約された作業である限り、その「発見」はそのこと自体において同時に「未」発見なものを、つまり新しいものに対する無関心という「自己閉鎖」状況なり行為を証言するものでもある。「発見」がもたらした「無知」とでも言おうか。この「無知」は、発見と同時的に現れるわけではなく、「発見」の影響作用とは逆の連関として多様な領域で意外な形で、邪推や誤解、幻想や錯覚としても出現することになる。「発見」は啓蒙に向かっての直線的な前進のはじまりなどではなく、首尾一貫した合理的展開を画する神聖な過程などでもない。この「発見」とその出来事をめぐる影響作用史的な認識は、臨床教育学が「問題」を教育の意味地平の拡大と変換として「発見的」に位置付けようとするとき、そのような構想は、「問題」解決への実践的な対応が逆に「問題」の役割意味を隠蔽・排除してそれの潜在勢を抑圧しているという、いわば反―「問題」状況との激しい葛藤のなかで育てられてきたと言えるだろう。「問題」を解決してみせることによって〝臨床的教育学〟の正当性を主張するという極めてわかりやすい「実践的」立場を、「臨床教育学」のそれとははっきりと区別して、その立場の〝臨床〟を批判してきた。その反省的批判的（その立場はしばしば役に立たない抽象論であると批判された）立場自体を含めて、「問題」の意味を解釈する理論的な状況を「臨床」と名付け、その立場を語り続けた背景には、教育現場においても教育理論においても、矢継ぎ早に現れる問題解決という幻想や誤解に煽られて、理論的に短期消耗して磨滅する教育諸学の病理的傾向を見たからである。

参考文献

ハンス・ブルーメンベルク／後藤嘉也・小熊正久・座小田豊訳『コペルニクス的宇宙の生成　Ⅰ』法政大学出版局、二〇〇二年。『同　Ⅱ』二〇〇八年、『同　Ⅲ』二〇一一年。

あとがき

本書の副題「その歩みといま」は、ミネルヴァ書房の浅井さんの提案である。三十年の歩みをこのようにテキスト化して振り返るとその時その時の遠景と近景がよみがえり、〈三十年からのコメント〉という回想風の一文を各論に挿入することにしたが、教育「問題」を何処までもしつこく追いかけ、時にはそれに追いかけられてきた三十年であったと思う。「いま」の率直な心境は、登山用語でいうリングワンデルング（Ringwanderung：吹雪などで視界が遮られ方角がわからくなって同じ場所をさ迷う状態）に陥って、目標が見えないままでひたすら歩み続ける覚束ない不安な気持ちである。学生時代に、山好きの友人と初冬の白山に登った時、山頂間近で猛吹雪に遇い、氷雪状化した道なき道をさ迷った時に覚えた恐怖とどこか重なっていて、教育「問題」の周辺を徘徊し続けた三十年であったと実感している。その歩みによって、ある目標に到達したという達成感はない。それでも、到達するべき目標が定まらないままに不安を感じながらさ迷うことができた、そしてさ迷い続けたからこそ、思いがけない出会いがあったことなど、考えようによっては幸運な贅沢であった、と「いま」なら言えるかもしれない。到達目標を設定して研究成果が求め続けられる昨今の学界の傾向からすれば、容認されるべくもない稀有な「自由」を享受してきたのであり、感謝の気持が最近では深くなってきている。

ところで、三十年間を時間の経緯として振り返ると、ほぼ三十年間続いている土曜会のことがある。大学院に臨床教育学講座を新設する主旨のひとつに、在職教員の再教育があり、そのために第二種院生コースが開設された。京都大学の大学院の場合は、修学に際して教育委員会の推薦などの条件を一切つけない、その代り、個々人の責任で大学院を受験して、修学と在職を両立させる条件も自分で工夫するというとてつもない厳しいものであった。第二種院生の負担は過酷で、それに対する大学側の配慮は不十分であった。私が、第二種院生のために工夫した唯一のささやかな試みは、土曜日にゼミを開くことであった。休日に通常のゼミを開いて一般の学生院生もこれ参加するというイレギュラーな形態のゼミである。学校でのさまざまの問題や教職の実態が直接話題にのぼる一方で、教育学との関係が弱いと思われてきた他領域の研究も大胆に取り入れ活発な議論が繰り広げられた。私が京大を退職した後もこの研究形態は土曜会と名称を変えて続けられ、いまに至っている。最近は、二か月に一回の研究会と夏季合宿とが定番になっているが、この研究会も少しずつメンバーを交代させながら約三十年の歩みを続けている。多忙な学校や大学の現場から、臨床教育学への関心を持ち続けて参加される（参加された）方々に、この機会に改めて、心から尊敬の気持を表したい。

臨床教育学の歩みは、特定の到達目標を掲げて成果を求める時代の潮流に乗らず、教育の「問題」とともに漂流を続け、そしていつの頃からか、その不安定な状況に於いてこそ反って教育の新しい意味が発見できると考えるようになり、思索と問答を重ねながら独自の研究スタイルを生み出してその命脈を保ってきたと思う。

〈著者紹介〉
皇　紀夫（すめらぎ・のりお）
1940年滋賀県生まれ
京都大学教育学部大学院博士課程中退
滋賀県立大津高等学校（定時制）教諭
京都女子大学教授
京都大学大学院教育学研究科教授
大谷大学教授，を歴任
現在　京都大学名誉教授

臨床教育学三十年
――その歩みといま――

2018年７月20日　初版第１刷発行　〈検印省略〉

定価はカバーに
表示しています

著　者　皇　紀　夫
発行者　杉　田　啓　三
印刷者　江　戸　孝　典

発行所　株式会社　ミネルヴァ書房
607-8494　京都市山科区日ノ岡堤谷町１
電話代表　075-581-5191
振替口座　01020-0-8076

共同印刷工業・新生製本

ISBN978-4-623-08347-3
Printed in Japan

人名索引

ア 行

カ 行

サ 行

タ 行

ナ 行

ハ 行

マ 行

ヤ　行

ラ・ワ行

事項索引

A-Z

ア 行

カ 行

タ　行

ナ　行

ハ　行

マ 行

ヤ 行

ラ・ワ行